데이터 과학을 위한 파이썬 프로그래밍

2판

최성철 지음

지은이 **최성철** blissray@gmail.com

한동대학교 경영학·전산학 학사, 포항공대 산업경영공학과 Technology Intelligence로 박사학위를 받았다. 삼성전자 종합기술원의 CTO 전략팀에서 기술 전략과 R&D 정보 시스템 개선 업무를 맡았고, 현재 부경대학교 시스템경영공학부 교수로 재직 중이다. 주요 연구 분야로 머신러닝을 활용한 Scholarly Big Data를 다루고 있으며, 데이터로 할 수 있는 다양한 분야에 관심을 가지고 있다. 저서로는 『IT CookBook, 데이터 과학을 위한 파이썬 머신러닝』(한빛아카데미, 2022)이 있다

데이터 과학을 위한 파이썬 프로그래밍 2판

초판발행 2023년 01월 01일
2쇄발행 2023년 09월 09일

지은이 최성철 / **펴낸이** 전태호
펴낸곳 한빛아카데미(주) / **주소** 서울시 서대문구 연희로2길 62 한빛아카데미(주) 2층
전화 02-336-7112 / **팩스** 02-336-7199
등록 2013년 1월 14일 제2017-000063호 / **ISBN** 979-11-5664-272-5 93000

총괄 박현진 / **책임편집** 김성무 / **기획·편집** 김성무 / **교정** 윤미현 / **진행** 김성무
디자인 표지 박정우, 내지 이아란 / **전산편집** 이소연 / **제작** 박성우, 김정우
영업 김태진, 김성삼, 이정훈, 임현기, 이성훈, 김주성 / **마케팅** 길진철, 김호철, 심지연

이 책에 대한 의견이나 오탈자 및 잘못된 내용에 대한 수정 정보는 아래 이메일로 알려주십시오.
잘못된 책은 구입하신 서점에서 교환해 드립니다. 책값은 뒤표지에 표시되어 있습니다.
홈페이지 www.hanbit.co.kr / 이메일 question@hanbit.co.kr

데이터 과학을 위한 파이썬 프로그래밍

2판

최성철 지음

한빛아카데미
Hanbit Academy, Inc.

인공지능과 빅데이터의 시대, 필수 교양으로 자리잡은 파이썬 프로그래밍

《데이터 과학을 위한 파이썬 프로그래밍》 초판이 출간된 2019년 이후로 우리 사회에 많은 변화가 있었습니다. 특히 전 세계에 퍼진 코로나19COVID-19 팬데믹은 우리의 삶을 전반적으로 변화시키는 계기가 되었습니다. 이로 인하여 더욱 더 빠르게 세상은 온라인과 모바일을 중심으로 개편되고 있습니다. 이 책이 처음 나왔을 때에는 대학교에서 전공을 가리지 않고 프로그래밍을 배우는 시대였다면, 이제는 프로그래밍이 모든 사람이 갖춰야 할 기초 소양인 시대가 되었습니다. 이전에는 대한민국에서 취업하고 싶은 직장으로 삼성전자, SK, 현대자동차 등이 꼽혔다면, 이제는 속칭 '네카라쿠배'라고 부르는 네이버, 카카오, 라인, 쿠팡, 배달의민족과 같은 IT기업에 취직하기를 원하고 있습니다. 이러한 IT기업에 취직하기 위한 핵심 능력이 바로 프로그래밍 언어입니다.

《데이터 과학을 위한 파이썬 프로그래밍(2판)》에서는 프로그래밍 언어 중 현재 가장 대중적이고 활용도 높은 파이썬Python을 학습합니다. 파이썬은 그 어떤 프로그래밍 언어보다 프로그래밍의 재미와 흥미를 잘 느낄 수 있게 개발된 언어입니다. 네덜란드의 귀도 반 로섬에 의해 개발된 프로그래밍 언어인 파이썬은 오늘날 거의 모든 프로그래밍 영역의 핵심으로 자리잡고 있습니다. 특히 인공지능과 관련된 영역에서 가장 인기 있는 프로그래밍 언어가 바로 파이썬입니다. 최근 인공지능은 인간의 창의성 영역이라고 생각했던 분야인 그림 그리기, 노래 만들기, 소설 쓰기 등의 영역까지 수행하고 있는데, 이러한 인공지능 역시 파이썬을 기반으로 개발된 것입니다. 그 외에도 인스타그램Instagram과 같은 SNS나 넷플릭스Netflix와 같은 OTT 영역에서도 고도의 대용량 데이터 처리를 위해 파이썬이 활용되고 있습니다.

파이썬은 무엇보다 그 언어의 간결성으로 인해 많은 사람에게 사랑받고 있습니다. 필자가 학부생이었을 때만 해도 모든 학생들은 반드시 C와 JAVA를 배워야 했습니다. 그러나 이제는 컴퓨터의 시간만큼 인간의 시간도 중요한 시대가 되면서 컴퓨터의 시간을 최적화하는 데 초점이 맞춰진 기존 컴파일러 언어들보다, 파이썬과 같이 간편한 사용 방법으로 인간의 시간을 최소화하면서 많은 결과물을 내는 언어들이 중요해지고 있습니다. 처음 프로그래밍을 배우는 사람이라면 느끼기 어려울 수 있지만, 다른 언어를 배웠던 사람이 파이썬을 배운다면 파이썬이 너무 쉬워 프로그래밍 언어를 배운다는 느낌이 들지 않을 수도 있습니다.

필자는 이 책을 프로그래밍 언어를 처음 배우는 모든 과정의 입문 교재로 생각하고 집필하였습니다. 특히 프로그래밍을 전공하지 않지만 프로그래밍을 알아야 하는 경영학·통계학 등의 분야와 2학년 이후 전문적인 프로그래밍을 배우는 컴퓨터공학과 학생들의 기초 과정으로 적당하다고 생각합니다. 또한 이 책의 모든 내용에 대한 강의는 유튜브를 통해 제공하여 학습자 스스로 공부할 수 있도록 하였습니다. 특히 영상에서 제공되는 여러 가지 Lab Assignment를 함께 푼다면 프로그래밍 실력이 굉장히 빨리 향상되는 것을 느낄 수 있을 것입니다.

2판을 내면서 부족한 부분이 참 많았습니다. 조금 더 부지런해야 했지만 그러지 못했던 점을 반성합니다. 1판과 마찬가지로 필자 때문에 고생한 한빛아카데미㈜의 김성무 팀장님께 감사의 마음을 먼저 보냅니다. 성남에서 부산까지 함께해준 TEAMLAB의 석박사 학생들과 부산에서 새롭게 만난 새로운 TEAMLAB의 멤버들에게도 감사의 인사를 드립니다. 언젠가 첫째 진현이가 이 책을 보면서 프로그래밍 공부를 하지 않을까 기대했는데 아직도 안 하고 있습니다. 그럼에도 불구하고 훌륭히 자라주고 있는 아들 진현이와 딸 서현이, 그리고 아내 은정에게도 감사의 인사를 드립니다.

저자 **최성철**

▸누구를 위한 책인가

이 책은 파이썬으로 프로그래밍을 시작하는 입문자를 위한 책입니다. 파이썬에 대한 이해와 동시에 컴퓨터의 기본 구조나 상식도 넓힐 수 있습니다.

- 프로그래밍 경험이 없는 입문자
- 파이썬을 처음 공부하고 싶은 입문자
- 데이터 분석에 파이썬을 활용하고 싶은 입문자 또는 관련 전공자

▸무엇을 다루는가

Part 01 파이썬 개요

파이썬의 등장 배경과 역사를 살펴보고, 실습 환경을 구축합니다.

- Chapter 01 | 프로그래밍 언어와 파이썬

Part 02 파이썬 기초

파이썬과 프로그래밍 언어에서 반드시 알아야 하는 기본 문법을 배웁니다.

- Chapter 02 | 변수와 자료형
- Chapter 03 | 화면 입출력과 리스트
- Chapter 04 | 조건문과 반복문
- Chapter 05 | 함수
- Chapter 06 | 문자열
- Chapter 07 | 자료구조

Part 03 파이썬 심화

파이썬과 프로그래밍 언어에서 사용하는 다양한 고급 문법을 배웁니다.

- Chapter 08 | 파이썬 스타일 코드 I
- Chapter 09 | 파이썬 스타일 코드 II
- Chapter 10 | 객체 지향 프로그래밍
- Chapter 11 | 모듈과 패키지
- Chapter 12 | 예외 처리와 파일 다루기

Part 04 데이터 분석 기초

파이썬에서 데이터를 분석하기 위한 기본 지식을 배웁니다.

- Chapter 13 | CSV와 로그 관리
- Chapter 14 | 웹 스크래핑
- Chapter 15 | XML과 JSON

▸이 책의 구성 요소

단계별 학습을 통해 학습 능력의 향상을 돕고자 'Preview → 기본 개념 → 예제 코드 → 요약 → 연습문제'로 구성하였습니다. 그 외에 추가로 학습할 필요가 있거나 알아두면 좋은 내용은 '여기서 잠깐!'과 'Tip' 코너에 담았습니다.

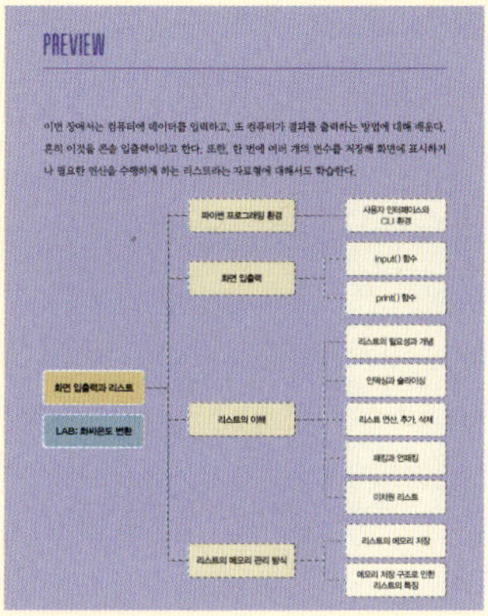

| Preview |

각 장의 내용을 큰 맥락에서 살펴볼 수 있도록 해당 장에서 배울 내용을 로드맵과 함께 간략하게 정리합니다.

| 기본 개념 |

파이썬에 대한 이론과 실제로 사용하기 위해 필요한 개념을 설명합니다.

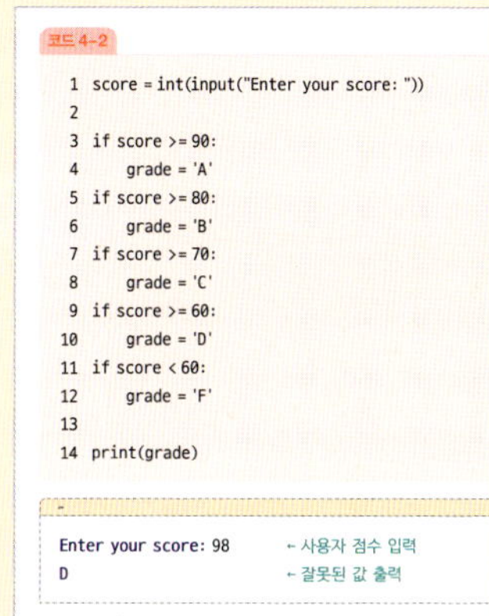

| 예제 코드 |

파이썬 셸 환경이나 비주얼 스튜디오 코드에서 작성하는 코드를 설명합니다.

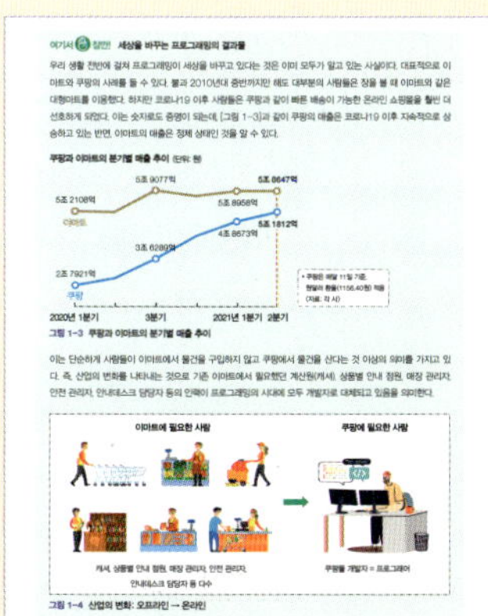

| 여기서 잠깐! |

본문과 관련된 도움말이나 참고로 알아두면 좋은 내용을 담았습니다.

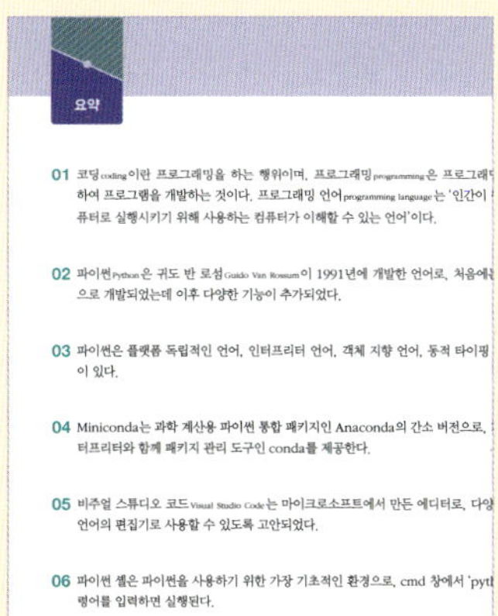

| 요약 |

각 장이 끝날 때마다 기억해야 하는 중요한 내용을 요약하여 정리하였습니다.

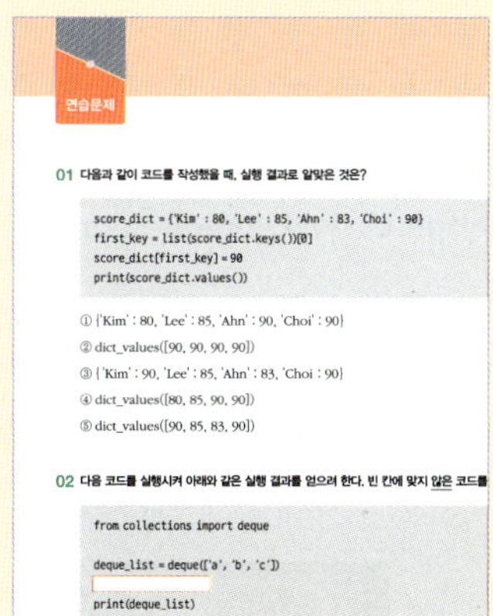

| 연습문제 |

해당 장에서 배운 핵심 개념과 문법에 대한 코드 분석 문제를 통해 자신의 실력을 테스트할 수 있습니다.

▸실습환경

이 책의 실습 환경은 다음과 같습니다.

- **운영체제:** Windows 11(Windows 7 버전 이상 모두 사용 가능)
- **개발도구:** Python 3.10(3.x 버전 이상 모두 사용 가능), Visual Studio Code
  단, 파이썬은 Anaconda의 파이썬 배포판인 Miniconda 사용 권장

▸예제 소스

실습에 필요한 자료는 아래 주소에서 내려받을 수 있습니다.

http://www.hanbit.co.kr/src/4272

▸강의 보조 자료

한빛아카데미 홈페이지에서 '교수회원'으로 가입하신 분은 인증 후 교수용 강의 보조 자료를 제공받을 수 있습니다. 한빛아카데미 홈페이지 상단의 〈교수전용공간〉 메뉴를 클릭하세요.

http://www.hanbit.co.kr/academy

▸연습문제 해답 안내

이 책은 대학 강의용 교재로 개발되었으므로 연습문제 해답을 제공하지 않습니다.

▸동영상 강의 안내

저자가 직접 강의한 내용을 유튜브(Youtube)에서 들을 수 있습니다. 해당 강의는 TEAMLAB에서 운영하는 K-MOOC 파이썬 입문용 강좌입니다. 아래 링크에서 무료로 강의를 들을 수 있습니다.

https://www.youtube.com/c/teamlabmooc

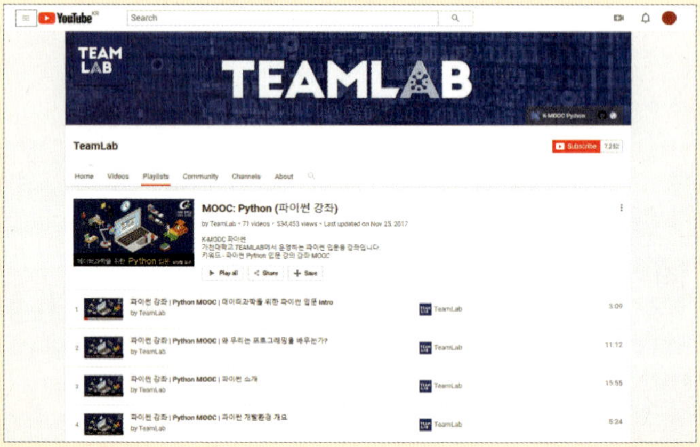

Part 01 파이썬 개요

Chapter 01 프로그래밍 언어와 파이썬

Part 02 파이썬 기초

Chapter 02 변수와 자료형

Chapter 03 화면 입출력과 리스트

Part 03 파이썬 심화

Chapter 08 파이썬 스타일 코드 I

Chapter 09 파이썬 스타일 코드 II

Chapter 14 웹 스크래핑

Chapter 15 XML과 JSON

PART 01
파이썬 개요

Chapter 01
프로그래밍 언어와 파이썬

PART 01

파이썬 개요

CHAPTER 01

프로그래밍 언어와 파이썬

학습목표

- 프로그래밍 언어의 개념과 필요성에 대해 이해한다.
- 파이썬의 특징과 필요성에 대해 학습한다.
- 파이썬 인터프리터인 Miniconda와 코드 편집기인 비주얼 스튜디오 코드를 설치한다.
- 비주얼 스튜디오 코드와 파이썬 셸에서 간단한 코드를 작성해본다.

PREVIEW

파이썬을 본격적으로 배우기 전에 프로그래밍 언어가 우리의 삶을 어떻게 변화시키고 있는지 알아보고, 파이썬의 특징과 파이썬을 배우는 이유에 대해 학습한다. 또한, 파이썬 프로그래밍을 실행하기 위해 파이썬 인터프리터와 코드 편집기를 설치하는 과정도 알아본다.

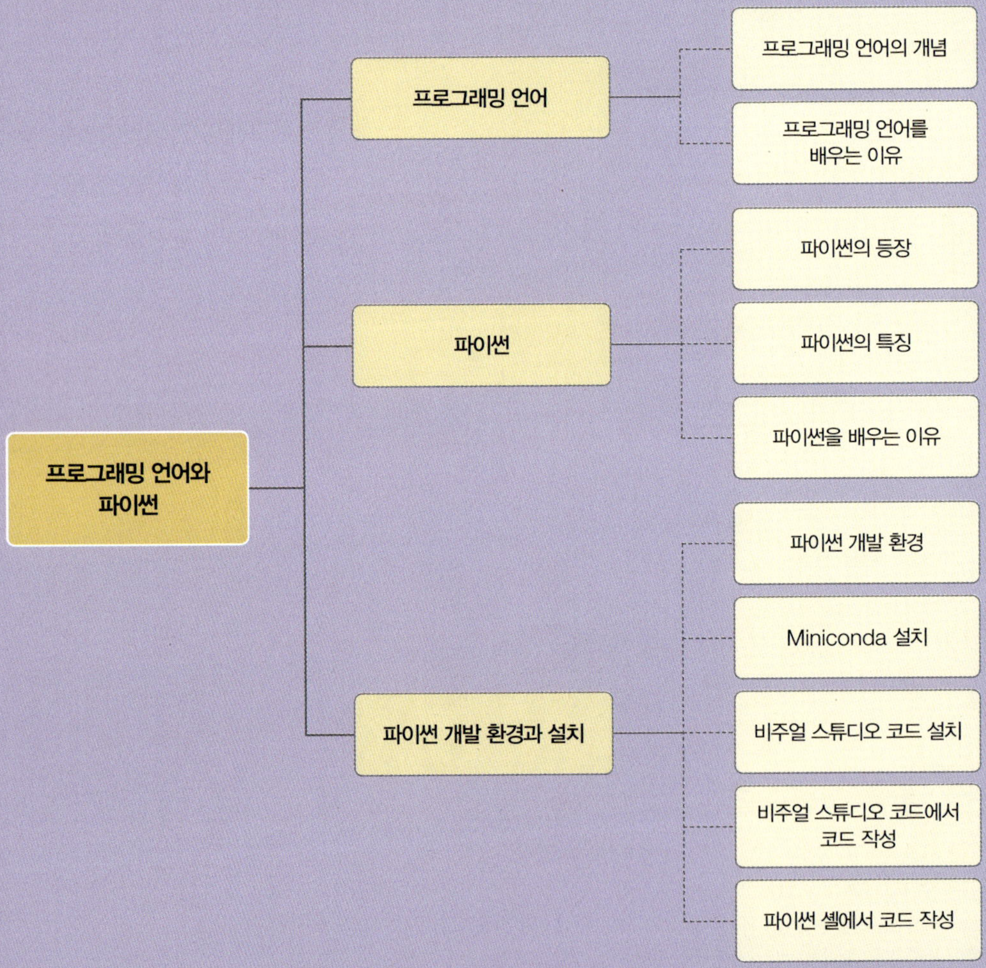

01 프로그래밍 언어의 이해

1 대코딩시대와 프로그래밍 언어

몇 년 전만 하더라도 대부분의 대학생들이 가고 싶어 하는 기업은 독보적으로 삼성전자였다. 물론 지금도 여전히 삼성전자는 대한민국에서 취업 준비생들이 가장 선호하는 회사 중 하나이다. 하지만 최근에는 대한민국 5대 IT기업인 네이버, 카카오, 라인, 쿠팡, 배달의민족을 함께 부르는 '네카라쿠배'가 삼성전자만큼이나 취업 준비생들의 많은 관심을 받고 있다. 이 기업들은 코딩이 가능하다면, 즉 프로그래밍을 할 줄 안다면 한번쯤은 도전해볼 만한 기업들이다.

그림 1-1 대한민국의 5대 IT기업 '네카라쿠배'

오늘날 우리는 '대(大)코딩시대'에 살고 있다. 과거 대항해시대에 탐험가들이 새로운 항로를 찾아 바다로 나갔듯이, 최근에는 사람들이 코딩을 배워 새로운 세상을 향해 나가고 있는 것이다. 코딩 coding 이란 '프로그래밍을 하는 행위'이며, 여기서 프로그래밍 programming 이란 '프로그래밍 언어를 사용하여 프로그램을 개발하는 것'을 말한다. 프로그램을 개발할 때 사용하는 도구인 프로그래밍 언어 programming language 는 '인간이 원하는 것을 컴퓨터로 실행시키기 위해 사용하는, 컴퓨터가 이해할 수 있는 언어'이다. 여기서 '컴퓨터가 이해할 수 있는 언어'를 간단히 코드 code 라고 부르며 이 코드를 작성하는 행위를 다시 코딩 coding 이라고 한다.

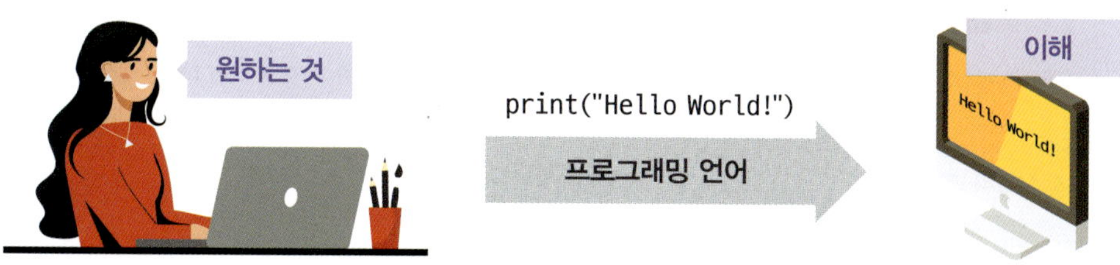

그림 1-2 프로그래밍 언어의 사용

여기서 잠깐! 세상을 바꾸는 프로그래밍의 결과물

우리 생활 전반에 걸쳐 프로그래밍이 세상을 바꾸고 있다는 것은 이미 모두가 알고 있는 사실이다. 대표적으로 이마트와 쿠팡의 사례를 들 수 있다. 불과 2010년대 중반까지만 해도 대부분의 사람들은 장을 볼 때 이마트와 같은 대형마트를 이용했다. 하지만 코로나19 이후 사람들은 쿠팡과 같이 빠른 배송이 가능한 온라인 쇼핑몰을 훨씬 더 선호하게 되었다. 이는 숫자로도 증명이 되는데, [그림 1-3]과 같이 쿠팡의 매출은 코로나19 이후 지속적으로 상승하고 있는 반면, 이마트의 매출은 정체 상태인 것을 알 수 있다.

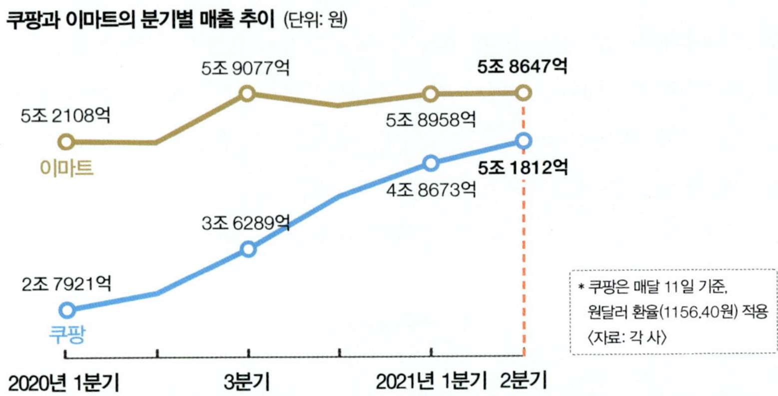

그림 1-3 쿠팡과 이마트의 분기별 매출 추이

이는 단순하게 사람들이 이마트에서 물건을 구입하지 않고 쿠팡에서 물건을 산다는 것 이상의 의미를 가지고 있다. 즉, 산업의 변화를 나타내는 것으로 기존 이마트에서 필요했던 계산원(캐셔), 상품별 안내 점원, 매장 관리자, 안전 관리자, 안내데스크 담당자 등의 인력이 프로그래밍의 시대에 모두 개발자로 대체되고 있음을 의미한다.

그림 1-4 산업의 변화: 오프라인 → 온라인

대형마트뿐만 아니라 은행 점포에도 더 이상 사람들이 가지 않고 스마트폰 앱으로 모든 업무를 해결하고 있다. 또한 얼마 전만 해도 아파트에서 흔히 볼 수 있었던 음식점 전단지들은 이제 배달앱으로 대체되고 있다. 전화번호를 눌러 콜택시를 부르던 과거의 모습은 사라지고 이제 스마트폰 앱 하나로 해결되는 세상이 왔다. 프로그래밍이 이제 모든 세상을 바꿔버린 것이다.

(a) 은행 업무 (b) 배달 서비스 (c) 택시 호출

그림 1-5 스마트폰 앱으로 해결되는 세상

2 프로그래밍 언어를 배우는 이유

그렇다면 왜 프로그래밍을 배워야 할까? 이 질문은 이번 장에서 가장 중요한 것으로 프로그래밍 언어를 처음 배우는 사람이라면 반드시 가져야 하는 의문이기도 하다. 프로그래밍 언어의 학습은 하나의 도구를 익히는 과정이기도 하지만, 컴퓨터가 절차적으로 문제를 어떻게 해결하는지 그 논리적인 과정을 학습한다는 측면에서 매우 중요하다. 아이폰을 세상에 내놓은 전(前) 애플 CEO 스티브 잡스Steve Jobs는 프로그래밍 학습의 이유를 다음과 같이 말하였다.

> **"이 나라의 모든 사람이 프로그램을 배워야 한다. 왜냐하면 프로그램이라는 것은 생각을 어떻게 하는지 가르쳐주기 때문이다."**
> **- 스티브 잡스**

결국 우리가 하나의 기술이나 학문으로서 프로그래밍 언어를 배우는 것이 아니라, 논리적 사고를 훈련하기 위해 프로그래밍 언어를 배워야 한다는 것이다. 미국의 비영리기관인 Code.org는 각계각층의 명사들이 프로그래밍을 배워야 하는 이유에 대해 대중에게 캠페인을 벌이기도 하였다.

프로그래밍을 배운다고 해서 반드시 프로그래머가 되거나 프로그래밍과 관련된 직업을 가질 필요는 없다. 프로그래밍을 배우는 가장 큰 이유는 이미 일상생활 전체에 깊숙이 존재하는 컴퓨터 프로그램의 기본 작동 원리를 이해하고, 그것을 우리의 삶에 맞게 사용하기 위함이다. 또한, 이를 응용하여 각자의 삶을 좀 더 효율적으로 살기 위해서 프로그래밍은 꼭 필요하다.

이제는 컴퓨터를 사용하지 않고 살아갈 수 없는 시대가 되었다. 20세기의 교양 과목이 외국어, 철학, 역사 등이었다면, 21세기의 교양 과목은 프로그래밍이 되었다. 새로운 세계를 살기 위해 기초적으로 갖추어야 할 능력 중 하나가 바로 프로그래밍이 된 것이다.

여기서 잠깐! 프로그래밍적 사고

'프로그래밍적 사고'는 무엇일까? 어떻게 생각하면 정말 애매하고 와닿지 않는 단어다. 그럼 여기서 [그림 1-6]과 같이 점수별로 학점을 매기는 문제를 풀어야 할 때 어떤 절차를 거쳐야 하는지 생각해보자.

첫 번째로 할 일은 기준을 정하는 것이다. 즉, 몇 점 이상을 A로 줄 것인지, 몇 점 이하를 F로 줄 것인지 결정한다. 다음으로 정해진 기준에 따라 각각의 점수에 대해 차례대로 성적을 매긴다. 마지막으로 성적 매기기를 종료하는 시점을 결정해야 하는데, 점수가 더이상 존재하지 않거나 30개 이상이면 종료하는 것으로 결정하면 된다.

점수	학점	점수	학점	점수	학점
38		4		77	
37		57		43	
7		47		82	
16		96		22	
95		16		92	
71		89		53	
63		14		27	
48		29		20	
49		6		22	
66		94		38	
37		2		76	

그림 1-6 점수별 학점 계산

이러한 과정이 흔히 말하는 프로그래밍적 사고에서 절차적 프로그래밍 과정이다. 여기에는 앞으로 배울 반복문이나 조건문 등의 다양한 프로그래밍 개념이 포함되어 있다.

02 파이썬 소개

1 파이썬의 등장

이 책에서는 프로그래밍 언어 중에서 파이썬python으로 프로그래밍을 학습한다. 앞에서 프로그래밍이 컴퓨터에 어떠한 명령을 내리는 일이라고 정의하였다. 컴퓨터에 명령을 내리기 위해서는 컴퓨터가 이해할 수 있는 프로그래밍 언어를 사용해야 한다. 수많은 프로그래밍 언어 중에서 우리가 배울 파이썬은 네덜란드의 개발자 귀도 반 로섬Guido Van Rossum이 1991년에 개발한 언어로, 처음에는 C 언어 기반으로 개발되었으며 이후 다양한 기능이 추가되었다.

여기서 잠깐! 귀도 반 로섬

귀도 반 로섬(Guido Van Rossum)은 네덜란드 사람으로 많은 사람에게 사랑받는 파이썬의 개발자이다. 많은 유명 개발자가 그렇듯이 귀도 반 로섬도 상당히 재미있는 사람이다. 그는 1989년 크리스마스에 할 일이 없어 혼자 집에 있다가 파이썬을 개발했다고 한다. 구글에서 일하다 현재는 마이크로소프트에서 근무하는 것으로 알려져 있다.

그는 트위터 등을 통해 많은 개발자와 소통하고 있는데, 그중 재미있는 일화를 트위터로 공개한 적이 있다. 어느 날 귀도는 개발자 헤드헌터에게 "인터넷을 찾아보니 당신이 파이썬 전문가인 것 같다. 당신의 이력서를 보내주지 않겠나?"라는 문의 메일을 받았는데, 이에 귀도는 "관심 없다."라는 답변 메일을 보냈다고 한다.

또한 귀도는 파이썬의 이름을 정하면서, 그가 제일 좋아했던 코미디 프로그램인 'Monty Python's Flying Circus'에서 'Python'이라는 이름을 따왔다고 한다. 원래 파이썬은 그리스 신화에 나오는 '피톤'이라는 뱀의 이름이다. 이 뱀의 이름에서 따왔기 때문에 파이썬 프로그래밍의 정식 로고는 뱀 두 마리가 서로 똬리를 튼 듯한 형태를 하고 있다.

그림 1-7 귀도 반 로섬

그림 1-8 파이썬 로고

2 파이썬의 특징

파이썬에는 다양한 특징이 있지만 기본적으로 이해해야 하는 4가지의 특징이 있다.

❶ 플랫폼 독립적인 언어

❷ 인터프리터 언어

❸ 객체 지향 언어

❹ 동적 타이핑 언어

2.1 플랫폼 독립적인 언어

플랫폼platform은 흔히 말하는 운영체제Operating System, OS를 뜻하며, 윈도Windows나 맥 OSMac OS, 리눅스Linux 등이 이에 속한다. '독립적'이라는 표현은 '관계없는'이라는 뜻이다. 즉, 플랫폼 독립적인 언어란 어떤 운영체제든 상관없이 사용할 수 있는 언어라고 이해하면 된다.

2.2 인터프리터 언어

인터프리터 언어interpreter language를 이해하기 전에, 프로그래밍 언어의 소스코드가 컴퓨터에 의해 해석되는 과정을 먼저 이해해야 한다. 프로그래머가 작성한 프로그래밍 언어의 텍스트 파일을 소스코드라고 하는데, 이 소스코드는 컴퓨터에서 실행되기 위해 인터프리터 또는 컴파일러에 의해 해석되고, 이 해석된 결과가 운영체제에 맞춰 기계어로 변환되어 컴퓨터의 하드웨어인 메모리와 CPU에 저장되어 실행된다.

인터프리터interpreter는 소스코드의 해석을 위해 사용되는 프로그램의 종류라고 생각하면 된다. 인터프리터 언어는 컴파일러compiler 언어와 달리 소스코드 자체가 바로 실행되는 특징이 있다. 이로 인해 속도는 느리지만 굉장히 간편하게 사용할 수 있다.

여기서 잠깐! 컴파일러와 인터프리터

프로그래밍을 처음 배울 때 조금 난해할 수 있는 단어가 컴파일러와 인터프리터이다. 컴파일러와 인터프리터는 '번역'과 '통역'의 차이라고 말할 수 있다.

먼저 컴파일러 언어는 소스코드 전체를 번역한 후 실행하는 언어이다. 즉, 소스코드를 현재 실행되고 있는 운영체제에 맞춰 번역한 후 파일을 만든다. 이렇게 컴파일된 파일은 해당 플랫폼에서만 실행시킬 수 있다.

이에 반해 인터프리터 언어는 소스코드를 바로 통역하는 언어이다. 컴파일러를 사용하는 언어와 달리, 소스코드 자체를 실행시키면서 그대로 프로그램이 실행된다. 소스코드로만 실행되므로 별도의 컴파일된 파일은 생성하지 않는다.

물론 두 언어가 실행되는 과정은 같다. 단지 우리가 실행시키는 방식이 다를 뿐이다. 이러한 두 가지 방식으로 인해 컴파일러 언어가 인터프리터 언어보다 속도가 빠르다. 이렇게 생각하면 이해하기 쉽다. 예를 들어, 영어로 된 책이 있는데, 그 책을 누군가 한 줄씩 읽고 그 자리에서 통역해 우리에게 들려주는 것보다 한국어로 번역한 책이 있다면 그 책을 읽는 것이 훨씬 더 빠를 것이다. 하지만 한국어로 번역한 책은 일본인(다른 플랫폼)이 이해하지 못한다. 이러한 이유로 컴파일러 언어와 인터프리터 언어는 실행 속도와 실행 환경에서 차이를 보인다.

표 1-1 컴파일러와 인터프리터 비교

구분	컴파일러	인터프리터
작동 방식	소스코드를 기계어로 먼저 번역하고, 해당 플랫폼에 최적화된 상태로 프로그램을 실행	별도의 번역 과정 없이 소스코드를 실행 시점에 해석하여 컴퓨터가 바로 처리
장점	실행 속도가 빠름	간단히 작성되고 메모리가 적게 필요
단점	한 번에 많은 메모리가 필요	실행 속도가 느림
주요 언어	C, 자바(Java), C++, C#	파이썬, 스칼라

2.3 객체 지향 언어

객체 지향 언어object oriented language는 객체 지향 프로그래밍 환경에서 사용되는 프로그래밍 언어를 말한다. 일반적으로 소스코드를 작성할 때 실행 순서대로 하나부터 열까지 프로그래밍하는 것을 절차적 프로그래밍 언어procedure programming라고 한다. 이에 반해 객체 지향 언어는 해당 프로그램이 해결해야 할 문제의 구성요소를 요소별로 정의한 다음 각 요소의 기능method, 메서드과 정보attribute, 속성를 프로그래밍한 다음 요소들을 결합하는 방식으로 프로그램을 작성한다.

예를 들어 식당에서 계산하기 위한 프로그램을 만든다면, 식당 안에 존재하는 계산서 · 손님 · 음식 등을 모두 하나의 프로그램으로 만들어 그것들을 연결하는 방식으로 전체 프로그램을 작성한다. 이러한 요소들을 객체object라고 하고, 한 번 만들어진 객체는 재사용할 수 있다. 그래서 객체 지향 언어의 가장 큰 특징이 재사용성reusability이다. 현재 사용하는 프로그래밍 언어의 대부분은 객체 지향 언어이다.

2.4 동적 타이핑 언어

동적 타이핑 언어dynamic typing language는 파이썬이 다른 언어와 가장 큰 차이를 보이는 특징이다. 동적 타이핑 언어는 프로그램의 실행 시점에서 각 프로그램 변수의 타입type을 결정하는 언어이다. 컴파일러 언어는 소스코드상에서 각 변수의 타입을 미리 정해 놓기 때문에 컴파일 시점에 컴퓨터의 메모리 사용 공간이 정해진다. 따라서 각 변수의 타입이 반드시 사전에 정의되어야 한다. 하지만 파이썬은 인터프리터 언어이므로 프로그램의 실행 시점에 변수들의 메모리 공간을 자유롭게 할당받을 수 있다. 이러한 특징으로 속도는 느리지만 자유롭게 메모리 공간을 할당받고 사용하는 것이 가능해진다.

3 파이썬을 배우는 이유

프로그래밍 언어 중 파이썬을 배우는 이유는 무엇일까? 프로그래밍 언어는 저마다 특징이 있다. 예를 들어 C는 어렵지만 자유도가 높고 빠르며, 자바Java는 C보다 느리지만 다양한 기본 기능을 제공한다. 이에 비해 파이썬은 쉽고 간단하면서 다양한 라이브러리를 제공한다는 장점이 있다.

3.1 쉽고 간단한 프로그래밍 언어

파이썬의 문법은 인간 지향적이기 때문에 프로그래밍을 처음 배우는 사람도 코드를 쉽게 이해할 수 있다. 예를 들어, 화면에 'Hello World!'라는 텍스트를 출력하는 프로그램을 작성한다고 가정하자. 파이썬과 자바로 각각 코드를 작성해보면 다음과 같다. 파이썬에서는 `print("Hello World!")`와 같이 직관적으로 코드를 입력하면 되기 때문에 다른 프로그래밍 언어보다 훨씬 쉽다.

파이썬

```
print("Hello World!")
```

자바(Java)

```
class HelloWorldApp {
    public static void main(String[] args) {
        System.out.println("Hello World!");
    }
}
```

파이썬과 자바로 화면에 1부터 10까지 출력하는 프로그램을 각각 코드로 작성하여 비교해보자. 자바는 생략된 부분이 상당히 많음에도 불구하고 파이썬이 훨씬 더 직관적으로 이해된다. 이처럼 파이썬은 프로그래밍을 처음 배우는 초보자라 하더라도 다른 프로그래밍 언어보다 훨씬 더 간단하면서 이해하기 쉽다는 장점이 있다.

파이썬

```
for i in range(1, 11):
    print (i)
```

자바(Java)

```
for (i = 1; i <11; i++ ){
    System.out.println (i)
}
```

3.2 다양한 라이브러리 제공

파이썬의 두 번째 장점은 다양한 라이브러리를 제공하여 활용 범위가 넓다는 것이다. 파이썬은 최근 인공지능 기술에 대한 관심이 높아지면서 대표적인 인공지능 개발을 위한 언어로 인정받고 있다. 딥러닝 프레임워크인 구글의 텐서플로Tensorflow와 페이스북이 참여한 PyTorch 등은 모두 파이썬을 이용해 인공지능 프로그램의 구현을 도와주는 프레임워크이다. 알파고나 아인슈타인의 중력파를 확인하는 프로젝트에서도 파이썬이 사용되었다. 또한, 인공지능이나 데이터 분석 프로젝트, 웹 프로그래밍 개발, 서버 관리용 스크립트 언어 등 매우 다양하게 활용되고 있다.

파이썬이 많이 활용되는 이유는 언어 자체가 쉽기도 하지만 개발자들이 만들어 놓은 많은 모듈과 패키지를 쉽게 사용할 수 있기 때문이다. 현재 파이썬 관련 라이브러리는 지속적으로 늘어나고 있고, 이러한 오픈소스의 결과물들이 파이썬 활용의 저변을 넓히고 있다.

3.3 대중적인 프로그래밍 언어

파이썬은 현재 전 세계에서 가장 대중적으로 사용되는 프로그래밍 언어로 인정받고 있다. 특히 인공지능과 데이터 분석, 과학 계산 분야에서 활발히 사용되고 있다. 대표적으로 바둑기사이세돌 9단에게 승리한 알파고를 비롯하여 아인슈타인의 중력파를 증명하는 실험, 태양의 흑점을 발견하는 실험 등에서도 모두 파이썬 코드가 사용되었다. 그 외에도 유튜브나 인스타그램과 같은 SNS, 《배틀필드》와 《문명》 등의 유명 게임에서도 파이썬이 사용되고 있다.

또한, 프로그래밍계의 네이버 지식인이라고 할 수 있는 Stack Overflow의 조사 결과, 현재 가장 많은 질의응답을 받는 프로그래밍 언어는 파이썬으로 나타났다. 지속적인 파이썬의 발전으로 이러한 추세는 앞으로 계속될 것으로 보인다.

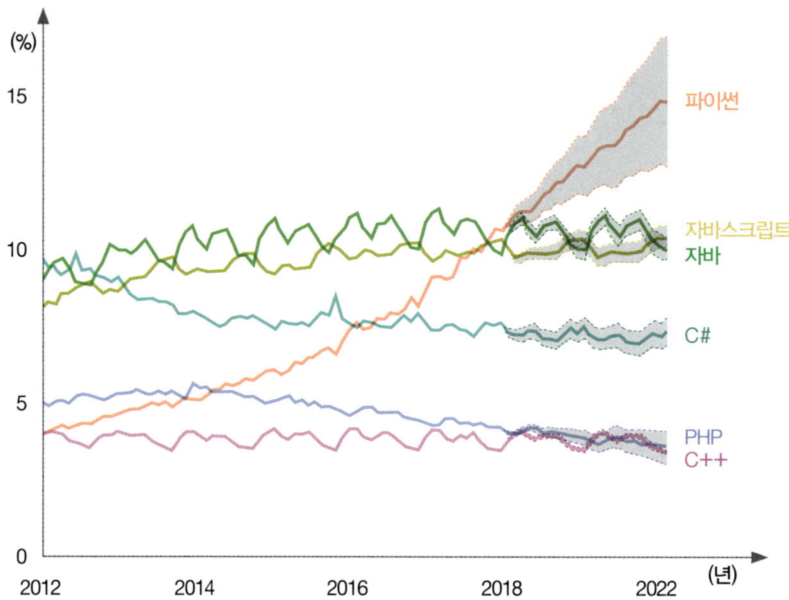

그림 1-9 프로그래밍 언어별 질의응답 비율(출처: Stack Overflow)

03 파이썬 개발 환경과 설치

1 파이썬 개발 환경 설정

이번 절에서는 파이썬으로 작성된 소스코드를 컴퓨터에서 어떻게 실행시킬 것인지에 대해 알아본다. 일반적으로 프로그래밍할 수 있는 환경을 프로그래밍 개발 환경이라고 한다. 파이썬으로 프로그래밍을 하기 위해서는 파이썬 인터프리터와 코드 편집기 프로그램이 필요하다. 일반적으로 이러한 개발 환경을 선택하는 것에 대해 프로그래밍 개발 환경 설정 또는 코딩 환경 설정이라고 한다. 파이썬 개발 환경 설정을 위해 다음 3가지를 고려해야 한다.

❶ 운영체제 선정

❷ 파이썬 인터프리터 선정

❸ 코드 편집기 선정

1.1 운영체제 선정

국내 컴퓨터 사용자 대부분이 운영체제로 윈도Windows를 사용하지만, 전 세계 프로그래머들은 대부분 유닉스Unix를 기반으로 한 리눅스Linux와 맥 OS Mac OS를 프로그램 개발에 많이 활용한다. 하지만 최근에는 윈도가 리눅스의 다양한 기능을 흡수하면서 윈도를 운영체제로 사용해도 큰 무리는 없어졌다.

표 1-2 운영체제별 특징

운영체제	장점	단점
윈도(Windows)	국내 사용자가 사용하기에 가장 쉬운 운영체제로, 프로그래밍을 시작하는 사람에게 상당히 좋은 선택임	다른 사용자가 개발한 다양한 모듈을 설치하기 어렵고, 참고 문서가 부족함
리눅스(Linux)	모듈 설치가 매우 쉽고, 인터넷에서 다양한 레퍼런스를 검색하기 쉬움	처음 사용하는 사용자가 다루기에는 운영체제 자체가 매우 어려움
맥 OS(Mac OS)	기본적으로 리눅스의 장점이 있으면서 윈도처럼 안정적임	다른 운영체제보다 상대적으로 가격이 비쌈

1.2 파이썬 인터프리터 선정

파이썬 인터프리터는 파이썬으로 작성된 소스코드의 실행 프로그램으로 실행 버전과 배포판 중에서 선택한다. 파이썬 인터프리터는 3.x 버전을 많이 사용하는데, 배포판은 파이썬 재단 Python Software Foundation에서 배포하는 순수 파이썬이 대표적이다. 하지만 최근에는 파이썬이 과학 계산 분석이나 웹 등의 특정 목표에 맞춰 사용되므로 이를 지원하는 버전을 활용하는 경우가 늘고 있다. 또한, 인터프리터의 속도를 향상하기 위한 pypy, C 기반의 파이썬인 Cython, 자바 기반의 파이썬인 Jython 등도 사용한다.

이 책에서는 대표적인 과학 계산 분석용 파이썬으로 Anaconda의 Miniconda 배포판을 사용한다. Miniconda는 파이썬을 사용할 때 필요한 여러 라이브러리를 윈도에서 바로 사용할 수 있도록 지원하는 conda 가상환경을 지원한다. 윈도는 파이썬 라이브러리를 새로 설치하기에 상당히 번거로운 면이 있는데, Miniconda에서는 conda 가상환경을 통해 이를 지원한다.

표 1-3 주요 파이썬 인터프리터

종류	설명
Python	일반적인 파이썬으로 기본적인 모듈을 포함한다.
Anaconda	다양한 과학 계산용 모듈을 묶어 패키지로 제공한다. 이 책에서 사용하는 툴이다.
Canopy	다양한 과학 계산용 모듈을 묶어 패키지로 제공한다(최근에는 사용하지 않음).

1.3 코드 편집기 선정

프로그램의 소스코드도 넓은 의미로 보면 하나의 텍스트 문서이다. 텍스트 문서란 워드, 한글과 같은 워드프로세서에서 만든 글자로 이루어진 일종의 문서를 의미한다. 즉, 소스코드도 문서이므로 이를 편집할 프로그램이 필요한데, 이를 '코드 편집기'라고 한다.

코드 편집기는 두 가지 형태로 나눌 수 있다. 하나는 단순히 문서를 편집할 때 사용하는 텍스트 에디터이고, 다른 하나는 프로그램의 개발부터 배포까지 전 과정을 지원하는 통합개발환경 Integrated Development Environment, IDE이다. 프로그램을 본격적으로 개발하게 되면 IDE가 단순 편집기보다 편한 부분이 많다. 하지만 처음 프로그래밍을 배울 때는 사용하기에 너무 무겁다. 따라서 모든 것을 지원하는 IDE보다 텍스트 편집기로 직접 코드를 입력하면서 배우는 것을 권장한다. 이 책에서는 프로그래밍에 특화된 문서 편집 도구인 비주얼 스튜디오 코드를 코드 편집기로 사용한다.

표 1-4 주요 코드 편집기와 IDE

종류	설명
메모장	윈도의 기본 문서 편집 도구
VI editor	리눅스의 기본 문서 편집 도구
Sublime Text	프로그래밍에 특화된 문서 편집 도구
Atom	프로그래밍에 특화된 문서 편집 도구(Github에서 개발)
PyCharm	다양한 기능을 갖춘 파이썬 전용 개발 도구(IDE)
비주얼 스튜디오 코드 (Visual Studio Code)	마이크로소프트에서 제공하는 코드 전용 에디터로, 기능이 다양하여 최근 가장 많은 관심을 받고 있음(이 책에서 사용하는 툴)

2 파이썬 인터프리터의 설치: Miniconda

이 책에서는 파이썬을 활용하기 위한 인터프리터로, Anaconda의 Miniconda를 사용한다. Miniconda는 과학 계산용 파이썬 통합 패키지인 Anaconda의 간소 버전으로, 기본 파이썬 인터프리터와 함께 패키지 관리 도구인 conda를 제공한다. conda는 매우 유용한 패키지 관리 도구로, 특히 윈도에서 컴파일된 C 라이브러리를 제공함으로써 다양한 파이썬 패키지를 손쉽게 설치할 수 있도록 지원한다. 다음 과정을 따라하면서 Miniconda를 설치해보자.

01 우선 Miniconda 다운로드 페이지(https://conda.io/miniconda.html)에서 'Python 3.x'로 시작하는 최신 버전의 윈도용 설치파일을 다운로드한다.

Windows installers

Windows

Python version	Name	Size	SHA256 hash
Python 3.9	Miniconda3 Windows 64-bit	71.2 MiB	1acbc2e8277ddd54a5f724896c7edee112d068529588d944702966c867e7e9cc
Python 3.8	Miniconda3 Windows 64-bit	70.6 MiB	94f24e52e316fa935ccf94b0c504ceca8e6abc6190c68378e18550c95bb7cee1
Python 3.7	Miniconda3 Windows 64-bit	69.0 MiB	b221ccdb2bbc5a8209a292f858ae05fd87f882f79be75b37d26faa881523c057
Python 3.9	Miniconda3 Windows 32-bit	67.8 MiB	4fb64e6c9c28b88beab16994bfba4829110ea3145baa60bda5344174ab65d462
Python 3.8	Miniconda3 Windows 32-bit	66.8 MiB	60cc5874b3cce9d80a38fb2b28df96d880e8e95d1b5848b15c20f1181e2807db
Python 3.7	Miniconda3 Windows 32-bit	65.5 MiB	a6af674b984a333b53aaf99043f6af4f50b0bb2ab78e0b732aa60c47bbfb0704

02 다운로드한 설치파일을 실행하고 [Next] 버튼을 클릭한 후, 다음 화면에서 [I Agree] 버튼을 클릭한다.

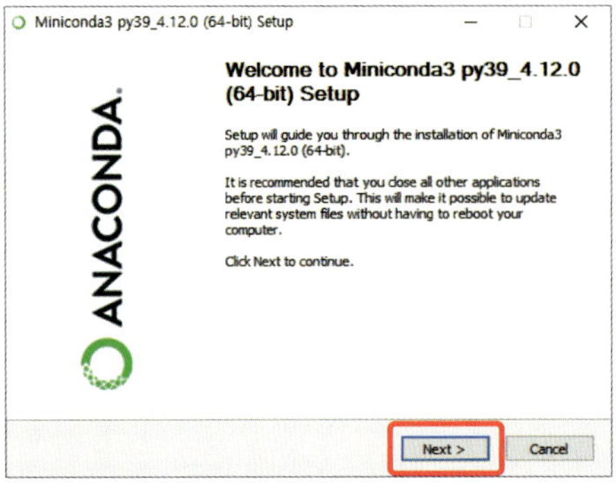

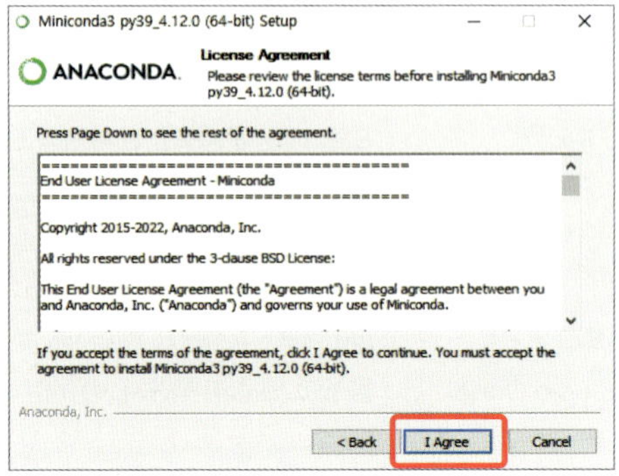

03 인스톨 타입 설정 창에서 'Just Me'를 선택하고 [Next] 버튼을 클릭한다.

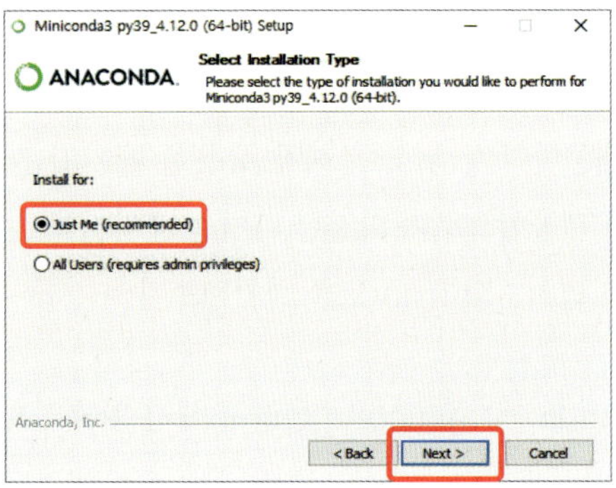

04 설치 경로 설정 창에서 [Browse] 버튼을 클릭하여 적절한 경로를 지정하고 [Next] 버튼을 클릭한다.

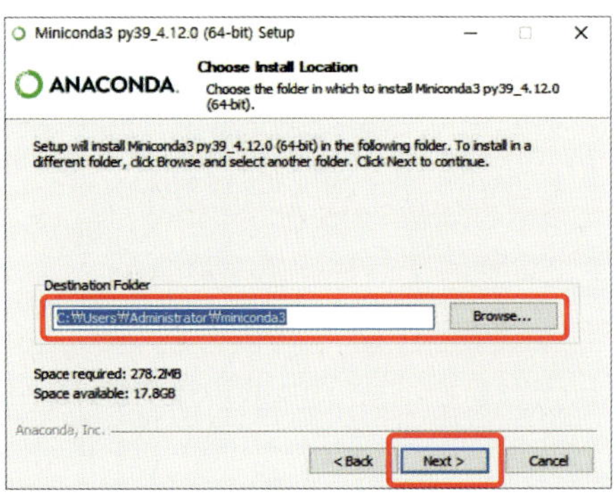

05 인스톨 옵션 설정 창에서 체크박스에 모두 체크한 후 [Install] 버튼을 클릭한다.

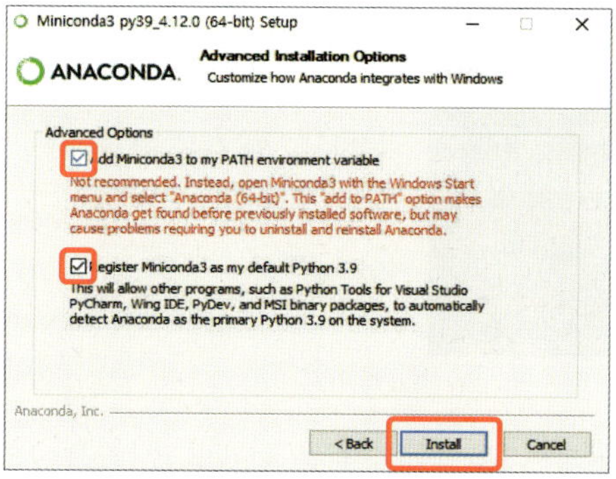

06 설치가 완료되면 [윈도]+[R] 키를 누른 후, 실행 창에서 'cmd'를 입력하고 [Enter] 키를 누른다. cmd 창이 열리면 'python'을 입력한 후 [Enter] 키를 눌러 파이썬이 작동하는지 확인한다.

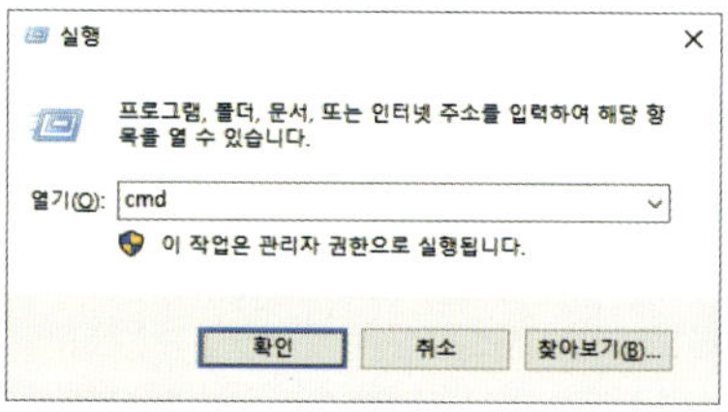

[실행 창]

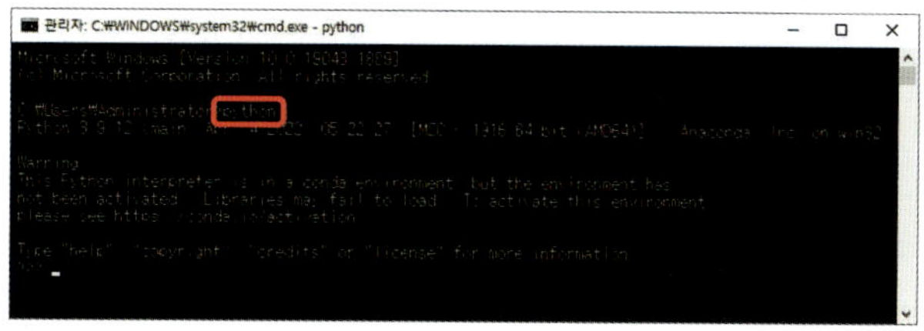

[cmd 창]

3 파이썬 코드 편집기의 설치: 비주얼 스튜디오 코드

비주얼 스튜디오 코드Visual Studio Code는 마이크로소프트에서 만든 에디터로 다양한 프로그래밍 언어의 편집기로 사용할 수 있도록 고안되었다. 비주얼 스튜디오 코드는 무료이며 플러그인으로 기능을 쉽게 확장할 수 있다. 특히 마이크로소프트가 깃허브github 등의 다른 프로그래밍 관련 환경을 통합하면서 사용자들에게 다양한 장점을 제공하고 있다. 이로 인해 최근에는 프로그래밍 코드 편집기의 표준처럼 사용되고 있다. 비주얼 스튜디오 코드를 사용하기 위해서는 다음과 같은 과정을 거쳐야 한다.

01 비주얼 스튜디오 코드의 설치 프로그램을 다운로드해야 한다. 비주얼 스튜디오 코드 홈페이지(https://code.visualstudio.com)에 접속해서 [Download for Windows]를 클릭하여 설치파일을 다운로드한다.

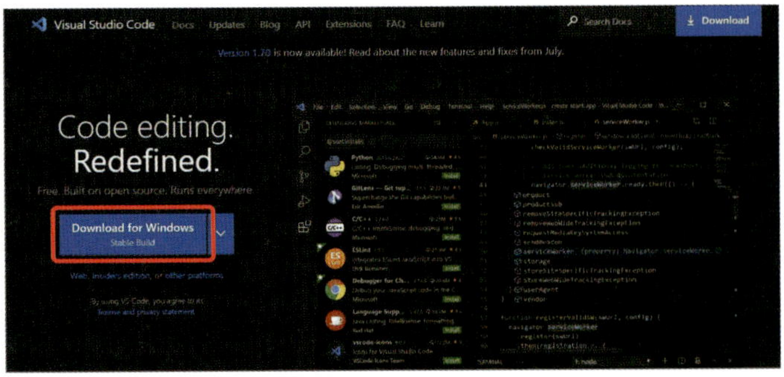

02 설치파일을 실행시키면 설치 창이 열리는데, 여기서 [동의합니다]를 선택하고 [다음] 버튼을 클릭한다.

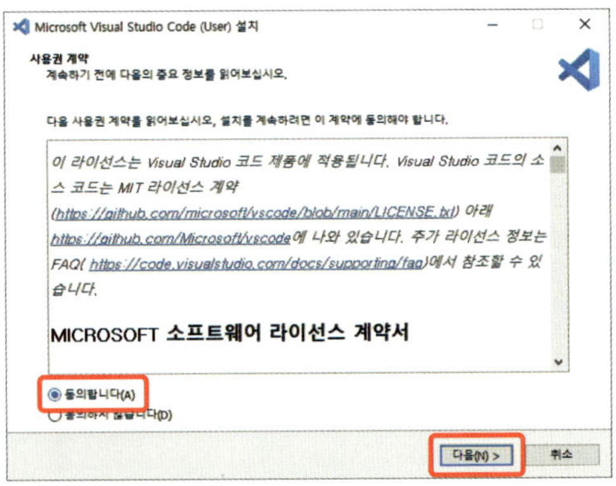

03 설치 경로 설정 창에서 적절한 경로를 지정하고 [다음] 버튼을 클릭한다.

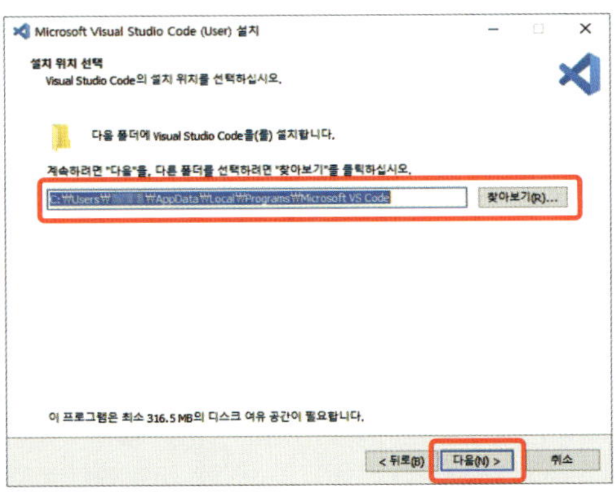

04 시작 메뉴 폴더에 나타나는 이름을 지정하고 [다음] 버튼을 클릭한다.

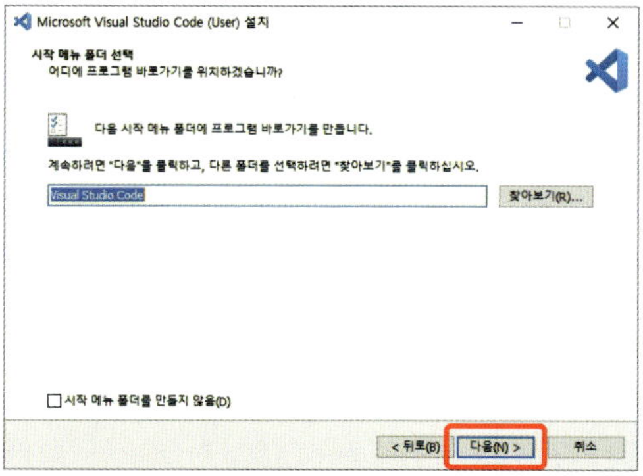

05 다음으로 열리는 추가 작업 선택 창에서 체크박스에 모두 체크한 후 [다음] 버튼을 클릭한다. 다음 화면에서 설치 내용을 확인하고 [설치] 버튼을 클릭한다.

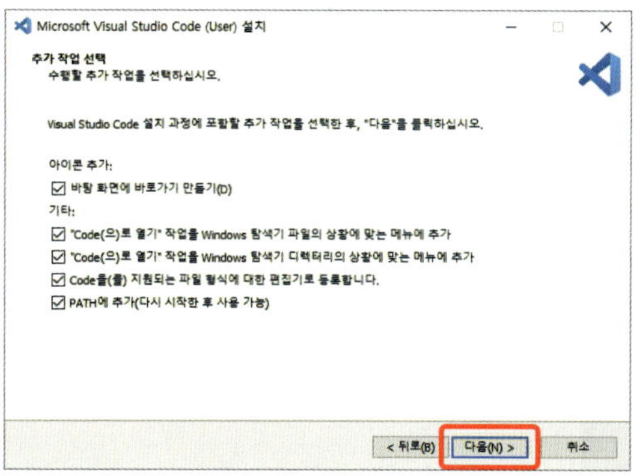

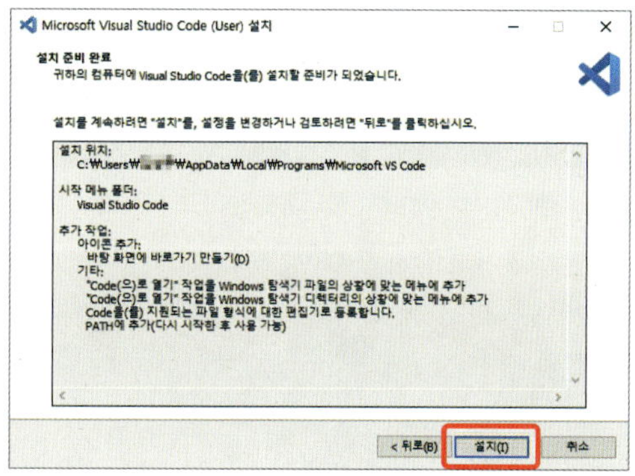

06 설치가 완료되었다.

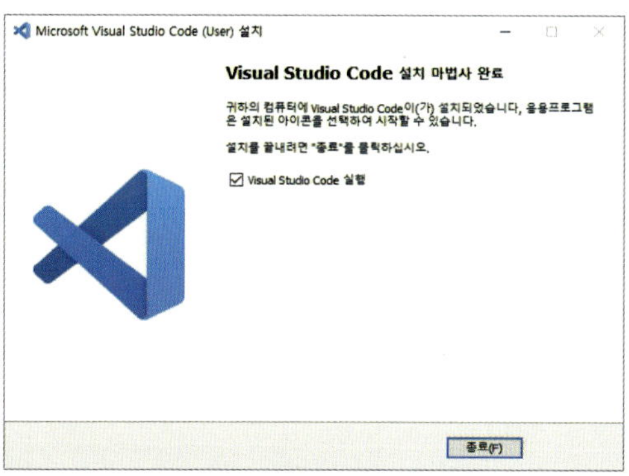

4 비주얼 스튜디오 코드에서 코드 작성하기

이번에는 비주얼 스튜디오 코드를 실행하여 코드를 작성하는 방법에 대해 알아본다.

01 비주얼 스튜디오 코드를 실행하는 방법은 다양한데, 이 책에서는 cmd 창에서 실행하는 방법을 사용한다. 먼저 [윈도]+[R] 키를 눌러 cmd 창을 실행한다. 프로그래밍 작업 환경을 만들기 위해 〈workspace〉라는 폴더를 만들어야 하는데, 이를 위해 cmd 창에서 'mkdir workspace'를 입력하고 [Enter] 키를 누르면 새로운 'workspace' 폴더가 생성된다. 그 다음 'cd workspace'를 입력해 해당 폴더로 이동한 후 'code'를 입력하면 비주얼 스튜디오 코드가 실행된다.

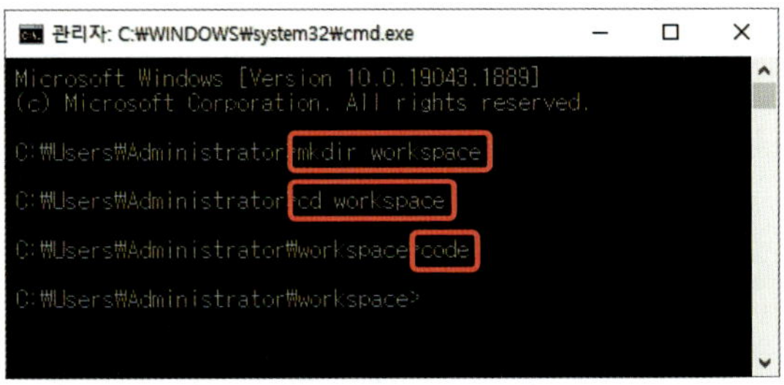

[cmd 창에서 workspace 폴더를 생성하고, 비주얼 스튜디오 코드 실행]

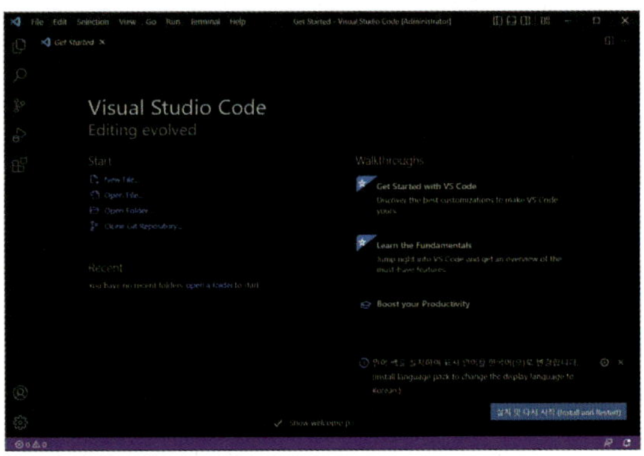

[비주얼 스튜디오 코드 화면]

여기서 잠깐! **바탕화면 아이콘으로 비주얼 스튜디오 코드 실행하기**

바탕화면의 단축 아이콘을 사용하여 비주얼 스튜디오 코드를 실행하는 방법이 가장 간단하다. 하지만 비주얼 스튜디오 코드의 특성상 디렉터리(폴더)에서 실행하는 경우가 많아 단순히 단축 아이콘을 더블클릭하여 실행하면 어려움이 있을 수 있다. 따라서 cmd 창에서 실행하는 방법을 추천한다.

02 비주얼 스튜디오 코드의 메뉴바에서 [File]-[New Text File]을 선택하거나 단축키 Ctrl+N을 누른다.

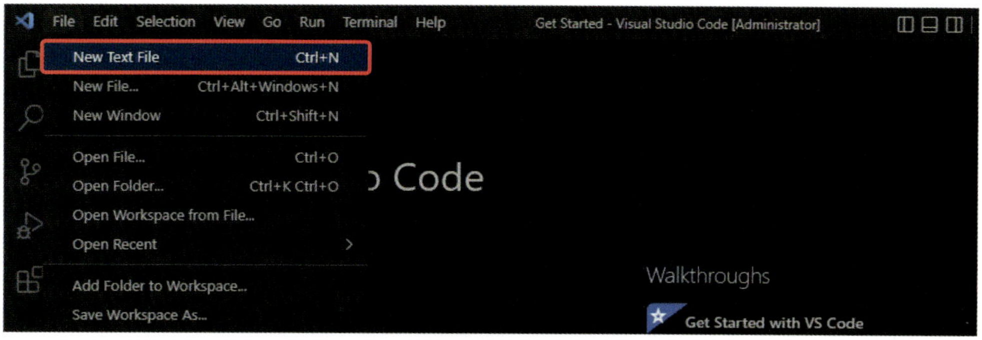

03 새 창이 나타나면 다음과 같은 파이썬 코드를 입력한다.

```
print("Hello Python")
```

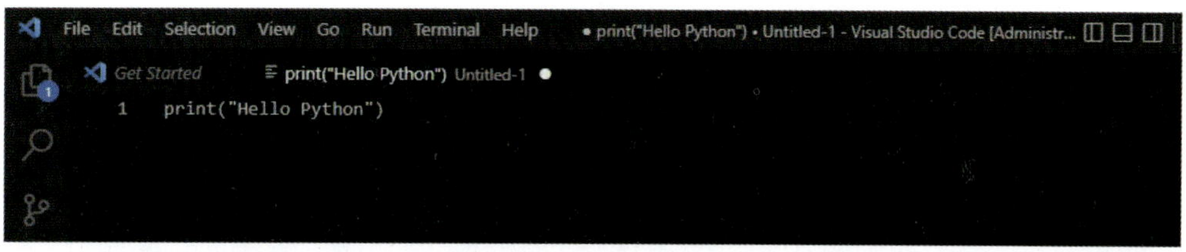

04 메뉴바에서 [File]-[Save]를 선택하거나 단축키 Ctrl+S를 눌러 파일을 저장한다.

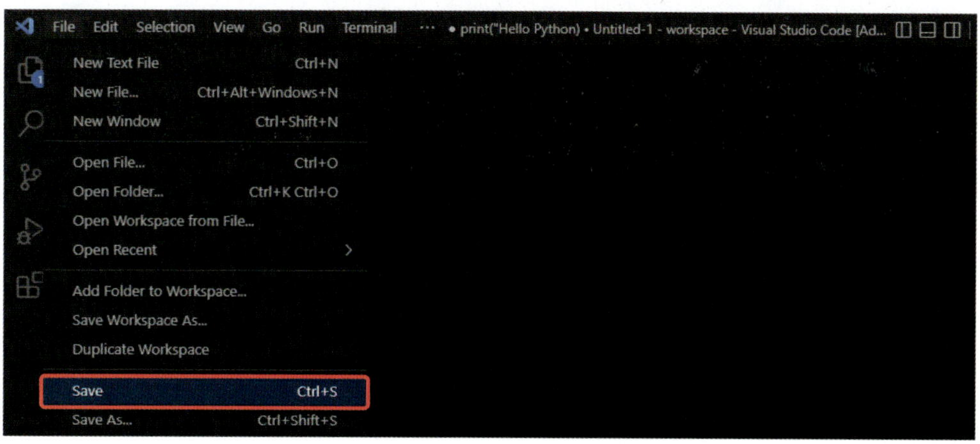

05 [Save AS] 대화상자에서 폴더를 지정하고 'hello.py'라는 이름으로 파일을 저장한다. 파이썬은 이름 뒤에 '.py'라는 확장자를 붙여 저장해야 한다. [저장] 버튼을 클릭한다.

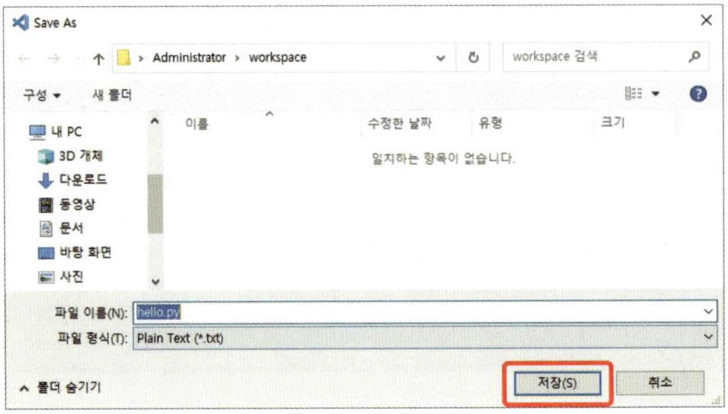

06 파이썬 파일을 저장하면 화면 오른쪽 하단에 'Python에서 권장되는 확장을 설치하시겠습니까?'라는 메시지가 나온다. 이는 파이썬을 사용한다면 추천해줄 확장 프로그램이 있다는 의미이다. [Install] 버튼을 클릭하면 설치가 진행된다.

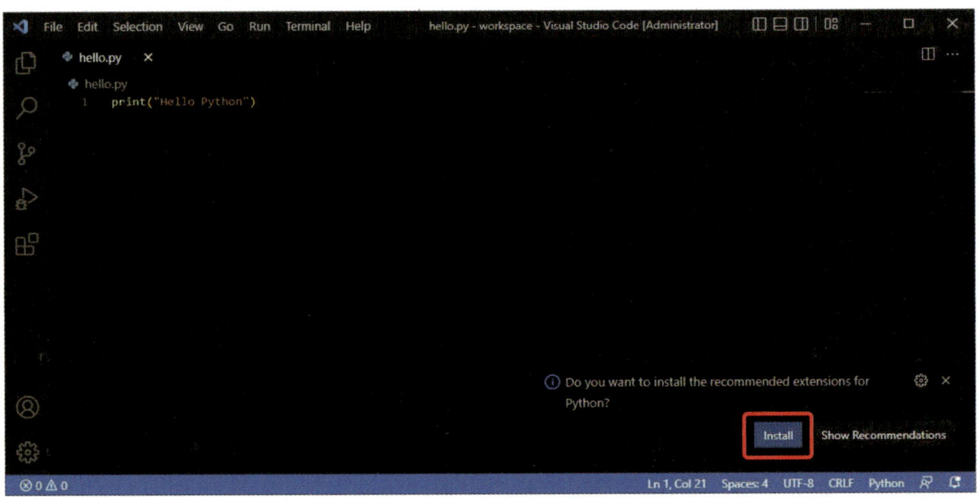

07 마지막으로 방금 작성한 파이썬 프로그램을 실행해보겠다. [윈도]+[R] 키를 눌러 cmd 창을 실행한다. cmd 창에서 작업 폴더인 'workspace'로 이동하고 'python hello.py'라는 코드를 입력하여 실행시키면 결과값이 출력된다.

```
C:\...>cd workspace
C:\...\workspace>python hello.py
Hello Python
```

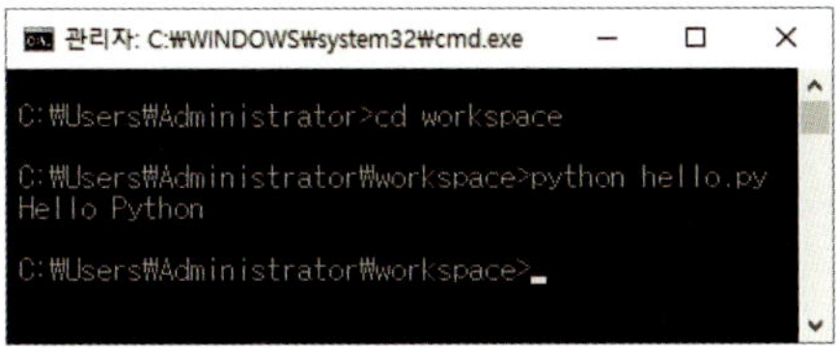

5 파이썬 셸에서 코드 작성

파이썬으로 작업할 때 앞에서 언급한 코드 편집기인 비주얼 스튜디오 코드와 더불어 파이썬 인터프리터인 파이썬 셸Python shell 환경을 알아야 한다. 파이썬 셸은 파이썬을 사용하기 위한 가장 기초적인 환경으로, 앞에서 언급한 것처럼 cmd 창에서 'python'이라는 명령어를 입력하면 실행된다.

① 윈도 + R
② 실행 창에서 'cmd'를 입력한 후 Enter
③ cmd 창에서 'python'을 입력한 후 Enter

여기서 잠깐! 파이썬 셸

일반적으로 프로그래밍 또는 컴퓨터 환경에서 '셸(shell)'이라고 하면 인터프리터에 직접 입력할 수 있는 인터페이스(interface)를 의미한다. 즉, 파이썬 셸은 파이썬 인터프리터에 명령어를 직접 입력할 수 있는 환경을 말한다. 참고로, 리눅스 계열에서 '셸'은 리눅스 커널(Linux kernel)에 명령을 입력할 수 있는 환경을 말한다.

파이썬 셸이 실행되면 현재 인터프리터에 대한 간단한 설명과 함께 '>>>'라는 입력 커맨드가 화면에 나타나는데, 여기에 다음과 같이 입력한다.

```
>>> professor = "Sungchul Choi"
>>> print(professor)
Sungchul Choi
```

```
>>> a = 7
>>> b = 5
>>> print(a + b)
12
>>> a = 7
>>> b = 5
>>> print("a + b")
a + b
```

약간은 계산기 같은 프로그램의 결과가 화면에 잘 출력되는 것을 확인할 수 있다.

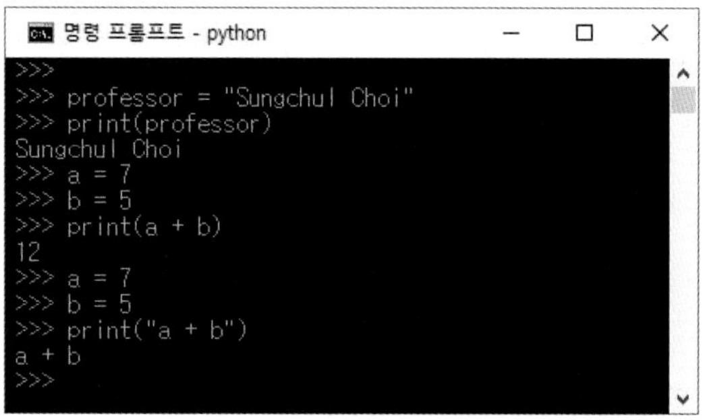

그림 1-10 파이썬 셸에서 코드 작성 후 실행

요약

01 코딩coding이란 프로그래밍을 하는 행위이며, 프로그래밍programming은 프로그래밍 언어를 사용하여 프로그램을 개발하는 것이다. 프로그래밍 언어programming language는 '인간이 원하는 것을 컴퓨터로 실행시키기 위해 사용하는 컴퓨터가 이해할 수 있는 언어'이다.

02 파이썬Python은 귀도 반 로섬Guido Van Rossum이 1991년에 개발한 언어로, 처음에는 C 언어 기반으로 개발되었으며 이후 다양한 기능이 추가되었다.

03 파이썬은 플랫폼 독립적인 언어, 인터프리터 언어, 객체 지향 언어, 동적 타이핑 언어라는 특징을 갖고 있다.

04 Miniconda는 과학 계산용 파이썬 통합 패키지인 Anaconda의 간소 버전으로, 기본 파이썬 인터프리터와 함께 패키지 관리 도구인 conda를 제공한다.

05 비주얼 스튜디오 코드Visual Studio Code는 마이크로소프트에서 만든 에디터로, 다양한 프로그래밍 언어의 편집기로 사용할 수 있도록 고안되었다.

06 파이썬 셸은 파이썬을 사용하기 위한 가장 기초적인 환경으로, cmd 창에서 'python'이라는 명령어를 입력하면 실행된다.

연습문제

01 **다음 중 대한민국 5대 IT 기업인 '네카라쿠배'에 해당하지 않는 것은?**

① 네이트 ② 카카오 ③ 라인 ④ 쿠팡 ⑤ 배달의민족

02 **다음 설명에 해당하는 용어를 고르시오.**

> 인간이 원하는 것을 컴퓨터로 실행시키기 위해 사용하는 컴퓨터가 이해할 수 있는 언어를 말한다.

① 코딩 ② 프로그램 ③ 프로그래밍 언어
④ 스마트폰 ⑤ 애플리케이션

03 **다음 중 파이썬의 특징이 아닌 것은?**

① 동적 타이핑 언어 ② 플랫폼 독립적인 언어 ③ 객체 지향 언어
④ 인터프리터 언어 ⑤ 절차 지향 언어

04 **다음 중 파이썬을 배우는 이유가 아닌 것을 모두 고르시오.**

① 쉽고 간단한 언어이다. ② 다양한 라이브러리를 제공한다.
③ 대중적인 프로그래밍 언어이다. ④ 가장 오래된 언어이다.
⑤ C나 자바에 비해 속도가 빠르다.

05 **다음 중 비주얼 스튜디오 코드에 대한 설명이 아닌 것은?**

① 마이크로소프트에서 만든 에디터이다.
② 과학 계산용 파이썬 통합 패키지이다.
③ 플러그인으로 기능을 쉽게 확장할 수 있다.
④ 다양한 프로그래밍 언어의 편집기로 사용할 수 있다.
⑤ 무료로 제공하고 있다.

PART 02
파이썬 기초

PART 02

파이썬 기초

CHAPTER 02

변수와 자료형

학습목표

- 변수의 개념, 변수와 메모리의 관계에 대해 알아본다.
- 변수명을 선언하는 규칙에 대해 이해한다.
- 기본 자료형인 정수형, 실수형, 문자형, 불린형에 대해 학습한다.
- 사칙연산을 비롯한 간단한 연산을 수행한다.
- 자료형 간 변환하는 방법에 대해 알아보고, 자료형을 확인하는 방법을 학습한다.

PREVIEW

이번 장에서는 프로그램에서 특정한 값을 저장하는 공간인 변수에 대해 배운다. 또한 변수가 어떤 형태의 데이터를 저장하는가를 나타내는 자료형의 유형과 이 자료형을 변환하는 방법에 대해 알아보고, 간단한 연산 방법에 대해 학습한다.

01 변수의 이해

다음 코드는 Chapter 01에서 작성한 코드이다. 다시 살펴보자.

```
>>> professor = "Sungchul Choi"
>>> print(professor)
Sungchul Choi
>>> a = 7
>>> b = 5
>>> print(a + b)
12
>>> a = 7
>>> b = 5
>>> print("a + b")
a + b
```

매우 간단한 코드이지만 프로그래밍을 처음 배운다면 어렵게 느껴질 수도 있다. 다른 것은 이해하지 못하고 넘어가도 상관없지만, 'print( )'라는 함수는 꼭 알아야 한다. print( ) 함수는 괄호 안의 내용을 화면에 출력하라는 뜻이다.

여기서 주목할 부분은 `print(a + b)`와 `print("a + b")`의 출력 결과가 다르다는 것이다. 그 이유는 무엇일까? 또한, 이 코드를 실행하면 컴퓨터에서는 어떤 일이 일어날까?

1 변수와 값

앞의 코드를 하나씩 살펴보자. 먼저 세 번째 줄까지 보도록 하겠다.

```
>>> professor = "Sungchul Choi"
>>> print(professor)
Sungchul Choi
```

첫 번째 줄의 `professor = "Sungchul Choi"`라는 코드는 무슨 뜻일까? 다음 4가지로 생각할 수 있다.

❶ professor의 이름은 Sungchul Choi이다.

❷ professor는 Sungchul Choi이다.

❸ professor와 Sungchul Choi는 같다.

❹ professor에 Sungchul Choi를 넣어라.

이 4가지 중 무엇을 뜻할까? 일반적으로 생각할 때 '=' 기호는 '~와 같다'로 여길 수 있다. 하지만 프로그래밍에서는 "`professor`라는 공간에 `Sungchul Choi`라는 글자를 넣어라."로 해석할 수 있다. 정확하게는 `professor`라는 변수에 `Sungchul Choi`라는 값을 넣으라는 뜻이다. 여기서 새로운 용어가 나타났다. 바로 '변수variable'와 '값value'이다.

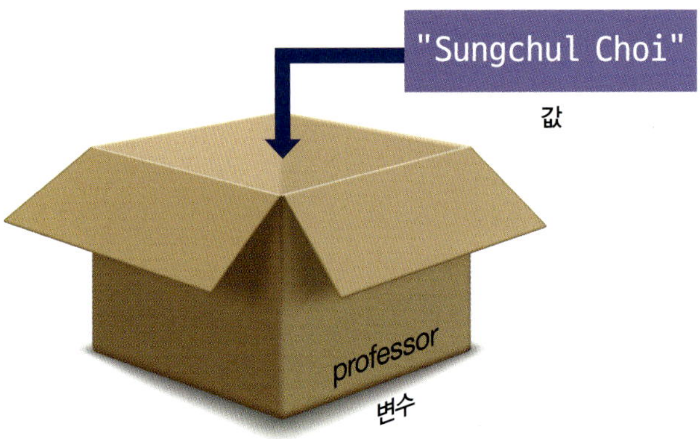

그림 2-1 변수와 값

이어서 다음 코드를 살펴보자. `print(a + b)`와 `print("a + b")`의 차이는 무엇일까?

```
>>> a = 7
>>> b = 5
>>> print(a + b)
12
>>> a = 7
>>> b = 5
>>> print("a + b")
a + b
```

코드를 보면 `a = 7`과 `b = 5`가 있다. 배운 내용으로 이해한다면 변수 a와 변수 b에 각각 7과 5를 넣으라는 뜻이다. 그렇다면 `print(a + b)`와 `print("a + b")`의 결과는 왜 다를까? 두 코드의 결정적 차이는 따옴표(“ ”)의 사용 여부에 있다. 따옴표의 사용 여부에 따른 의미 차이는 [표 2-1]과 같다.

표 2-1 따옴표의 사용 여부에 따른 의미 차이

코드	의미
print(a + b)	a 변수에 있는 값과 b 변수에 있는 값을 더해 화면에 출력하라
print("a + b")	'a + b'라는 문자를 그대로 화면에 출력하라

`print(a + b)`라고 하면, a 변수에 있는 값과 b 변수에 있는 값을 더해 화면에 출력하라는 뜻이다. 그에 반해 `print("a + b")`와 같이 따옴표가 있으면 파이썬 인터프리터는 따옴표 안의 문자를 하나의 값으로 이해한다. 즉, 파이썬 인터프리터는 따옴표 안의 문자를 하나의 값으로 보고 이 값을 그대로 화면에 출력하라는 의미로 이해한다.

앞의 코드에서 본 것처럼 파이썬에서는 변수와 값을 통해 모든 프로그래밍을 시작한다. 이렇게 변수에 값을 넣는 과정을 프로그래밍에서는 할당assignment이라고 한다. 그렇다면 할당 과정이 일어날 때 컴퓨터에서는 어떤 일이 일어날까? 즉, 변수에 들어가는 값은 컴퓨터의 어느 위치에 저장되는 것일까?

2 변수와 메모리

변수의 개념에 대해 한번 더 정리해보자. 변수는 중·고등학교의 수학시간에 배운 개념과 비슷하다. 예를 들어, '2x + 7y'는 14라고 했을 때 이 식에서 x와 y가 변수이다.

프로그래밍에서의 변수는 수학과 비슷하지만, 약간 다르다. 수학에서는 변수가 '변할 수 있는 수'라는 뜻이지만, 프로그래밍에서는 '어떠한 값을 저장하는 장소'라는 뜻으로 사용된다. 그렇다면 이 변수를 저장하는 물리적 장소가 컴퓨터 어딘가에 있어야 하는데, 이 장소를 메모리memory라고 한다. 즉, 변수에 값이 저장되는 공간을 메모리라고 하고, 이 변수의 저장 위치를 메모리 주소라고 한다. 그래서 변수에 들어가는 값은 반드시 어떤 특정한 메모리 주소를 갖게 된다.

여기서 잠깐! **컴퓨터의 구조: 폰 노이만 아키텍처**

메모리, 변수, 값을 이해하기 위해 컴퓨터의 구조에 대해 알아야 한다. 현재 컴퓨터의 구조는 폰 노이만 아키텍처(Von Neumann architecture)에 기반을 둔다.

폰 노이만 아키텍처는 20세기 초반에 제시된 구조로, 컴퓨터가 어떤 프로그램을 실행시킬 때 실행하고자 하는 값을 컴퓨터의 메모리에 저장하고, 저장된 값을 순차적으로 CPU로 불러와 계산하는 방식을 말한다. 다시 말해 모든 컴퓨터에서는 값이 CPU로 가기 전에 반드시 메모리 공간에 저장되는데, 이 값을 CPU가 하나하나 돌아가면서 처리하는 구조가 오늘날 컴퓨터의 기본 구조인 폰 노이만 아키텍처이다.

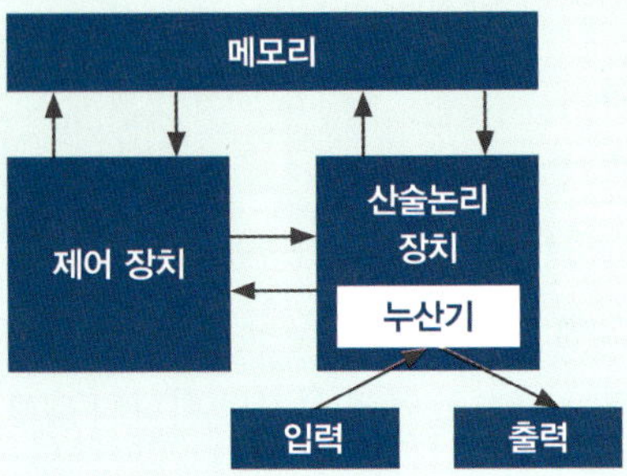

그림 2-2 폰 노이만 아키텍처

TIP **존 폰 노이만(John von Neumann)** 폰 노이만 아키텍처를 제시했으며, 20세기 가장 뛰어난 천재 중 한 명으로 인정받고 있다. 폰 노이만은 컴퓨터 과학 분야뿐 아니라 수학, 경제학, 생물학 등 다양한 분야에서 천재성을 보인 학자이다. 대표적인 예로 오늘날 경제학에서 많은 사회현상을 설명하는 데 있어 가장 폭넓게 사용되는 게임 이론의 개념을 처음 제시한 사람이기도 하다. 또한, 생물학 분야에서도 DNA가 앞으로 발견될 것임을 예측하기도 하였다.

그렇다면 메모리는 어떻게 생겼을까? 흔히 컴퓨터에서 메모리라고 하면 RAM Random Access Memory을 말하는데, 국내 대표 기업인 삼성전자와 하이닉스가 생산하는 제품이기도 하다. 메모리는 컴퓨터의 종류에 따라 형태가 다양하다.

TIP 스마트폰에서 64기가, 128기가와 같은 명칭이 바로 메모리 크기를 말하는 것인데, 이것이 프로그래밍할 때 저장 공간으로 사용되는 메모리를 의미한다.

`professor = "Sungchul Choi"`, `a = 3`, `b = 7`과 같은 변수를 선언하면 [그림 2-3]과 같이 메모리 어딘가에 주소값을 할당받아 저장된다. 컴퓨터 구조에 대해 공부했다면, RAM이 휘발성volatile이라는 성질이 있어 컴퓨터에 전원이 들어와 있는 동안에만 저장된다는 사실을 알 것이다. 이 메모리 공간은 반드시 주소값을 가지게 되어 있다. 즉, 변수를 선언하여 값을 저장하면 운영체제os와 파이썬 인터프리터가 서로 협력하여, 선언한 변수를 메모리 공간 어딘가에 저장시키고 메모리 주소를 공유한다.

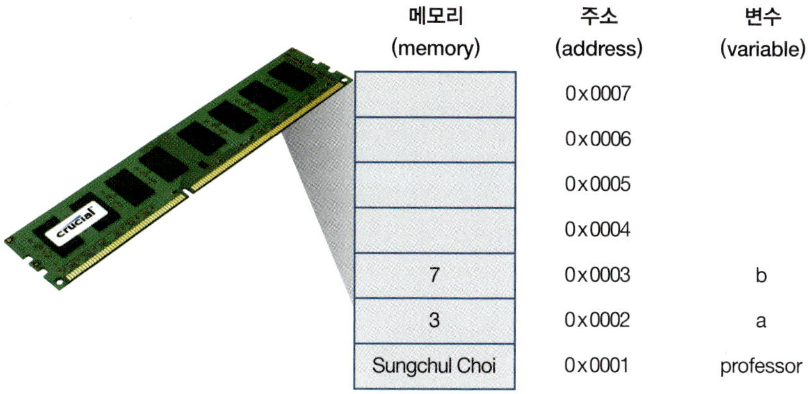

그림 2-3 메모리의 주소 할당

변수에 대해 정리해보자. 먼저 변수는 프로그램에서 특정한 값을 저장하는 공간의 이름을 뜻한다. 그리고 변수에 값을 넣으라고 선언하는 순간 메모리 어딘가에 물리적 공간을 확보할 수 있도록 운영체제와 파이썬 인터프리터가 협력하여 메모리 저장 위치를 할당한다. 이 위치를 메모리 주소라고 한다. `a = 3`이라고 썼을 때 a는 3이라는 것이 아니다. 정확한 의미는 'a라고 하는 메모리 공간에, a라고 하는 메모리 주소에, a라고 하는 변수에 3이라는 값을 넣어라.'라고 해석할 수 있다. 메모리와 변수의 개념은 처음 프로그래밍을 배울 때 반드시 이해해야 하는 개념이다. 조금 어렵게 들릴 수도 있지만 반드시 이해하고 넘어가야 한다.

3 변수명 선언

앞에서 변수명(변수의 이름)은 a, b, professor처럼 영문명을 사용하였다. 프로그래밍 언어에서는 언어마다 변수명을 선언할 때 규칙이 있는데, 일반적으로 알파벳, 숫자, 밑줄(_)로 선언해야 하며, 한글은 사용할 수 없다.

독자들에게 권장하는 것은 프로그래밍을 처음 배울 때부터 반드시 다른 사람이 읽어도 이해할 수 있는 이름으로 변수명을 선언하라는 것이다. 예를 들어 변수명을 a, b, c와 같은 형태로 선언하게 되면 나중에 다른 사람이 봤을 때 이해하기 어려워진다. 일반적으로 프로그램은 혼자가 아닌 여러 사람과 함께 만들게 되므로 프로그래밍을 하는 사람들 간의 적절한 의사소통이 필요하다. 따라서 변수명은 반드시 의미 있는 이름으로 선언하는 것이 좋다.

이 외에 조심해야 할 사항이 몇 가지 있다. 파이썬에서 변수명은 대소문자가 구분된다. 몇몇 언어에서는 대소문자를 구분하지 않기도 하지만, 파이썬에서는 'Professor'와 'professor'가

서로 다른 변수이니 주의해야 한다. 일반적으로 파이썬의 모든 변수명은 소문자로 구성하는 것을 추천한다.

나중에 배우겠지만, 파이썬에는 for, if, else, except와 같은 특별한 의미가 있는 예약어가 있다. 이러한 예약어는 변수명으로 사용할 수 없다.

다음 내용에 유의하여 변수명을 선언하도록 한다.

- 알파벳, 숫자, 밑줄(_)로 선언할 수 있다.
  ex data = 0, _a12 = 2, _gg = 'afdf'
- 변수명은 의미 있는 단어로 표기하는 것이 좋다.
  ex professor_name = 'Sungchul Choi'
- 변수명은 대소문자가 구분된다.
  ex ABC와 Abc는 다른 변수임
- 특별한 의미가 있는 예약어는 사용할 수 없다.
  ex for, if, else 등

02 자료형과 기본 연산

많은 사람이 즐기는 게임으로 '오버워치'가 있다. 이러한 복잡한 프로그램은 어떻게 만들까? 물론 음악이나 그래픽 등의 많은 요소가 필요하지만, 가장 기본적인 것은 사칙연산이다. 컴퓨터는 빠르면서 엄청 큰 계산기라고 할 수 있기 때문에 컴퓨터에서 사칙연산은 가장 기본적이면서 핵심을 이룬다. 이번 절에서는 컴퓨터의 사칙연산을 이해하기 위해 메모리 공간, 자료형, 연산자와 피연산자에 대해 알아본다.

1 메모리 공간

앞서 컴퓨터에 정보를 저장하기 위한 변수와 메모리의 개념에 대해 학습하였다. 그렇다면 하나의 변수는 어느 정도의 메모리 공간을 사용할까? 먼저, 어느 정도의 공간이라는 개념에 대해 이해하자.

일반적으로 하드디스크(최근에는 SSD 사용)에 필요한 파일을 저장하면, 그 파일은 어느 정도의 저장 공간을 사용하게 된다. 다시 말해 하나의 변수를 메모리에 저장할 때 그 변수의 크기만큼 공간(일정한 용량)을 할당받는다. 1KB, 10KB, 2MB 이런 식으로 말이다. 컴퓨터는 0과 1, 두 가지 정보만 저장할 수 있으므로 이진수를 사용한다. 이러한 이진수 한 자리를 비트bit라고 하며, 8개의 비트는 1바이트byte, 1,024바이트는 1킬로바이트kilobyte, KB, 1,024킬로바이트는 1메가바이트megabyte, MB이다. 이것이 메모리 공간의 기본 개념이다.

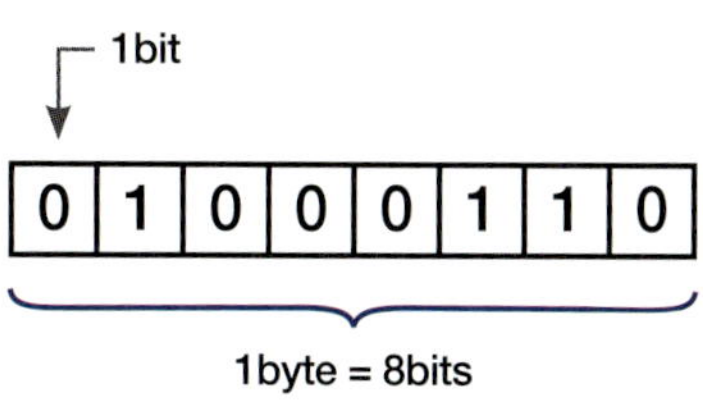

그림 2-4 비트(bit)와 바이트(byte)

여기서 잠깐! **컴퓨터가 이진수를 사용하는 이유**

컴퓨터는 왜 이진수를 사용할까? 컴퓨터의 메모리는 실리콘으로 만든 반도체이다. 반도체의 가장 큰 특징은 어떤 자극을 주었을 때 전기가 통할 수 있어 전류의 흐름을 제어할 수 있다는 것이다. 이러한 성질을 이용해 반도체에 전류가 흐를 때 1, 흐르지 않을 때 0이라는 숫자로 표현할 수 있다. 따라서 메모리는 전류의 흐름을 이진수로 표현하는 것이다.

2 기본 자료형

그렇다면 할당받는 메모리 공간의 크기는 어떻게 결정될까? 바로 변수의 자료형data type에 의해 결정된다. 자료형은 변수가 어떤 형태의 데이터를 저장하는가를 나타내며 기본적으로 정수형, 실수형, 문자형, 불린형이 있다. 이에 대해 자세히 살펴보자.

2.1 정수형

정수형integer type은 자연수를 포함해 0, 1, 2, −1, −2와 같이 값의 영역이 정수로 한정된 값을 뜻한다. 데이터를 선언할 때는 `data = 1`과 같은 방식으로 선언하며 파이썬의 인터프리터가 알아서 메모리 영역에 필요한 공간을 확보한다. 메모리 공간은 변수의 자료형과 컴퓨터 시스템의 타입(32bit 또는 64bit)에 따라 다르다.

2.2 실수형

실수형floating-point type은 10.2, 7.2와 같이 소수점이 포함된 값을 말한다. 실제로 값이 정수형이라도 9.0으로 입력하면 인터프리터는 실수형으로 해석한다.

TIP **부동 소수점(floating-point)** 컴퓨터에서 실수를 표시하는 방법으로, 유효숫자와 소수점의 위치를 사용하여 실수를 표현한다.

2.3 문자형

문자형string type은 값이 문자로 출력되는 자료형이다. 파이썬에서는 보통 따옴표에 들어간 정보를 문자형 데이터라고 한다. 예를 들어, 코드에서 `print(a + b)`와 `print("a + b")`는 매우 비슷해 보이지만 결과는 전혀 다르다. 후자의 코드에서 따옴표 안에 있는 a + b는 변수가 아니라 문자열로 인식하기 때문에, a + b라는 문자가 화면에 그대로 출력되는 것을 알 수 있다. 큰따옴표나 작은따옴표 안에 있다면 모두 문자형이다.

2.4 불린형

불린형boolean type은 논리형이라고도 하며, 참True 또는 거짓False을 표현할 때 사용한다. 만약 값이 True라면 참을 의미하며, 컴퓨터에서는 1을 뜻한다. 반대로 False라면 거짓을 의미하며, 컴퓨터에서는 0을 뜻한다.

표 2-2 기본 자료형

유형	자료형	설명	예	선언 형태
수치형	정수형	양수와 정수	1, 2, 3, 100, −9	data = 1
	실수형	소수점이 포함된 실수	10.2, −9.3, 9.0	data = 9.0
문자형	문자형	따옴표에 들어가 있는 문자형	abc, a20abc	data = 'abc'
논리형	불린형	참 또는 거짓	True, False	data = True

여기서 잠깐! 동적 타이핑

동적 타이핑(dynamic typing)은 변수의 메모리 공간을 확보하는 행위가 프로그램 실행 시점에서 발생하는 것을 뜻한다. 조금 어렵게 느낄 수 있는 개념이다. 일반적으로 C나 자바는 `int data = 8`과 같이 data라는 변수가 정수형이라고 사전에 선언한다. 그에 비해 파이썬은 `data = 8` 형태로 선언한다. 즉, data라는 변수의 자료형이 정수(integer)인지 실수(float)인지를 프로그래머가 아닌 인터프리터가 판단하는 것이다. 그리고 그것을 프로그램의 실행 시점에 동적으로 판단하는데, 이것을 파이썬 언어가 동적으로 자료형을 결정한다라고 말한다.

파이썬은 메모리 공간을 얼마나 사용할까? 앞서 이야기했듯이 변수에 있는 값을 메모리에 저장하기 위해서는 일정한 메모리 공간을 할당받아야 한다. 다른 언어들과 달리 파이썬은 매우 유연한 언어로, 할당받는 메모리 공간도 저장되는 값의 크기에 따라 동적으로 할당받을 수 있다.

실제 할당된 변수를 화면에 출력하기 위해 파이썬 셸python shell을 실행해보자. 윈도에서 파이썬 셸을 실행하기 위해 먼저 [윈도]+[R]을 눌러 cmd 창에 들어간 다음, 'python'이라고 입력하고 [Enter]를 누르면 파이썬 셸이 시작된다. 다음 코드를 파이썬 셸에 입력하여 실제 값이 화면에 출력되는지 확인한다.

```
>>> a = 1                # 정수형
>>> b = 1                # 정수형
>>> print(a, b)
1 1
```

```
>>> a = 1.5              # 실수형
>>> b = 3.5              # 실수형
>>> print(a, b)
1.5 3.5
>>> a = "ABC"            # 문자형
>>> b = "101010"         # 문자형
>>> print(a, b)
ABC 101010
>>> a = True             # 불린형
>>> b = False            # 불린형
>>> print(a, b)
True False
```

불린형을 출력할 경우 True와 False는 문자열이 아닌 1과 0이 저장되어 있다고 보아야 한다. 실제로 `True == 1` 또는 `False == 0`을 입력했을 때 어떤 결과가 나오는지 확인해본다. 결과가 그렇게 나오는 이유는 나중에 뒷부분에서 확인할 수 있다.

3 간단한 연산

파이썬에서는 다양한 자료형을 사용하여 간단한 연산이 가능하다. 기본적으로 연산은 연산자와 피연산자로 구분할 수 있다.

- 연산자: +, −, *, / 기호
- 피연산자: 연산자에 의해 계산되는 숫자

  ex '3 + 2'에서 +는 연산자, 3과 2는 피연산자이다.

실제 프로그래밍에서 연산을 할 때 연산자의 역할은 수학의 연산자와 같고, 연산 순서 역시 수학의 연산 순서와 같다. 특히 문자 간에도 + 연산이 가능하다.

3.1 사칙연산

파이썬의 사칙연산은 수학의 사칙연산과 비슷하다. 파이썬의 덧셈 연산자는 덧셈 기호(+)이며, 뺄셈 연산자는 뺄셈 기호(−)이다. 곱셈 연산자와 나눗셈 연산자는 수학의 기호와 다른데,

곱셈 연산자는 별표 기호(*)를, 나눗셈 연산자는 빗금 기호(/)를 사용한다. 사칙연산은 간단하므로 다음 코드를 직접 입력하고 확인하는 정도로 설명을 마친다.

```
>>> 25 + 30
55
>>> 30 - 12
18
>>> 50 * 3
150
>>> 30 / 5
6.0
```

3.2 제곱승

파이썬에서 제곱승을 구하는 연산자는 2개의 별표 기호(**)이다. 예를 들어, 3의 5승을 구하기 위해서는 `3 ** 5`의 형태로 나타낸다.

```
>>> print(3 * 3 * 3 * 3 * 3)      # 3을 다섯 번 곱함
243
>>> print(3 ** 5)                 # 3의 5승
243
```

3.3 나눗셈의 몫과 나머지

파이썬에서 몫을 반환하는 연산자는 2개의 빗금 기호(//)이며, 나머지 연산자는 백분율 기호(%)이다. 만약 `7 / 2`를 입력하면 3.5가 나온다. 하지만 필요에 따라 몫과 나머지를 따로 구해야 할 때 `7 // 2`를 입력하면 몫 3이, `7 % 2`를 입력하면 나머지 1이 화면에 출력된다.

```
>>> print(7 // 2)                 # 7 나누기 2의 몫
3
>>> print(7 % 2)                  # 7 나누기 2의 나머지
1
```

TIP 한 가지 유의할 점이 있다. 이 책은 파이썬 3.x를 사용하므로 위와 같은 결과를 기대할 수 있으나, 파이썬 2.x에서는 '7 / 2'를 입력하면 몫만 계산된다.

3.4 증가 연산과 감소 연산

증가 연산과 감소 연산의 경우 C나 자바에서는 a++ 또는 a--로 표현한다. 이 연산은 변수 a에 들어가 있는 값을 1만큼 증가 또는 감소하라는 의미이다. 파이썬에서는 다음과 같이 사용한다.

```
>>> a = 1                # 변수 a에 1을 할당
>>> a = a + 1            # a에 1를 더한 후 그 값을 다시 a에 할당
>>> print(a)             # a 출력
2
>>> a += 1               # a 증가 연산
>>> print(a)             # a 출력
3
>>> a = a - 1            # a에서 1을 뺀 후 그 값을 다시 a에 할당
>>> a -= 1               # a 감소 연산
>>> print(a)             # a 출력
1
```

위 코드에서 보듯이 `a += 1`은 `a = a + 1`과 같은 뜻으로 사용된다. 앞에서 설명했듯이 우변에 있는 a는 값을 가진 변수로, 해당 변수에 들어가 있는 값이 연산에 사용된다. 예를 들어 `a = 1`로 선언한 후 `a = a + 1`을 입력하면 우변의 a는 1로 치환되어 1 + 1의 값이 다시 a에 할당된다. 어려운 개념은 아니지만 프로그래밍을 처음 하는 사람에게는 익숙하지 않을 수 있으니, 꼭 실습하고 넘어가도록 한다.

03 자료형 변환

실제로 프로그래밍을 할 때 앞에서 배운 4가지 타입의 자료형을 자유롭게 바꿔가며 사용해야 할 때가 많다. 예를 들어, 인터넷 사이트에 로그인할 때 일반적으로 숫자를 입력해야 하는데 컴퓨터는 그 값을 숫자가 아닌 문자열로 인식하는 경우가 많다. 사람이 보기에는 똑같아 보이지만, 컴퓨터에서는 메모리의 용량 확보 등 인터프리터와 운영체제가 해당 데이터를 처리하는 방식이 완전히 달라진다.

1 정수형과 실수형 간 변환

변수의 자료형은 float( ) 함수나 int( ) 함수를 사용하면 매우 간단하게 변환할 수 있다. 다음 코드를 보자.

```
>>> a = 10                    # a 변수에 정수 데이터 10을 할당
>>> print(a)                  # a가 정수형으로 출력
10
>>> a = float(10)             # a를 실수형으로 변환 / 정수형인 경우 int()
>>> print(a)                  # a를 출력
10.0                          # a가 실수형으로 출력
```

먼저 `a = 10`이라고 선언하면, a는 정수형으로 선언된다. 그리고 실수형으로 변환해주는 float( ) 함수를 사용하면 기존 a값인 10을 10.0으로 변경해준다. 사실 두 수는 똑같다고 생각할 수도 있지만 컴퓨터 입장에서는 전혀 다른 수이다. 다음 코드에서 b값을 3으로 선언하고, 기존 a값(10)을 b값(3)으로 나누면 다음과 같다.

```
>>> a = 10                    # a에 정수 데이터 10 할당
>>> b = 3                     # b에 정수 데이터 3 할당
>>> print(a / b)              # 실수형으로 a 나누기 b를 출력
3.3333333333333335            # 실수형 결과값 출력
```

위의 코드처럼 정수형 변수 2개를 나눗셈하면 결과는 3.3333333…이 나온다. a = 10.0이라고 해도 결과값은 똑같다. 이것이 파이썬 인터프리터의 특징이다. 인터프리터는 변수 간 계산할 때 필요하다고 생각되면 스스로 정수형을 실수형으로 변환한다.

TIP 이것도 파이썬 버전에 따라 약간 결과가 다르다. 예를 들어, 파이썬 2.7에서는 '10 / 3'을 실행하면 결과는 3이 나온다. 별도의 형 변환이 일어나지 않는다.

반대로 실수형을 정수형으로 변환해주는 함수는 int( ) 함수이다. 다음 코드를 보자.

```
>>> a = int(10.7)
>>> b = int(10.3)
```

`a = int(10.7)`, `b = int(10.3)`에서 10.7과 10.3은 실수형이다. 이 두 수를 정수형으로 변환한 후 더하면 어떤 결과가 나오는지 살펴보자.

```
>>> print(a + b)          # 정수형 a와 b의 합을 출력
20
>>> print(a)              # 정수형 a값 출력
10
>>> print(b)              # 정수형 b값 출력
10
```

결과를 확인하면 실수형이 정수형으로 변환되어 소수점 이하의 내림이 발생한다. 흔히 수학에서 정수형으로 바꾼다고 하면 반올림이 일어나지만, 여기에서는 내림이 발생한다. 이러한 점이 기존의 수학과 다른 점이다.

TIP **함수** 수학에서 f(x)와 같은 꼴을 함수라고 하며, x에 어떤 값이 들어가면 그 함수가 가진 수식에 따라 변환되어 나온다. 예를 들어, 함수 'f(x) = 2x + 4'라고 한다면 f(2)일 때 결과값은 8이 나온다. 이러한 형태를 함수라고 한다. 마찬가지로, 프로그래밍에서 함수는 어떤 값이 입력되면 그 함수가 프로그래밍되어 있는 형태로 결과값이 변형되어 출력된다. 함수에 대해서는 이후에 자세히 다룰 예정이다.

여기서 잠깐! 형 변환을 하지 않아도 형 변환이 일어나는 경우

'10 / 3'처럼 별도의 형 변환을 하지 않아도 자연스럽게 자료형이 변환되는 경우가 있다. 이것도 역시 파이썬의 대표적인 특징인 동적 타이핑 때문에 나타나는 현상 중 하나이다. 이러한 현상은 값의 크기를 비교할 때도 나타난

다. 대표적인 예로 1은 정수형이고 True는 불린형인데, 이것을 '1 == True'라고 입력하면 결과는 True로 출력된다. 또한, 아무것도 넣지 않은 "" 같은 문자열을 불린형과 비교하면 False로 인식된다. 모두 파이썬의 특징에 의해 나타나는 현상이므로 기억해야 한다.

2 숫자형과 문자형 간 변환

문자형으로 선언된 값도 정수형이나 실수형으로 변환할 수 있다. 물론 그 반대도 가능하다. 예를 들어, 76.3이라는 실수형 값을 문자형으로 선언하기 위해서는 반드시 따옴표를 붙여 선언해야 한다. 이렇게 선언하고 나서도 다시 정수형이나 실수형으로 바꿀 수 있다.

```
>>> a = '76.3'          # a에 문자형 76.3을 할당 → 문자열을 의미
>>> b = float(a)        # a를 실수형으로 변환 후 b에 할당
>>> print(a)            # a값 출력
76.3
>>> print(b)            # b값 출력
76.3
>>> print(a + b)        # a와 b를 더함 → 문자열과 숫자열의 덧셈이 불가능하여 에러 발생
Traceback (most recent call last):
    File "<stdin>", line 1, in <module>
TypeError: can only concatenate str (nor "float") to str
```

위 코드를 보면, 먼저 a는 '76.3'이라고 문자형으로 선언한다. 다음으로 `b = float(a)`로, a를 실수형으로 변환한 값을 b에 할당한다. 그리고 각각의 값을 화면에 출력하면 두 값 모두 76.3이 출력된다. 하지만 이 둘을 더하면 에러가 발생하는데, 이를 토대로 숫자형 데이터와 문자형 데이터는 기본 연산이 되지 않음을 알 수 있다. 두 변수를 더하기 위해서는 다음과 같이 두 변수의 자료형을 통일해야 한다.

```
>>> a = float(a)        # a를 실수형으로 변환 후 a에 할당
>>> b = a               # 실수형 a값을 b에 할당
>>> print(a + b)        # 두 실수형을 더한 후 출력
152.6
```

a의 값을 실수형으로 변환한 후 실수형 a값을 b에 할당하고, 다시 덧셈 연산을 실행하면 두 수가 더해진 채로 화면에 출력된다.

이번에는 a, b를 문자형으로 바꾼 후 덧셈을 실행해보자.

```
>>> a = str(a)          # 실수형 a값을 문자형으로 변환 후 a에 할당
>>> b = str(b)          # 실수형 b값을 문자형으로 변환 후 b에 할당
>>> print(a + b)        # 두 값을 더한 후 출력
76.376.3                # 문자형 간 덧셈은 문자열 간 단순 연결
```

위 코드와 같이 str( ) 함수는 기존의 정수형이나 실수형을 문자열로 바꿔준다. 문자형 간의 덧셈은 숫자 연산이 아닌 단순 붙이기concatenate가 일어난다는 사실을 기억하자.

3 자료형 확인하기

실제 프로그래밍을 하다 보면 a라는 변수와 b라는 변수의 자료형이 무엇인지 헷갈릴 수 있다. 그럴 때는 다음 코드와 같이 type( )이라는 함수를 사용하면 된다.

```
>>> a = int(10.3)       # a는 정수형으로 10.3을 할당
>>> b = float(10.3)     # b는 실수형으로 10.3을 할당
>>> c = str(10.3)       # c는 문자형으로 10.3을 할당
>>>
>>> type(a)             # a의 타입을 출력
<class 'int'>
>>> type(b)             # b의 타입을 출력
<class 'float'>
>>> type(c)             # c의 타입을 출력
<class 'str'>
```

위 코드를 보면 '10.3'이라는 값을 각각 정수형, 실수형, 문자형으로 a, b, c 변수에 저장하였다. 이 각각의 값을 실제로 print( ) 함수를 사용해 화면에 출력하면 각각 다른 값이 나온다.

먼저 a는 정수형의 경우 실수 부분 내림 현상에 의해 10이 출력되고, b는 10.3이 그대로 나온다. c는 문자열 '10.3'이 나온다. 별도로 print( ) 함수를 사용하지 않고 각 자료형을 확인하기 위해서는 type( ) 함수를 사용하면 되는데, 변수별로 정수형은 'int', 실수형은 'float', 문자형은 'str'로 출력된다.

요약

01 print( ) 함수는 괄호 안의 내용을 화면에 출력하라는 뜻이다.

02 변수variable는 프로그래밍에서 특정한 값을 저장하는 공간의 이름을 뜻한다.

03 변수에 값을 넣으라고 선언하는 순간 메모리 어딘가에 물리적인 공간을 확보할 수 있도록 운영체제와 파이썬 인터프리터가 협력하여 메모리 저장 위치를 할당한다. 이 위치를 메모리 주소라고 한다.

04 변수명 선언의 규칙은 다음과 같다.

- 알파벳, 숫자, 밑줄(_)로 선언할 수 있다.
- 변수명은 의미 있는 단어로 표기하는 것이 좋다.
- 변수명은 대소문자가 구분된다.
- 특별한 의미가 있는 예약어는 사용할 수 없다.

05 자료형의 종류는 다음과 같다.

- **정수형(integer type):** 자연수를 포함해 값의 영역이 정수로 한정된 값을 뜻한다.
- **실수형(floating-point type):** 일반적으로 소수점이 포함된 값을 말한다.
- **문자형(string type):** 일반적인 문자열 값을 말한다.
- **불린형(boolean type):** 논리형 값으로, 참 또는 거짓을 표현할 때 사용한다.

06 파이썬의 덧셈 연산자는 덧셈 기호(+), 뺄셈 연산자는 뺄셈 기호(−), 곱셈 연산자는 별표 기호(*), 나눗셈 연산자는 빗금 기호(/)를 사용한다.

07 파이썬에서 제곱승을 구하는 연산자는 2개의 별표 기호(**)이다.

08 파이썬에서 몫을 반환하는 연산자는 2개의 빗금 기호(//)이고, 나머지 연산자는 백분율 기호 (%)이다.

09 증가 연산자는 +=이고, 감소 연산자는 -=이다.

10 변수의 자료형은 float( ) 함수나 int( ) 함수를 사용하여 매우 간단하게 변환할 수 있다.

11 문자형으로 선언된 값도 정수형이나 실수형으로 변환할 수 있다.

12 자료형을 확인할 수 있는 함수는 type( ) 함수이다.

연습문제

01 다음과 같은 코드 작성 시, 빈 칸에 들어갈 수 없는 코드를 고르시오.

```
>>> a = 20
>>> b = '10'
>>> print(          )
True
```

① a <= b ② a!= int(b) ③ str(a)!= b

④ a is not int(b) ⑤ int(a) >= int(b)

02 다음 중 변수를 메모리에서 삭제하기 위해 사용하는 명령어는?

① remove ② clear ③ del ④ pop ⑤ delete

03 입력받은 섭씨온도를 화씨온도로 변환하는 프로그램을 코딩하려고 한다. 코드 순서를 바르게 나열한 것은?

```
(1) fahrenheit = (( 9 / 5) * celsius) + 32
(2) celsius = input("섭씨온도를 입력하세요: ")
(3) print("섭씨온도:", celsius, "화씨온도:", fahrenheit)
(4) celsius = float(input("섭씨온도를 입력하세요:"))
```

① (4) – (2) – (3) ② (4) – (3) – (1) ③ (1) – (2) – (3)

④ (4) – (1) – (3) ⑤ (2) – (1) – (3)

04 다음 중 파이썬의 변수명으로 적절치 않은 것은?

① ABC1982 ② abc1982 ③ 1982abc

④ abc_23 ⑤ _23abc

05 box = "apple"의 뜻은?

① box 변수의 이름은 apple이다.

② box 변수에 apple 값을 넣어라.

③ box 변수와 apple은 같다.

④ box 변수는 apple이다.

⑤ apple 변수는 box이다.

06 다음과 같이 코드를 작성했을 때, 실행 결과로 알맞은 것은?

```
>>> a = "1.5"
>>> b = 4
>>> print(a * b)
```

① 에러 발생 ② 1.51.51.51.5 ③ 6.0 ④ 6 ⑤ "6"

07 변수(variable)에 대한 설명으로 틀린 것은?

① 프로그램에서 사용하기 위한 특정한 값을 저장하는 공간이다.

② 선언되는 순간 메모리의 특정 영역에 공간이 할당된다.

③ 변수에 할당된 값은 하드디스크에 저장된다.

④ A = 8은 "A는 8이다"라는 뜻이 아니다.

⑤ '2x + 7y'는 14라고 하면, 이 식에서 x와 y가 변수이다.

08 다음과 같이 코드를 작성했을 때, 실행 결과로 알맞은 것은?

```
>>> 53 % 10
```

① 0.53 ② 530 ③ 512 ④ 3 ⑤ 5

09 다음과 같이 코드를 작성했을 때, 실행 결과로 알맞은 것은?

```
>>> a = "10"
>>> b = "40"
>>> print(type(float(a / b)))
```

① <class 'float'> ② <class 'int'> ③ <class 'str'>

④ TypeError ⑤ 025

10 다음 코드의 실행 결과로 알맞은 것을 고르시오.

```
>> a = 572
>> print(type(a))
```

① <class 'integer'> ② <class 'int'> ③ <class 'str'>

④ <class 'string'> ⑤ <class 'float'>

11 다음과 같은 코드 작성 시, 빈 칸에 알맞은 코드를 고르시오.

```
>>> a = '3'
>>> b = '2.1'
>>> print(              )
2.12.12.1
```

① int(a) * b ② a * b ③ a * int(b)

④ int(a) * int(b) ⑤ float(a) * b

12 **변수명을 지을 때 권장하는 규칙 중 틀린 것은?**

① 변수명은 알파벳, 숫자, 밑줄(_) 등을 사용하여 표현할 수 있다.

② 변수명은 의미 있는 단어로 쓰는 것을 권장하며, 한글도 사용할 수 있다.

③ 변수명은 대소문자가 구분된다.

④ 문법으로 사용되는 특별한 예약어는 변수명으로 사용하지 않는다.

⑤ 변수명을 "a", "b" 등으로 사용하는 것은 권장하지 않는다.

13 **다음과 같이 코드를 작성했을 때, 실행 결과로 알맞은 것은?**

```
>>> x = 15
>>> x = x + 5
>>> print(x)
```

① 15 ② 20 ③ x + 5 ④ 5 ⑤ "print x"

14 **다음과 같은 코드 작성 시, 빈 칸에 알맞은 코드를 고르시오.**

```
>>> a = 10
>>> b = 30
>>> c = 10.5
>>> print(                    )
30010.5
```

① str(a * b) + str(c)

② str(a) + str(b) + str(c)

③ a * b + str(c)

④ int(a) + str(b) + str(c)

⑤ a + b + c

15 다음과 같이 코드를 작성했을 때, 실행 결과로 알맞은 것은?

```
>>> x = 1
>>> x += 5
>>> x = x + 5
>>> print(x)
```

① 10 ② 1 ③ 5
④ 15 ⑤ 11

16 다음과 같이 코드를 작성했을 때, 실행 결과로 알맞은 것은?

```
>>> x = 5 + 4 * 3 - 2 / 2
>>> x
```

① 에러 발생 ② 5 ③ 5.0
④ 16.0 ⑤ 16

17 동적 타이핑의 의미를 설명하고, 파이썬 코드로 예시를 제시하시오.

18 파이썬에서 반올림 오차가 나타나는 이유에 대해 설명하시오.

CHAPTER 03

화면 입출력과 리스트

학습목표

- 사용자 인터페이스를 학습하고, CLI 환경에 대해 이해한다.
- 표준 입력 함수인 input() 함수와 표준 출력 함수인 print() 함수에 대해 알아본다.
- 리스트의 필요성과 개념에 대해 이해한다.
- 리스트의 가장 중요한 특징인 인덱싱과 슬라이싱에 대해 학습한다.
- 리스트의 연산과 리스트를 추가하고 삭제하는 방법에 대해 알아본다.
- 패킹과 언패킹에 대해 알아보고, 이차원 리스트에 대해 이해한다.
- 리스트의 메모리 관리 방식에 대해 학습한다.

PREVIEW

이번 장에서는 컴퓨터에 데이터를 입력하고, 또 컴퓨터가 결과를 출력하는 방법에 대해 배운다. 흔히 이것을 콘솔 입출력이라고 한다. 또한, 한 번에 여러 개의 변수를 저장한 다음 화면에 표시하거나 필요한 연산을 수행하게 하는 리스트라는 자료형에 대해서도 학습한다.

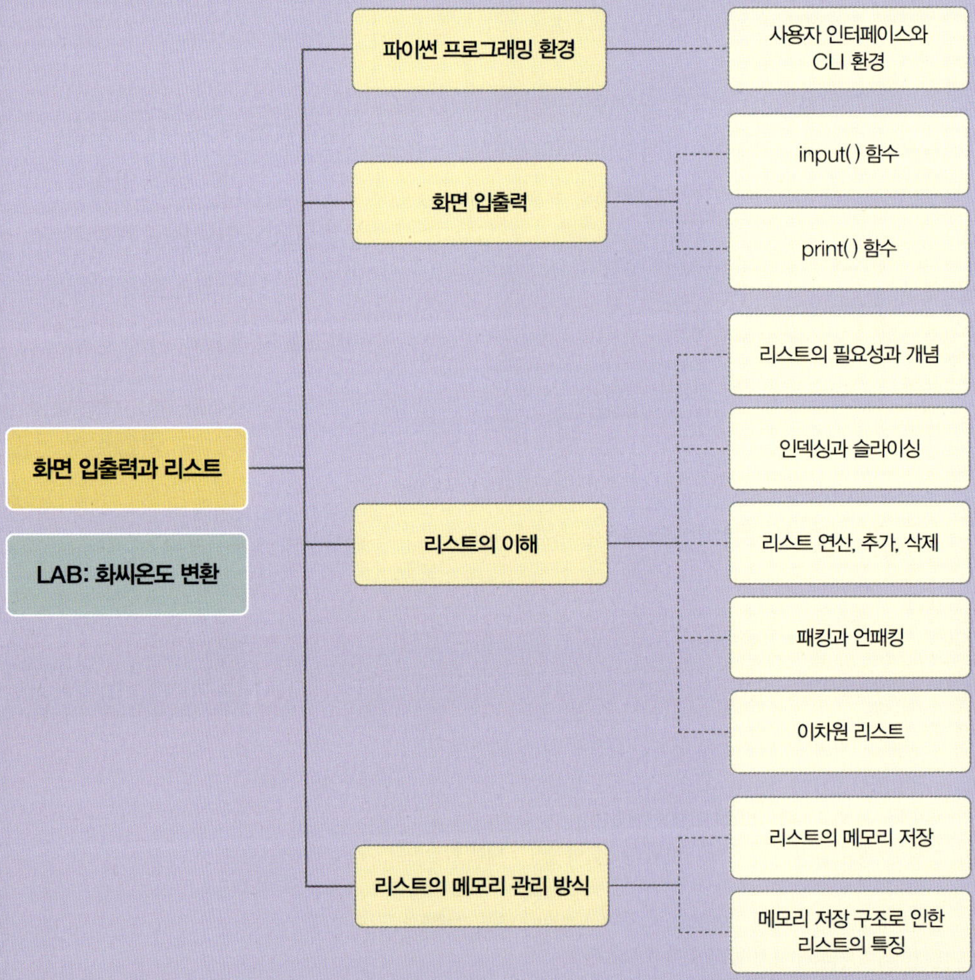

01 파이썬 프로그래밍 환경

1 사용자 인터페이스

컴퓨터에 명령을 입력할 때 사용하는 환경을 사용자 인터페이스user interface라고 하는데, 여기에는 다양한 방식이 있다. 대표적인 사용자 인터페이스로 GUI Graphical User Interface가 있다. 이 GUI 환경에서는 여러 가지 도구가 사용되는데, 대표적으로 마우스와 아이콘이 있다. GUI 환경에서 아이콘을 하나 클릭하면 그에 대한 명령이 실행된다. 예를 들어, 페이스북에서 '친구 추가' 아이콘을 클릭하면 바로 '친구 추가' 명령이 동작되어 친구 추가 기능이 실행된다.

GUI가 현재처럼 대중화된 것은 1995년에 마이크로소프트Microsoft가 윈도 95 Windows 95를 출시하면서 부터이다. 이전까지 컴퓨터 사용자 대부분은 MS-DOS와 같은 CLI Command Line Interface 환경을 사용하였다. CLI는 마우스의 클릭이 아닌 키보드만으로 명령을 입력하는 환경이다.

TIP 물론 GUI를 처음 세상에 선보이고 대중화를 시도한 것은 애플(Apple)의 애플 컴퓨터였지만 본격적인 대중화는 윈도 95라고 보아야 한다.

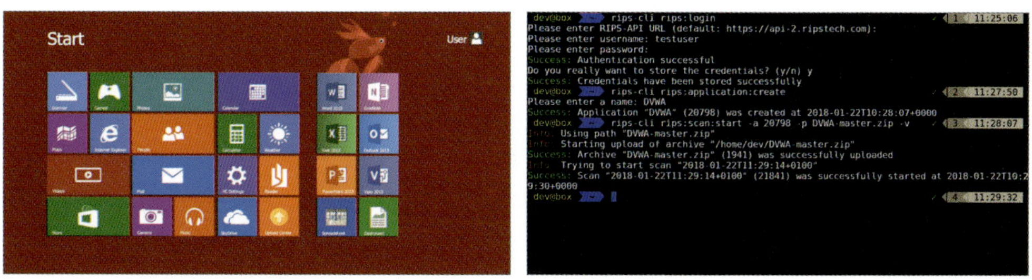

(a) GUI (b) CLI

그림 3-1 여러 가지 사용자 인터페이스

2 CLI 환경

이 책의 대부분은 CLI를 기반으로 컴퓨터에 데이터를 입력하여 실행한다. 즉, 키보드를 사용하여 텍스트를 입력하면, 그 입력값은 만들어진 프로그램에 의해 사용된다. CLI는 매우 오래된 컴퓨터 사용자 인터페이스 체계로 윈도, 맥, 리눅스 등 모든 운영체제에서 기본으로 지원한다. 예를 들어, 이미 파이썬을 설치하면서 사용한 cmd 창, 즉 명령어 창command window은 윈도에서 제공하는 대표적인 CLI 환경이다.

TIP cmd 창은 [윈도]+[R]을 누른 후 'cmd'를 입력하고 [Enter]를 클릭하면 나타나는 창이다. 리눅스와 맥에서는 터미널 환경이 CLI 환경이다.

여기서 잠깐! CLI 환경의 이름 유래

CLI 환경의 이름은 여러 가지다. 일반적으로 콘솔(console)이라고 부르지만 윈도에서는 명령어 창(command window), 리눅스와 맥에서는 터미널(terminal)이라고 부른다. 그렇다면 '터미널'이라는 이름은 어디서 유래한 것일까?

이 이름의 유래는 1980년대 본격적인 개인용 컴퓨터(Personal Computer, PC) 시대가 되기 전까지의 컴퓨터 사용 환경에서 시작되었다. 초기 컴퓨터들은 지금처럼 개인용 컴퓨터가 아니라 거대한 고성능 메인프레임(mainframe)이 주로 사용되었다. 당연히 회사에 근무하지 않는 사람들은 컴퓨터를 만질 기회도 매우 제한적이었다. 물론 당시의 메인프레임 컴퓨터들은 지금의 스마트폰보다 성능이 떨어지지만, 여러 명이 이 컴퓨터를 쓰기 위해 접속을 해야 했다. 이때, 이 컴퓨터에 접속하기 위해 사용하는 머신의 이름을 '터미널'이라고 불렀다. 마치 버스 터미널과 같이 다른 곳으로 이동하기 위한 통로였던 것이다. 초기 터미널 머신은 당연히 텍스트로만 입력하는 CLI 환경이었다. 그러다 보니 이때 사용된 이름이 그대로 CLI 환경의 이름으로 굳어진 것이다. 당시 터미널은 키보드와 화면만 있고, 별도의 CPU나 저장장치는 모두 서버인 메인프레임의 것을 사용하였다. 프로그래머들은 실력이 늘수록, 또는 코드에 익숙해질수록 GUI보다 CLI 환경에 익숙해질 것이다.

02 화면 입출력

1 표준 입력 함수: input( ) 함수

콘솔 창에 사용자가 데이터를 입력하면 그것을 간단하게 처리하는 프로그램을 작성해보자. 콘솔 창에 데이터를 입력하기 위해서는 콘솔 창에서 입력을 받을 수 있는 프로그램을 만들어야 한다. 파이썬에서는 콘솔 창에서 입력을 받기 위해 표준 입력 함수인 input( ) 함수를 사용한다. input( ) 함수를 이용해 사용자가 콘솔 창에서 문자열을 입력받는 프로그램을 만들 수 있다. [코드 3-1]을 비주얼 스튜디오 코드에서 작성하여 cmd 창에서 실행해보자.

코드 3-1 input.py

```
print("Enter your name:")
somebody = input()            # 콘솔 창에서 입력한 값을 somebody에 저장
print("Hi", somebody, "How are you today?")
```

```
Enter your name:                      ← 입력 대기
Sungchul Choi                         ← 사용자 입력
Hi Sungchul Choi How are you today?   ← 출력
```

TIP Chapter 01에서 설명한 것처럼 [코드 3-1]을 비주얼 스튜디오 코드에서 작성하고 'input.py'로 저장한 후, cmd 창에서 'python input.py'를 입력하면 코드를 실행할 수 있다.

```
D:₩workspace₩Ch03>python input.py
Enter your name:
Sungchul Choi
Hi Sungchul Choi How are you today?
```

그림 3-2 input.py를 cmd 창에서 실행

[코드 3-1]과 같이 input( ) 함수가 실행되면 콘솔 창은 사용자가 입력할 수 있도록 대기 상태가 된다. 이 코드에서는 print( ) 함수에 의해 `Enter your name:`이라는 문자열이 화면에 먼저 출력된 후 사용자가 입력할 수 있는 공간이 나타난다. 여기에서는 'Sungchul Choi'를

입력하였다. 사용자가 텍스트를 입력하면 그 입력값을 somebody 변수에 저장한다. 그리고 3행에 있는 print( ) 함수에 의해 somebody에 있는 값이 다른 문장들과 함께 화면에 `Hi Sungchul Choi How are you today?`로 출력된다.

2 표준 출력 함수: print( ) 함수

우리는 이미 표준 출력 함수인 print( ) 함수를 통해 화면에 출력하는 방법을 알고 있다. print( ) 함수를 깊이 있게 사용하는 방법은 뒤에서 자세히 다루기로 하고, 지금은 print( ) 함수 안에 있는 콤마(,)에 대해서만 설명하겠다.

```
>>> print("Hello World!", "Hello Again!!!")     # 콤마 사용
Hello World! Hello Again!!!                    # 실행 시 두 문장이 연결되어 출력
```

이 코드에서 보는 것처럼 콤마를 사용하면 'Hello World!'와 'Hello Again!!!' 사이에 한 칸을 띄고 화면에 출력된다. 즉 여러 값을 연결해 화면에 출력할 수 있다. 이전에도 설명했지만, 비슷한 방법으로 문자형 간에 + 기호를 사용해 연결할 수 있다. 둘의 차이점은 + 기호는 자료형이 모두 문자형이어야 하지만, 콤마는 변수의 자료형과 관계없이 출력할 수 있다는 점이다.

이전 코드에서는 input( ) 함수를 사용하기 전 지시문을 출력하기 위해 `print("Enter your name:")`을 사용하였다. 그러나 [코드 3-2]처럼 input( ) 함수에 바로 지시문을 넣을 수도 있다. [코드 3-2]를 직접 작성하여 실행해보자.

코드 3-2 print.py

```
1 temperature = float(input("온도를 입력하세요: "))    # 입력 시 바로 형 변환
2 print(temperature)
```

```
온도를 입력하세요: 103      ← 입력 대기 및 사용자 입력
103.0                      ← 출력
```

코드를 실행하고 103을 입력했더니 103.0이 출력되었다. 그 이유는 1행의 float( ) 함수 때문이다. input( ) 함수를 사용할 때 유의할 점 중 하나는 input( ) 함수가 값을 입력받으면 그 값

의 자료형은 문자형이 된다는 것이다. 하지만 `float(input("온도를 입력하세요: "))`는 문자열로 받은 데이터를 바로 실수형으로 전환하는 코드이므로, temperature 변수에 들어간 값은 실수형이 된다.

3 파일 입출력 정리

데이터를 입력받고 출력하는 input( ) 함수와 print( ) 함수에 대해 간단하게 학습하였다. 사실 프로그래밍을 처음 배울 때 게임이나 웹 브라우저처럼 근사한 GUI 프로그램을 개발할 것이라고 기대했을지도 모르겠다. 하지만 실제로 파이썬으로 프로그래밍을 배워 GUI 프로그램을 개발하는 경우는 그렇게 많지 않다. 물론 어떤 업무를 하는지에 따라 조금씩 다르겠지만 일반적으로 GUI 프로그램보다는 CLI 기반의 프로그램을 더 많이 개발하게 될 것이다. 물론 파이썬도 GUI를 지원하는 PyQT 같은 도구들이 있지만, C++나 자바처럼 활발하게 사용되지는 않는다. 파이썬의 태생적 근원이 스크립트 언어로서의 강력함에 있다 보니 콘솔 환경에서 많이 사용하는 프로그램을 주로 작성하게 된다. 앞으로도 계속 배우겠지만 이러한 CLI 기반 프로그램은 그 쓰임이 매우 다양하다. 특히 데이터 과학 분야에서는 매우 다양하게 사용될 수 있으니 하나씩 알아가도록 한다.

03 Lab: 화씨온도 변환기

1 실습 내용

이번 Lab에서는 앞에서 배운 input( ) 함수, print( ) 함수, 간단한 사칙연산을 이용하여 화씨온도 변환기Fahrenheit temperature converter 프로그램을 만들어보자.

화씨온도 변환기 프로그램은 섭씨온도를 화씨온도로 변환시켜 주는 간단한 프로그램이다. 섭씨온도Celsius temperature는 물의 어는점을 0℃, 끓는점을 100℃로 하여 이를 기준으로 삼고, 그 사이 간격을 100으로 나눈 온도를 말한다. 화씨온도Fahrenheit temperature는 물의 어는점을 32℉, 끓는점을 212℉로 하여 이를 기준으로 그 사이 간격을 180으로 나눈 온도를 말한다. 이번 Lab에서는 섭씨온도를 입력하면 화씨온도로 바꿔주는 프로그램을 작성한다.

섭씨온도와 화씨온도의 변환 공식은 다음과 같다.

```
화씨온도(°F) = (섭씨온도(°C) * 1.8) + 32
```

2 실행 결과

화씨온도 변환기 프로그램의 실행 결과는 다음과 같다.

```
본 프로그램은 섭씨온도를 화씨온도로 변환하는 프로그램입니다.
변환하고 싶은 섭씨온도를 입력하세요.
32.2
섭씨온도: 32.2
화씨온도: 89.96
```

프로그램을 작성하기 위해 실행 결과를 기준으로 어떤 코드가 필요한지 확인한 다음 파이썬을 이용하여 화씨온도 변환기 프로그램을 작성한다.

3 문제 해결

화씨온도 변환기 프로그램의 결과 코드는 [코드 3-3]과 같다.

코드 3-3 fahrenheit.py

```
1 print("본 프로그램은 섭씨온도를 화씨온도로 변환하는 프로그램입니다.")
2 print("변환하고 싶은 섭씨온도를 입력하세요.")
3
4 celsius = input()
5 fahrenheit = (float(celsius) * 1.8 ) + 32
6
7 print("섭씨온도:", celsius)
8 print("화씨온도:", fahrenheit)
```

[코드 3-3]을 해석하면 다음과 같다.

1행에서는 실행 결과의 첫 번째 줄처럼 '본 프로그램은 섭씨온도를 화씨온도로 변환하는 프로그램입니다.'라는 문장을 출력하기 위해 print( ) 함수를 이용하여 `print("본 프로그램은 섭씨온도를 화씨온도로 변환하는 프로그램입니다.")`를 입력한다.

실행 결과의 두 번째 줄을 보면 '변환하고 싶은 섭씨온도를 입력하세요.'라는 문장이 있는데, 이 문장을 출력하기 위해 2행에서도 print( ) 함수를 이용하여 `print("변환하고 싶은 섭씨온도를 입력하세요.")`를 입력한다.

4행에서는 사용자가 섭씨온도를 입력할 수 있도록 input( ) 함수를 사용한다. 사용자가 입력한 결과는 변수에 저장해야 하므로 celsius라는 변수를 사용한다.

5행에서는 입력되는 값이 문자열이므로 실수형으로 변환하기 위해 float( ) 함수를 사용하여 자료형을 변환한다. 그 다음 입력된 섭씨온도값을 화씨온도값으로 변환한다. 여기에서 변환 공식인 '화씨온도 = (섭씨온도 * 1.8) + 32'를 사용한다. 이 공식에서 '섭씨온도'를 celsius 변수로 대체하고, '화씨온도'를 새로운 변수 fahrenheit로 대체한다.

7~8행에서는 결과를 출력하기 위해 print( ) 함수를 사용하여 코드를 작성하고 마무리한다.

04 리스트의 이해

1 리스트가 필요한 이유

이번 절에서는 프로그래밍 언어에서 가장 많이 사용하는 자료형으로 배열array이라고도 하는 리스트list에 대해 알아본다. 예를 들어, 학생 100명의 성적을 채점해야 한다면 몇 개의 변수를 만들어야 할까? 지금까지 배운 대로라면 100개의 변수를 만들어야 한다. 하지만 이렇게 되면 코드가 너무 길어지고 하나하나 입력해야 한다. 또한, 변수에 값을 하나씩 저장하는 것도 어렵다. 그래서 좀 더 쉬운 방법으로 한 개의 변수에 모든 값을 저장할 수 있는데, 프로그래밍에서는 이러한 방식을 일반적으로 배열, 파이썬에서는 리스트라고 한다.

2 리스트의 개념

리스트는 하나의 변수에 여러 값을 저장하는 자료형이다. 이렇게 리스트처럼 여러 데이터를 하나의 변수에 저장하는 기법을 파이썬에서는 시퀀스 자료형이라고 한다. 시퀀스 자료형은 여러 자료를 순서대로 넣는다는 뜻이다. 리스트에는 하나의 자료형만 저장하지 않고, 정수형이나 실수형처럼 다양한 자료형을 포함시킬 수 있다.

파이썬에서는 리스트라고 하지만 C나 자바와 같은 프로그래밍 언어에서는 배열이라는 표현을 더 많이 사용한다. 물론 파이썬에서도 배열의 개념이 있고 구분되어 사용하지만, 일반적으로 시퀀스 자료형을 처리하기 위해서는 리스트를 더 많이 사용한다.

[그림 3-3]은 'colors'라는 변수를 하나 만들고 리스트 자료형을 할당한 경우이다. 리스트의 할당은 대괄호를 사용해 리스트 안에 3개의 값element을 ['red', 'blue', 'green'] 형태로 저장하였다. 즉, colors라는 변수는 3개의 값을 가지며, 각각의 값은 문자형의 red, blue, green이 된다.

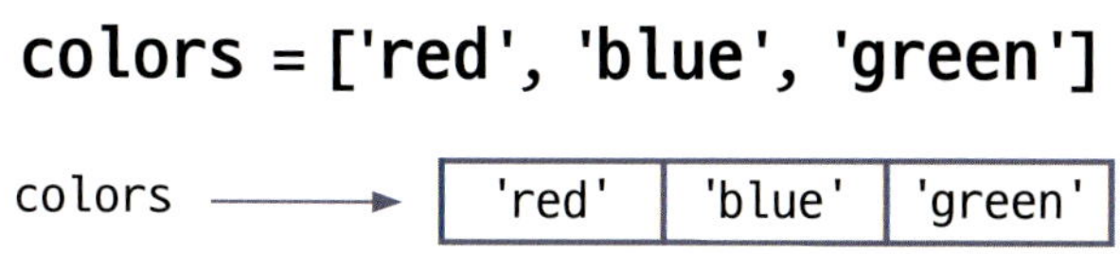

그림 3-3 리스트의 예

3 인덱싱과 슬라이싱

리스트를 다루기 위해 리스트의 여러 특징 가운데 인덱싱indexing과 슬라이싱slicing을 반드시 이해해야 한다.

3.1 인덱싱(indexing)

인덱싱이란 리스트에 저장되어 있는 값에 접근하기 위해 이 값의 상대적인 주소offset를 사용하는 것이다. 간단히 말해 주소는 첫 번째 값을 0으로 했을 때 첫 번째 값과 얼마나 떨어져 있는지를 나타내는 것으로, 인덱스 주소 또는 인덱스값이라고 한다. 길게 설명했지만 사실 매우 간단하다. [코드 3-4]를 직접 작성하여 실행해보자.

코드 3-4 indexing.py

```
1 colors = ['red', 'blue', 'green']
2 print(colors[0])
3 print(colors[2])
4 print(len(colors))
```

```
red
green
3
```

TIP len() 함수의 len은 length의 준말로 리스트의 길이를 반환하는 함수이다.

colors라는 변수에는 'red', 'blue', 'green'이라는 값 3개가 저장되어 있다. colors 변수가 리스트이므로 이 값들은 0번째부터 0, 1, 2라는 주소값으로 호출할 수 있다. 따라서 2행의 결과로 colors 변수의 첫 번째 값인 'red'가 출력되고, 3행의 결과로 세 번째 값인 'green'이 출력된다. 4행의 len( ) 함수는 리스트의 길이, 즉 리스트 안에 있는 값의 개수를 반환한다.

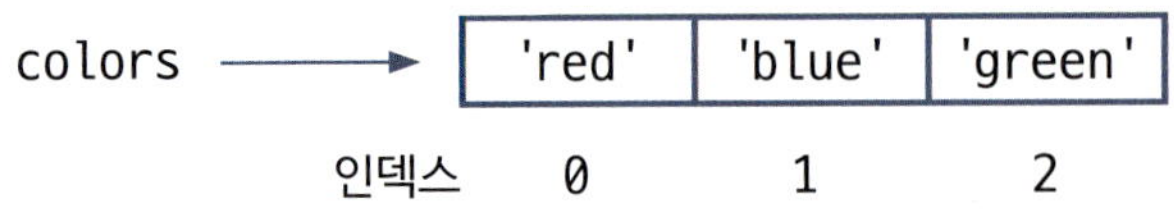

그림 3-4 리스트의 인덱싱

> **여기서 잠깐!** **리스트의 주소값은 왜 0부터 시작하는가?**
>
> 대부분의 프로그래밍 언어에서 배열(array)과 같은 변수의 주소값은 0부터 시작한다. 여러 가지 이유가 있지만, 일단 1부터 시작하는 것보다 0부터 시작하면 이진수 관점에서 메모리를 절약할 수 있다는 장점이 있다. 또한, 1보다는 0부터 시작하는 것이 진수에서 00부터 사용할 수 있는 장점도 있다. 현재는 큰 문제가 안 되지만, 초창기 컴퓨터들은 메모리 절약이 매우 큰 이슈였기 때문에 이 점은 아주 중요했다. 다만 비주얼 베이직이나 매트랩 같은 언어에서는 1부터 인덱싱을 한다는 것도 알아두면 좋다.

3.2 슬라이싱(slicing)

슬라이싱은 리스트에서 파생된 강력한 기능 중 하나로, 리스트의 인덱스 기능을 사용하여 전체 리스트에서 일부를 잘라내어 사용하는 것이다.

```
>>> cities = ['서울', '부산', '인천', '대구', '대전', '광주', '울산', '수원']
```

위 코드를 보면 cities 변수에 8개의 도시 이름이 값으로 저장되어 있다. 0부터 7까지의 인덱스를 가진 총 8개의 값이 있는 것이다.

값	['서울',	'부산',	'인천',	'대구',	'대전',	'광주',	'울산',	'수원']
인덱스	0	1	2	3	4	5	6	7

그림 3-5 cities 변수의 리스트

슬라이싱의 기본 문법은 다음과 같다.

```
변수명[시작 인덱스:마지막 인덱스]
```

실제 코드를 보면 이해하기 쉽다. 만약 `cities[0:6]`이라고 작성한다면 0번째 인덱스값인 '서울'부터 6번째 인덱스값인 '울산'까지 나타낼 것으로 예상하기 쉽다. 하지만 실제로는 다음과 같이 출력된다.

```
>>> cities = ['서울', '부산', '인천', '대구', '대전', '광주', '울산', '수원']
>>> cities[0:6]
['서울', '부산', '인천', '대구', '대전', '광주']
```

예상과 달리, 마지막에 '울산'은 화면에 출력되지 않는다. 즉, 파이썬의 리스트에서 마지막 인덱스값은 출력되지 않는다. 정확히는 '마지막 인덱스 − 1'까지만 출력된다. 처음 리스트를 접하면 상당히 헷갈릴 수 있다. 다음 코드를 보면 인덱스를 그렇게 사용하는 이유를 좀 더 쉽게 이해할 수 있다.

```
>>> cities[0:5]
['서울', '부산', '인천', '대구', '대전']
>>> cities[5:]
['광주', '울산', '수원']
```

위 코드에서 보듯이 만약 한 번 이상 리스트 변수를 사용하면 마지막 인덱스가 다음 리스트의 시작 인덱스가 되어 코드를 작성할 때 조금 더 쉽게 이해할 수 있다는 장점이 있다.

3.3 리버스 인덱스(reverse index)

리스트에는 인덱스를 마지막 값부터 시작하는 리버스 인덱스 기능도 있다. 기존 인덱스와 달리 마지막 값부터 −1을 할당하여 첫 번째 값까지 역순으로 올라오는 방식이다.

값	['서울',	'부산',	'인천',	'대구',	'대전',	'광주',	'울산',	'수원']
인덱스	-8	-7	-6	-5	-4	-3	-2	-1

그림 3-6 cities 변수의 리버스 인덱스

리버스 인덱스를 이해하기 위해 다음 코드를 작성하여 실행해보자.

```
>>> cities = ['서울', '부산', '인천', '대구', '대전', '광주', '울산', '수원']
>>> cities[-8:]
['서울', '부산', '인천', '대구', '대전', '광주', '울산', '수원']
```

위 코드 중 `cities[-8:]`은 −8의 인덱스값부터 끝까지 출력하라는 뜻이다. 일반적으로 시작 인덱스가 비어 있으면 처음부터, 마지막 인덱스가 비어 있으면 마지막까지라는 의미로 사용된다. 즉, `cities[-8:]`은 인덱스가 −8인 '서울'부터 '수원'까지 출력하라는 뜻이다.

3.4 인덱스 범위를 넘어가는 슬라이싱(slicing with over index)

슬라이싱을 할 때 인덱스의 첫 번째 값이나 마지막 값이 비어 있어도 잘 작동한다. 다음 코드를 확인해보자.

```
>>> cities = ['서울', '부산', '인천', '대구', '대전', '광주', '울산', '수원']
>>> cities[:]                    # cities 변수의 처음부터 끝까지
['서울', '부산', '인천', '대구', '대전', '광주', '울산', '수원']
>>> cities[-50:50]               # 범위를 넘어갈 경우 자동으로 최대 범위를 지정
['서울', '부산', '인천', '대구', '대전', '광주', '울산', '수원']
```

위 코드에서 알 수 있듯이, 인덱스를 따로 넣지 않고 `cities[:]`과 같이 콜론(:)을 넣으면 cities 변수의 모든 값을 반환한다. [0:9]까지 입력하거나 [0:]이라고 슬라이싱하는 것과 결과는 같다. 다음으로 `cities[-50:50]`처럼 범위를 넘어가는 인덱스를 입력하는 경우도 동일하게 해당 리스트의 시작부터 끝까지의 인덱스값으로 데이터를 불러온다. 즉, 슬라이싱에서는 인덱스를 넘어서거나 입력하지 않는 경우 자동으로 시작 인덱스와 마지막 인덱스로 지정된다.

3.5 증가값(step)

슬라이싱에서는 시작 인덱스와 마지막 인덱스 외에도 마지막 자리에 증가값을 넣을 수 있다.

```
변수명[시작 인덱스:마지막 인덱스:증가값]
```

```
>>> cities = ['서울', '부산', '인천', '대구', '대전', '광주', '울산', '수원']
>>> cities[::2]                  # 2칸 단위로
['서울', '인천', '대전', '울산']
>>> cities[::-1]                 # 역으로 슬라이싱
['수원', '울산', '광주', '대전', '대구', '인천', '부산', '서울']
```

`cities[::2]`를 입력하면 처음부터 시작하여 2칸 간격으로 출력된다. 즉, '서울', '인천', '대전', '울산'의 순서로 출력된다. `cities[::-1]`은 역방향으로 1칸 간격으로 출력된다. 즉, 마지막 값부터 시작하여 역방향으로 차례대로 화면에 출력되는 것이다.

4 리스트의 연산

파이썬의 다른 변수들처럼 리스트도 다양한 연산이 가능하다.

4.1 덧셈 연산

리스트의 덧셈 연산에 대해 알아보기 위해 다음 코드를 살펴보자.

```
>>> color1 = ['red', 'blue', 'green']
>>> color2 = ['orange', 'black', 'white']
>>> print(color1 + color2)                      # 두 리스트 합치기
['red', 'blue', 'green', 'orange', 'black', 'white']
>>> len(color1)                                 # 리스트 길이
3
>>> total_color = color1 + color2
>>>
```

위 코드에서 color1과 color2라는 리스트 변수를 만들고 덧셈 연산으로 두 변수를 합치면, 각각의 리스트가 하나의 리스트로 합쳐져서 출력된다. 그렇다면 이 결과에서 color1이 color2 변수에 영향을 받았을까? len( ) 함수로 리스트의 길이를 확인하면 color1의 길이는 여전히 3이라는 것을 알 수 있다. 즉, 덧셈 연산을 하더라도 따로 어딘가에 변수 형태로 저장해주지 않으면 기존 변수들에는 아무 변화가 없다.

맨 마지막 코드에 있는 total_color를 출력하면 다음과 같이 합쳐진 값이 저장되어 있다.

```
>>> total_color = color1 + color2
>>> total_color
['red', 'blue', 'green', 'orange', 'black', 'white']
```

4.2 곱셈 연산

리스트의 곱셈 연산은 리스트에 n을 곱했을 때 해당 리스트를 n배만큼 늘려준다. 다음 코드를 보면 color1 리스트가 2번 반복되어 출력되는 것을 알 수 있다.

```
>>> color1 * 2                          # color1 리스트 2회 반복
['red', 'blue', 'green', 'red', 'blue', 'green']
```

4.3 in 연산

in 연산은 포함 여부를 확인하는 연산으로 하나의 값이 해당 리스트에 들어있는지 확인할 수 있다.

```
>>> 'blue' in color2                    # color2 변수에서 문자열 'blue'의 존재 여부 반환
False
```

위 코드는 'blue'라는 값이 color2 변수에 들어있는지 확인하는 코드이다. 이전에 `color2 = ['orange', 'black', 'white']`라고 선언했으므로 'blue'라는 문자열값은 없다. 그러므로 False를 반환한다.

5 리스트 추가 및 삭제

기존의 리스트를 변경하려면 어떻게 처리해야 할까? 기존의 값을 변경하는 연산은 꼭 필요하고, 새로운 값을 추가하거나 삭제하는 연산도 필요하다. 이와 관련해 리스트에서는 append( ), extend( ), insert( ), remove( ), del 함수를 제공한다.

5.1 append( ) 함수

append( ) 함수를 사용하면 리스트 맨 마지막 인덱스에 새로운 값을 추가할 수 있다.

```
>>> color = ['red', 'blue', 'green']
>>> color.append('white')               # 리스트에 'white' 추가
>>> color
['red', 'blue', 'green', 'white']
```

5.2 extend( ) 함수

extend( ) 함수는 리스트의 덧셈 연산과 같다. 즉, 값을 추가하는 것이 아닌 기존 리스트에 그대로 새로운 리스트를 합치는 기능을 한다.

```
>>> color = ['red', 'blue', 'green']
>>>
>>> color.extend(['black', 'purple'])              # 리스트에 새로운 리스트 추가
>>> color
['red', 'blue', 'green', 'black', 'purple']
```

5.3 insert( ) 함수

insert( ) 함수는 append( ) 함수와 달리 리스트의 특정 위치에 값을 추가한다. 즉, 리스트의 맨 마지막에 값이 들어가는 것이 아니라 지정한 위치에 값이 들어간다. 예를 들어, 0번째 인덱스값에 새로운 값을 추가하고 싶다면 다음 코드처럼 작성하면 된다. 0번째에 'orange'가 추가되면서 기존 값들의 인덱스가 하나씩 밀리게 된다.

```
>>> color = ['red', 'blue', 'green']
>>>
>>> color.insert(0, 'orange')
>>> color
['orange', 'red', 'blue', 'green']
```

5.4 remove( ) 함수

remove( ) 함수는 리스트에 있는 특정 값을 지우는 기능을 한다. 삭제할 값을 remove( ) 함수 안에 넣으면 리스트에 있는 해당 값이 삭제된다.

```
>>> color
['orange', 'red', 'blue', 'green']
>>>
>>> color.remove('red')
>>> color
['orange', 'blue', 'green']
```

위 코드에서 보듯이 기존 값 중 red를 삭제하는 remove( ) 함수를 실행하면 red 값이 사라지고 그 다음 값들이 한 칸씩 앞으로 이동한다.

5.5 인덱스의 재할당과 삭제

특정 인덱스값을 변경(재할당)하거나 삭제하는 방법에 대해 알아보자.

```
>>> color = ['red', 'blue', 'green']
>>> color[0] = 'orange'
>>> color
['orange', 'blue', 'green']
>>> del color[0]
>>> color
['blue', 'green']
```

특정 인덱스값을 변경하기 위해서는 인덱스에 새로운 값을 할당하면 된다. 위 코드에서는 0번째 인덱스에 'red'가 있는데, `color[0] = 'orange'` 코드를 실행하여 'orange'로 변경하였다.

그리고 특정 인덱스값을 삭제하기 위해서는 del 함수를 사용한다. 사실 del 함수는 리스트의 특정 값을 지우는 함수는 아니고, 변수 자체를 삭제하는 명령이다. 만약 del 함수에 리스트 내 특정 인덱스를 지정하면, remove( ) 함수처럼 해당 인덱스값을 삭제하고 그 이후에 있는 값들을 앞으로 이동시킨다. `del color[0]` 코드처럼 0번째 값을 삭제하라고 입력하면, 0번째 인덱스에 있던 'orange'가 삭제된다.

표 3-1 리스트 추가 및 삭제 함수

함수	기능	용례
append( )	새로운 값을 기존 리스트의 맨 끝에 추가	color.append('white')
extend( )	새로운 리스트를 기존 리스트에 추가(덧셈 연산과 같은 효과)	color.extend(['black','purple'])
insert( )	기존 리스트의 i번째 인덱스에 새로운 값을 추가. i번째 인덱스를 기준으로 뒤쪽의 인덱스는 하나씩 밀림	color.insert(0, 'orange')
remove( )	리스트 내의 특정 값을 삭제	color.remove('white')
del	특정 인덱스값을 삭제	del color[0]

6 패킹과 언패킹

리스트의 사용법 중 하나인 패킹packing과 언패킹unpacking에 대해 알아보자. 사실 패킹과 언패킹은 리스트에서만 사용하는 개념은 아니고 다른 시퀀스 자료형에서 일반적으로 사용하는 개념이다. 다음 코드를 살펴보자.

```
>>> t = [1, 2, 3]              # 1, 2, 3을 변수 t에 패킹
>>> a , b , c = t              # t에 있는 값 1, 2, 3을 변수 a, b, c에 언패킹
>>> print(t, a, b, c)
[1, 2, 3] 1 2 3
```

먼저 패킹은 특별한 개념이 아니다. 한 변수에 여러 개의 데이터를 할당하는 그 자체를 패킹이라고 하며, 이런 개념에서 리스트 자체를 뜻하기도 한다. 위 코드에서 변수 t는 값 1, 2, 3을 패킹한 것이다. 나중에 배울 함수의 return에서 좀 더 중요하게 쓰이는 개념이다.

반대로 언패킹은 한 변수에 여러 개의 데이터가 들어있을 때 그것을 각각의 변수로 반환하는 방법이다. 위 코드를 보면 t에 있는 값 1, 2, 3을 변수 a, b, c에 할당해주는 것이 언패킹이다.

만약 리스트에 값이 3개인데, 5개로 언패킹을 시도한다면 어떤 결과가 나올까? 다음 코드에서 보는 것처럼 언패킹 시 할당받는 변수의 개수가 적거나 많으면 모두 에러가 발생한다.

```
>>> t = [1, 2, 3]
>>> a, b, c, d, e = t
Traceback (most recent call last):
    File "<stdin>", line 1, in <module>
ValueError: not enough values to unpack (expected 5, got 3)
>>> a, b = t
Traceback (most recent call last):
    File "<stdin>", line 1, in <module>
ValueError: too many values to unpack (expected 2)
```

TIP 지금은 언패킹을 자주 사용할 일이 없다. 그러나 여러 예제 코드나 오픈소스 코드에서 언패킹은 빈번하게 나오는 개념이므로 꼭 기억하도록 한다.

7 이차원 리스트

리스트를 효율적으로 활용하기 위해 여러 개의 리스트를 하나의 변수에 할당하는 이차원 리스트를 사용할 수 있다. 이차원 리스트는 행렬과 같은 개념이다. [표 3-2]를 보면서 설명하겠다.

표 3-2 이차원 리스트의 예

학생	A	B	C	D	E
국어 점수	49	79	20	100	80
수학 점수	43	59	85	30	90
영어 점수	49	79	48	60	100

[표 3-2]에서 보듯이 이차원 리스트는 표에 값을 채웠을 때 생기는 값들의 집합이다. 표에서 국어 점수, 수학 점수, 영어 점수를 각각 하나의 리스트로 보고, 여러 개의 리스트 값들이 모두 하나의 리스트 변수에 할당되면 그것을 이차원 리스트라고 할 수 있다. [표 3-2]와 같은 이차원 리스트를 하나의 변수로 표현하기 위해서는 다음과 같이 작성하면 된다.

```
>>> kor_score = [49, 79, 20, 100, 80]
>>> math_score = [43, 59, 85, 30, 90]
>>> eng_score = [49, 79, 48, 60, 100]
>>> midterm_score = [kor_score, math_score, eng_score]
>>> midterm_score
[[49, 79, 20, 100, 80], [43, 59, 85, 30, 90], [49, 79, 48, 60, 100]]
```

먼저 국어 점수, 수학 점수, 영어 점수를 각각 kor_score, math_score, eng_score에 할당하고, 그 각각의 변수를 모두 midterm_score에 할당한다. 이때, midterm_score가 이차원 리스트가 된다. 이차원 리스트 값에 접근하기 위해서는 다음 코드와 같이 대괄호 2개를 사용하여 인덱싱한다.

```
>>> print(midterm_score[0][2])
20
```

이차원 리스트를 행렬로 본다면 [0]은 행, [2]는 열을 뜻한다. 즉, 생성된 이차원 리스트에서 [0]은 kor_score, [2]는 C를 의미하여 실행 결과 20을 화면에 출력한다.

이차원 리스트는 데이터를 관리할 때 자주 사용하는 방법 중 하나이다. 따라서 사용법을 반드시 이해하고 넘어가도록 한다.

05 리스트의 메모리 관리 방식

1 리스트의 메모리 저장

앞 절에 이어 이차원 리스트를 다시 살펴보자. 이차원 리스트를 사용하면서 흥미로운 현상을 볼 수 있는데, 먼저 다음 코드를 보자.

```
>>> kor_score = [49, 79, 20, 100, 80]
>>> math_score = [43, 59, 85, 30, 90]
>>> eng_score = [49, 79, 48, 60, 100]
>>>
>>> midterm_score = [kor_score, math_score, eng_score]
>>> midterm_score
[[49, 79, 20, 100, 80], [43, 59, 85, 30, 90], [49, 79, 48, 60, 100]]
>>>
>>> math_score[0] = 1000
>>> midterm_score
[[49, 79, 20, 100, 80], [1000, 59, 85, 30, 90], [49, 79, 48, 60, 100]]
```

위 코드에서 가장 핵심은 `math_score[0] = 1000`이다. 분명히 math_score의 값을 변경하였는데 midterm_score 두 번째 행의 첫 번째 값이 변경되었다. 그 이유는 무엇일까?

이것은 파이썬 리스트가 값을 저장하는 방식 때문에 발생하는 현상이다. 파이썬은 리스트를 저장할 때 값 자체가 아니라 값이 위치한 메모리 주소reference를 저장한다. 프로그래밍을 처음 배우는 독자에게는 상당히 어려운 개념일 수 있다.

[그림 3-7]을 보면, 리스트 안에는 값 자체를 저장하는 구조가 아니라 그 값이 위치한 메모리의 주소, 즉 '0x3172'와 같은 주소값을 저장하는 것이다.

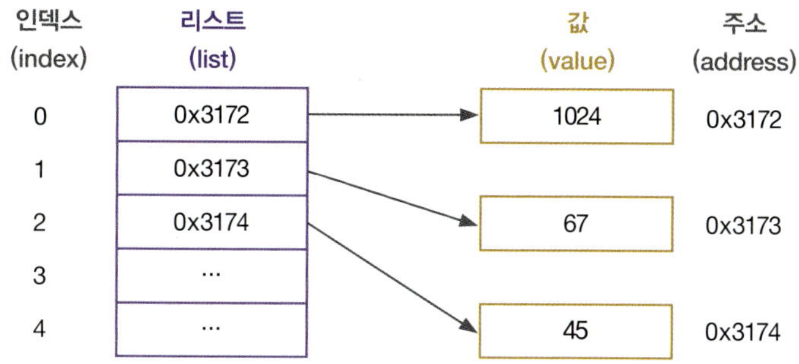

그림 3-7 리스트의 메모리 저장

값과 메모리 주소값의 관계가 상당히 헷갈릴 수 있는데, 다음 코드를 통해 값과 메모리 주소값의 차이를 자세히 알아보자.

```
>>> a = 300
>>> b = 300
>>> a is b
False
>>> a == b
True
```

위 코드에서 a와 b라는 변수에 모두 300이라는 값을 할당한다. 즉, 변수 a와 b에 저장되어 있는 메모리 주소를 따라가면 값 300이 저장되어 있는 것이다. 그런데 왜 ==로 비교하면 True인데, is로 비교하면 False가 나올까? 이것은 ==은 값을 비교하는 연산이고, is는 메모리의 주소를 비교하는 연산이기 때문이다. 즉, a와 b에 저장된 메모리 주소가 가르키는 값은 같지만, a와 b 변수 자체에 저장되어 있는 값은 다르다.

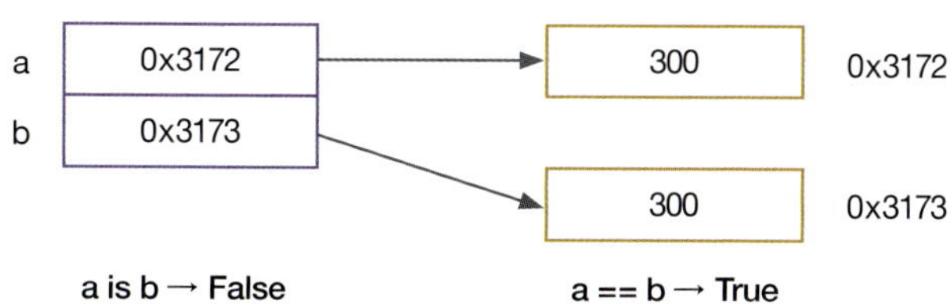

그림 3-8 변수 a와 b의 값과 메모리 주소의 차이

이번에는 다음 코드를 살펴보자.

```
>>> a = 1
>>> b = 1
>>> a is b
True
>>> a == b
True
```

이전 코드와 다르게 is와 == 연산자는 모두 True를 반환한다. 그렇다면 a와 b의 메모리 주소는 같은 것일까? 이것은 파이썬의 정수형 저장 방식의 특성 때문이다. 파이썬은 인터프리터가 구동될 때, −5부터 256까지의 정수값을 특정 메모리 주소에 저장한다. 그리고 해당 숫자를 할당하려고 할 때 해당 변수는 그 숫자가 가진 메모리 주소로 연결한다. 따라서 주소와 값이 모두 같은 것으로 나오는 것이다.

이렇게 리스트는 기본적으로 값을 연속으로 저장하는 것이 아니라, 값이 있는 주소를 저장하는 방식이다. 결론적으로 제일 처음 나온 예제 코드로 돌아가면 midterm_score 변수에는 math_score의 메모리 주소를 가지고 있기 때문에 math_score의 값이 변하면 midterm_score 주소값이 가르키고 있는 변경된 값을 보여준다. 즉, [그림 3-9]와 같은 연결 관계라고 보면 된다.

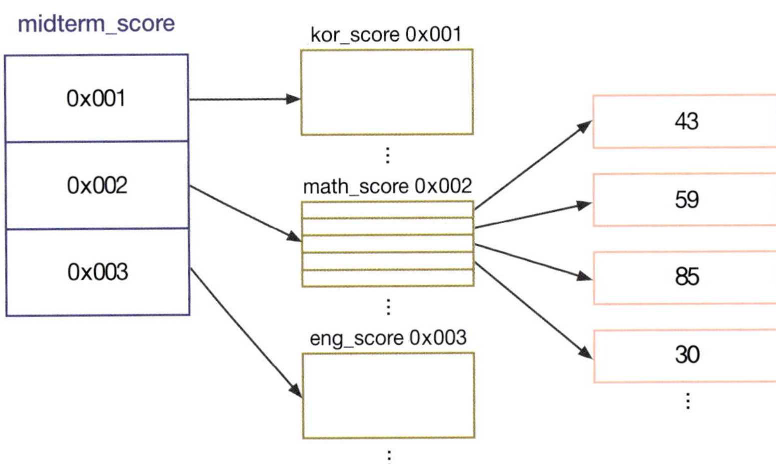

그림 3-9 리스트의 메모리 저장 연결 관계

2 메모리 저장 구조로 인한 리스트의 특징

2.1 하나의 리스트에 다양한 자료형 포함 가능

첫 번째 리스트의 특징은 다양한 자료형이 하나의 리스트에 모두 들어갈 수 있다는 것이다. 다음 코드를 살펴보자.

```
>>> a = ["color", 1, 0.2]
```

위 코드에서는 a라는 변수에 문자형인 "color", 정수형인 1, 실수형인 0.2가 들어간다. 이러한 다양한 변수, 즉 다양한 형태의 변수가 하나의 리스트에 모두 들어갈 수 있다.

또한, 기존 변수들과 함께 리스트 안에 다른 리스트를 넣을 수도 있다. 앞에서 이차원 리스트를 만든 것처럼 첫 번째 값만 리스트로 변경할 수 있다. 예를 들어, 다음 코드에서 color라는 리스트 변수를 새로 만들고 이를 a에 0번째 인덱스에 값으로 넣어도 문제없이 할당된다. 즉 "color"라는 문자열 대신에 color 리스트를 넣으라는 뜻이다.

```
>>> a = ["color", 1, 0.2]
>>> color = ['yellow', 'blue', 'green', 'black', 'purple']
>>> a[0] = color                    # 리스트 안에 리스트도 입력 가능
>>> print(a)
[['yellow', 'blue', 'green', 'black', 'purple'], 1, 0.2]
```

흔히 이를 중첩 리스트라고 한다. 이러한 특징은 파이썬의 리스트가 값이 아닌 메모리의 주소를 저장하는 방식이어서 새로운 값을 저장하는 것이 매우 자유롭다. 사실 파이썬으로 프로그래밍을 처음 배우는 것이라면 그다지 놀랍지 않을 수도 있지만, C나 자바 같은 언어를 먼저 배운 사람이라면 '이런 기능이 있어?'라고 놀랄 수도 있다.

2.2 리스트의 저장 방식

두 번째 특징은 리스트의 메모리 저장 방식이다. 지금은 중요하지 않지만 차후에 함수 등 다양한 파이썬 문법을 이해하는 데 필요한 내용이다. 다음 코드를 살펴보자.

```
>>> a = [5, 4, 3, 2, 1]
>>> b = [1, 2, 3, 4, 5]
>>> b = a
>>> print(b)
[5, 4, 3, 2, 1]
```

먼저 b와 a 변수를 각각 다른 값으로 선언한 후 b에 a를 할당하였다. 그리고 b를 출력하면 a 변수와 같은 값이 화면에 출력된다. 그렇다면 다음으로 a만 정렬하고 b를 출력하면 어떤 결과가 나올지 다음 코드에서 확인해보자.

```
>>> a.sort()
>>> print(b)
[1, 2, 3, 4, 5]
```

TIP sort() 함수는 리스트에 있는 값들의 순서를 오름차순으로 변환하는 함수이다.

a를 정렬sorting했는데 b도 정렬되었다. 이러한 결과가 나오는 이유는 [그림 3-10]에서 확인할 수 있듯이, `b = a`를 입력하는 순간 b에도 a 리스트의 메모리 주소가 저장되기 때문이다. 두 변수가 같은 메모리 주소가 저장되어 있고, 같은 리스트값을 가르키고 있으므로 실제로 하나의 값이 바뀌더라도 둘 다 바뀐 리스트값을 보여주게 되는 것이다.

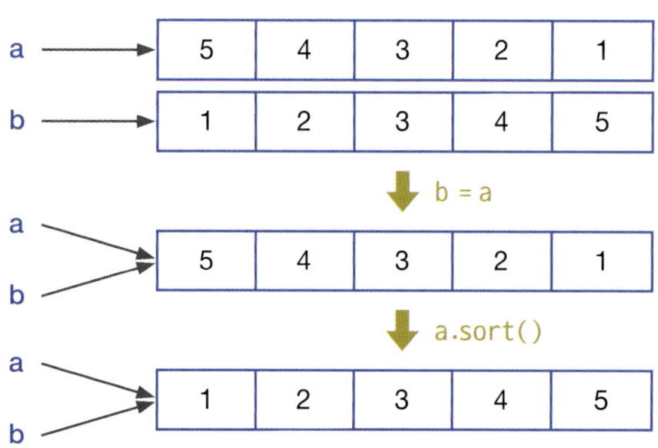

그림 3-10 a를 정렬했는데 b도 정렬되는 이유

마지막으로 b에 새로운 값을 할당하면 어떤 변화가 나타날까?

```
>>> b = [6, 7, 8, 9, 10]
>>> print(a, b)
[1, 2, 3, 4, 5] [6, 7, 8, 9, 10]
```

위 코드와 같이 b에 새로운 값을 할당하면 a와 b는 다른 메모리 주소를 할당받는다. 즉, b는 이제 새로운 메모리 주소가 가르키는 곳에 값을 할당할 수 있는 것이다. 기억해야 할 것은 `b = a` 코드이다. 어떤 리스트값을 하나의 변수에 할당하는 순간 두 변수는 같은 메모리 주소를 할당받게 된다.

TIP '='의 의미는 같다가 아닌 메모리 주소에 해당 값을 할당(연결)한다는 의미이다.

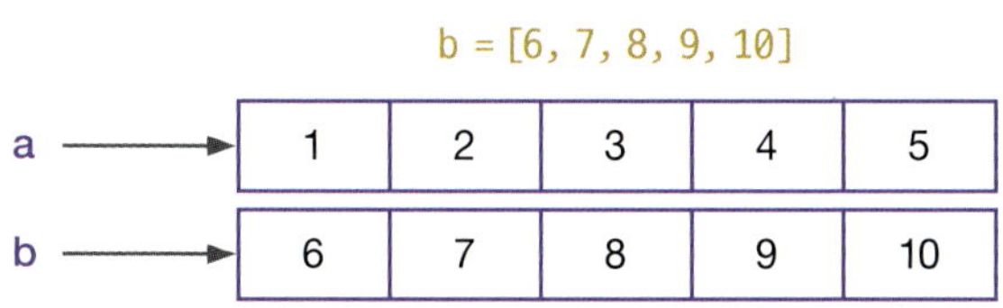

그림 3-11 b에 새로운 값을 할당하는 경우

요약

01 컴퓨터에 명령을 입력할 때 사용하는 환경을 사용자 인터페이스user interface라고 한다.

02 사용자 인터페이스에는 GUI Graphical User Interface와 CLI Command Line Interface가 있다. 일반적으로 GUI 환경에서는 아이콘을 하나 클릭하면 그에 대한 명령이 실행된다. CLI는 마우스 클릭이 아닌 키보드만으로 명령을 입력하는 환경이다.

03 표준 입력 함수인 input( ) 함수는 사용자가 문자열을 콘솔 창에 입력할 수 있게 해준다.

04 표준 출력 함수인 print( ) 함수는 결과를 화면에 출력하는 함수이다.

05 리스트 list는 하나의 변수에 여러 개의 값을 할당하는 자료형이다.

06 인덱싱 indexing이란 리스트에 있는 값에 접근하기 위해 이 값의 상대적인 주소를 사용하는 것이다.

07 슬라이싱 slicing은 리스트의 인덱스를 사용하여 전체 리스트에서 일부를 잘라내어 반환한다.

```
변수명[시작 인덱스:마지막 인덱스]
```

08 리스트에는 인덱스를 마지막 값부터 시작하는 리버스 인덱스reverse index 기능이 있다.

09 슬라이싱에서는 시작 인덱스와 마지막 인덱스 외에 마지막 자리에 증가값step을 넣을 수 있다. 증가값은 한 번에 건너뛰는 값의 개수이다.

```
변수명[시작 인덱스:마지막 인덱스:증가값]
```

10 파이썬의 다른 변수들처럼 리스트도 다양한 연산이 가능하다.

11 리스트의 곱셈 연산은 리스트에 n을 곱했을 때 해당 리스트를 n배만큼 늘려준다.

12 in 연산은 포함 여부를 확인하는 연산으로 하나의 값이 해당 리스트에 들어있는지 확인할 수 있다.

13 리스트 추가 및 삭제 함수는 다음과 같다.

- append( ) **함수**: 새로운 값을 기존 리스트의 맨 끝에 추가한다.
- extend( ) **함수**: 새로운 리스트를 기존 리스트에 추가(덧셈 연산과 같은 효과)한다.
- insert( ) **함수**: 기존 리스트의 i번째 인덱스에 새로운 값을 추가함으로써 i번째 인덱스를 기준으로 뒤쪽의 인덱스가 하나씩 밀린다.
- remove( ) **함수**: 리스트 내의 특정 값을 삭제한다.
- del **함수**: 특정 인덱스값을 삭제한다.

14 패킹packing은 한 변수에 여러 개의 데이터를 할당하는 것이고, 언패킹unpacking은 한 변수에 있는 여러 개의 데이터를 각각의 변수로 반환하는 것이다.

15 리스트를 효율적으로 활용하기 위해 여러 개의 리스트를 하나의 변수에 할당하는 이차원 리스트를 사용할 수 있다.

16 파이썬은 리스트를 저장할 때 값 자체가 아니라 값이 위치한 메모리 주소reference를 저장한다.

17 메모리 저장 구조로 인해 파이썬 리스트는 다양한 자료형이 하나의 리스트에 모두 들어갈 수 있다. 또한 리스트는 독특한 메모리 저장 방식을 가지고 있다.

연습문제

01 다음과 같은 코드 작성 시, 빈 칸에 알맞은 코드를 고르시오.

```
>>> a = [1]
>>> b = ['a','b','c']
>>> [          ]
>>> b
['a', [1], 'c']
```

① b[1] = a[0]　　② b[1:2] = a[0:1]　　③ b[1] = a[0:1]

④ b[1:2] = a[0]　　⑤ b[0] = a[1]

02 다음과 같이 코드를 작성했을 때, 실행 결과로 알맞은 것은?

```
>>> fruit1 = ['orange','melon','strawberry']
>>> fruit2 = ['watermelon','grape']
>>> fruit2.remove('grape')
>>> fruit1.append(fruit2)
>>> print(fruit1)
```

① ['orange', 'melon', 'strawberry', 'watermelon']

② [['orange', 'melon', 'strawberry', 'watermelon']]

③ ['orange', 'melon', 'strawberry', ['watermelon']]

④ ['orange', 'melon', 'strawberry', ['watermelon', 'grape']]

⑤ ['orange', 'melon', 'strawberry', 'watermelon', 'grape']

03 다음과 같이 코드를 작성했을 때, 실행 결과를 쓰시오.

```
fruits = ['apple', 'banana', 'cherry', 'grape', 'orange', 'strawberry', 'melon']
print(fruits[-3:], fruits[1::3])
```

04 다음과 같이 코드를 작성했을 때, 실행 결과로 알맞은 것은?

```
>>> fruit = ['orange','lemon','strawberry','cherry']
>>> number = ['1','2','3']
>>> first,second,third = number
>>> print(second * fruit.index('strawberry'))
```

① 22　② 4　③ 'strawberry'

④ 'cherry'　⑤ 'strawberrystrawberry'

05 다음과 같은 코드 작성 시, 빈 칸에 알맞은 코드를 고르시오.

```
>>> color = ['red','orange','yellow','green']
>>> [          ]
>>> print(color)
['red','blue','orange','yellow','green']
```

① color.insert(1,'blue')　② color[1] = 'blue'　③ color[2] = 'blue'

④ str(a) != b　⑤ color[1:2] = ['blue']

06 다음은 두 개의 숫자를 콘솔 창에서 입력받아 더하는 프로그램이다. 다음과 같이 값 5와 7을 각각 입력했을 때 실행 결과로 알맞은 것은?

```
>>> user_input_a = input("첫 번째 값을 입력하시오 : ")
    첫 번째 값을 입력하시오 : 5
>>> user_input_b = input("두 번째 값을 입력하시오 : ")
    두 번째 값을 입력하시오 : 7
>>> total = user_input_a + user_input_b
>>> total
```

① 12　② 57　③ '12'　④ '57'　⑤ None

07 다음과 같은 코드 작성 시, 빈 칸에 들어갈 수 없는 코드를 모두 고르시오.

```
>>> alphabet = ['a','b','c','d']
>>> print(                    )
['a', 'b', 'c', 'd', 'a', 'b', 'c', 'd']
```

① alphabet * 2　　② alphabet.remove(alphabet)

③ alphabet+alphabet　　④ alphabet.append(alphabet)

⑤ alphabet * len(alphabet[1:3])

08 다음과 같이 코드를 작성했을 때, 실행 결과로 알맞은 것은?

```
>>> color = ['red','orange','yellow']
>>> name = ['John','Marry']
>>> new = color
>>> new.append(name[0])
>>> print(color)
```

① [['red', 'orange'], 'yellow', 'John']　　② ['red','orange','yellow']

③ ['red', 'orange', 'yellow', 'John','Marry']　　④ ['John','Marry','red','orange','yellow']

⑤ ['red', 'orange', 'yellow', 'John']

09 GUI와 CLI의 설명으로 틀린 것은?

① GUI는 Graphical User Interface의 약자이다.

② GUI는 마우스로 아이콘을 클릭하며 프로그램을 작동시키는 컴퓨팅 환경을 말한다.

③ CLI는 Command Line Interface의 약자이다.

④ CLI는 텍스트를 사용하여 컴퓨터에 명령을 입력하는 인터페이스 체계를 말한다.

⑤ CLI는 윈도에서는 불가능하고, 맥 또는 리눅스에서만 터미널로 작동한다.

10 다음과 같이 코드를 작성했을 때, 실행 결과로 알맞은 것은?

```
first = ["egg", "salad", "bread", "soup", "canafe"]
second = ["fish", "lamb", "pork", "beef", "chicken"]
third = ["apple", "banana", "orange", "grape", "mango"]

order = [first, second, third]
john = [order[0][:-2], second[1::3], third[0]]
del john[2]
john.extend([order[2][0:1]])
print(john)
```

① [['egg', 'salad', 'bread'], ['lamb', 'chicken'], ['apple']]

② ['egg', 'salad', 'bread', 'lamb', 'chicken', 'apple']

③ [['egg', 'salad', 'bread'], ['lamb', 'chicken']]

④ [['egg', 'salad', 'bread', 'soup', 'canafe'], ['fish', 'lamb', 'pork', 'beef', 'chicken']]

⑤ [['egg', 'salad', 'bread', 'soup', 'canafe'], ['apple', 'banana', 'orange', 'grape', 'mango']]

11 다음과 같이 코드를 작성했을 때, 실행 결과로 알맞은 것은?

```
our_list = [10, 20, 30, 40, 50]
our_list.append(100)
print(our_list)

our_list.append(1000)
print(our_list)
```

① [10, 20, 30, 40, 50]
[10, 20, 30, 40, 50]

② [10, 20, 30, 40, 50, 100]
[10, 20, 30, 40, 50, 100]

③ [10, 20, 30, 40, 50]
[10, 20, 30, 40, 50, 100]

④ [10, 20, 30, 40, 50, 100]
[10, 20, 30, 40, 50, 1000]

⑤ [10, 20, 30, 40, 50, 100]
[10, 20, 30, 40, 50, 100, 1000]

12 다음과 같이 코드를 작성했을 때, 실행 결과로 알맞은 것은?

```
list_a = [3, 2, 1, 4]
list_b = list_a.sort()
print(list_a, list_b)
```

① [1, 2, 3, 4] [3, 2, 1, 4]
② [1, 2, 3, 4] None
③ None None
④ [1, 2, 3, 4] [1, 2, 3, 4]
⑤ [3, 2, 1, 4] [3, 2, 1, 4]

13 다음과 같이 코드를 작성했을 때, 실행 결과로 알맞은 것은?

```
a = [5, 7, 3]
b = [3, 9, 1]
c = a + b
c = c.sort()
print(c)
```

① [1, 3, 3, 5, 7, 9]
② [3, 9, 1]
③ None
④ [5, 7, 3]
⑤ [9, 7, 5, 3, 3, 1]

14 다음과 같이 코드를 작성했을 때, 실행 결과로 알맞은 것은?

```
a = [1, 2, 3, 5]
b = ['a', 'b', 'c','d','e']

a.append('g')
b.append(6)
print('g' in b, len(b))
```

① False 6
② True 6
③ False 5
④ True 5
⑤ None None

CHAPTER 04

조건문과 반복문

학습목표

- 조건문의 개념과 if-else문, if-elif-else문에 대해 알아본다.
- 반복문의 개념과 for문, while문에 대해 학습하고, 반복문의 제어에 대해 이해한다.
- 문자열 역순 출력 및 십진수를 이진수로 변환하는 실습을 진행한다.
- 코드의 오류를 처리하는 방법에 대해 학습한다.

PREVIEW

이번 장에서는 프로그래밍을 배울 때 논리적인 사고 학습의 핵심인 조건문과 반복문에 대해 알아본다. 프로그램의 대부분은 제어와 반복의 연속이다. 사용자가 어떤 입력을 했을 때 그 입력에 따라 다양한 반응을 보이도록 프로그래밍을 해야 하는데, 조건문과 반복문은 이를 이해하기 위해 반드시 배워야 하는 내용이다.

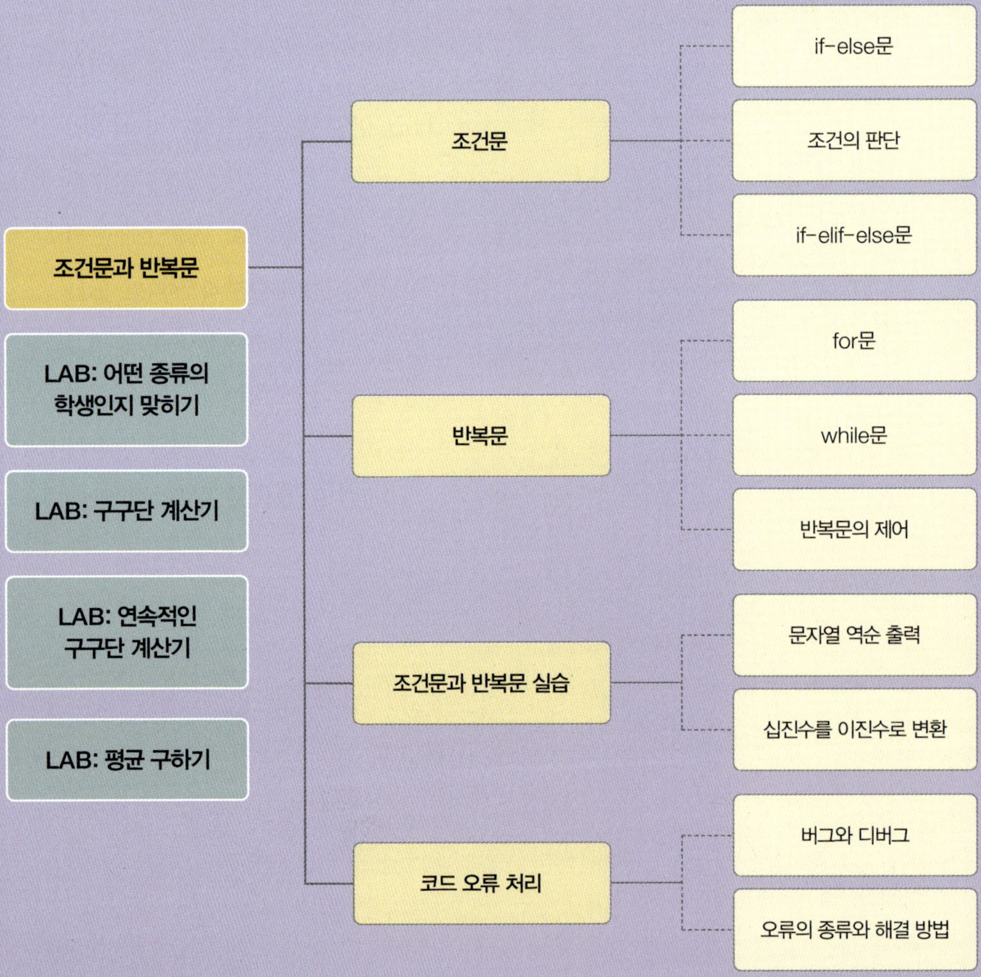

01 조건문

프로그래밍을 배울 때 반드시 이해해야 하는 조건문에 대해 설명하겠다. 만약 다음과 같은 성적이 있다고 할 때 학점을 부여하는 프로그램을 만들려면 어떻게 해야 할까?

```
점수: 38, 65, 89, 16, 95, 71, 63, 48, 49, 66, 37
```

프로그램을 만든다고 생각하지 말고 일반적인 생각으로 정리하면 좀 더 쉬울 것이다. 먼저, 학점을 정하는 기준을 만든다. 예를 들어, 60점 미만은 'F', 90점 이상은 'A'와 같은 기준이다. 다음으로 첫 번째 점수부터 그 기준에 맞춰 학점을 판단한다. 하나의 점수에 대한 판단이 끝나면, 계속 다음 점수로 이동하면서 학점을 판단한다. 마지막 점수까지 모두 판단하였다면 점수 판단을 종료한다. 이를 정리하면 다음과 같다.

❶ 점수에 따른 학점의 기준을 정한다.
  ex 95점 이상 'A+', 60점 미만 'F'

❷ 기준을 바탕으로 첫 번째 점수를 판단한다.
  ex 38점은 60점 미만이므로 'F'

❸ 다음 점수로 이동하면서 ❷를 반복한다.
  ex 37점은 60점 미만이므로 'F'

❹ 더 이상 판단할 점수가 없을 때 프로그램을 종료한다.

사실 프로그램을 만드는 것과 일반적으로 어떤 일에 대한 순서를 정하는 것은 매우 비슷하다. 따라서 프로그램을 만들 때는 다음과 같은 사항을 고려해야 한다.

- 어떤 기준으로 결정해야 하는가? → 조건의 설정
- 언제까지 해야 하는가? → 반복의 설정

프로그래밍을 할 때 이처럼 조건과 반복을 설정하면 어떤 기준이 있는 일에 대해 매우 효율적으로 문제를 해결할 수 있다. 이러한 개념을 배우는 것이 바로 이번 장에서 배울 조건문과 반복문이다. 이번 절에서는 조건문에 대해 알아보고, 다음 절에서 반복문에 대해 학습한다.

1 조건문의 개념

조건문conditional statement은 조건에 따라 특정 동작을 하도록 하는 프로그래밍 명령어이다. 실생활에서도 조건문이 필요한 경우는 다음과 같이 매우 다양하다.

- **앞 지하철과의 간격이 10m 이하면**, 속도를 10km 이하로 늦춰라.
- **사용자가 20세 이하면**, VOD를 재생하지 마라.
- **스마트폰 잠금 해제 패턴이 5회 틀리면**, 20초 동안 대기 상태로 만들어라.

조건문을 구성하기 위해서는 조건을 나타내는 기준과 실행해야 할 명령이 필요하다. 위의 예시 중 '스마트폰 잠금 해제 패턴이 5회 틀리면'이 조건의 기준이고, '20초 동안 대기 상태'가 실행해야 할 명령이다. 또한 조건문은 반드시 조건의 참True과 거짓False으로 구분되어야 한다. 조건을 나타내는 기준이 참과 거짓으로 명확히 구분되지 않으면 명령을 수행하기 어렵다.

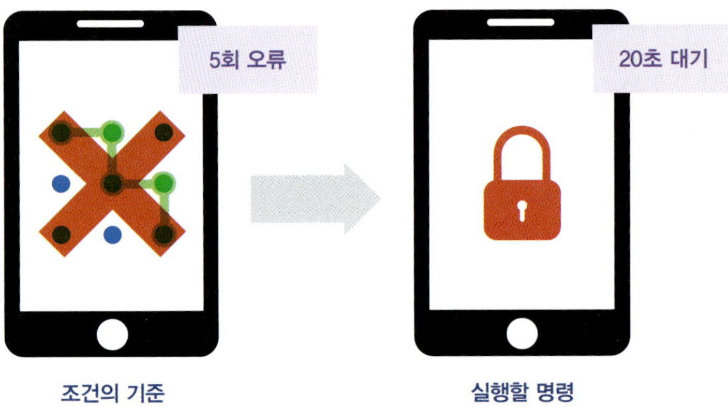

그림 4-1 조건문의 예: 스마트폰 잠금 해제 패턴

2 if-else문

파이썬에서는 조건문을 사용하기 위해 if, else, elif 등의 명령 키워드를 사용한다. 먼저 if-else문에 대해 알아보자. if-else문의 기본 문법은 다음과 같다.

```
if <조건>:                # if를 입력하고 조건 삽입 후 ':' 입력
    <수행 명령 1-1>        # 들여쓰기 후 수행 명령 입력
    <수행 명령 1-2>        # 같은 조건에서 계속 수행할 명령일 경우 들여쓰기 유지
else:                     # 조건이 불일치할 경우 수행할 명령
    <수행 명령 2-1>        # 조건 불일치 시 수행할 명령 입력
    <수행 명령 2-2>        # 조건 불일치 시 수행할 명령일 경우 들여쓰기 유지
```

문법은 비교적 간단하다. 다음 세 가지만 기억하면 된다.

❶ if 뒤에는 참과 거짓을 판단할 수 있는 조건문이 와야 하고, 조건문이 끝나면 반드시 콜론(:)을 붙여야 한다.

❷ 들여쓰기indentation를 사용하여 해당 조건이 참일 경우 수행할 명령을 작성한다. 명령이라는 것을 거창하게 생각하지 말고, 단순히 a = 30처럼 앞에서 배운 여러 파이썬 코드를 작성한다고 생각하면 된다. 들여쓰기는 Space 키나 Tab 키 등을 사용하여 코드를 일정 간격 안쪽으로 넣는 것이다. 들여쓰기는 파이썬이 기존 다른 언어들과 가장 큰 차이를 보이는 문법으로, 다른 언어들에 비해 코드에 대한 시각적 이해에 도움이 된다.

❸ if의 조건이 거짓일 경우 else문이 수행된다. else문은 생략해도 상관없다. 만약 조건에 해당하지 않는 경우 처리해야 할 명령이 있다면 else문을 넣으면 된다.

[코드 4-1]을 통해 if-else문을 좀 더 자세히 알아보자.

코드 4-1 if-else.py

```python
print("Tell me your age?")
myage = int(input())                 # 나이를 입력받아 myage 변수에 할당
if myage < 30:                       # myage가 30 미만일 때
    print("Welcome to the Club.")
else:                                # myage가 30 이상일 때
    print("Oh! No. You are not accepted.")
```

```
Tell me your age?             ← 입력 대기
20                            ← 사용자 입력
Welcome to the Club.          ← 출력
```

위 코드에서 먼저 나이를 입력하라는 메시지가 나타나면 사용자가 나이를 입력한다. 만약, 나이가 30세 미만일 경우 클럽에 입장할 수 있다는 메시지를 출력하고, 30세 이상일 경우에는 클럽에 입장할 수 없다는 메시지를 화면에 출력한다. 여기서 핵심은 `myage < 30`이라는 조건이다. 사용자가 입력한 값은 myage 변수에 정수형으로 바꿔서 할당된다. 다음으로 그 값이 30보다 작다는 조건이 True일 때, 즉 `myage < 30`이 참일 경우 `print("Welcome to the Club")`이라는 구문을 수행시키고, 해당 조건이 False일 때는 else 다음에 오는 구문을 수행시킨다.

3 조건의 판단

앞서 확인한 코드 중에서 좀 더 세심하게 확인할 부분이 있다. 바로 조건을 판단하는 조건문 코드이다. 조건문 코드의 판단 방법은 참 또는 거짓을 구분하는 방법과 같다.

3.1 비교 연산자

비교 연산자(또는 조건 연산자)는 어떤 것이 큰지 작은지, 그리고 같은지를 비교하는 것으로 그 결과는 참이나 거짓이 된다. 파이썬에서 사용할 수 있는 비교 연산자는 [표 4-1]과 같다.

표 4-1 비교 연산자

비교 연산자	비교 상태	설명
x < y	~보다 작음	x가 y보다 작은지 검사
x > y	~보다 큼	x가 y보다 큰지 검사
x == y	같음	x와 y의 값이 같은지 검사
x is y	같음(메모리 주소)	x와 y의 메모리 주소가 같은지 검사
x != y	같지 않음	x와 y의 값이 같지 않은지 검사
x is not y	같지 않음(메모리 주소)	x와 y의 메모리 주소가 같지 않은지 검사
x >= y	크거나 같음	x가 y보다 크거나 같은지 검사
x <= y	작거나 같음	x가 y보다 작거나 같은지 검사

여기서 주의할 사항은 같음을 의미하는 == 연산자이다. 파이썬에서는 같음을 의미할 때 == 연산자를 사용하고, 할당의 의미를 표현할 때는 = 연산자를 사용한다. 만약 다음과 같은 코드가 있다면 결과는 True일까, 아니면 False일까?

```
>>> 7 == 7
```

두 값이 정확하게 일치하므로 결과는 True이다. 사실 조건문 코드를 볼 때 언제나 이러한 코드가 True 또는 False로 치환된다고 생각하면 이해하기 쉽다.

또 다른 특별한 문법으로 is가 있다. 리스트 구문을 설명할 때 언급한 문법이다. == 연산자처럼 두 변수가 같음을 비교하지만, == 연산자와 다르게 메모리의 주소를 비교한다. 다음은 is의 특징을 가장 잘 나타내는 코드이다.

```
>>> a = 100
>>> b = 100
>>> a is b
True
>>> a == b
True
>>> a = 300
>>> b = 300
>>> a == b
True
>>> a is b
False
```

앞서 설명했지만, 파이썬은 처음 인터프리터를 시작할 때 -5~256까지는 변하지 않는 메모리(정적 메모리static memory) 주소에 값을 할당한다. 그리고 해당 값을 다른 변수가 사용할 때 그 메모리 주소를 반환한다. 그래서 a와 b, 둘 다 100일 때는 is와 == 모두 같다고 나오지만, 둘 다 300일 경우에는 값만 같고 메모리 주소는 다르다고 나온다. is not도 마찬가지로 사용된다.

TIP 아마 대부분의 독자분들은 이 내용이 헷갈릴 수 있다. 일단 어렵게 느껴진다면 아직 is는 사용하지 말고, ==만 사용하도록 한다.

3.2 True와 False의 치환

컴퓨터는 기본적으로 이진수만 처리할 수 있으므로 True는 1로, False는 0으로 처리한다. 그렇다면 다음과 같은 코드를 실행하면 어떤 결과가 나올까?

```
>>> if 1: print("True")
... else: print("False")
```

위 코드를 실행하면 True가 출력된다. 그 이유는 앞서 설명한 것처럼 컴퓨터는 존재하면 True, 존재하지 않으면 False로 처리하기 때문이다. 만약 다음과 같은 코드는 어떤 결과가 나올까?

```
>>> (3 > 5) < 10
```

위 코드를 실행하면 True가 출력된다. 하나하나 치환해보자. 먼저 3 > 5는 True일까, False일까? 당연히 False이다. 그리고 설명했듯이 False는 결국 0으로 치환된다. 그래서 이것을 다시 치환하면 (0) < 10이 되고, 이 값은 당연히 참이므로 True가 반환되는 것이다.

3.3 논리 연산자

다음으로 알아야 할 내용은 논리 연산자이다. 논리 연산자인 and · or · not을 사용해 조건문을 좀 더 확장할 수 있다.

표 4-2 논리 연산자

연산자	설명	예시
and	두 값이 모두 참일 경우 True, 그렇지 않을 경우 False	(7 > 5) and (10 > 5)는 True (7 > 5) and (10 < 5)는 False
or	두 값 중 하나만 참일 경우 True, 두 값 모두 거짓일 경우 False	(7 < 5) or (10 > 5)는 True (7 < 5) or (10 < 5)는 False
not	값을 역으로 반환하여 판단	not (7 < 5)는 True not (7 > 5)는 False

and는 둘 다 참이어야 True, or는 둘 중 하나만 참이어도 True, not은 참이면 False이고 거짓이면 True를 출력한다. 다음 코드를 살펴보자.

```
>>> a = 8
>>> b = 5
>>> a == 8 and b == 4
False
>>> a > 7 or b > 7
True
>>> not (a > 7)
False
```

`a == 8 and b == 4`의 경우, a == 8은 참, b == 4는 거짓이므로 True and False로 치환되고, 둘 중 하나라도 거짓이 있을 경우 and 구문은 False를 반환하므로 False가 출력된다. `a > 7 or b > 7`의 경우, a > 7은 참, b > 7은 거짓이므로 True or False로 치환되고, 둘 중 하나라도 참이 있으므로 True가 출력된다. 마지막으로 `not (a > 7)`의 경우, not True로 치환되고, True는 not에 의해 False가 출력된다.

4 if-elif-else문

마지막으로 알아야 하는 조건문의 문법은 if-elif-else문이다. 중첩 if문을 간단히 표현하면 if-elif-else문이다. if-elif-else문을 이해하기 전에 [표 4-3]과 같은 점수판이 있다고 가정하자.

표 4-3 점수판

점수(score)	학점(grade)
98	
37	
16	
86	
71	
63	

점수에 맞는 학점을 주기 위해 [코드 4-2]와 같이 작성했다. 이제 점수를 입력하면 어떤 학점으로 계산될까?

코드 4-2 grade.py

```python
score = int(input("Enter your score: "))

if score >= 90:
    grade = 'A'
if score >= 80:
    grade = 'B'
if score >= 70:
    grade = 'C'
if score >= 60:
    grade = 'D'
if score < 60:
    grade = 'F'

print(grade)
```

```
Enter your score: 98        ← 사용자 점수 입력
D                           ← 잘못된 값 출력
```

예상대로 'A', 'B', 'C', 'D', 'F' 학점이 잘 출력되면 좋겠지만 실제 코드로 만들어 실행하면 모든 값이 'D'나 'F'로 나온다. 왜 그럴까? 바로 코드가 한 줄씩 차례대로 실행되기 때문이다. 만약, score 변수에 98점을 할당했다고 하면, 실제로 첫 번째 if문에 의해서만 결과가 나와 grade 변수에는 'A'가 할당될 것이다. 하지만 코드는 한 줄씩 차례대로 실행되므로 다음 if문에 있는 조건 `score >= 80`도 만족하여 grade 변수는 'B'로 변경된다. 역시 마찬가지로 다음 if문에서 'C', 그 다음 if문에서 'D'로 변경되고, 마지막 if문의 판별에 의해 'D'로 최종 출력되는 것이다.

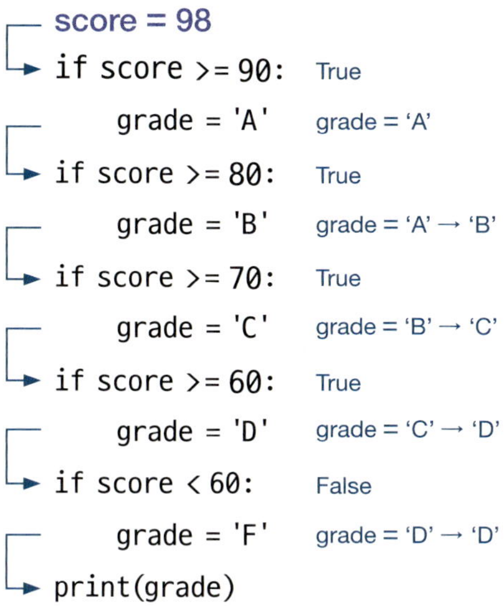

그림 4-2 if문만을 이용한 학점 계산기에 98을 입력했을 때 결과 산출 방식

이러한 문제를 해결하기 위해서는 여러 개의 조건을 하나의 if문에서 검토할 수 있도록 elif를 사용한 if-elif-else문으로 작성해야 한다. elif는 else if의 줄임말로, if문과 같은 방법으로 조건문을 표현할 수 있다. if-elif-else문으로 작성한 학점 계산기는 [코드 4-3]과 같다.

코드 4-3 if-elif-else.py

```
score = int(input("Enter your score: "))

if score >= 90: grade = 'A'           # 90 이상일 경우 A
elif score >= 80: grade = 'B'         # 80 이상일 경우 B
elif score >= 70: grade = 'C'         # 70 이상일 경우 C
elif score >= 60: grade = 'D'         # 60 이상일 경우 D
else: grade = 'F'                     # 모든 조건에 만족하지 못할 경우 F

print(grade)
```

```
Enter your score: 98          ← 사용자 점수 입력
A                             ← 올바른 값 출력
```

[코드 4-3]에서 if문의 조건이 맞지 않으면 다음 elif문으로 이동하고, 그 조건에 맞지 않으면 그 다음 elif문으로 이동하게 된다. 중간에 조건문이 True가 된다면 별도의 확인 없이 바로 if문 그룹을 빠져나온다. 즉, [코드 4-3]에서는 첫 번째 if문부터 마지막 else문까지가 하나의 if문 그룹으로, 하나의 조건만 맞으면 다른 조건들과의 비교하지 않는다.

TIP 그동안 보았던 파이썬 문법과는 다르게 if문, elif문, else문 뒤에 수행할 명령문이 한 줄이면 들여쓰기를 하지 않는다. 이것은 if-elif-else문만의 특징이 아니고, 들여쓰기로 명령어를 구분하는 모든 문법에 적용된다.

02 Lab: 어떤 종류의 학생인지 맞히기

1 실습 내용

앞에서 배운 조건문을 이용하여 '어떤 종류의 학생인지 맞히는 프로그램'을 만들어보자. 이번에 진행할 Lab은 사용자가 태어난 연도를 입력하면 어떤 종류의 학생인지 맞히는 프로그램이다. 아주 간단하게 만들 수 있다. 물론 프로그램은 매년 연도가 바뀔 때마다 변경해야 하는데, 여기서는 2020년을 기준으로 프로그램을 작성하겠다.

이 프로그램을 작성하는 규칙은 다음과 같다.

- **나이는 (2020 - 태어난 연도 + 1)로 계산**
- **26세 이하 20세 이상이면 '대학생'**
- **20세 미만 17세 이상이면 '고등학생'**
- **17세 미만 14세 이상이면 '중학생'**
- **14세 미만 8세 이상이면 '초등학생'**
- **그 외의 경우는 '학생이 아닙니다.' 출력**

2 실행 결과

이 프로그램의 실행 결과는 다음과 같다.

```
당신이 태어난 연도를 입력하세요.      ← 입력 대기
1982                                  ← 자신이 태어난 연도 입력
학생이 아닙니다.                      ← 어떤 종류의 학생인지 출력
```

if-elif-else문을 이용하면 문제를 쉽게 해결할 수 있다. 프로그램을 작성하기 위해 실행 결과를 기반으로 어떤 코드가 필요한지 확인하고, 파이썬을 이용하여 '어떤 종류의 학생인지 맞히는 프로그램'을 작성한다.

3 문제 해결

어떤 종류의 학생인지 맞히는 프로그램의 결과 코드는 [코드 4-4]와 같다.

코드 4-4 student.py

```
1  print("당신이 태어난 연도를 입력하세요.")
2  birth_year = input()
3  age = 2020 - int(birth_year) + 1
4
5  if age <= 26 and age >= 20:
6      print("대학생")
7  elif age < 20 and age >= 17:
8      print("고등학생")
9  elif age < 17 and age >= 14:
10     print("중학생")
11 elif age < 14 and age >= 8:
12     print("초등학생")
13 else:
14     print("학생이 아닙니다.")
```

[코드 4-4]를 해석하면 다음과 같다.

1행은 처음 프로그램을 실행하면 '당신이 태어난 연도를 입력하세요.'를 출력한다.

2행은 사용자의 입력을 birth_year 변수에 할당하는데, 사용자의 입력은 문자형이므로 계산을 위해 3행에서 int( ) 함수를 사용하여 정수형으로 변경한다.

3행에서는 나이를 계산한 후 이 값을 age에 할당한다. 사용자가 '1982'를 입력하면 (2020 − 1982 + 1)로 계산하여 결과값 '39'를 age 변수에 할당한다. 지금부터 age 변수값이 39라고 가정하고 설명하겠다.

5~12행에서는 age의 값으로 각각 if문과 elif문을 수행한다. 첫 번째 조건 `age <= 26 and age >= 20`은 True일까, False일까? 두 가지 조건을 모두 만족해야 하는데 39 <= 26과 39 >= 20은 두 번째 조건만 True이므로 and 구문에 의해 전체는 False로 변환된다. 첫 번째 조건이 False이므로 다음 조건을 비교한다.

7~12행에서 모든 조건이 False이므로 13~14행의 else 구문인 `print("학생이 아닙니다.")`만 실행된다.

여기서 잠깐! 논리 연산자 없이 비교 연산자를 사용할 경우

코드에서 `age < 14 and age >= 8` 조건과 수학식에서 사용하는 8 <= age < 14 조건은 서로 같을까? 전통적인 프로그램과 달리 파이썬에서는 수학식 조건도 잘 실행된다.

```
>>> 1 <= 2 < 10
True
>>> 1 <= 100 < 10
False
```

사실 이 코드는 좋은 코드가 아니다. 이 코드가 순서대로 실행되면 먼저 1 <= 100을 해석하니 True로 반환되고, True는 1과 같으므로 1 < 10도 True로 반환되어야 한다. 하지만 파이썬에서는 False가 나온다.

파이썬은 사람에게 친숙하게 프로그래밍을 하겠다는 철학을 가지고 있으므로 이러한 처리가 가능하도록 지원한다. 사람의 생각 그대로 그냥 조건을 작성하면 파이썬 인터프리터가 다 해결해준다. 문제는 다른 언어들이 지원해주지 않는 경우가 있으므로, 이렇게 작성하는 것은 좋은 코드가 아니라는 걸 기억해야 한다. 물론 사람이 보기 쉬운 코드가 좋은 코드인지, 다른 프로그래머를 고려하는 것이 좋은 코드인지에 따라 의견이 달라질 수 있지만, 저자는 권장하지 않는다.

03 반복문

1 반복문의 개념

반복문loop은 말 그대로 문장을 반복하도록 만드는 것으로, 정해진 동작을 반복적으로 수행할 때 사용하는 명령어이다. 반복문은 일상생활에서 흔히 접할 수 있는 다양한 프로그램에서 사용되고 있다. 예를 들면 다음과 같다.

- 학생 100명의 성적 산출
- 쇼핑몰에서 상품 추천
- MS 워드MS word에서 단어 바꾸기 명령 실행

이러한 예시만으로는 반복문이 어떻게 사용되는지 정확히 알기 어렵다. 위 예시 중 '쇼핑몰에서 상품 추천'을 하기 위해서는 사용자의 상품 구매 특징과 다른 상품 간의 특징을 계속 비교해야 한다. 한 번에 일어나는 것이 아니라 여러 제품을 차례차례 비교하므로 반복이 일어날 수밖에 없다. 또한 MS 워드Word에서 단어를 바꿀 때도 먼저 각 단어가 바꾸고자 하는 단어와 비슷한지 비교하는 과정이 필요하고, 이를 전체 단어에 적용하기 위해 단어를 찾는 과정이 계속 수행되어야 한다.

이렇듯 반복문은 모든 프로그램에서 핵심적으로 사용된다. 반복문은 반복 시작 조건, 종료 조건, 수행 명령으로 구성되어 있으며, 들여쓰기와 블록block으로 구분한다. 조건문에 if라는 키워드가 있듯이, 파이썬의 반복문은 for와 while이라는 명령 키워드를 사용한다. 사실 모든 프로그래밍 언어에서 비슷한 키워드로 반복문을 표현한다.

2 for문

for문은 가장 기본적인 반복문으로 반복 범위를 지정하여 반복을 수행한다. [코드 4-5]는 for문의 예시이다.

코드 4-5 for1.py

```python
for looper in [1, 2, 3, 4, 5]:
    print("hello")
```

```
hello
hello
hello
hello
hello
```

for문으로 반복문을 만들 때는 먼저 for를 입력하고 반복되는 범위를 지정해야 한다. 범위를 지정하는 방법에는 두 가지가 있다.

첫 번째 방법은 리스트를 사용하는 것이다. [코드 4-5]에서는 [1, 2, 3, 4, 5]라는 리스트를 사용하였다. 이 리스트에 있는 각각의 값을 하나씩 가져와 looper라는 변수에 할당하는데, 한 번 할당할 때마다 그 다음 줄에 들여쓰기로 입력한 명령문 구문 `print("hello")`를 실행한다. 최종적으로 [1, 2, 3, 4, 5]에 있는 값을 한 번씩 수행하므로, 총 다섯 번의 반복이 일어나 'hello'가 다섯 번 출력된다.

[코드 4-6]과 같이 변수 자체를 출력할 수도 있다.

코드 4-6 for2.py

```python
for looper in [1, 2, 3, 4, 5]:
    print(looper)
```

```
1
2
3
4
5
```

리스트 [1, 2, 3, 4, 5]에 있는 각각의 값이 한 번 반복문을 돌 때마다 looper 변수에 할당되어 그 값들이 화면에 출력된다.

여기까지는 굉장히 쉽다. 그런데 만약 100번 반복해야 한다면 코드를 어떻게 작성해야 할까? 리스트에 1부터 100까지 모든 값을 적어넣기에는 너무 오래 걸린다. 이럴 때는 range라는 키워드를 사용한다. [코드 4-7]을 확인해보자.

코드 4-7 for3.py

```
for looper in range(100):
    print("hello")
```

```
hello                  ← 100번 반복
  ⋮                    ← 생략
  ⋮
hello
```

위 코드를 실행하면 looper 변수에는 0부터 99까지의 값, 즉 총 100개의 값이 들어간다. 그래서 100번을 반복하는 for문을 만들 수 있다. 그렇다면 왜 100이 아닌 99까지의 값을 만들까? 이것은 리스트의 인덱싱 문법과 같다고 보면 된다. range 문법의 기본 구조는 다음과 같다.

```
for 변수 in range(시작 번호, 마지막 번호, 증가값)
```

range는 '마지막 번호'에 입력한 숫자 바로 앞까지 리스트를 만든다. 즉, range(1, 5)라고 하면 [1, 2, 3, 4]의 리스트를 만들고, range(0, 5)라고 하면 [0, 1, 2, 3, 4]의 리스트를 만든다. 앞의 '시작 번호'와 '증가값'은 생략할 수 있다. 생략했을 경우 초깃값으로 시작 번호는 0을, 증가값은 1이 입력된다.

여기서 잠깐! 반복문에서 알아두면 좋은 상식

1. 반복문의 변수는 대부분 i, j, k로 지정한다. 이것은 수학에서 변수를 x, y, z로 정하는 것과 비슷한 프로그래밍 관례이다.
2. 반복문은 대부분 0부터 반복을 시작한다. 이것도 일종의 관례이다. 하지만 비주얼 베이직(Visual Basic)처럼 1부터 시작하는 언어도 있다. 프로그래밍 언어는 아주 오래전부터 발전했으며, 초기의 컴퓨터들은 메모리가 매우 작아 하나라도 작은 수부터 저장하는 것이 용이하였다. 그래서 0부터 시작하는 이진수의 특징 때문에 대부분의 언어가 0부터 인덱스를 시작한다.
3. 반복문을 잘못 작성하면 무한 루프라고 하는 오류가 발생할 수 있다. 무한 루프는 반복 명령이 끝나지 않는 프로그램 오류로, CPU와 메모리 등 컴퓨터의 리소스를 과다하게 점유하여 다른 프로그램에도 영향을 미친다.

기본적인 반복문 외에도 파이썬에서는 다양한 반복문을 지원한다. [코드 4-8]과 같이 문자열도 리스트와 같은 연속적인 데이터이므로 각 문자를 변수 i에 할당하여 화면에 출력할 수 있다.

코드 4-8 for4.py

```
for i in 'abcdefg':
    print(i)
```

```
a
b
c
d
e
f
g
```

[코드 4-9]와 같이 숫자를 화면에 출력하듯이 문자열로 이루어진 리스트값들도 사용할 수 있다.

코드 4-9 for5.py

```
for i in ['americano', 'latte', 'frappuccino']:
    print(i)
```

```
americano
latte
frappuccino
```

range 구문의 특성을 이용해서 다양한 반복문을 만들 수 있다. [코드 4-10]과 같이 1부터 9까지 2씩 증가시키는 for문을 확인해보자.

코드 4-10 for6.py

```
for i in range(1, 10, 2):      # 1부터 9까지 2씩 증가시키면서 반복문 수행
    print(i)
```

```
1
3
5
7
9
```

반대로 10부터 2까지 1씩 감소시키는 반복문은 [코드 4-11]과 같다.

코드 4-11 for7.py

```
for i in range(10, 1, -1):     # 10부터 2까지 1씩 감소시키면서 반복문 수행
    print(i)
```

```
10
9
8
7
6
5
4
3
2
```

3 while문

반복문을 작성하는 방법에는 for문 이외에 while문이 있다. while문은 어떤 조건이 만족하는 동안 명령 블록을 수행하고, 해당 조건이 거짓일 경우 더이상 반복 명령문을 수행하지 않는 구문이다. if문과 반복문이 결합한 형태라고 보면 된다. [코드 4-12]에서 확인해보자.

코드 4-12 while.py

```
i = 1                # i 변수에 1 할당
while i < 10:        # i가 10 미만인지 판단
    print(i)         # 조건을 만족할 때 i 출력
    i += 1           # i에 1을 더하는 것을 반복하다가 i가 10이 되면 반복 종료
```

```
1
2
3
4
5
6
7
8
9
```

먼저 변수 i에 1을 할당하고, while문을 사용하여 i < 10, 즉 'i가 10보다 작을 동안'이라는 조건을 입력한다. 이 조건이 만족하는 동안 바로 다음 줄의 들여쓰기 구문을 실행하여 1부터 9까지의 값을 출력하고, i가 10이 되는 순간 i < 10이 False가 되어 더는 반복문을 수행하지 않는다. 따라서 앞서 언급했듯이 while문은 if문과 반복문을 합친 것처럼 작동한다.

여기서 잠깐! for문과 while문의 사용

for문과 while문은 기본적으로 유사하며, 서로 변환이 가능하다. 하지만 두 구문의 쓰임에는 차이가 있다. for문은 일반적으로 반복 횟수를 정확하게 알고 있고, 반복 횟수가 변하지 않을 때 사용한다. 반면, while문은 반복 실행 횟수가 명확하지 않고 어떤 조건을 만족하면 프로그램을 종료하고자 할 때 사용한다.

예를 들어, 학생들의 성적을 채점하는 프로그램을 작성한다고 하자. 이미 학생이 총 몇 명인지 명확하게 알고 있으므로 for문을 사용하는 것이 좋다. 하지만 가위바위보를 하는데 '이기면 종료하라.'라는 조건을 준다고 가정했을 때 언제 이길지 모르므로 while문을 사용하는 것이 낫다.

```
for i in range(0.5):
    print(i)
```

(a) 반복 실행 횟수를 명확히 알 때

```
i = 0
while i < 5:
    print(i)
    i = i + 1
```

(b) 반복 실행 횟수가 명확하지 않을 때

그림 4-3 for문과 while문의 사용

4 반복문의 제어

파이썬에서는 필요에 따라 반복문을 제어할 수 있다. 중간에 반복을 종료하거나 실행 중인 반복문을 건너뛸 수도 있다. 구체적인 구문을 예로 들어 살펴보자.

4.1 break문

반복문에서 논리적으로 반복을 종료하는 방법이 있는데, 바로 break문이다. break문이 반복문에 있으면 반복문을 강제로 종료시킬 수 있다. 예를 들어 [코드 4-13]에서는 i == 5인 조건이 참일 때 break를 실행하여 종료시킨다.

코드 4-13 break.py

```python
for i in range(10):
    if i == 5: break                # i가 5가 되면 반복 종료
    print(i)
print("End of Program")             # 반복 종료 후 'End of Program' 출력
```

```
0
1
2
3
4
End of Program
```

4.2 continue문

continue문은 break문과 달리 특정 조건에서 남은 명령을 건너뛰고 다음 반복문을 수행한다. 예를 들어 [코드 4-14]에서 i == 5일 경우 바로 다음 줄 수행을 건너뛰고 그 다음 반복으로 넘어간다. 즉, i = 6인 상태로 `print(i)` 코드를 수행한다. 이로 인해 5를 제외한 나머지 값이 화면에 출력되는 것을 알 수 있다.

코드 4-14 continue.py

```python
for i in range(10):
    if i == 5: continue             # i가 5가 되면 i를 출력하지 않음
    print(i)
print("End of Program")             # 반복 종료 후 'End of Program' 출력
```

```
0
1
2
3
4
6
7
```

```
8
9
End of Program
```

4.3 else문

else문은 어떤 조건이 완전히 끝났을 때 한번 더 실행해주는 역할을 한다. 예를 들어, for문에서 1부터 9까지 출력하라는 명령이 있을 경우, 이것을 모두 만족한 후에 else문을 수행한다. 사실 else문을 쓰지 않아도 해당 반복문이 모두 수행되면 반복문을 빠져나와 다음 코드를 수행하므로 필요 없어 보이는 구문이기는 하다. 하지만 break 등으로 코드가 종료된다면 else문이 수행되지 않으므로, 해당 반복문이 중간에 종료 없이 완벽히 수행되었는지를 명시적으로 확인하기 위해 필요하다고 보면 된다. [코드 4-15]의 경우 코드가 모두 수행되고, 마지막으로 'End of Program'이 화면에 출력된다.

코드 4-15 else.py

```
for i in range(10):
    print(i)
else:
    print("End of Program")
```

```
0
1
2
3
4
5
6
7
8
9
End of Program
```

TIP continue문, break문, else문 모두 while문에서도 사용할 수 있다.

여기서 잠깐! 반복문을 제어하는 구문의 사용

개인적으로 앞에서 설명한 제어 구문들은 되도록 사용하지 않을 것을 권한다. 특히 긴 코드를 작성할 때 중간에 break문이나 continue문이 있다면 의도치 않게 코드가 오작동할 수도 있다. 특히 많은 사람과 함께 코딩할 때는 이러한 코드들로 인해 예측하지 못한 작동을 할 수도 있으니 주의해야 한다.

04 Lab: 구구단 계산기

1 실습 내용

이번 Lab에서는 앞에서 배운 반복문을 이용하여 구구단 계산기를 만들어보자. 구구단 계산기 프로그램은 사용자가 계산하고 싶은 구구단의 단수를 입력하면 프로그램이 구구단을 출력하는 매우 간단한 프로그램이다.

구구단 계산기의 규칙은 다음과 같다.

- **프로그램이 시작되면 '구구단 몇 단을 계산할까?'가 출력된다.**
- **사용자는 계산하고 싶은 구구단 단수를 입력한다.**
- **프로그램은 '구구단 n단을 계산한다.'라는 메시지와 함께 구구단의 결과를 출력한다.**

2 실행 결과

구구단 계산기의 실행 결과는 다음과 같다.

```
구구단 몇 단을 계산할까?
5
구구단 5단을 계산한다.
5 × 1 = 5
5 × 2 = 10
  ⋮
5 × 8 = 40
5 × 9 = 45
```

for문과 input문을 이용하면 쉽게 해결할 수 있다. 프로그램을 작성하기 위해 실행 결과를 기반으로 어떤 코드가 필요한지 확인하고, 파이썬을 이용하여 구구단 계산기 프로그램을 작성한다.

3 문제 해결

구구단 계산기 프로그램의 결과 코드는 [코드 4-16]과 같다.

코드 4-16 calculator1.py

```
1 print("구구단 몇 단을 계산할까?")
2 user_input = input()
3 print("구구단", user_input, "단을 계산한다.")
4 int_input = int(user_input)
5 for i in range(1, 10):
6     result = int_input * i
7     print(user_input, "x", i, "=", result)
```

[코드 4-16]을 해석하면 다음과 같다.

1행에서는 처음 프로그램을 실행하면 print( ) 함수를 사용하여 '구구단 몇 단을 계산할까?'를 출력한다.

2행에서는 사용자가 입력한 값을 user_input 변수에 할당한다.

3행에서는 user_input 변수를 이용하여 화면에 구구단을 계산한다는 메시지를 출력한다.

4행에서는 아직 user_input 변수가 문자열이므로 int( ) 함수를 사용하여 정수형으로 변환하여 int_input 변수에 할당한다.

5~7행에서는 입력된 숫자와 1부터 9까지의 곱을 반복문으로 표현한다. 즉, `range(1, 10)`을 이용하여 1부터 9까지의 숫자를 발생시켜 i에 할당한다. 이 값들은 모두 사용자가 입력한 값의 정수형 변환값인 int_input과 곱하여 그 결과값을 result 변수에 할당한다. 마지막으로 print( ) 함수에 의해 구구단 형식으로 result 값을 출력한다.

05 조건문과 반복문 실습

이번 절에서는 앞서 배운 조건문과 반복문을 복습하는 차원에서 다양한 예제를 다루고, 실제 코드가 어떻게 작성되는지 연습한다. 프로그래밍을 처음 배우는 사람들이 가장 어렵게 느끼는 것 중 하나가 조건문과 반복문을 이해하는 것이다. 이번 절에서는 조건문과 반복문이 익숙해질 수 있도록 그 내용을 좀 더 심도 있게 다루어보겠다.

1 문자열 역순 출력

[코드 4-17]의 reverse_sentence 변수는 입력된 문자열을 역순으로 출력하기 위한 변수이다. 만약 'I love you'로 입력된 텍스트를 reverse_sentence를 이용하면 입력된 값이 역순으로 변경되어 'uoy evol I'가 출력된다. 너무 어렵게 생각하지 말고 for문을 사용하여 마지막 글자부터 출력되는 명령어를 생각하면 된다.

코드 4-17 reverse_sentence.py

```
1 sentence = "I love you"
2 reverse_sentence = ''
3 for char in sentence:
4     reverse_sentence = char + reverse_sentence
5 print(reverse_sentence)
```

```
uoy evol I
```

이 코드의 핵심은 reverse_sentence 변수이다. 기존 sentence 변수에 있는 글자를 char라는 변수에 하나씩 저장한 후, 역순으로 reverse_sentence에 붙여넣는 구조이다. 반복문의 순서를 보면 [그림 4-4]와 같다. 여기에서 reverse_sentence[1]은 4행의 `reverse_sentence = char + reverse_sentence` 중 오른쪽에 있는 값을 뜻하며, reverse_sentence[2]는 char와

reverse_sentence[1]이 합쳐진 왼쪽에 있는 reverse_sentence를 의미한다.

Loop	reverse_sentence[1]	reverse_sentence[2]	char
0		I	I
1	I	I	
2	I	I I	I
3	I I	oI I	o
4	oI I	voI I	v
5	voI I	evoI I	e
6	evoI I	evoI I	
7	evoI I	y evoI I	y
8	y evoI I	oy evoI I	o
9	oy evoI I	uoy evoI I	u

그림 4-4 reverse_sentence를 사용한 반복문의 순서

2 십진수를 이진수로 변환

이번에는 십진수를 이진수로 변환해보자. [그림 4-5]와 같이 십진수 숫자를 2로 계속 나눈 후 그 나머지를 역순으로 취하면 이진수가 된다.

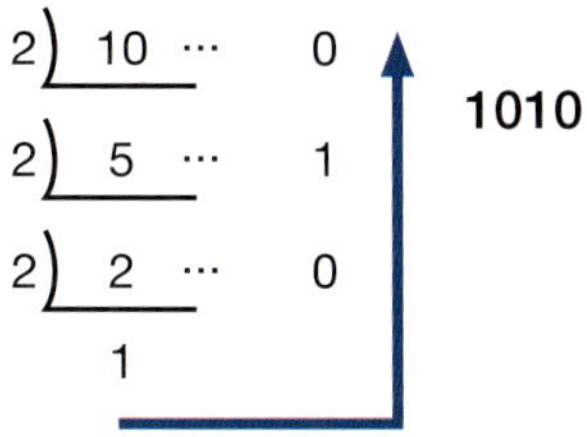

그림 4-5 십진수를 이진수로 변환하는 방법

십진수를 이진수로 변환하는 코드는 [코드 4-18]과 같다.

코드 4-18 decimal.py

```
decimal = 10
result = ''
while (decimal > 0):
    remainder = decimal % 2
```

```
5      decimal = decimal // 2
6      result = str(remainder) + result
7  print(result)
```

```
1010
```

이번에는 for문이 아니고 while문을 사용하였다. 이유는 간단하다. decimal 변수에 어떤 값이 들어오더라도 decimal > 0의 조건이 맞을 때까지 반복문이 실행되기 때문이다. [코드 4-18]에서 핵심 코드는 3개이다.

먼저 4행의 `remainder = decimal % 2` 코드는 나머지를 구해 remainder 변수에 저장하는 것이다. 이는 [그림 4-5]의 수식에서 나머지 값을 '…' 기호를 사용하여 옆에 적은 것과 같다. 다음으로 5행의 `decimal = decimal // 2` 코드는 현재의 십진수를 2로 나눈 몫을 다시 decimal 변수에 저장한다. 이 경우 [그림 4-5]의 수식에서 위에 있는 숫자가 [그림 4-6]의 decimal^{1}이 되고, 아래에 있는 숫자가 오른쪽에 있는 decimal^{2}가 된다. 마지막으로 값의 역순을 result 변수에 저장하는 코드가 `result = str(remainder) + result`이다. 반복문이 진행될 때마다 진행되는 변수의 변화는 [그림 4-6]과 같다.

Loop	decimal^1	remainder	decimal^2	result^1	result^2
0	10	0	5		0
1	5	1	2	0	10
2	2	0	1	10	010
3	1	1	0	010	1010

그림 4-6 반복문이 진행될 때마다 진행되는 변수의 변화

06 Lab: 숫자 찾기 게임

1 실습 내용

이번 Lab에서는 지금까지 배운 반복문과 조건문을 토대로 숫자 찾기 게임 프로그램을 만들어 보자. 숫자 찾기 게임guess number game은 컴퓨터가 임의로 생성한 숫자를 사용자가 추측하는 숫자를 입력해 맞추는 간단한 프로그램이다.

이 프로그램의 규칙은 다음과 같다.

- **먼저 컴퓨터가 1에서 100까지 중 임의의 숫자를 생성한다.**
- **다음으로 사용자가 추측하는 숫자를 입력하면 컴퓨터가 생성한 임의의 숫자보다 큰지, 작은지를 계속 비교해준다.**
- **정답을 맞힐 때까지 반복하다가 맞혔을 때 '정답입니다. 입력한 숫자는 n입니다.'를 출력한다.**

2 실행 결과

숫자 찾기 게임 프로그램의 실행 결과는 다음과 같다.

```
숫자를 맞혀 보세요. (1 ~ 100)
230
숫자가 너무 큽니다.
20
숫자가 너무 큽니다.
10
숫자가 너무 큽니다.
1
숫자가 너무 작습니다.
3
정답입니다. 입력한 숫자는 3입니다.
```

이 게임의 가장 큰 특징은 반복문에 값이 변하는 변수가 들어가 그 값을 맞힐 때까지 계속 if 문으로 비교하는 것이다. 보통 이러한 것을 가변적인 반복문이라고 하는데, 변수의 값에 따라 반복문이 계속될지 그만둘지를 결정한다. 프로그램을 작성하기 위해 실행 결과를 기반으로 어떤 코드가 필요한지 확인하고, 파이썬을 이용하여 숫자 찾기 게임 프로그램을 작성한다.

3 문제 해결

숫자 찾기 게임 프로그램의 결과 코드는 [코드 4-19]와 같다.

코드 4-19 guess_number.py

```
1  import random                                # 난수 발생 함수 호출
2  guess_number = random.randint(1, 100)        # 1~100 사이 정수 난수 발생
3  print("숫자를 맞혀 보세요. (1 ~ 100)")
4  users_input = int(input())                   # 사용자 입력을 받음
5  while (users_input is not guess_number):     # 사용자 입력과 난수가 같은지 판단
6      if users_input > guess_number:           # 사용자 입력이 클 경우
7          print("숫자가 너무 큽니다.")
8      else:                                    # 사용자 입력이 작을 경우
9          print("숫자가 너무 작습니다.")
10     users_input = int(input())               # 다시 사용자 입력을 받음
11 else:
12     print("정답입니다.", "입력한 숫자는", users_input, "입니다.")      # 종료 조건
```

[코드 4-19]를 해석하면 다음과 같다.

1행에서는 난수를 생성하기 위해 random 모듈을 사용한다. 아직 모듈을 배우지 않아 이해하기 어려울 수 있는데, 모듈은 다른 사람이 먼저 만들어 둔 프로그램 덩어리라고 생각하면 된다. 다음에 다시 배울 것이다.

2행을 보면 random 모듈 안에 있는 randint( )라는 함수를 사용하고 있다. randint(1, 100)은 1에서 100까지의 숫자 중에서 임의의random 숫자를 생성하라는 뜻이다. 이 구문을 사용해 만들어진 임의의 숫자를 guess_number 변수에 할당한다.

3행에서는 사용자가 숫자를 입력할 수 있도록 print( ) 함수를 사용하여 안내 메시지를 출력하고 4행에서는 입력된 숫자를 정수형으로 변환하여 user_input 변수에 할당시킨다.

5~10행에서는 사용자가 입력한 user_input값과 컴퓨터가 만든 guess_number가 같지 않을 동안, 즉 `users_input is not guess_number` 조건이 만족하는 동안 while문을 계속 수행시킨다. while문에서는 if문을 이용해 사용자 입력 숫자가 크면 '숫자가 너무 큽니다.', 숫자가 작으면 '숫자가 너무 작습니다.'를 출력한다. 한 번의 반복문이 진행된 다음에도 계속 반복하면서 사용자에게 다시 숫자를 입력받아 비교한다.

11~12행에서 user_input과 guess_number가 같아지면 반복문을 빠져나와 '정답입니다.' 라는 안내 메시지를 출력한다.

07 Lab: 연속적인 구구단 계산기

1 실습 내용

지금까지 배운 반복문과 조건문을 토대로 연속적인 구구단 계산기 프로그램을 만들어보자. 이 프로그램을 만들면서 중첩 반복문의 개념도 이해할 수 있다.

이번에 진행할 Lab은 연속적인 구구단 계산기 프로그램이다. 연속적인 구구단이란 사용자가 종료할 때까지 입력한 숫자에 대한 구구단 결과를 출력하는 게임이다. 0을 입력하면 프로그램은 종료한다.

이 프로그램의 규칙은 다음과 같다.

- **프로그램이 시작되면 '구구단 몇 단을 계산할까요(1~9)?'가 출력된다.**
- **사용자는 계산하고 싶은 구구단 단수를 입력한다.**
- **프로그램은 '구구단 n단을 계산합니다.'라는 메시지와 함께 구구단의 결과를 출력한다.**
- **기존 예제와 다르게 이번에는 프로그램이 계속 실행되다가 종료 조건에 해당하는 숫자(여기에서는 0)를 입력하면 종료된다.**

2 실행 결과

연속적인 구구단 계산기 프로그램의 실행 결과는 다음과 같다.

```
구구단 몇 단을 계산할까요(1~9)?
3
구구단 3단을 계산합니다.
3 × 1 = 3
3 × 2 = 6
3 × 3 = 9
3 × 4 = 12
```

```
3 × 5 = 15
3 × 6 = 18
3 × 7 = 21
3 × 8 = 24
3 × 9 = 27
구구단 몇 단을 계산할까요(1~9)?
5
구구단 5단을 계산합니다.
5 × 1 = 5
5 × 2 = 10
5 × 3 = 15
5 × 4 = 20
5 × 5 = 25
5 × 6 = 30
5 × 7 = 35
5 × 8 = 40
5 × 9 = 45
구구단 몇 단을 계산할까요(1~9)?
0
구구단 게임을 종료합니다.
```

while문 안에 다시 for문을 사용하면 문제를 쉽게 해결할 수 있다. 프로그램을 작성하기 위해 실행 결과를 기반으로 어떤 코드가 필요한지 확인하고, 파이썬을 이용하여 연속적인 구구단 계산기 프로그램을 작성한다.

3 문제 해결

연속적인 구구단 계산기 프로그램의 결과 코드는 [코드 4-20]과 같다.

코드 4-20 calculator2.py

```python
print("구구단 몇 단을 계산할까요(1~9)?")
x = 1
while (x is not 0):
    x = int(input())
```

```
5      if x == 0: break
6      if not(1 <= x <= 9):
7          print("잘못 입력했습니다", "1부터 9 사이 숫자를 입력하세요.")
8          continue
9      else:
10         print("구구단 " + str(x) + "단을 계산합니다.")
11         for i in range(1,10):
12             print(str(x) + " x " + str(i) + " = " + str(x*i))
13         print("구구단 몇 단을 계산할까요(1~9)?")
14 print("구구단 게임을 종료합니다.")
```

[코드 4-20]을 해석하면 다음과 같다.

1행에서는 화면에 사용자가 숫자를 입력할 수 있도록 안내 메시지를 출력한다.

2행에서 while문을 시작하기 전에 `x = 1`이라는 코드를 입력하는데, 이것은 while문을 시작할 때 초기화하는 과정으로 이해하면 된다. while문이 무조건 한 번은 실행되어야 하므로 while문에 들어가는 조건 `(x is not 0)`을 만족할 수 있도록 x에 1을 먼저 할당하는 것이다.

3행에서 while 반복문을 시작한다. 가장 먼저 사용자에게 입력값을 받아 그 값을 x에 할당한다. x의 입력값에 따라 3가지 조건의 명령이 실행된다.

첫 번째 조건으로 x에 0이 할당됐을 때 프로그램은 종료된다. 5행의 코드에서 보듯이 break문을 호출하여 while문을 빠져나가 14행의 print( ) 함수를 통해 '구구단 게임을 종료합니다.'를 화면에 출력한다.

6~8행에서는 두 번째 조건으로 x가 1에서 9 사이의 숫자가 아닌 경우이다. 조건문으로는 `if not(1 <= x <= 9):`으로 표현한다. 해당 조건문에 만족하면 화면에 입력이 잘못됐다는 안내 메시지를 출력한 후 continue문으로 while문의 처음으로 이동한다.

9~13행에서는 마지막으로 위 두 조건을 모두 만족하지 않았을 때, 즉 1에서 9 사이의 숫자가 제대로 입력되었을 때 for문을 이용하여 화면에 입력된 숫자의 구구단 결과가 출력된다.

이렇게 반복문 안에 반복문이 있는 구조를 중첩 반복문nested loop이라고 한다.

08 Lab: 평균 구하기

1 실습 내용

이번 Lab에서는 지금까지 배운 반복문과 조건문을 토대로 연속적인 평균 구하기 프로그램을 만들어보자. 평균 구하기 프로그램은 이차원 리스트에 있는 값들의 평균을 구하는 프로그램이다. 이번에 사용할 이차원 리스트는 학생들의 과목별 평균 점수가 있는 표이다. 이 표는 엑셀이나 행렬처럼 값이 저장되어 있다. 즉, 국어 · 수학 · 영어 점수는 각각 한 행row에, 학생 A · B · C · D · E는 한 열column에 저장되어 있는 것을 볼 수 있다. 다음 표를 활용하여 평균을 구해보자.

학생	A	B	C	D	E
국어 점수	49	80	20	100	80
수학 점수	43	60	85	30	90
영어 점수	49	82	48	50	100

이 프로그램의 규칙은 다음과 같다.

- **이차원 리스트이므로 각 행을 호출하고 각 열에 있는 값을 더해 학생별 평균을 구한다.**
- **for문 2개를 사용한다.**

2 실행 결과

평균 구하기 프로그램의 실행 결과는 다음과 같다.

```
[47.0, 74.0, 51.0, 60.0, 90.0]
```

프로그램을 작성하기 위해 실행 결과를 기반으로 어떤 코드가 필요한지 확인하고, 파이썬을 이용하여 평균 구하기 프로그램을 작성한다.

3 문제 해결

평균 구하기 프로그램의 결과 코드는 [코드 4-21]과 같다.

코드 4-21 average.py

```
1  kor_score = [49, 80, 20, 100, 80]
2  math_score = [43, 60, 85, 30, 90]
3  eng_score = [49, 82, 48, 50, 100]
4  midterm_score = [kor_score, math_score, eng_score]
5
6  student_score = [0, 0, 0, 0, 0]
7  i = 0
8  for subject in midterm_score:
9      for score in subject:
10         student_score[i] += score          # 학생마다 개별로 교과 점수를 저장
11         i += 1                             # 학생 인덱스 구분
12     i = 0                                  # 과목이 바뀔 때 학생 인덱스 초기화
13 else:
14     a, b, c, d, e = student_score          # 학생별 점수를 언패킹
15     student_average = [a/3, b/3, c/3, d/3, e/3]
16     print(student_average)
```

[코드 4-21]을 해석하면 다음과 같다.

1~3행에서는 과목별 점수에 대한 리스트를 생성한다. 국어 점수는 kor_score, 수학 점수는 math_score, 영어 점수는 eng_score에 리스트로 저장한다.

4행에서는 midterm_score 변수에 과목별 점수인 kor_score, math_score, eng_score가 저장되는 리스트를 생성한다.

6행에서는 학생별로 평균을 구해야 하므로 각 값을 저장할 수 있는 공간인 student_score 리스트를 생성하고, 0으로 초기화한다.

7행~12행에서는 2개의 for문을 돌려 midterm_score에 있는 과목별 점수를 추출한다. 여기서 i는 i번째 학생을 의미하는 변수로, 10행의 `student_score[i] += score` 코드를 통해 해당 과목 점수를 기존 student_score[i]에 계속 추가한다.

학생	A	B	C	D	E
국어 점수	49	80	20	100	80
수학 점수	43	60	85	30	90
영어 점수	49	82	48	50	100

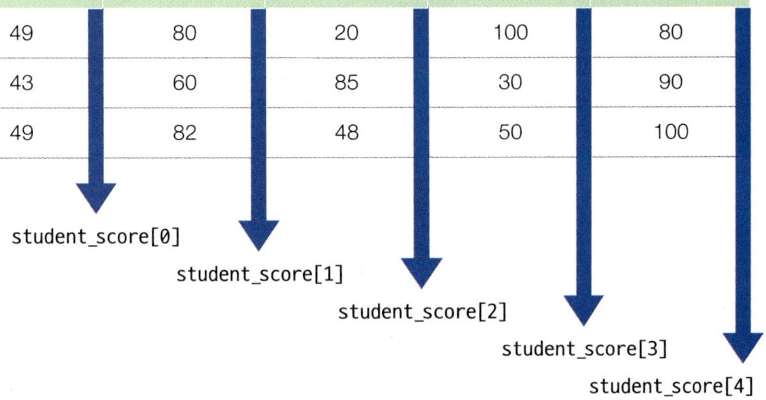

그림 4-7 student_score[i]

13행~16행은 else문으로 반복문이 모두 끝나면 3으로 나누어 개인별 성적을 출력한다. 이때 `student_average = [a/3, b/3, c/3, d/3, e/3]`은 개인별 총합을 3으로 나누고 학생별 평균을 student_average 변수에 저장한다. 마지막으로 16행에서 학생별 평균을 출력한다.

09 코드의 오류를 처리하는 방법

지금까지 다양한 조건문과 반복문 예제를 다루었다. 아마 스스로 코딩 연습을 하면서 실력이 많이 향상되었을 것이다. 하지만 프로그래밍을 하다 보면 많은 오류를 만나게 된다. 실제로 'ValueError'나 'Invalid sentence'와 같은 오류들을 많이 만났을 지도 모른다. 이번 절에서는 이러한 오류를 어떻게 처리할 것인지 알아본다.

1 버그와 디버그

프로그래밍에서는 이러한 오류를 버그bug라고 하고, 오류를 수정하는 과정을 디버그debug라고 한다. 그리고 코드에서 오류를 만났을 때 잘못을 찾아내고 고치는 것을 디버깅debugging이라고 한다. 프로그래머는 이러한 코드의 오류를 발견하고 수정할 수 있어야 한다. 지금부터 디버깅을 잘하는 방법에 대해 살펴보자.

2 오류의 종류와 해결 방법

오류를 발견해 수정하기 위해서는 오류의 발생 이유와 해결 방법을 알아야 한다. 오류가 왜 발생했는지 알기 위해서는 오류의 종류를 이해해야 한다. 오류는 크게 문법 자체에 오류가 있는 문법적 오류와 문법에는 문제가 없지만 원하는 대로 실행되지 않은 논리적 오류, 두 종류로 나뉜다. 이 두 가지 종류의 오류를 해결하는 방법에 대해 알아보자.

2.1 문법적 오류

문법적 오류는 코딩 과정에서 인터프리터가 해석을 못해 코드 자체를 실행시키지 못하는 오류이다. 문법적 오류는 비교적 쉬운 유형의 오류이며, 대표적으로 들여쓰기 오류와 오탈자로 인한 오류가 있다.

■ **들여쓰기 오류**

첫 번째로 자주 발생하는 문법적 오류는 들여쓰기 오류indentation error이다. [코드 4-22]를 보자.

코드 4-22 indentation.py

```
1 x = 2
2  y = 5
3 print(x + y)
```

2행의 `y = 5` 앞에 띄어쓰기가 되어 있는데, 파이썬은 이유 없는 띄어쓰기를 허용하지 않는다. 따라서 띄어쓰기가 있는 상태에서 파일을 실행하면 들여쓰기 오류가 발생한다. 특히 if문이나 for문, while문 등을 작성하면서 들여쓰기를 실수할 때가 많다. 이러한 오류가 발생하면 파이썬에서는 'IndentationError'라는 오류 메시지를 출력한다.

```
D:\workspace\Ch04>python indentation.py
  File "indentation.py", line 2
    y = 5
    ^
IndentationError: unexpected indent
```

그림 4-8 들여쓰기 오류 메시지

문법적 오류는 파이썬 파일을 실행시켰을 때 곧바로 문법적 오류임을 알려준다. 오류 메시지의 내용은 비교적 간단한데, 처음에는 오류가 발생한 파일 경로와 줄line 번호를 출력한다. 그리고 오류가 발생한 부분에 꺾쇠 표시(^)를 하고, 오류 종류와 함께 'unexpected indent'라고 나타낸다. 이러한 메시지를 통해 프로그래머는 오류가 있음을 쉽게 알 수 있다.

여기서 잠깐! 들여쓰기 오류가 발생하는 이유

[Space] 키나 [Tab] 키로 들여쓰기를 하면 들여쓰기 오류가 자주 발생한다. 초창기 파이썬으로 코딩할 때는 들여쓰기를 4 스페이스(4 space)로 하는 사람과 [Tab] 키로 하는 사람이 각각 나뉘어져 있어 함께 코딩하면 많은 문제가 발생하였다. 하지만 최근에는 이러한 문제가 많이 줄었다.

■ 오탈자로 인한 오류

두 번째로 발생할 수 있는 오류는 오탈자로 인한 오류이다. [코드 4-23]을 보자.

코드 4-23 name.py

```
1 pront (x + y)        # print가 아닌 pront로 작성
2 korean = "ACE"
3 print(Korean)        # k는 소문자
```

1행에서 명령어를 'print'가 아닌 'pront'라고 입력하였고, 3행에서 변수의 대소문자를 구분하지 않아 오탈자로 인한 오류가 발생하였다. 이러한 오류가 발생하면 파이썬에서는 'NameError'라는 오류 메시지를 출력한다.

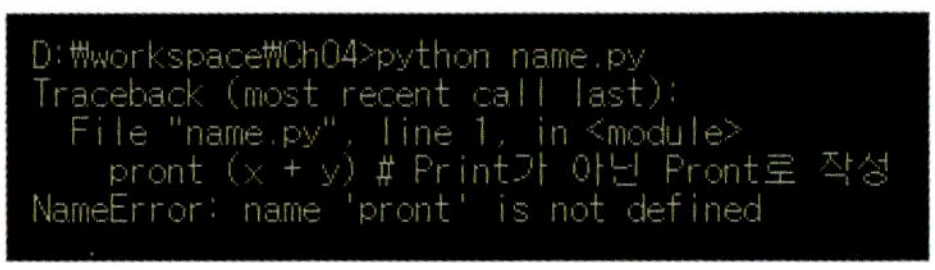

그림 4-9 오탈자로 인한 오류 메시지

TIP 이러한 오류 외에도 괄호 등을 잘못 사용했을 때 발생하는 'ValueError'도 자주 발생한다. 오류 메시지는 처음 나타났을 때 꼼꼼히 읽어보고 반드시 수정해야 한다.

2.2 논리적 오류

프로그램을 작성하다 보면 코드를 제대로 작성했다고 생각했음에도 원하는 결과가 나오지 않는 경우가 종종 있다. 이 경우 논리적 오류가 발생했을 가능성이 크며, 이렇게 뜻대로 실행되지 않는 코드를 '논리적 오류가 있다' 또는 '버그가 있다'고 표현한다.

논리적 오류를 해결하는 방법은 다양하다. 당장 손쉽게 사용할 수 있는 방법은 확인이 필요한 변수들의 값을 print( ) 함수를 사용하여 출력해보는 것이다. 앞서 반복문을 배우면서 사용한 방법이다. [그림 4-10]의 사다리꼴 넓이를 구하는 프로그램을 작성하면서 이 논리적 오류를 해결하는 연습을 해보자.

$$A = \frac{a+b}{2}h \quad (a\text{: 윗변, } b\text{: 아랫변, } h\text{: 높이})$$

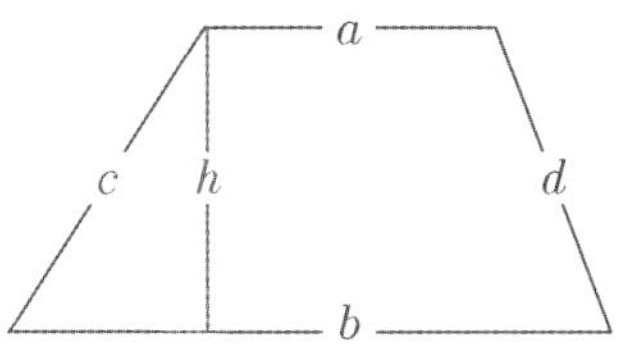

그림 4-10 사다리꼴의 넓이 구하기

사다리꼴의 넓이를 구하는 공식은 '{(밑변+윗변)/2} * 높이'이다. 이 수식에 있는 각각의 과정을 하나씩 함수로 만들어 변환하는 연습을 할 것이다. 총 3개의 함수를 만들어보자. 첫 번째는 두 변수를 더하는 addition( ) 함수, 두 번째는 두 값을 곱하는 multiplication( ) 함수, 세 번째는 2로 나누는 divided_by_2( ) 함수이다. 굳이 이렇게 함수로 나눈 것은 테스트하기 위한 것이다. 각각 만든 이 함수들이 실제 프로그램에서 잘 작동하는지 확인해보자. 먼저 [코드 4-24]처럼 3개의 함수를 작성하여 'trapezium_def.py'라는 파일에 저장한다.

코드 4-24 trapezium_def.py

```python
def addition(x, y):
    return x + y

def multiplication(x, y):
    return x * y

def divided_by_2(x):
    return x / 2
```

함수가 잘 작동하는지 확인하는 방법에는 두 가지가 있다. 첫 번째 방법은 파이썬 셸에서 실행하는 방법이다. 다음 코드를 파이썬 셸에 입력한다.

```
>>> import trapezium_def as ta         # trapezium_def 파일을 ta라는 이름으로 부름
>>> ta.addition(10, 5)
15
```

```
>>> ta.multiplication(10, 5)
50
>>> ta.divided_by_2(50)
25.0
```

파이썬 셸에서 코드를 호출하기 위해서는 해당 코드의 파일과 같은 위치에서 파이썬 셸을 실행하고, `import trapezium_def as ta` 명령어를 입력한다. 여기서 `trapezium_def`는 앞에서 저장한 파일명에서 확장자가 빠진 형태이고, `as ta`는 앞으로 그 파일에 있는 정보를 ta라는 별칭으로 호출하겠다는 뜻이다. 다음으로 `ta.addition(10, 5)`를 입력하면 trapezium_def 파일에 있는 함수 addition을 호출하는데, 이때 입력값으로 (10, 5)를 입력한다. 만약 프로그램이 제대로 작성되었다면 올바른 결과값이 출력될 것이다.

두 번째 방법은 파일에서 체크할 수 있도록 `if __name__ == '__main__':`을 추가한다. 즉, if 문 안에 테스트할 코드를 작성하는 방식이다. [코드 4-25]와 같이 앞에서 선언한 3개의 함수 아래에 추가로 코드를 작성한 후 trapezium_area.py로 저장하고, cmd 창에서 python trapezium_area.py를 입력하여 실행한다.

코드 4-25 trapezium_area.py

```python
def addition(x, y):
    return x + y

def multiplication(x, y):
    return x * y

def divided_by_2(x):
    return x / 2

# 파이썬 셸에서 호출할 경우 실행되지 않음
if __name__ == '__main__':
    print(addition(10, 5))
    print(multiplication(10, 5))
    print(divided_by_2(50))
```

```
15            # 12행의 실행 결과
50            # 13행의 실행 결과
25.0          # 14행의 실행 결과
```

그런데 왜 `if __name__ == '__main__'`을 넣을까? 이 구문을 넣는 가장 큰 이유는 해당 파일을 파이썬 셸에서 불러올import 때 함수 안에 들어있지 않은 코드들은 작동되지 않게 하기 위해서이다. 만약 해당 구문 없이 print( ) 함수로 구문을 작성한다면, 해당 파일을 파이썬 셸에서 호출할 때 그 구문이 화면에 출력된다. 즉, `if __name__ == '__main__'`이 있다면 그 안에 있는 코드들은 외부에서 호출하더라도 따로 실행되지 않는다. 따라서 어떤 것을 테스트하기 위해서는 반드시 `if __name__ == '__main__'` 안에 코드를 넣는 것이 좋다. 사실 권장하는 방법은 아니지만, 여러 방법 중 이러한 코드를 만날 수 있으므로 기억해야 한다.

마지막으로 테스트를 모두 마치고 실제 사다리꼴의 넓이 구하기 프로그램을 작성하면 [코드 4-26]과 같다.

코드 4-26 trapezium_area_final.py

```python
def addition(x, y):
    return x + y

def divided_by_2(x):
    return x / 2

def main():
    base_line = float(input("밑변의 길이는? "))
    upper_edge = float(input("윗변의 길이는? "))
    height = float(input("높이는? "))

    print("넓이는:", divided_by_2(addition(base_line, upper_edge) * height))

if __name__ == '__main__':
    main()
```

```
밑변의 길이는? 5
윗변의 길이는? 4
높이는? 3
넓이는: 13.5
```

`if __name__ == '__main__'` 구문과 main( ) 함수를 추가해 이로 인해 코드가 실행될 수 있도록 수정하였다. 파이썬 파일을 실행하면 가장 먼저 if문으로 이동한 다음 main( ) 함수를 호출하는 구조이다. main( ) 함수를 호출하는 것은 추천하는 방법은 아니지만, 매우 간단하게 사용할 수 있어 오래전부터 많이 사용해 온 방식이다.

여기서 잠깐! 오류를 스스로 해결하기

오류를 발견했을 때 어떻게 스스로 해결할 수 있을까? 사실 스스로 문제를 해결하는 것이야말로 가장 빠르게 프로그래밍 실력을 향상시키는 방법이다. 프로그래밍 세계에서는 모든 것이 구글(Google)로 통한다. 많은 사람이 구글과 프로그래밍계의 지식인인 Stack Overflow를 통해 문제를 해결하고 있다. Stack Overflow는 전 세계 개발자들이 사용하는 Q&A 사이트이다. 영어와 코드가 조금만 익숙하면 많은 도움을 받을 수 있다.

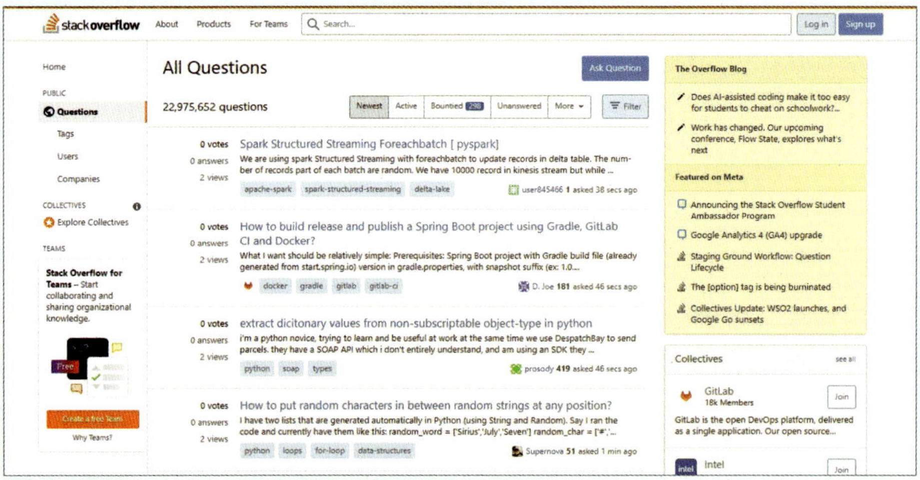

그림 4-11 Stack Overflow(https://stackoverflow.com)

프로그램을 만들다 보면 숱한 오류를 만난다. 그것을 해결하는 과정 하나하나가 공부이자 즐거움이라고 생각한다. 필자는 처음에 프로그래밍을 배웠을 때 문제 해결의 즐거움을 느끼며 서서히 이 세계로 빠져들었던 경험이 있다. 디버깅하는 과정을 통해 진짜 프로그래밍의 재미를 느껴보기 바란다.

요약

01 조건문conditional statement은 조건에 따라 특정한 동작을 하도록 하는 프로그래밍 명령어이다. 파이썬에서는 조건문을 사용하기 위해 if, else, elif 등의 명령 키워드를 사용한다.

02 if-else문의 기본 문법은 다음과 같다.

```
if <조건>:
    <수행 명령 1-1>
    <수행 명령 1-2>
else:
    <수행 명령 2-1>
    <수행 명령 2-2>
```

03 비교 연산자(또는 조건 연산자)는 어떤 것이 큰지 작은지, 그리고 같은지를 비교하는 것으로 그 결과는 참True이나 거짓False이 된다.

04 논리 연산자는 and · or · not을 사용해 조건문을 좀 더 확장할 수 있다.

05 중첩 if문을 간단히 표현하려면 if-elif-else문을 사용한다.

06 반복문loop은 말 그대로 문장을 반복하도록 만드는 것으로, 정해진 동작을 반복적으로 수행할 때 사용하는 명령어이다.

07 for문은 가장 기본적인 반복문으로 반복 범위를 지정하여 반복을 수행한다. for문으로 반복문을 만들 때는 먼저 for를 입력하고 반복되는 범위를 지정해야 한다.

08 range 문법의 기본 구조는 다음과 같다.

```
for 변수 in range(시작 번호, 마지막 번호, 증가값)
```

09 반복문을 작성하는 방법에는 for문 이외에 while문이 있다. while문은 어떤 조건이 만족하는 동안 명령 블록을 수행하고, 해당 조건이 거짓일 경우 반복 명령문을 더이상 수행하지 않는 구문이다.

10 파이썬에서는 필요에 따라 반복문을 제어할 수 있다. 중간에 반복을 종료하거나 실행 중인 반복문을 건너뛸 수도 있다.

11 break문은 반복문에서 논리적으로 반복을 종료하는 방법이다.

12 continue문은 break문과 달리 특정 조건에서 남은 명령을 건너뛰고 다음 반복문을 수행한다.

13 else문은 어떤 조건이 완전히 끝났을 때 한번 더 실행해주는 역할을 한다.

14 반복문 안에 반복문이 있는 구조를 중첩 반복문nested loop이라고 한다.

15 프로그래밍에서의 오류를 버그bug라고 하고, 오류를 수정하는 과정을 디버그debug라고 한다. 그리고 코드에서 오류를 만났을 때 잘못을 찾아내고 고치는 것을 디버깅debugging이라고 한다.

16 오류는 크게 문법 자체에 오류가 있는 문법적 오류와 문법에는 문제가 없지만 원하는 대로 실행되지 않은 논리적 오류, 두 종류로 나뉜다.

17 문법적 오류는 코딩 과정에서 인터프리터가 해석을 못해 코드 자체를 실행시키지 못하는 오류이다. 비교적 쉬운 유형의 오류이다.

18 프로그램을 작성하다 보면 코드를 제대로 작성했다고 생각했음에도 원하는 결과가 나오지 않는 경우가 종종 있다. 이 경우 논리적 오류가 발생했을 가능성이 크다.

연습문제

01 다음은 입력된 나이에 따라 학교를 구분하는 함수이다. 알파벳 ABC를 입력했을 때, 실행 결과로 알맞은 것은?

```
year = int(input('나이를 입력하세요.: '))

if 1 <= year <= 7:
    print('아직 학교를 다닐 나이가 아닙니다.')
elif 8 <= year <= 13:
    print('초등학생입니다.')
elif 14 <= year <= 16:
    print('중학생입니다.')
elif 17 <= year <= 19:
    print('고등학생입니다.')
elif 20 <= year:
    print('성인입니다.')
else:
    print('1부터의 정수를 입력해 주세요.')
```

① 'ABC'

② ValueError

③ 1부터의 정수를 입력해 주세요.

④ 성인입니다.

⑤ 아직 학교를 다닐 나이가 아닙니다.

02 다음과 같이 코드를 작성했을 때, 실행 결과로 알맞은 것은?

```
for a in range(8):
    a *= (a-1)
print(a)
```

① 5040 ② 0 ③ 42 ④ 1024 ⑤ None

03 변수 age의 자료형이 정수형일 때는 '숫자'가 출력되고, 문자형일 때는 '문자'가 출력되는 코드를 작성하려 한다. 빈 칸에 알맞은 코드를 고르시오.

```
ages = ['one', 8, 'twenty', 40]

for age in ages:
    if [          ]:
        print(age, '숫자')
    else:
        print(age, '문자')
```

① type(age) == 'int'　　② type(age) == int　　③ type(age) == 'str'

④ type(age) = int　　⑤ type(age) == str

04 다음 코드를 실행하여 아래와 같은 실행 결과를 출력하려 한다. 빈 칸에 알맞은 코드를 고르시오.

```
test = '5'

for n in [          ]:
    print('test')
```

```
test
test
test
test
test
```

① test　　② int(test)　　③ range(int(test))

④ range(test)　　⑤ int(range(test))

05 다음 코드를 실행하여 콘솔 창에서 어떤 값을 입력했을 때, 입력값과 결과값이 동일하게 나오려면 어떤 값을 입력해야 하는지 모두 고르시오.

```
x = int(input())
if 15 < x < 20:
    print(x+3)
elif 21 < x < 30:
    print(x-5)
else:
    print(f'{x} 입니다.')
```

① 26 ② 17 ③ 25

④ 20 ⑤ 10

06 다음과 같이 코드를 작성했을 때, 실행 결과로 알맞은 것은?

```
my_list = ['i', 'like','studying','python']
new_list = []
i = len(my_list )
if i == 4:
    new_list.append(my_list[::2])
print(new_list)
```

① [['like', 'studying', 'python']]

② ['like', 'studying', 'python']

③ None

④ ['i','like', 'python']

⑤ [['i', 'studying']]

07 리스트 num의 값이 [1, 2, 3, 4, 5, 6]일 때, 리스트 안의 값을 모두 곱할 수 있는 코드를 작성하려 한다. 빈 칸에 들어갈 알맞은 코드를 각각 고르시오.

```
num = [1, 2, 3, 4, 5, 6]
[        (가)        ]
for n in num:
    [        (나)        ]
```

① (가) total=1　　(나) total = n * n

② (가) total=0　　(나) total *= n-1

③ (가) total=1　　(나) total += n-1

④ (가) total=0　　(나) total *= n * total

⑤ (가) total=1　　(나) total * total

08 다음은 a가 1부터 10까지 중에서 짝수만 출력하도록 while 문을 이용하여 작성한 코드이다. 빈 칸에 들어갈 알맞은 코드를 고르시오.

```
a = 1
while [                ]:
    if a % 2 == 0:
        print(a)
        a += 1
    else:
        a +=1

    if a == 0:
        break
```

① a == 10　　② a!= 10　　③ a < 10　　④ a >= 10　　⑤ a < 11

09 다음 코드를 실행하여 아래와 같은 실행 결과를 출력하려 한다. 빈 칸에 들어갈 알맞은 코드를 각각 고르시오.

```
a = int(input('자연수 a를 입력하세요. : '))
if [   (가)   ] :
    print('a는 10의 배수입니다.')
else:
    print('a는 10의 배수가 아닙니다.')

b = int(input('정수 b를 입력하세요. : '))
if [   (나)   ] :
    print('b는 양수입니다.')
else:
    print('b는 음수입니다.')
```

```
자연수 a를 입력하세요. : 10
a는 10의 배수가 아닙니다.
정수 b를 입력하세요. : -10
b는 음수입니다.
```

① (가) type(a / 10) == float (나) (0-b) < 0

② (가) type(a / 10) == float (나) (0-b) > 0

③ (가) type(a / 10) == int" (나) b > 0

④ (가) type(a / 10) == int (나) (0-b) < 0

⑤ (가) type(a / 10) == int (나) (0-b) > 0

10 다음 코드를 실행하면 결과값으로 85를 출력하려 한다. 빈 칸에 들어갈 알맞은 코드를 고르시오.

```
numbers = ['10','11','12','13','14','15','16','17']
total = 0
for number in numbers:
    if int(number)%5 == 0:
        total += int(number)
    else:
        [          ]

print(total)
```

① continue ② total += 10 ③ total = 75

④ total = 10 ⑤ total += 5

11 실행 결과가 0인 코드를 작성하려 한다. 빈 칸에 들어갈 알맞은 코드를 고르시오.

```
money = 1500
snack = 500
water = 1000
while money != 0:
    if money > 1000:
        money -= water
    elif 0 < money <= 1000:
        money -= snack * 2
    else:
        money = [          ]
print(money)
```

① money - 1500 ② money - 1000 ③ money - 2000

④ money + 500 ⑤ else 이하 구문 필요 없음

12 다음과 같이 코드를 작성했을 때, 실행 결과로 알맞은 것은?

```
if 4 == '4':
    print(True)
else:
    print(False)
```

① True ② False ③ SyntaxError

④ ValueError ⑤ None

13 다음과 같이 코드를 작성했을 때, 실행 결과로 알맞은 것은?

```
list_data_a = [1, 2]
list_data_b = [3, 4]

for i in list_data_a:
    for j in list_data_b:
        result = i + j
print(result)
```

① 20 ② 6 ③ [13, 14, 23, 24]

④ [4, 5, 5, 6] ⑤ 에러 발생

14 다음과 같이 코드를 작성했을 때, 실행 결과로 알맞은 것은?

```
list_1 = [[1, 2], [3], [4, 5, 6]]
a,b,c = list_1
list_2 = a + b + c

print(list_2)
```

① [1, 2, 3, 4, 5, 6]

② [[1, 2], [3], [4, 5, 6]]

③ 21

④ 에러 발생

⑤ [[1, 2], [3, 4, 5, 6]]

CHAPTER 05
함수

학습목표

- 함수를 선언하는 방법, 함수의 실행 순서, 함수의 4가지 형태에 대해 알아본다.
- 함수를 호출하는 방식과 변수의 사용 범위에 대해 학습하고, 재귀 함수에 대해 이해한다.
- 함수의 인수인 키워드 인수, 디폴트 인수, 가변 인수, 키워드 가변 인수에 대해 알아본다.
- 좋은 코드의 의미를 이해하고, 코딩 규칙과 함수 개발 가이드라인에 대해 학습한다.

PREVIEW

이번 장에서는 앞에서도 언급한 함수에 대해 알아본다. 함수는 프로그램의 가장 기본 단위인 코드의 덩어리이다. 때로는 함수가 하나의 프로그램이 되기도 하고, 잘 만든 함수는 다른 사람이 사용할 수 있어 자신의 프로그램에서 수행되는 다양한 기능을 다른 사람들로 하여금 손쉽게 사용할 수 있도록 한다.

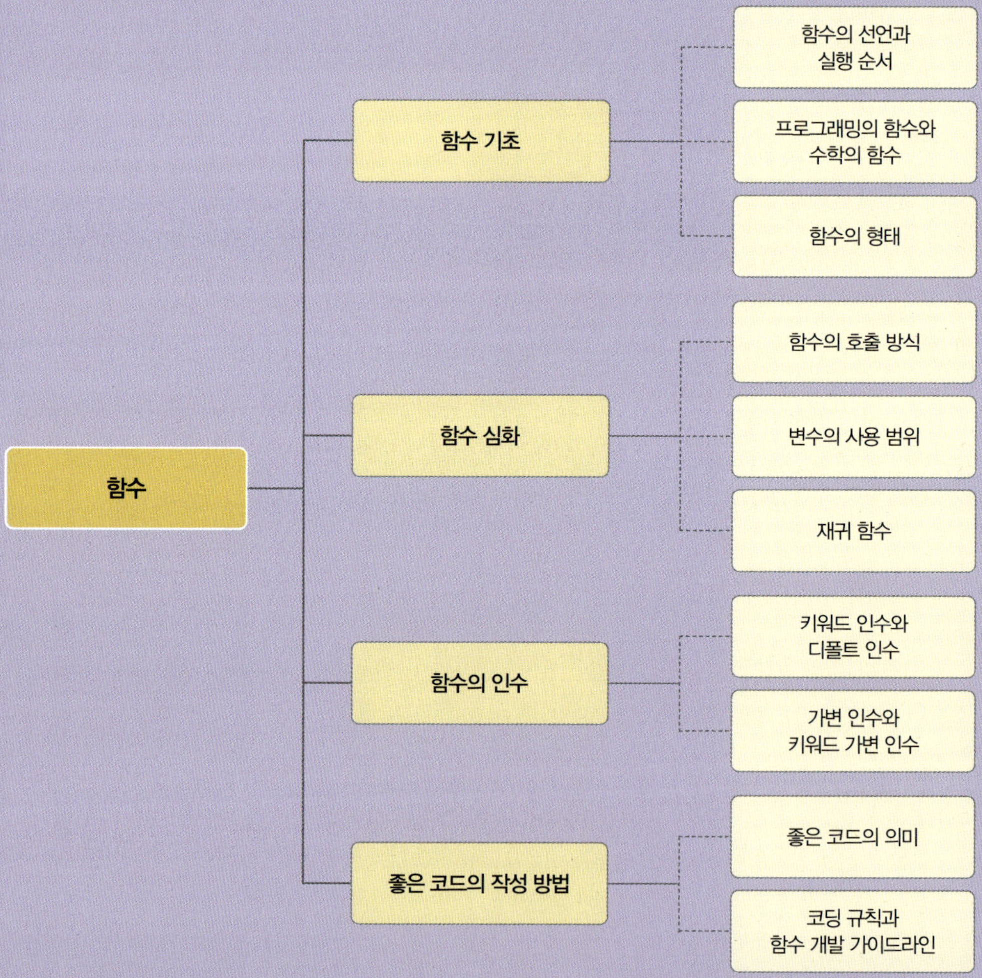

01 함수 기초

함수의 개념을 이해하기 전에 다음 질문으로 시작해보겠다.

> **여러 명이 프로그램을 함께 개발할 때, 코드를 어떻게 작성하면 좋을까?**

다음과 같은 방법이 있다.

❶ 다 같이 모여 토론하며 한 줄 한 줄 작성하기

❷ 가장 잘하는 사람이 혼자 작성하기

❸ 필요한 부분을 나누어 작성한 후 합치기

사실 가장 좋은 방법은 ❷번이다. 잘하는 사람이 있다면 혼자서 모든 것을 해결하는 것이 가장 효율적인 방법이다. 하지만 업무량은 무한대로 많고 사람은 한정적인 경우가 많으므로, 일반적으로 가장 많이 사용하는 방법은 ❸번, '필요한 부분을 나누어 작성한 후 합치기'이다. 즉, 팀원들이 각자 해야 할 부분을 나눠서 하고 나중에 합치는 것이다. 가장 일반적이고 많이 사용하는 방법이다. 이번 장에서 배울 함수라는 개념은 바로 이 방법을 가능하도록 도와준다.

그렇다면 프로그램을 만들 때 작성해야 하는 부분을 나누는 방법에는 어떤 것이 있을까? 파이썬에서는 이를 위해 함수, 객체, 모듈을 제공한다. 이번 장에서 먼저 함수의 개념을 배우고, 나중에 객체와 모듈에 대한 개념도 배울 것이다.

1 함수의 개념과 장점

함수function란 무엇일까? 함수는 어떤 일을 수행하는 코드의 덩어리, 또는 코드의 묶음이라고 표현할 수 있다. 예를 들어, 도형의 넓이를 구하는 프로그램에서 사각형의 넓이를 구하는 작업task이 있다면, 해당 작업을 함수화하여 필요할 때마다 호출하는 것이다.

함수를 만들면 다음과 같은 장점이 있다.

❶ **필요할 때마다 호출 가능**: 함수는 반복적으로 수행해야 하는 업무를 한 번만 작성해 놓고 필요할 때마다 호출하여 사용할 수 있다. 이렇게 하면 코드를 수정할 때 같은 작업을 여러 번 반복하지 않아도 된다.

❷ **논리적인 단위로 분할 가능**: 함수는 코드를 논리적인 단위로 나눌 수 있다. 간단히 도형을 계산하는 프로그램을 작성하더라도 곱셈을 하는 코드, 덧셈을 하는 코드, 나눗셈을 하는 코드 등으로 나눌 수 있다.

❸ **코드의 캡슐화**: 함수는 코드의 캡슐화가 가능하다. 캡슐화는 함수의 인터페이스만 잘 정의하면 다른 사람이 자신의 코드를 쉽게 가져다 사용할 수 있는 특징이 있다. 인터페이스를 정의한다는 것은 코드에 입력되는 입력input값과 코드의 수행 결과인 출력output값을 명확히 한다는 것이다. 흔히 블랙박스라고도 하는데, 인터페이스가 잘 정의된 함수라면 코드의 내부 구조를 몰라도 함수를 사용하는 데에는 아무 문제가 없다.

2 함수의 선언

파이썬에서 함수를 선언하는 방법은 다음과 같다.

```
def 함수 이름 (매개변수 #1 …):
    명령문 1
    명령문 2
    return <반환값>
```

❶ def: 'definition'의 줄임말로 함수의 정의를 시작한다는 의미이다.

❷ **함수 이름**: 함수 이름은 개발자가 마음대로 지정할 수 있지만 일반적으로 파이썬에서는 다음과 같은 규칙을 사용한다.

- 소문자로 입력한다.
- 띄어쓰기를 할 경우에는 _ 기호를 사용한다. ex save_model
- 작업을 나타내기 위해 동사와 명사를 함께 사용하는 경우가 많다. ex find_number
- 외부에 공개하는 함수일 경우 줄임말을 사용하지 않고 짧고 명료한 이름으로 정한다.

❸ **매개변수(parameter)**: 매개변수는 함수에서 입력값으로 사용하는 변수를 의미하며, 1개 이상의 값을 적을 수 있다.

❹ **명령문:** 명령문은 반드시 들여쓰기한 후 코드를 입력해야 한다. 수행해야 하는 코드는 지금까지 배운 일반적인 코드와 같다. if나 for문 등의 제어문을 사용할 수도 있고, 고급 프로그래밍 기법으로 함수 안에 함수를 사용하기도 한다.

간단한 함수 선언의 작성 예시를 살펴보자.

```
def calculate_rectangle_area(x, y)
    return x * y
```

먼저 선언된 함수를 보자. 함수 이름은 calculate_rectangle_area이고, x와 y라는 2개의 매개변수를 사용하고 있다. 여기서 return의 의미는 값을 반환한다는 뜻으로, x와 y를 곱한 값을 반환하는 함수로 이해하면 된다.

여기서 잠깐! 반환

약간 어렵게 느껴질 수 있는 부분이 바로 '반환'이라는 개념이다. 이는 수학에서 함수와 같은 개념이라고 생각하면 된다. 예를 들어, 수학에서 f(x) = x + 1이라고 했을 때 f(1)의 값은 얼마일까? 중학교 정도의 수학을 이해하고 있다면 f(1) = 2라는 것을 알 수 있다. 즉, 함수 f(x)에서 x에 1이 들어가면 2가 반환되는 것이다. 파이썬의 함수도 같은 개념이다. 수학에서 x에 해당하는 것이 매개변수, 즉 입력값이고, x + 1의 계산 과정이 함수 안의 코드이며, 그 결과가 반환되는 값이다.

3 함수의 실행 순서

함수를 선언했다면 이제 사용하기 위해서 함수를 호출해야 한다. [코드 5-1]을 보면서 함수의 실행 순서에 대해 알아보자.

코드 5-1 rectangle_area.py

```
def calculate_rectangle_area(x, y):
    return x * y

rectangle_x = 10
rectangle_y = 20
print("사각형 x의 길이:", rectangle_x)
```

```
 7 print("사각형 y의 길이:", rectangle_y)
 8
 9 # 넓이를 구하는 함수 호출
10 print("사각형의 넓이:", calculate_rectangle_area(rectangle_x, rectangle_y))
```

```
사각형 x의 길이: 10
사각형 y의 길이: 20
사각형의 넓이: 200
```

먼저 1행에서 함수가 정의된 def 부분은 실행되지 않는다. 단지 정의만 하는 것으로 함수만 파일에 저장하고 파이썬 명령으로 실행시켰을 때 별도의 출력이 일어나지 않는다. 정확히 말하면 아무것도 실행되지 않는 것처럼 보이지만 실제로는 해당 코드를 메모리에 업로드하여 다른 코드를 호출해 사용할 수 있도록 준비 과정을 거친다. 만약 함수의 선언 부분을 코드의 맨 마지막에 입력한다면 해당 코드 호출에 오류가 발생한다.

그 다음으로 함수가 수행해야 하는 명령이 실행된다. 정확히는 `rectangle_x = 10`과 `rectangle_y = 20`으로 2개의 변수에 값이 할당되고 그 값을 출력한다. 그 다음, `print("사각형의 넓이:", calculate_rectangle_area(rectangle_x, rectangle_y))`를 수행한다. 이 코드의 핵심은 `calculate_rectangle_area(rectangle_x, rectangle_y)` 부분이다. 이 부분에서 함수를 호출하고, rectangle_x와 rectangle_y 변수에 할당된 값이 calculate_rectangle_area 함수에 입력값이 된다. 그러면 코드 `return x * y`에 의해 반환값 200이 반환된다. 즉, `calculate_rectangle_area(rectangle_x, rectangle_y)`는 200으로 치환되고, 이 값이 화면에 출력된다.

4 프로그래밍의 함수와 수학의 함수

프로그래밍에서의 함수와 수학에서의 함수는 매우 비슷하다. 간단히 `f(x) = x + 1`을 코드로 나타낸다면 [그림 5-1]과 같은 형태이다.

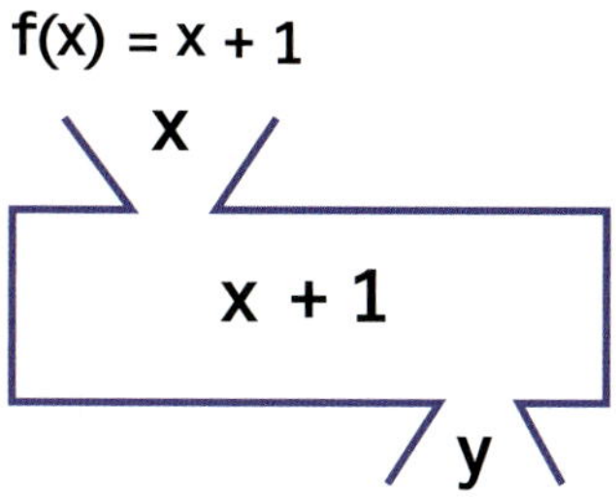

그림 5-1 수학에서 함수의 형태

실제로 다음과 같은 문제가 있다면 프로그래밍에서는 어떻게 표현할 수 있을까?

> **$f(x) = 2x + 7$, $g(x) = x^2$이고 $x = 2$일 때**
> **$f(x) + g(x) + f(g(x)) + g(f(x))$의 값은?**
>
> $f(2) = 11$, $g(2) = 4$, $f(g(x)) = 15$, $g(f(x)) = 121$
> $\therefore 11 + 4 + 15 + 121 = 151$

먼저 함수에 해당하는 f(x)와 g(x)의 내용을 코드로 작성하면 [코드 5-2]와 같다.

코드 5-2 function.py

```
1 def f(x):
2     return 2 * x + 7
3 def g(x):
4     return x ** 2
5 x = 2
6 print(f(x) + g(x) + f(g(x)) + g(f(x)))
```

```
151
```

6행의 print( ) 함수에서 f(x), g(x), f(g(x)), g(f(x))가 각각 11, 4, 15, 121로 치환되어 그 합이 화면에 출력된다.

여기서 잠깐! 매개변수와 인수

함수의 입력값은 매개변수로 구분되어 사용한다. 함수와 관련해 몇 가지 용어에 대한 이해가 필요한데, 대표적인 것이 매개변수(parameter)와 인수(argument)이다. 이 둘의 차이를 이해하기 위해 [코드 5-3]을 보자.

코드 5-3 parameter.py

```
def f(x):
    return 2 * x + 7

print(f(2))
```

```
11
```

위 코드에서 'def f(x):'의 x를 매개변수라고 한다. 일반적으로 함수의 입력값에 대한 정의를 함수 사용에 있어 인터페이스를 정의한다고 한다. 매개변수는 함수의 인터페이스 정의에 있어 어떤 변수를 사용하는지 정의하는 것이다. 즉, 위 함수에서는 x가 해당 함수의 매개변수이다. 그에 반해 인수는 실제 매개변수에 대입되는 값을 뜻한다. 매개변수가 설계도라면 인수는 그 설계도로 지은 건물 같은 것이다. 위 코드에서는 f(2)에서 2가 인수에 해당한다. 실제로 매개변수와 인수는 구분 없이 사용하는 경우가 많으며, 모두 함수의 입력값으로 부르기도 한다. 하지만 정확한 의미를 파악하고 사용하는 것을 권한다.

5 함수의 형태

함수는 [표 5-1]과 같이 매개변수와 반환값return value의 유무에 따라 네 가지 형태로 구분한다.

표 5-1 함수의 형태

매개변수 유무 / 반환값 유무	매개변수 없음	매개변수 있음
반환값 없음	함수 내부 명령문만 수행	매개변수를 사용하여 명령문만 수행
반환값 있음	매개변수 없이 명령문을 수행한 후 결과값 반환	매개변수를 사용하여 명령문을 수행한 후 결과값 반환

각각의 함수를 [코드 5-4]에서 확인해보자.

코드 5-4 function_type.py

```
1  def a_rectangle_area():          # 매개변수 × , 반환값 ×
2      print(5 * 7)
3  def b_rectangle_area(x, y):      # 매개변수 ○ , 반환값 ×
4      print(x * y)
5  def c_rectangle_area():          # 매개변수 × , 반환값 ○
6      return(5 * 7)
7  def d_rectangle_area(x , y):     # 매개변수 ○ , 반환값 ○
8      return(x * y)
9
10 a_rectangle_area()
11 b_rectangle_area(5, 7)
12 print(c_rectangle_area())
13 print(d_rectangle_area(5, 7))
```

```
35
35
35
35
```

첫 번째 함수는 매개변수와 반환값이 모두 없는 경우이다. 입력값도 없고 반환되는 값도 없지만, `print(5 * 7)`로 인해 35가 출력된다. 이 경우에는 a_rectangle_area( )가 35로 치환되는 것이 아니고, 반환값이 없기 때문에 함수 자체는 none 값을 가진다. 대신 내부 함수인 print( ) 함수로 인해 35가 출력되는 것이다.

두 번째 함수는 b_rectangle_area( )가 매개변수로 x, y를 넘겨받고, 그 값을 계산하여 화면에 출력하는 함수이다. 역시 반환값이 없으므로 11행에서 `b_rectangleArea(5, 7)`이라고 실행시켜야 35가 출력되는 것이지 `b_rectangleArea(5, 7)` 자체가 35로 치환되는 것은 아니다. 이 부분은 매우 중요하며 반드시 이해해야 한다. 반환이 없으면 해당 함수는 none으로 치환된다.

세 번째, 네 번째 함수는 반환값이 있는 경우이다. c_rectangle_area( )와 d_rectangle_area( ) 함수 모두, 함수 안에서 print( ) 함수를 수행시키는 것이 아니라 함수를 호출할 때 print( ) 함수를 이용한다는 것을 알 수 있다. 즉, 두 함수 모두 return 문으로 인해 35로 치환되는 것이다. 이렇게 return이 있는 경우, 즉 함수의 반환값이 있는 경우에는 그 함수를 호출하는 곳에서 함수의 반환값을 변수에 할당하여 사용하는 것이 가능하다.

이렇게 [코드 5-4]를 실행하면 모두 35라는 같은 값을 출력하지만, 함수의 형태에 따라 사용하는 방법이 다르다는 것을 알 수 있다.

02 함수 심화

이번 절에서는 함수를 좀 더 심도 있게 알아보고, 더 나아가 프로그래밍을 배울 때 이해해야 하는 컴퓨터의 구조에 대해 몇 가지 설명할 것이다. 사실 이러한 주제를 이해하는 것은 당장 프로그래밍을 하는 데 도움이 되지 않을 수도 있다. 하지만 공부를 계속하다 보면 반드시 알아야 하는 개념이니, 이해를 못하더라도 한 번 읽어보고 넘어갈 것을 권장한다.

1 함수의 호출 방식

함수에서는 변수를 어떻게 호출할까? [코드 5-5]를 살펴보자.

코드 5-5 call1.py

```
1 def f(x):
2     y = x
3     x = 5
4     return y * y
5
6 x = 3
7 print(f(x))
8 print(x)
```

```
9
3
```

3행과 6행을 보면 함수 f(x)의 x에 5와 3이 입력된다. 그렇다면 함수 안에서의 x와 함수 밖에서의 x는 같은 변수일까, 아니면 다른 변수일까? 사실 이것이 간단한 문제는 아니다. 앞서 if 문을 사용할 때 키워드 is가 변수들의 메모리 주소를 비교한다는 것에 대해 배웠다. 즉, 함수 밖에 있는 변수 x의 메모리 주소와 함수 안에 있는 변수 x의 메모리 주소가 같은지 다른지 확인할 필요가 있다. 이렇게 함수 안에서 변수가 인수의 형태로 입력될 때 변수를 호출하는 방식을 전통적인 프로그래밍에서는 다음과 같이 크게 두 가지로 나눈다.

표 5-2 함수가 변수를 호출하는 방식

종류	설명
값에 의한 호출 (call by value)	• 함수에 인수를 넘길 때 값만 넘김 • 함수 내부의 인수값 변경 시 호출된 변수에 영향을 주지 않음
참조 호출 (call by reference)	• 함수에 인수를 넘길 때 메모리 주소를 넘김 • 함수 내부의 인수값 변경 시 호출된 변수값도 변경됨

메모리 주소는 변수가 저장되는 공간을 가르키고, 그 공간 자체에 새로운 값을 할당하면 그 공간을 가리키고 있는 다른 변수에도 영향을 준다. 즉, [코드 5-5]에서 만약 참조 호출로 적용된다면 맨 마지막에 있는 x의 값은 5로 변환되어야 한다. 하지만 파이썬은 전통적인 두 가지 방식을 혼합한 조금은 특이한 방식을 사용하고 있다. [그림 5-2]를 보자.

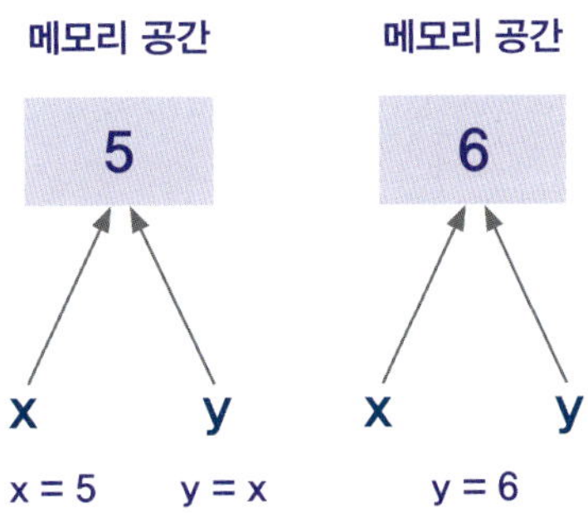

그림 5-2 파이썬에서 변수를 호출하는 방식

파이썬은 객체의 주소가 함수로 넘어간다는 뜻의 객체 호출call by object reference 방식을 사용한다. 파이썬에서는 객체의 주소를 함수로 넘기기 때문에 전달된 객체의 값에 변경이 있을 경우, 즉 새로운 값을 할당하거나 해당 객체를 지울 때는 영향을 주지 않지만 단순히 해당 객체에 값을 추가할 때는 영향을 준다. 쉽게 이해하기 어려울 수 있는데, [코드 5-6]을 살펴보자.

코드 5-6 call2.py

```
def spam(eggs):
    eggs.append(1)          # 기존 객체의 주소값에 [1] 추가
```

```
3     eggs = [2, 3]          # 새로운 객체 생성
4
5 ham = [0]
6 spam(ham)
7 print(ham)
```

```
[0, 1]
```

[코드 5-6]에서 ham과 eggs, 두 리스트에서 변수를 사용한 것을 보면 좀 더 명확히 알 수 있다. 먼저 ham이라는 리스트를 만들고, 함수 spam에 ham을 인수로 입력한다. 이때 함수 안에서는 이름이 ham에서 eggs로 바뀐다. [그림 5-3]에서 보듯이 ham과 eggs는 함수의 호출 방식으로 객체를 호출하고 있으므로 같은 주소를 공유한다. 따라서 2행의 `eggs.append(1)`에 의해 해당 리스트에 1이 추가되면 ham과 eggs 모두 영향을 받는다.

3행의 `eggs = [2, 3]`으로 새로운 리스트를 만들어준다. 그래서 더이상 ham과 eggs가 같은 메모리 주소를 가리키지 않고 eggs는 자기만의 메모리 주소를 가지게 된다. 그리고 함수를 빠져나와 7행의 `print(ham)`이 실행되면 2행의 `eggs.append(1)`에 의해 추가된 [0, 1]이 화면에 출력된다. 이것이 바로 객체 호출call by object reference이라는 파이썬의 함수 내부 변수 호출 방식이다.

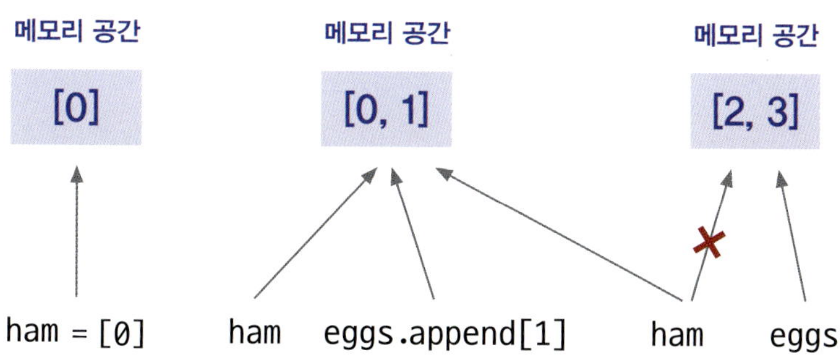

그림 5-3 객체 호출 방식

새로운 값을 할당하기 전까지는 기존에 넘어온 인수 객체의 주소값을 그대로 사용하는 방식이라고 이해하면 된다. 이 내용을 알아야 하는 가장 큰 이유는 다른 사람의 코드를 이해하기

위함이다. 가장 좋은 방식은 메모리 문제가 크지 않다면 좀 더 명확하게 인수값 자체를 바꾸지 말고 그 값을 복사하여 바로 사용하는 것이다. 그 내용은 이후 과정에서 다루도록 하겠다.

2 변수의 사용 범위

변수의 사용 범위scoping rule는 말 그대로 변수가 코드에서 사용되는 범위를 말하는데, 흔히 함수 내부에서 사용할 것인지, 또는 프로그램 전체에서 사용할 것인지 그 범위를 결정하는 규칙을 뜻한다. 일반적으로 변수의 사용 범위를 결정할 때 고려해야 할 두 가지 변수가 있다.

- **지역 변수**(local variable): 함수 내부에서만 사용
- **전역 변수**(global variable): 프로그램 전체에서 사용

두 변수의 사용 방법은 매우 간단하다. [코드 5-7]을 보자.

코드 5-7 scoping_rule.py

```python
def test(t):
    print(x)
    t = 20
    print("In Function:", t)

x = 10
test(x)
print("In Main:", x)
print("In Main:", t)
```

```
10
In function: 20
In Main: 10
Traceback (most recent call last):
    File "scoping_rule.py", line 9, in <module>
        print("In Main:", t)
NameError: name 't' is not defined
```

여기에서 신경써야 하는 변수는 x와 t이다. 프로그램이 가장 먼저 시작되는 지점은 6행 `x = 10`이다. 그리고 7행에서 x는 test(x) 함수의 인수로 넘어간다. 그렇다면 함수 내부에서 처음 만나는 2행 `print(x)`의 x는 어떤 변수일까? 이때의 x는 함수 내부에서 재정의되지 않았으므로 함수를 호출한 메인 프로그램에서 정의한 `x = 10`의 x를 뜻한다. 즉, 프로그램 전체에서 사용할 수 있는 전역 변수이다.

함수 내부에 있는 t는 어떨까? test(x) 함수의 x를 t로 치환하여 사용한다. 즉, 함수 내부에서는 x를 따로 선언한 적은 없고, t를 선언하여 사용한다. 그리고 3행의 `t = 20`에 의해 t에 20이 할당되고, 실제로 4행 `print("In Function:", t)`의 결과로 In Function: 20이 화면에 출력되는 것으로 예상할 수 있다. 하지만 함수가 종료되고 코드에 9행의 `print("In Main:", t)`가 실행되면 오류가 출력된다. 왜냐하면 t가 함수 내부에서만 사용할 수 있는 지역 변수이기 때문이다. 그래서 메인 함수에서 t 변수를 호출하는 것이 불가능하다. 이러한 차이를 이해하지 못하면 프로그래밍하는 데 어려움이 있을 것이다. [코드 5-8]을 보자.

코드 5-8 local_variable.py

```
1 def f():
2     s = "I love London!"
3     print(s)
4
5 s = "I love Paris!"
6 f()
7 print(s)
```

```
I love London!
I love Paris!
```

[코드 5-8]에서 변수 s는 f( ) 함수의 내부에서도 사용되고 외부에서도 사용된다. s의 값은 어떻게 바뀔까? 프로그램이 시작되자마자 s에는 'I love Paris!'라는 값이 할당된다. 하지만 그 후 함수 내부로 코드의 실행이 옮겨가 다시 s에 'I love London!' 값이 저장되고, 그 값이 먼저 출력된다. 그렇다면 함수 외부에 있는 변수 s의 값은 변경되었을까? 함수가 종료된 후 7행 `print(s)`의 실행 결과는 'I love Paris!'이다. 바뀌지 않았다. 왜 이런 일이 발생했을까? 이유

는 간단하다. 함수 내부와 외부에 있는 변수 s는 같은 이름을 가졌지만 사실 다른 메모리 주소를 갖고 있는 전혀 다른 변수이기 때문이다. 따라서 함수 내부의 s는 해당 함수가 실행되는 동안에만 메모리에 있다가 함수가 종료되는 순간 사라진다. 당연히 함수 외부의 s와는 메모리 주소가 달라 서로 영향을 주지 않는다. 조금 어렵게 느껴지지만 매우 중요한 내용이다. 변수의 이름이 같다고 다 같은 함수가 아니라는 뜻이다.

그렇다면 함수 내부의 변수와 함수 외부의 변수가 같은 메모리 주소를 갖는 같은 변수를 사용하기 위해서는 어떻게 해야 할까? 전역 변수로 선언하면 된다. 함수 내에서 변수를 전역 변수로 선언하기 위해서는 파이썬에서 제공하는 global이라는 키워드를 사용하면 된다. [코드 5-9]를 보자.

코드 5-9 global_variable.py

```
1 def f():
2     global s
3     s = "I love London!"
4     print(s)
5
6 s = "I love Paris!"
7 f()
8 print(s)
```

```
I love London!
I love London!
```

기존 코드에서 변경된 것은 함수 내부에서 2행의 `global s` 코드 하나이다. 그러나 결과는 이전과 다르게 출력된다. 그 이유를 살펴보자. 기존의 s에는 'I love Paris!'가 저장되어 있는데, f( ) 함수 내부의 코드가 수행되는 순간 global s가 선언되어 함수 외부의 s, 즉 전역 변수 s의 메모리 주소를 사용한다. 그래서 이전과 달리 함수 내부와 외부에 있는 s는 같은 메모리 주소를 사용하게 된다. 따라서 해당 메모리 주소에 새로운 값인 'I love London!'이 할당되면 함수 외부의 s에도 해당 값이 할당되어 이와 같은 결과가 출력되는 것이다.

이제 조금 복잡한 코드를 살펴보자. [코드 5-10]을 직접 실행하지 않고 머릿속으로 한 번 실행한 후 결과값을 정확히 맞출 수 있다면 이 부분을 정확히 이해한 것이다.

코드 5-10 scoping_rule_final.py

```
def calculate(x, y):
    total = x + y            # 새로운 값이 할당되어 함수 내부 total은 지역 변수가 됨
    print("In Function")
    print("a:", str(a), "b:", str(b), "a + b:", str(a + b), "total:", str(total))
    return total

a = 5                        # a와 b는 전역 변수
b = 7
total = 0                    # 전역 변수 total
print("In Program - 1")
print("a:", str(a), "b:", str(b), "a + b:", str(a + b))

sum = calculate (a, b)
print("After Calculation")
print("Total:", str(total), " Sum:", str(sum)) # 지역 변수는 전역 변수에 영향을 주지 않음
```

```
In Program - 1
a: 5 b: 7 a + b: 12
In Function
a: 5 b: 7 a + b: 12 total: 12
After Calculation
Total : 0  Sum: 12
```

3 재귀 함수

재귀 함수recursive function는 자기 자신을 다시 호출하는 함수이다. 재귀적이라는 표현은 자신을 이용해 다른 것을 정의한다는 뜻이다. 재귀 함수는 수학의 점화식과 같은 형태이며 [그림 5-4]의 점화식을 보면 이해하기 쉬울 것이다.

$$n! = n \cdot (n-1) \cdots 2 \cdot 1 = \prod_{i=1}^{n} i \qquad \begin{aligned} 1! &= 1 \\ 2! &= 2(1) = 2 \\ 3! &= 3(2)(1) = 6 \\ 4! &= 4(3)(2)(1) = 24 \\ 5! &= 5(4)(3)(2)(1) = 120 \end{aligned}$$

그림 5-4 점화식

위 수식이 팩토리얼factorial 함수이다. 정확히는 'n!'로 표시하고 n! = n × (n − 1)!로 선언할 수 있다. 자신의 숫자에서 1씩 빼면서 곱하는 형식이다. 보통은 점화식이라고 한다. 이러한 형태의 수식을 코드로 표현하면 [코드 5-11]과 같다.

코드 5-11 factorial.py

```python
def factorial(n):
    if n == 1:
        return 1
    else:
        return n * factorial(n - 1)

print(factorial(int(input("Input Number for Factorial Calculation: "))))
```

```
Input Number for Factorial Calculation: 5       ← 사용자 입력
120                                             ← 화면 출력
```

위 코드에서 factorial( ) 함수는 n이라는 변수를 입력 매개변수로 넘겨받은 후 n == 1이 아닐 때까지 입력된 n과 n에서 1을 뺀 값을 입력값으로 다시 factorial( ) 함수를 호출하여 반환된 값과 곱한다. 만약 처음 사용자가 5를 입력했다면 다음과 같은 순서대로 계산될 것이다.

```
5 * factorial(5 - 1)
= 5 * 4 * factorial(4 - 1)
= 5 * 4 * 3 * factorial(3 - 1)
= 5 * 4 * 3 * 2 * factorial(2 - 1)
= 5 * 4 * 3 * 2 * 1
```

사실 [코드 5-11]은 for문이나 while문으로도 얼마든지 표현할 수 있다. 재귀 함수의 기본 구조가 종료 조건, 단계별 반환으로 구성되어 있으므로 크게 변경 없이도 사용할 수 있다. 반복문에서도 마찬가지로 종료 조건과 반복문마다 동일한 연산이 진행되기 때문이다.

재귀 함수를 잘 사용하는 것은 매우 중요하다. 고급 프로그래머로 갈수록 재귀적으로 작성된 프로그램을 자주 접하게 되므로 개념적으로 이해하고 있어야 한다.

03 함수의 인수

이번 절에서는 함수의 인수argument, 즉 함수의 입력으로 들어가는 변수의 다양한 형태에 대해 알아보자. 앞에서 간단하게 함수의 선언, 매개변수와 인수의 차이 등에 대해 학습하였다. 간단하게 인수라고 말했지만, 사실 파이썬에서는 [표 5-3]과 같이 다양한 방식으로 인수의 사용 방법을 지원한다. 파이썬에서 인수를 사용하는 방법에 대해 알아보자.

표 5-3 파이썬에서 인수를 사용하는 방법

종류	내용
키워드 인수	함수의 인터페이스에서 지정한 변수명을 사용하여 함수의 인수를 지정하는 방법
디폴트 인수	별도의 인수값이 입력되지 않을 때 인터페이스 선언에서 지정한 초깃값을 사용하는 방법
가변 인수	함수의 인터페이스에서 지정한 변수 이외의 추가 변수를 함수에 입력할 수 있도록 지원하는 방법
키워드 가변 인수	매개변수의 이름을 따로 지정하지 않고 입력하는 방법

1 키워드 인수

키워드 인수keyword arguments는 함수에 입력되는 매개변수의 변수명을 사용하여 함수의 인수를 지정하는 방법이다. [코드 5-12]에서 확인해보자.

코드 5-12 keyword.py

```
def print_something(my_name, your_name):
    print("Hello {0}, My name is {1}".format(your_name, my_name))

print_something("Sungchul", "TEAMLAB")
print_something(your_name = "TEAMLAB", my_name = "Sungchul")
```

```
Hello TEAMLAB, My name is Sungchul
Hello TEAMLAB, My name is Sungchul
```

[코드 5-12]에서 print_something( ) 함수는 (my_name, your_name)이라는 입력 인터페이스를 가진다. 일반적으로 함수를 호출할 때 인수가 순서대로 입력되도록 코드를 작성해야 한다. 4행의 `print_something("Sungchul", "TEAMLAB")`에서 'Sungchul'은 my_name에, 'TEAMLAB'은 your_name에 할당된다. 하지만 함수의 입력 변수명만 정확히 기재된다면, 순서에 상관없이 원하는 변수에 인수를 넣을 수 있다. 5행의 `print_something(your_name = "TEAMLAB", my_name = "Sungchul")`을 보면 함수의 인수에서 사용되는 각각의 변수명을 명시함으로써 해당 변수에 값이 할당될 수 있도록 처리하였다. 즉 입력되는 순서에 상관없이 'Sungchul'은 my_name으로, 'TEAMLAB'은 your_name으로 할당된다. 따라서 두 함수에 대한 2가지 호출 코드의 실행 결과가 동일하게 출력된다.

2 디폴트 인수

디폴트 인수default arguments는 매개변수에 기본값을 지정하여 사용하고, 아무런 값도 인수로 넘어가지 않을 때 지정된 기본값을 사용하는 방식이다. [코드 5-13]을 보자.

코드 5-13 default.py

```
def print_something_2(my_name, your_name = "TEAMLAB"):
    print("Hello {0}, My name is {1}".format(your_name, my_name))

print_something_2("Sungchul", "TEAMLAB")
print_something_2("Sungchul")
```

```
Hello TEAMLAB, My name is Sungchul
Hello TEAMLAB, My name is Sungchul
```

1행을 보면 `def print_something_2(my_name, your_name = "TEAMLAB")`에서 함수의 인터페이스를 정의하였는데, your_name 매개변수에는 기본값으로 'TEAMLAB'이 지정된 것을 확인할 수 있다. 이 경우 함수를 호출할 때 your_name 매개변수에는 별도의 값을 할당하지 않아도 함수가 작동한다. 5행의 `print_something_2("Sungchul")`에서 함수의 매개변수가 2개인 데도 인수를 하나만 입력하였다. 이 경우 입력된 값은 첫 번째 매개변수인 my_name에 할당되고, 두 번째 매개변수인 your_name에는 디폴트 인수로 지정된 'TEAMLAB'이 할당된다. 결국 4행과 5행의 코드를 모두 실행하면 두 코드의 결과는 같다.

이러한 디폴트 인수를 사용할 때 보통 함수를 사용하는 사람이 초깃값을 입력해주어야 할 때가 있다. 예를 들어 초깃값을 0으로 할당하면 'init=0'과 같은 형태로 입력된다. 가끔은 그 변수에 특정한 값이 입력되어야 할 때에는 'init = None'과 같은 형식으로 초깃값을 지정하면 된다.

3 가변 인수

코드를 작성할 때 가끔 함수의 매개변수 개수를 정하지 않아야 하는 경우가 있다. 예를 들어, 항의 개수가 정해지지 않은 다항방정식의 덧셈 연산이라든가, 고객이 물건을 얼마나 구매할지 모르는 마트 계산기에서 합산을 수행하는 연산 등이 그 예이다. 이 경우 함수를 어떻게 작성해야 할까? 이때 사용하는 것이 바로 가변 인수variable-length arguments이다. 가변 인수는 *(asterisk라고 부름)로 표현할 수 있는데, *는 파이썬에서 기본적으로 곱셈 또는 제곱 연산 외에도 변수를 묶어주는 가변 인수를 만들 때 사용한다. [코드 5-14]를 보자.

코드 5-14 asterisk1.py

```
def asterisk_test(a, b, *args):
    return a + b + sum(args)

print(asterisk_test(1, 2, 3, 4, 5))
```

```
15
```

[코드 5-14]의 asterisk_test( ) 함수는 변수 a, b를 넘겨받고, 나머지를 *args로 넘겨받고 있다. 여기서 *args를 가변 인수라고 한다. 함수를 호출하는 코드를 보면 좀 더 쉽게 이해할

수 있다. 4행의 `asterisk_test(1, 2, 3, 4, 5)`를 보면 1과 2는 각각 a와 b에 할당되고, 나머지 인수인 3, 4, 5가 모두 *args에 할당된다. 헷갈릴 수도 있는데, [코드 5-14]를 [코드 5-15]와 같이 변경한 후 실행하면 다음과 같은 결과를 얻을 수 있다.

코드 5-15 asterisk2.py

```python
def asterisk_test(a, b, *args):
    print(args)

print(asterisk_test(1, 2, 3, 4, 5))
```

```
(3, 4, 5)
NONE
```

[코드 5-15]의 결과값이 괄호로 묶여 출력된다. 이렇게 괄호로 묶여 출력되는 자료형을 튜플 tuple 자료형이라고 한다. 아직 배우지는 않았지만 리스트 자료형처럼 인덱스로 접근할 수 있는 자료형이라고 기억하면 된다.

가변인수 *는 반드시 일반적인 키워드 인수에 대한 선언이 모두 끝난 후 마지막에 선언되어야 한다. 또한 리스트와 비슷한 튜플 형태로 함수 안에서 사용되어지므로 인덱스를 사용하여 args[0], args[1] 등의 형태로 변수에 접근할 수 있다. [코드 5-16]에서 또 다른 사용법을 살펴보자.

코드 5-16 asterisk3.py

```python
def asterisk_test_2(*args):
    x, y, *z = args
    return x, y, z

print(asterisk_test_2(3, 4, 5))
```

```
(3, 4, [5])
```

입력받은 가변 인수의 개수를 정확히 안다면, `x, y, *z = args`처럼 언패킹을 할 수 있다. 만약 *z가 아닌 상태에서 asterisk_test_2(3, 4, 5, 10, 20)으로 변경하여 코드를 실행하면 오류가 발생한다. 왜냐하면 언패킹의 개수가 맞지 않기 때문이다. 그렇다면 언패킹 코드를 `x, y, *z = args`로 변경하면 어떤 결과가 나올까? 흥미롭게도 [코드 5-17]과 같은 결과가 나온다.

코드 5-17 asterisk4.py

```
def asterisk_test_2(*args):
    x, y, *z = args
    return x, y, z

print(asterisk_test_2(3, 4, 5, 10, 20))
```

```
(3, 4, [5, 10, 20])
```

*는 기능이 다양하여 언패킹할 때도 값을 가변 인수의 형태로 받을 수 있다. 이러한 특징을 잘 기억하면 함수와 변수 사용시 가변 인수를 유용하게 사용할 수 있다.

4 키워드 가변 인수

마지막으로 살펴볼 것은 키워드를 사용한 가변 인수이다. 가변 인수는 변수의 순서대로 튜플 형태로 저장된다. 사용할 때는 매우 간단하지만 변수의 이름을 지정할 수 없다는 단점이 있다. 이러한 단점을 보완하는 방법이 키워드 가변 인수keyword variable-length arguments이다. 이 방법은 매개변수의 이름을 따로 지정하지 않고 입력하는 방법으로 이전 가변 인수와는 달리 *를 2개 사용하여 함수의 매개변수를 표시한다. 그리고 입력된 값은 튜플 자료형이 아닌 딕셔너리 자료형dictionary type으로 사용할 수 있다. 아직 딕셔너리 자료형이 무엇인지 정확히 몰라서 약간 어려울 수도 있지만, 변수명과 값을 쌍으로 저장하는 방식이라고 생각하면 이해하기 쉽다.

키워드 가변 인수는 반드시 모든 매개변수의 맨 마지막, 즉 가변 인수 다음에 선언되어야 한다. [코드 5-18]을 먼저 보자.

코드 5-18 kwargs.py

```
1 def kwargs_test(**kwargs):
2     print(kwargs)
3     print("First value is {first}".format(**kwargs))
4     print("Second value is {second}".format(**kwargs))
5     print("Third value is {third}".format(**kwargs))
6
7 kwargs_test(first = 3, second = 4, third = 5)
```

```
{'first': 3, 'second': 4, 'third': 5}
First value is 3
Second value is 4
Third value is 5
```

키워드 가변 인수는 변수명으로 kwargs를 사용한다. 사실 변수명 자체는 중요하지 않지만, *는 반드시 **처럼 2개를 붙여야 한다는 것을 기억하기 바란다.

7행에서 3개의 키워드 인수를 넘겼으므로 2행의 print( ) 함수에서 그 인수들이 {'first': 3, 'second': 4, 'third': 5} 형태로 출력되는 것을 확인할 수 있다. 이러한 형태를 딕셔너리 자료형이라 하고, 실행 결과 변수명과 값이 쌍으로 저장된 것을 알 수 있다. 4행의 `print("Second value is {second}".format(**kwargs))`와 같이 개별 변수명을 따로 불러내 사용할 수도 있는데, 이 코드는 print( ) 함수로 출력할 때 변수 kwargs에 있는 second 변수를 사용하고 있는 것이다. 이미 키워드 가변 인수를 사용하여 'first = 3, second = 4, third = 5' 변수를 함수 안에 넣었기 때문에 second라는 변수를 사용할 수 있다. 이전 가변 인수에서 보았듯이 딕셔너리 자료형 변수에 *를 2개 붙이면 개별 변수로 풀리면서 함수에 들어갈 수 있다. 즉, 인터프리터는 다음과 같이 해석한다.

```
>>> kwargs = {'first': 3, 'second': 4, 'third': 5}
>>> print("Second value is {second}".format(**kwargs))
Second Value is 4
>>> print("Second value is {second}".format(first = 3, second = 4, third = 5))
Second Value is 4
```

이러한 파이썬의 다양한 코드 표현 방식이 아직도 낯설게 느껴질 수 있다. 정리해보면, 일반적으로 매개변수, 가변 인수, 키워드 가변 인수를 모두 사용하면 매개변수, 가변 인수, 키워드 가변 인수 순으로 각 값을 적당한 위치의 변수에 할당한다. 다음 코드에서 3, 4는 각각 one, two에 할당되고, 나머지 5, 6, 7, 8, 9는 args에, first = 3, second = 4, third = 5는 딕셔너리형으로 kwargs에 할당된다.

```
>>> def kwargs_test(one, two, *args, **kwargs):
...     print(one + two + sum(args))
...     print(kwargs)
...
>>> kwargs_test(3, 4, 5, 6, 7, 8, 9, first = 3, second = 4, third = 5)
42
{'first': 3, 'second': 4, 'third': 5}
```

04 좋은 코드를 작성하는 방법

이제 기초적인 파이썬 문법에 상당히 익숙해졌을 것이다. 또한 많은 코드를 보면서 어떻게 프로그래밍해야 하는지도 조금은 알게 되었을 것이다. 어느 정도 코드를 작성할 줄 알게 되었으니 이제는 좋은 코드를 작성하는 방법에 대해 알아보자.

1 좋은 코드의 의미

[그림 5-5]는 페이스북을 운영하는 메타 플랫폼Meta Platforms의 사무실이다. 흔히 프로그래밍이라고 하면 무엇인가를 혼자 열심히 개발하는 모습을 생각하지만, 사실 프로그래밍은 팀플레이team play다. 물론 프로그래밍을 처음 배우는 사람이라면 혼자 개발하는 경우가 많지만, 어떤 회사의 팀에 들어가게 되면 여러 사람과 함께 프로그래밍하는 경우가 훨씬 많다. 따라서 좋은 프로그래밍을 위한 규칙이 있어야 한다.

그림 5-5 메타 플랫폼의 사무실

여러 사람과 함께 일하기 때문에 프레젠테이션 발표를 하듯 사람들과 소통하면서 프로그래밍 해야 한다. 프로그램 개발 분야에서 유명한 인물인 마틴 파울러Martin Fowler는 다음과 같은 말을 하였다.

> **"컴퓨터가 이해할 수 있는 코드는 어느 바보나 다 짤 수 있다. 좋은 프로그래머는 사람이 이해할 수 있는 코드를 짠다."**
> **- 마틴 파울러**

멋진 말이기는 하지만 사실 컴퓨터가 이해하는 코드를 작성하기도 굉장히 어렵다. 즉 컴퓨터가 이해할 수 있는 코드는 어느 정도 실력이 되면 만들 수 있지만, 좋은 프로그래머가 되기 위해서는 사람이 이해할 수 있는 프로그램 코드를 만들라는 조언이다. 다시 말해 다른 사람이 내가 작성한 코드를 굉장히 쉽게 이해할 수 있도록 프로그램을 작성해야 한다는 뜻이다. 이러한 것을 가독성이라고 한다. 결국 프로그램 코드는 많은 사람이 쉽게 읽고 이해할 수 있도록 가독성이 좋아야 한다.

2 코딩 규칙

가독성이 좋은 코드를 작성하기 위해서는 여러 가지가 필요하지만, 먼저 여러 사람의 이해를 돕기 위한 규칙이 필요하다. 프로그래밍에서는 이러한 규칙을 일반적으로 코딩 규칙coding convention이라 한다. 파이썬 역시 기본 코딩 규칙이 있으며 대표적인 것은 다음과 같다.

- 들여쓰기는 4 스페이스
- 한 줄은 최대 79자까지
- 불필요한 공백은 없애기

파이썬에서는 이러한 코딩 규칙 중 파이썬 개발자가 직접 정한 것이 있다. 이를 PEP 8Python Enhance Proposal 8이라고 하는데, 파이썬 개발자들이 앞으로 필요한 파이썬의 기능이나 여러 가지 부수적인 것을 정의한 문서이다. 하지만 꼭 PEP 8에 맞춰 코딩할 필요는 없다. 개발하다 보면 팀의 상황이나 구성원의 성향이 모두 다르므로 팀에 맞도록 규칙을 정하면 된다. 여기서 중요한 것은 일관성을 가지는 것이다. 읽기 좋은 코드가 좋은 코드라는 것을 기억하면서 프로그래밍을 하는 것이 가장 중요하다. 실제 PEP 8에는 다음과 같은 규칙이 있다. 가능하면 다음 규칙을 지키면서 코딩하는 것이 좋다.

- = 연산자는 1칸 이상 띄우지 않는다.

```
variable_example  =  12          # 필요 이상으로 빈칸이 많음
variable_example = 12            # 정상적인 띄어쓰기
```

- 주석은 항상 갱신하고 불필요한 주석은 삭제한다.
- 소문자 l, 대문자 O, 대문자 I는 사용을 금한다.

```
lIO0 = "Hard to Understand"      # 변수를 구분하기 어려움
```

- 함수명은 소문자로 구성하고, 필요하면 밑줄로 구분한다.

프로그래밍은 어떤 면에서 잘 정리된 보고서와 같다. 논리적인 내용도 중요하지만, 다른 사람들이 내가 작성한 프로그램 코드를 보면서 무슨 의미인지를 쉽게 이해할 수 있어야 한다. 그래서 좋은 보고서를 쓰듯 좋은 프로그램을 작성하는 연습이 필요하다.

여기서 잠깐! flake8 모듈

코딩을 한 후, 코딩 규칙을 제대로 지켰는지 확인하는 방법 중 하나는 flake8 모듈로 체크하는 것이다. flake8을 설치하기 위해서는 먼저 cmd 창에 다음과 같이 입력한다.

```
conda install -c anaconda flake8
```

비주얼 스튜디오 코드에서 [코드 5-19]와 같이 작성한 후, 'test_flake.py'로 저장한다.

코드 5-19 test_flake.py

```
lL0O = "123"
for i in 10 :
    print("Hello")
```

그리고 cmd 창에 다음과 같이 입력하면, 각 코드의 수정 방법을 알려준다.

```
flake8 test_flake.py
```

그림 5-6 flake8 모듈로 코드 수정 방법 확인

3 함수 개발 가이드라인

함수 개발 가이드라인은 파이썬에 한정된 것이 아니라 프로그래밍 전반에 적용시킬 수 있는 것이다.

3.1 함수 이름

함수 개발 가이드라인 중 하나는 함수 이름에 관한 것이다. 내용은 다음과 같다.

- 함수 내용은 가능하면 짧게 작성할 것(줄 수를 줄일 것)
- 함수 이름에 함수의 역할과 의도를 명확히 드러낼 것

다음 코드처럼 함수의 이름에는 함수의 역할이 명확히 드러나는 이름을 적어야 한다. 그러다 보니 '동사+명사'와 같은 형태로 이름을 지정할 때가 많다. 하지만 함수 내용은 가능하면 짧아야 한다.

```
def print_hello_world():
    print("Hello, World")
def get_hello_world():
    return"Hello, World"
```

3.2 함수의 역할

하나의 함수에는 유사한 역할을 하는 코드만 포함시켜야 한다. 즉 함수는 한 가지 역할을 명확히 해야 한다. 다음 코드처럼 두 변수를 더하는 함수라면 굳이 그 결과를 화면에 출력할 필요는 없다. 이름에 맞는 최소한의 역할만 수행할 수 있도록 작성해야 한다.

```
def add_variables(x, y):
    return x + y

def add_variables(x, y):
    print(x, y)
    return x + y
```

3.3 함수를 만들어야 하는 경우

그렇다면 어떠한 경우에 함수를 만들어야 할까? 기본적으로 다음 두 가지 경우에 함수를 만들면 좋다.

- 공통으로 사용되는 코드를 함수로 변환
- 복잡한 로직이 사용되었을 때 식별 가능한 이름의 함수로 변환

첫 번째, 공통으로 사용되는 코드를 함수로 변환하는 경우이다. [코드 5-20]을 보면 `print("Hello World")`와 `print("Hello TEAMLAB")`, 두 줄의 코드가 계속 반복된다.

코드 5-20 hello1.py

```
a = 5
if (a > 3):
    print("Hello World")
    print("Hello TEAMLAB")
if (a > 4):
    print("Hello World")
    print("Hello TEAMLAB")
if (a > 5):
    print("Hello World")
    print("Hello TEAMLAB")
```

```
Hello World
Hello TEAMLAB
Hello World
Hello TEAMLAB
```

프로그램을 작성하다 보면 특정 코드가 두 번 이상 반복되기도 하는데, 이때는 해당 코드를 함수로 만드는 것이 좋다. 언제 또 사용될지 모르기 때문이다. 좋은 예제는 아니지만 [코드 5-21]처럼 함수를 만들어 사용하면 좋다.

코드 5-21 hello2.py

```python
def print_hello():
    print("Hello World")
    print("Hello TEAMLAB")

a = 5
if (a > 3):
    print_hello()

if (a > 4):
    print_hello()

if (a > 5):
    print_hello()
```

```
Hello World
Hello TEAMLAB
Hello World
Hello TEAMLAB
```

두 번째, 복잡한 로직의 함수화이다. 프로그램을 작성하다 보면 복잡한 조건이나 수식을 사용할 때가 있다. 예를 들어 [코드 5-22]와 같이 이차방정식의 근을 구하는 근의 공식을 사용하는 경우이다.

코드 5-22 math1.py

```
import math
a = 1; b = -2; c = 1

print((-b + math.sqrt(b ** 2 - (4 * a * c)) ) / (2 * a))
print((-b -  math.sqrt(b ** 2 - (4 * a * c)) ) / (2 * a))
```

```
1.0
1.0
```

이 경우에도 함수를 만들어 사용하는 것이 좋다. 왜냐하면 이 프로그램을 사용하는 입장에서는 공식의 의미만 알면 되고 굳이 공식의 구현 과정까지 알 필요는 없다. 단순히 사용 방법만 알고 다른 사람의 코드를 사용하는 것이 훨씬 효율적이기 때문이다. 함수를 만든 이유가 여러 사람이 함께 사용할 프로그램을 제공하는 것인데, 이 코드의 구체적인 내용을 모두에게 이해시키기는 어려울 수 있다. [코드 5-22]는 [코드 5-23]처럼 함수화할 수 있다.

코드 5-23 math2.py

```
import math

def get_result_quadratic_equation(a, b, c):
    values = [ ]
    values.append((-b + math.sqrt(b ** 2 - (4 * a * c)) ) / (2 * a))
    values.append((-b - math.sqrt(b ** 2 - (4 * a * c)) ) / (2 * a))
    return values

print(get_result_quadratic_equation(1,-2,1))
```

```
[1.0, 1.0]
```

함수를 개발하는 입장에서는 어떻게 작성하든 복잡한 로직을 작성해야 하지만, 함수를 사용하는 입장에서는 간단히 인수에 대한 정보만 알면 되므로 매우 유용하다.

요약

01 함수function는 어떤 일을 수행하는 코드의 덩어리, 또는 코드의 묶음이라고 표현할 수 있다.

02 함수의 장점에는 필요할 때마다 호출 가능, 논리적인 단위로 분할 가능, 코드의 캡슐화 등이 있다.

03 파이썬에서는 다음과 같이 함수를 선언할 수 있다.

```
def 함수 이름 (매개변수 #1 ···):
    명령문 1
    명령문 2
    return <반환값>
```

04 매개변수는 함수의 인터페이스 정의에 있어 어떤 변수를 사용하는지를 정의하는 것이다. 그에 반해 인수는 실제 매개변수에 대입되는 값을 뜻한다.

05 함수의 형태는 다음과 같다.

매개변수 유무 / 반환값 유무	매개변수 없음	매개변수 있음
반환값 없음	함수 내부 명령문만 수행	매개변수를 사용하여 명령문만 수행
반환값 있음	매개변수 없이 명령문을 수행한 후 결과값 반환	매개변수를 사용하여 명령문을 수행한 후 결과값 반환

06 함수가 변수를 호출하는 방식은 다음과 같다.

- **값에 의한 호출**(call by value): 함수에 인수를 넘길 때 값만 넘긴다. 함수 내부의 인수값 변경 시 호출된 변수에 영향을 주지 않는다.
- **참조 호출**(call by reference): 함수에 인수를 넘길 때 메모리 주소를 넘긴다. 함수 내부의 인수값 변경 시 호출된 변수값도 변경된다.

07 변수의 사용 범위scoping rule는 변수가 코드에서 사용되는 범위이다.

08 변수의 사용 범위를 결정할 때 고려해야 할 두 가지 변수는 지역 변수local variable와 전역 변수global variable이다.

09 함수 내에서 전역 변수로 선언된 변수를 사용하기 위해서는 파이썬에서 제공하는 global이라는 키워드를 사용해야 한다.

10 재귀 함수recursive function는 함수가 자기 자신을 다시 호출하는 함수이다.

11 파이썬에서 인수를 사용하는 방법은 다음과 같다.

- **키워드 인수**(keyword arguments): 함수의 인터페이스에서 지정한 변수명을 사용하여 함수의 인수를 지정하는 방법
- **디폴트 인수**(default arguments): 별도의 인수값이 입력되지 않을 때 인터페이스 선언에서 지정한 초깃값을 사용하는 방법
- **가변 인수**(variable-length arguments): 함수의 인터페이스에서 지정한 변수 이외의 추가 변수를 함수에 입력할 수 있도록 지원하는 방법
- **키워드 가변 인수**(keyword variable-length arguments): 매개변수의 이름을 따로 지정하지 않고 입력하는 방법

12 프로그램 코드는 많은 사람이 쉽게 읽고 이해할 수 있도록 가독성이 좋아야 한다.

13 가독성이 좋은 코드를 작성하기 위해서는 일단 여러 사람의 이해를 돕기 위한 규칙이 필요하다. 프로그래밍에서는 이 규칙을 코딩 규칙coding convention이라고 한다.

14 파이썬에서는 파이썬 개발자가 직접 정한 코딩 규칙이 있는데, 이것을 PEP 8Python Enhance Proposal 8이라고 한다.

15 함수 개발 가이드라인은 파이썬에 한정된 것이 아니라 프로그래밍 전반에 적용시킬 수 있는 것이다.

16 함수 내용은 가능하면 짧게 작성하고, 함수 이름에 함수의 역할과 의도가 명확히 드러나야 한다.

17 하나의 함수에는 유사한 역할을 하는 코드만 포함시켜야 한다. 함수는 한 가지 역할을 명확히 해야 한다.

18 다음 두 가지의 경우에 함수를 만들어 사용하면 좋다.

- 공통적으로 사용되는 코드를 함수로 변환
- 복잡한 로직이 사용되었을 때 식별 가능한 이름의 함수로 변환

연습문제

01 함수에서 지역 변수(local variable)와 전역 변수(global variable)에 대한 설명이 아닌 것은?

① 지역 변수는 함수 내부에서만 사용되는 변수이다.

② 전역 변수는 함수 외부의 전체 코드에서 선언된 변수이다.

③ 지역 변수는 함수 외부에서 참조를 할 수 있다.

④ 전역 변수는 함수 내부에서 참조가 가능하다.

⑤ 전역 변수와 지역 변수의 이름이 같을 때 이를 구분해주기 위해 'global' 이라는 특수 명령어를 사용한다.

02 다음과 같이 코드를 작성했을 때, 실행 결과로 알맞은 것은?

```
def test(k):
    print("Input is", k)

k = 100
test(k)
```

① Input is 100　② NameError　③ IndexError

④ ValueError　⑤ None

03 다음과 같이 코드를 작성했을 때, 실행 결과로 알맞은 것은?

```
def counter(*args):
    count = len(args)
    return count

print(counter(["test", "hello", "oooo"]))
```

① 1　② 2　③ 3

④ 4　⑤ 0

04 **다음과 같이 코드를 작성했을 때, 실행 결과로 알맞은 것은?**

```
def f(x):
    y = x
    x = 7
    return y * x

x = 4
print(f(3))
print(x)
```

① 9
4

② 9
3

③ 21
4

④ 49
3

⑤ 21
7

05 **파이썬에서 인수를 사용하는 방법들 중 함수의 기본 인터페이스에 지정된 변수 이외의 추가 변수를 입력할 수 있게 하는 인수의 이름은 무엇인지 고르시오.**

① 키워드 인수 ② 디폴트 인수 ③ 가변 인수
④ 정형 인수 ⑤ 키워드 가변 인수

06 **키워드 인수(keyword arguments)의 설명으로 알맞은 것을 고르시오.**

① 함수의 인터페이스에 지정된 매개변수만 사용하여 함수의 인수를 지정하는 방법
② 별도의 매개변수값이 입력되지 않을 때 인터페이스 선언에서 지정한 초깃값을 사용하는 방법
③ 함수의 인터페이스에 지정된 매개변수 이외의 추가 매개변수를 함수에 입력할 수 있게 지원하는 방법
④ 매개변수의 이름을 따로 지정하지 않고 입력하는 방법
⑤ 함수의 매개변수명을 변경하여 인자값을 넘기는 방법

07 다음과 같이 코드를 작성했을 때, 실행 결과로 알맞은 것은?

```
def print_hi():
    print("Hi")
```

① Hi　　② NameError　　③ hello()

④ ValueError　　⑤ 출력값 없음

08 다음과 같이 코드를 작성했을 때, 실행 결과로 알맞은 것은?

```
name = 'jiho'
def call_my_name():
    print(name)
    name = 'sehoon'

call_my_name()
```

① 'jiho'

② 'sehoon'

③ None

④ UnboundLocalError: local variable 'name' referenced before assignment

⑤ 'call_my_name'

09 다음 코드의 실행 결과를 쓰고, 그 결과값이 나오는 이유를 설명하시오.

```
country = ["Korea", "Japan", "China"]
country.append("Remove")
print(country.remove("Remove"))
```

10 다음과 같이 코드를 작성했을 때, 실행 결과로 알맞은 것은?

```
def say_myself(name, old, woman=True):
    print("나의 이름은 %s 입니다." % name)
    print("나이는 %d살입니다." % old)
    if woman:
        print("여자입니다.")
    else:
        print("남자입니다.")
```

```
>>> say_myself("최주영", 20)
```

① 나의 이름은 최주영 입니다.
나이는 20살입니다.
여자입니다.

② 나의 이름은 최주영 입니다.
남자입니다.
나이는 20살입니다.

③ 나의 이름은 최주영 입니다.
여자입니다.
나이는 20살입니다.

④ 나의 이름은 최주영 입니다.
나이는 20살입니다.
남자입니다.

⑤ 나의 이름은 최주영 입니다.
여자입니다.

11 다음 코드의 실행 결과를 쓰시오.

```
def exam_func():
    x = 10
    print("Value:", x)

x = 20
exam_func()
print("Value:", x)
```

12 다음과 같이 코드를 작성했을 때, 실행 결과로 알맞은 것은?

```
def get_abbr(data_list):
    result = []

    for x in data_list:
        result.append(x[:3])

    return result
```

```
>>> get_abbr(['Seoul', 'Anyang', 'Incheon', 'Jeju'])
```

① ['Seoul', 'Anyang', 'Incheon']

② ['Seoul', 'Anyang']

③ ['Seo', 'Any', 'Inc']

④ ['Seo']

⑤ ['Seo', 'Any', 'Inc', 'Jej']

13 다음과 같이 코드를 작성했을 때, 실행 결과로 알맞은 것은?

```
test_data = 3
def hi(a):
    b = a*3
    return b

print(hi(test_data))
```

① TypeError ② 9 ③ 3

④ None ⑤ 0

14 다음 코드의 실행 결과를 쓰시오.

```
def sotring_function(list_value):
    return list_value.sort()

print(sotring_function([5,4,3,2,1]))
```

15 다음과 같이 코드를 작성했을 때 실행 결과로 알맞은 것은?

```
a = 111
b = 222

def function_1():
    print(a)
    print(b)

def function_2():
    a = 333
    print(b)
    print(a)

function_1()
function_2()
```

① 111
222
222
333

② 222
333
111
222

③ 222
111
222
333

④ 111
222
333
333

⑤ 333
222
222
111

CHAPTER 06
문자열

학습목표

- 문자열의 개념과 메모리 공간에 대해 이해한다.
- 문자열의 인덱싱과 슬라이싱에 대해 학습한다.
- 문자열의 연산과 문자열 함수에 대해 알아본다.
- 문자열의 형식을 정하여 출력하는 서식 지정에 대해 이해한다.

PREVIEW

이번 장에서는 그동안 변수로만 보아왔던 문자열형에 대해 알아본다. 우리가 사용해야 할 많은 데이터는 일반적으로 문자로 되어 있다. 흔히 숫자라고 생각하는 1, 0.1 등도 컴퓨터는 문자로 인식하는 경우가 많다. 이번 장에서는 데이터를 다룰 때 자주 접하는 문자열 데이터를 다루는 방법에 대해 학습한다. 내용은 많지 않지만 가장 많이 사용하는 자료형 중 하나이므로 제대로 이해하고 넘어가도록 한다.

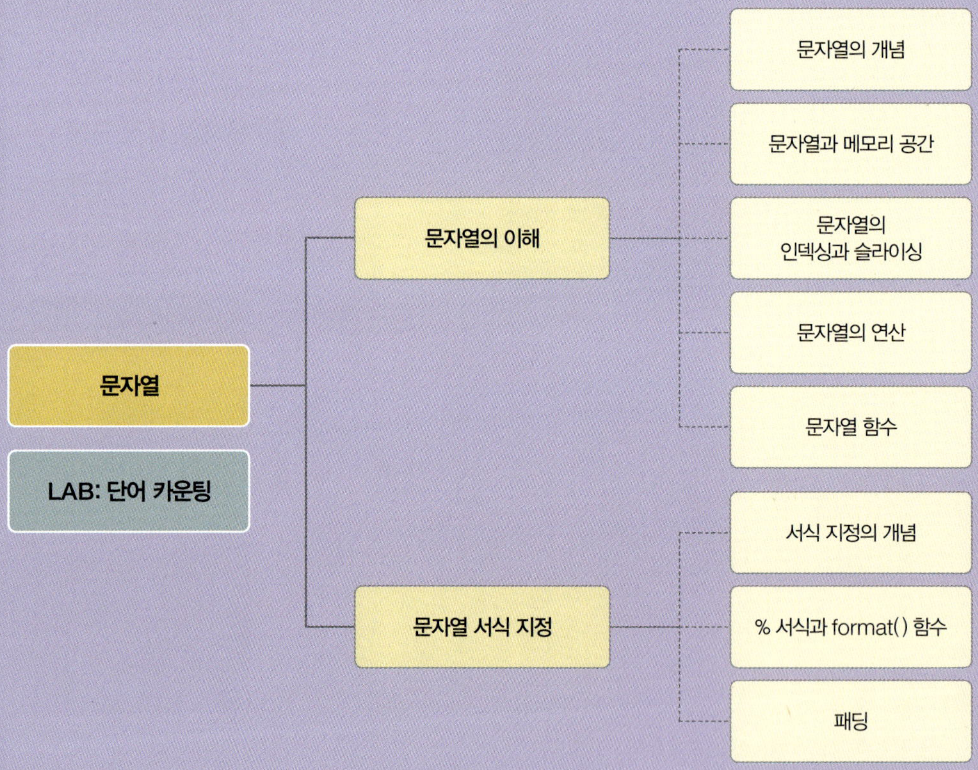

01 문자열의 이해

1 문자열의 개념

문자열string은 애플리케이션을 만들거나 데이터를 분석할 때 매우 중요하게 다루어지는 자료형 중 하나이다. 문자열을 이해하기 위해서는 문자열의 특징을 이해해야 한다. 먼저 문자열은 시퀀스 자료형sequence data type이다. 시퀀스 자료형은 리스트와 같이 데이터를 순차적으로 메모리에 저장하는 형식의 데이터이다.

TIP 사실 정확히 표현하면 메모리에 물리적인 순서대로 저장되는 것이 아니고 단지 우리 눈에 차례차례 저장되는 것처럼 보이는 것이다.

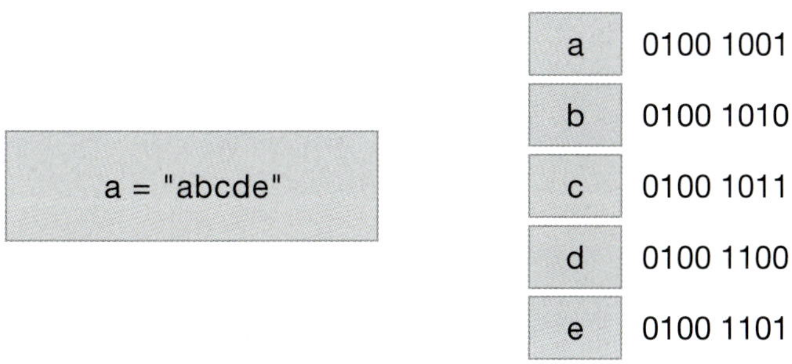

그림 6-1 시퀀스 자료형

2 문자열과 메모리 공간

일반적으로 문자열을 저장하기 위해서는 영문자 한 글자당 1바이트의 메모리 공간을 사용한다. 이미 앞에서 설명했지만 컴퓨터는 이진수만 사용하므로 컴퓨터가 숫자를 인식하는 최소 단위는 1비트bit이다. 1비트는 0과 1만을 표현할 수 있는 크기이다. 1바이트byte는 8비트와 크기가 같으며, 총 2의 8승(2^8) 크기인 256까지의 숫자를 저장할 수 있다.

다음과 같은 코드로 문자열이 저장된 공간의 크기를 확인할 수 있다.

```
>>> import sys                # sys 모듈을 호출
>>> print(sys.getsizeof("a"), sys.getsizeof("ab"), sys.getsizeof("abc"))
50 51 52                      # "a", "ab", "abc" 각각의 메모리 크기 출력
```

위 코드에서 sys.getsizeof는 특정 변수(또는 값)의 메모리 공간을 측정하는 함수로, a, ab, abc의 메모리 크기가 각각 50, 51, 52로 1씩 증가하는 것을 알 수 있다. 위 코드의 결과는 컴퓨터마다 다를 수 있다. 여기서 50이라는 숫자는 50바이트를 뜻한다. 하나의 문자를 저장하기 위해 저장되는 문자 자체를 제외하고도 그 변수와 관련된 여러 가지 정보, 즉 변수의 저장 위치 등을 위해 49바이트가 필요한 것이다.

그렇다면 컴퓨터는 어떻게 1바이트로 문자를 저장할 수 있을까? 또한 숫자 256까지 저장할 수 있다면 a, b, c 같은 텍스트는 어떻게 저장할까? 컴퓨터는 문자를 직접 인식하지 않는다. 컴퓨터에 a라고 알려줘도 컴퓨터는 정확히 a라는 텍스트로 인식하는 것이 아니다. 대신 컴퓨터는 이 정보를 이진수로 변환하여 저장한다. 문자가 1바이트라고 하였으니, 2의 8승(2^8)의 공간에 문자에 대한 정보를 저장하는 것이다. 예를 들어, a를 저장한다고 하면 01001011처럼 변환되어 메모리에 저장된다. 우리 눈에는 a라고 보이지만 컴퓨터 메모리와 CPU에는 01001011과 같은 숫자들이 처리되고 있다.

컴퓨터 공학자들은 이러한 문자를 처리하기 위해 이진수로 변환되는 표준 규칙을 만들었다. 표준 규칙은 언어별, 나라별로 매우 많은데 대표적인 규칙으로 ASCII American Standard Code for Information Interchange가 있고, 윈도에서 한글 처리를 위해 많이 쓰는 CP949 또는 MS949, UTF-8 등이 있다. 이러한 규칙을 인코딩encoding이라고 한다. 어렵게 느껴질 수도 있지만 다음 내용을 기억하도록 하자.

❶ 컴퓨터는 문자를 직접 인식하지 못한다.

❷ 컴퓨터는 문자를 숫자로 변환하여 인식한다.

❸ 사람들은 문자를 숫자로 변환하기 위한 규칙을 만들었다.

❹ 일반적으로 이 규칙은 1개의 영문자를 1바이트, 즉 2의 8승(2^8) 정도의 공간에 저장한다.

이러한 규칙을 이용하여 숫자와 문자를 맵핑하는 것이 바로 운영체제와 인터프리터의 역할 중 하나이며, [그림 6-2]와 같은 형태로 저장된다.

000 (nul)	016 ► (dle)	032 sp	048 0	064 @	080 P	096 `	112 p
001 ☺ (soh)	017 ◄ (dc1)	033 !	049 1	065 A	081 Q	097 a	113 q
002 ● (stx)	018 ↕ (dc2)	034 "	050 2	066 B	082 R	098 b	114 r
003 ♥ (etx)	019 ‼ (dc3)	035 #	051 3	067 C	083 S	099 c	115 s
004 ♦ (eot)	020 ¶ (dc4)	036 $	052 4	068 D	084 T	100 d	116 t
005 ♣ (enq)	021 § (nak)	037 %	053 5	069 E	085 U	101 e	117 u
006 ♠ (ack)	022 ▬ (syn)	038 &	054 6	070 F	086 V	102 f	118 v
007 • (bel)	023 ↨ (etb)	039 '	055 7	071 G	087 W	103 g	119 w
008 ◘ (bs)	024 ↑ (can)	040 (	056 8	072 H	088 X	104 h	120 x
009 (tab)	025 ↓ (em)	041)	057 9	073 I	089 Y	105 i	121 y
010 (lf)	026 (eof)	042 *	058 :	074 J	090 Z	106 j	122 z
011 ♂ (vt)	027 ← (esc)	043 +	059 ;	075 K	091 [	107 k	123 {
012 ♀ (np)	028 ∟ (fs)	044 ,	060 <	076 L	092 \	108 l	124 |
013 (cr)	029 ↔ (gs)	045 -	061 =	077 M	093]	109 m	125 }
014 ♫ (so)	030 ▲ (rs)	046 .	062 >	078 N	094 ^	110 n	126 ~
015 ☼ (si)	031 ▼ (us)	047 /	063 ?	079 O	095 _	111 o	127 ⌂

그림 6-2 UTF-8의 유니코드(출처: Nicolas Bouliane)

3 문자열의 인덱싱

앞서 문자열은 시퀀스 자료형이라고 설명하였다. 시퀀스 자료형은 리스트와 특징이 거의 같은 자료형이라고 생각하면 된다. 따라서 문자열의 특징 중 하나가 바로 인덱싱indexing이다. 리스트처럼 글자 하나하나가 상대적인 주소offset를 가지는데, 이 주소를 사용해 저장된 값을 가져오는 인덱싱을 사용할 수 있다. 즉, [그림 6-3]과 같은 문자열의 처리가 가능하다.

a b c d e ← 저장된 문자열

0 1 2 3 4 ← 상대적인 주소

-5 -4 -3 -2 -1 ← 주소의 역순

그림 6-3 문자열의 처리

실제 코드에서는 다음과 같이 작성하면 된다.

```
>>> a = "abcde"
>>> print(a[0], a[4])          # a 변수의 0번째, 4번째 주소에 있는 값
a e
>>> print(a[-1], a[-5])        # a 변수의 오른쪽에서 0번째, 4번째 주소에 있는 값
e a
```

소스를 해석하면 변수 a에 값 abcde가 들어있을 때 a[0], 즉 a의 0번째 값으로 a가 출력된다. 마찬가지로 a의 4번째 값으로 e가 출력된다. 역순으로 인덱싱을 할 수도 있다. [그림 6-3]을 보면 오른쪽부터 −1로 시작하여 −5까지 주소가 변하는 것을 알 수 있다.

4 문자열의 슬라이싱

슬라이싱slicing은 문자열의 주소값을 이용해 문자열의 부분값을 추출해내는 기법이다. 이미 리스트에서 살펴본 내용이다. 다음 코드를 확인해보자.

```
>>> a = "TEAMLAB MOOC, AWESOME Python"
>>> print(a[0:6], " AND ", a[-9:])          # a 변수의 0부터 5까지, -9부터 끝까지
TEAMLA  AND  ME Python
>>> print(a[:])                             # a 변수의 처음부터 끝까지
TEAMLAB MOOC, AWESOME Python
>>> print(a[-50:50])                        # 범위를 넘어갈 경우 자동으로 최대 범위를 지정
TEAMLAB MOOC, AWESOME Python
>>> print(a[::2], " AND ", a[::-1])
TALBMO,AEOEPto  AND  nohtyP EMOSEWA ,COOM BALMAET
```

첫 번째 줄의 `a = "TEAMLAB MOOC, AWESOME Python"`처럼 다소 긴 문장을 생성하였다. 두 번째 줄은 일반적인 인덱스로 구간을 나누는 것이다. a[0:6]은 0번째 인덱스부터 5번째 인덱스까지를 뜻하며, a[−9:]은 −9번째 인덱스부터 끝까지를 뜻한다. 리스트와 마찬가지로 문자열도 맨 마지막 글자의 인덱스가 −1부터 시작한다. 네 번째 줄의 a[:]처럼 아예 인덱스 번호를 넣지 않거나, a[−50:50]처럼 인덱스 범위를 벗어나도 결과는 정상적으로 출력된다. 기본적으로 문자열 슬라이싱 기법은 리스트 슬라이싱과 사용법이 완전히 같으므로 '변수[시작 인덱스:종료 인덱스:증가값]'과 같은 형태로 사용한다. 따라서 8번째 줄의 a[::2]는 처음부터 끝까지 두 글자씩 띄어서 출력하고, a[::−1]은 글자의 역순으로 출력한다는 의미이다.

5 문자열의 연산

문자열도 일반적인 변수와 마찬가지로 연산이 가능하다. 기본적으로 문자열의 연산은 리스트 연산과 같다. 예를 들어, 문자열 변수 'a'와 정수형 2를 'a+2'와 같이 연산하는 것은 안 된다.

하지만 'a*2'와 같은 연산은 지원한다. 다음 코드를 살펴보자.

```
>>> a = "TEAM"
>>> b = "LAB"
>>> print(a + " " + b)                # 덧셈으로 a와 b 변수 연결하기
TEAM LAB
>>> print(a * 2 + " " + b * 2)        # 곱하기로 반복 연산 가능
TEAMTEAM LABLAB
>>> if 'A' in a: print(a)             # 'A'가 a에 포함되었는지 확인
...     else: print(b)
...
TEAM
```

먼저 세 번째 줄에서 문자열의 덧셈 연산을 한다. 덧셈 연산은 모든 변수가 문자열일 경우 텍스트 붙이기concatenate가 이루어진다. 여기서 자주 하는 실수 중 하나가 print( ) 함수에서 정수형과 문자열을 같이 보여주려고 할 때 발생한다. 예를 들어 다음과 같이 코드를 작성하면 문자열과 정수형의 연산으로 인식하여 덧셈 연산이 실행되지 않는다.

```
>>> int_value = 2
>>> print("결과는" + int_value)
```

다음으로 다섯 번째 줄에서 문자열의 곱셈 연산을 한다. a * 2를 풀면 a + a의 연산이므로, 같은 글자가 두 번 출력된다. 일곱 번째 줄에서는 포함 여부를 확인하는 in 연산을 한다. 흔히 if문과 함께 사용하는데, 특정 문자가 특정 변수에 들어있는지 확인하는 연산이다. 예를 들어 'A' in a는 대문자 'A'라는 글자가 a 변수에 포함되었는지를 확인한다.

6 문자열 함수

문자열 함수는 문자열을 다룰 때 사용하기 유용한 함수이다. 대표적인 것은 앞에서도 많이 본 len( ) 함수로 텍스트의 길이를 반환한다. [표 6-1]은 문자열 함수를 정리한 것이다.

표 6-1 문자열 함수

함수명	기능
len()	문자열의 문자 개수를 반환
upper()	대문자로 변환
lower()	소문자로 변환
title()	각 단어의 앞글자만 대문자로 변환
capitalize()	첫 문자를 대문자로 변환
count('찾을 문자열')	'찾을 문자열'이 몇 개 들어있는지 개수 반환
find('찾을 문자열')	'찾을 문자열'이 왼쪽 끝부터 시작하여 몇 번째에 있는지 반환
rfind('찾을 문자열')	find() 함수와 반대로 '찾을 문자열'이 오른쪽 끝부터 시작하여 몇 번째에 있는지 반환
startswith('찾을 문자열')	'찾을 문자열'로 시작하는지 여부 반환
endswith('찾을 문자열')	'찾을 문자열'로 끝나는지 여부 반환
strip()	좌우 공백 삭제
rstrip()	오른쪽 공백 삭제
lstrip()	왼쪽 공백 삭제
split()	문자열을 공백이나 다른 문자로 나누어 리스트로 반환
isdigit()	문자열이 숫자인지 여부 반환
islower()	문자열이 소문자인지 여부 반환
isupper()	문자열이 대문자인지 여부 반환

이제 몇 가지 주요 문자열 함수에 대해 알아보자. 먼저 문자열을 대문자로 변환하는 upper() 함수와 소문자로 변환하는 lower() 함수이다. 참고로 문자열 함수를 사용하는 방법은 문자열 변수 다음에 '.문자열 함수명'을 입력하면 된다.

```
>>> title = "TEAMLAB X Inflearn"
>>> title.upper()             # title 변수를 모두 대문자로 변환
'TEAMLAB X INFLEARN'
>>> title.lower()             # title 변수를 모두 소문자로 변환
'teamlab x inflearn'
```

TIP 문자열 함수를 사용할 때 변수 다음에 '.함수명' 형태로 호출하면 된다. 사실 이 부분은 아직 배우지 않았는데, 파이썬의 모든 기본 자료형은 단순한 변수가 아니라 객체이다. 처음 파이썬을 소개할 때 파이썬은 객체 지향 언어라고 표현했는데, 이러한 객체 지향 언어는 모두 변수(객체) 자신이 함수를 가질 수 있다. 이 부분은 Chatper 09에서 다시 설명하겠다.

제목과 관련된 함수가 꽤 많은데, 이 중 대표적인 title( ) 함수와 capitalize( ) 함수에 대해 알아보자. title( ) 함수는 영어신문의 헤드라인처럼 각 단어의 앞글자만 대문자로 바꾸는 함수이고, capitalize( ) 함수는 첫 번째 글자만 대문자로 바꾸는 함수이다.

```
>>> title = "TEAMLAB X Inflearn"
>>> title.title()                  # title 변수의 각 단어의 앞글자만 대문자로 변환
'Teamlab X Inflearn'
>>> title.capitalize()             # title 변수의 첫 번째 글자만 대문자로 변환
'Teamlab x inflearn'
```

count( ) 함수는 해당 문자열에서 특정 문자가 포함된 개수를 반환한다. isdigit( ) 함수는 해당 문자열이 숫자인지를, startswith( ) 함수는 해당 문자열로 시작하는지를 True 또는 False 값으로 반환한다.

```
>>> title = "TEAMLAB X Inflearn"
>>> title.count("a")          # title 변수에 'a'가 몇 개 있는지 개수 반환
1
>>> title.upper().count("a")  # title 변수를 대문자로 만든 후, 'a'가 몇 개 있는지 개수 반환
0
>>> title.isdigit()           # title 변수의 문자열이 숫자인지 여부 반환
False
>>> title.startswith("a")     # title 변수가 'a'로 시작하는지 여부 반환
False
```

TIP 다른 문자열 함수도 직접 코드를 작성하면서 그 기능을 알아보자.

여기서 잠깐 문자열 표현과 특수문자

파이썬에서 문자열을 표현할 때 작은따옴표나 큰따옴표를 사용한다. 하지만 다음과 같이 아포스트로피(')가 문장에 들어가면 작은따옴표를 사용하기 어렵다. 만약 작은따옴표로 문자열을 표현한다면 인터프리터는 이 문자가 제대로 닫히지 않았다고 판단하고 오류를 출력할 것이다.

```
It's OK.
```

또 다른 문제로는 다음과 같은 줄바꿈에 대한 것이다. 이러한 경우에도 문자열로 표현하기 어렵다.

```
It's Ok.
I'm Happy.
See you.
```

이러한 문제를 해결하기 위해 파이썬에서는 여러 가지 기능을 지원한다. 먼저 문자열 자체에 작은따옴표나 큰따옴표가 들어가 있는 경우이다. 이 경우 가장 쉬운 방법은 작은따옴표가 들어간 문자열은 큰따옴표로 선언하고, 큰따옴표가 들어간 문자열은 작은따옴표로 선언하는 것이다. 매우 쉽지만 유용한 방법이다. 코드로 작성하면 다음과 같다.

```
a = "It's OK."
```

다음으로 파이썬의 특수문자 기능을 사용하는 것이다. 이 특수문자는 문자열에서 표현하기 어려운 여러 문자를 표현할 수 있도록 도와준다. 기본적으로 역슬래시(\) 기호를 사용하는데, 윈도에서는 원(₩) 표시이다. 파이썬의 특수문자는 [표 6-2]와 같으며 일반적으로 다른 프로그래밍 언어에서도 사용하는 특수문자들이다.

표 6-2 파이썬의 특수문자

특수문자	기능	특수문자	기능
\ Enter	다음 줄과 연속임을 표현	\b	백스페이스
\	\ 문자 자체	\n	줄바꾸기
\'	' 문자	\t	Tab 키
\"	" 문자	\e	Esc 키

이러한 특수문자를 사용해 다음과 같이 아포스트로피(') 문자를 사용할 수 있다.

```
a = "It\'s OK."
```

두 줄 이상의 표현도 마찬가지이며, 두 가지로 표현할 수 있다. 하나는 큰따옴표(")나 작은따옴표(')를 3개로 연결하는 방법이다. 다음과 같이 선언하면 a변수에 여러 줄의 문자열을 저장할 수 있다.

```
a = """
It's Ok.
I'm Happy.
See you."""
```

02 Lab: 단어 카운팅

1 실습 내용

앞에서 배운 문자열의 여러 기능을 사용하여 단어 카운팅 프로그램을 만들어보자. 이번에 진행할 Lab은 팝그룹 비틀스의 〈Yesterday〉라는 노래에서 'Yesterday'라는 단어가 몇 번 나오는지 맞히는 단어 카운팅 프로그램이다. 해당 가사는 소스파일 폴더에 있는 'yesterday.txt'에 저장되어 있다.

'yesterday.txt' 파일의 내용을 파이썬에서 읽어오기 위해서는 파일 핸들링file handling 코드를 이용해야 한다. 아직 배우지 않은 내용이므로 아래 코드를 그대로 입력하자. 그러면 리스트 형태로 각 줄의 내용을 가져올 수 있다. 이제 'yesterday'라는 글자가 얼마나 있는지 찾아보자.

```
f = open("yesterday.txt", 'r')
yesterday_lyric = f.readlines()
f.close()
```

TIP open은 파일을 열기 위한 함수이고, 파일에 대한 정보는 변수 f에 저장한다. f.readlines()는 파일 안의 내용을 리스트 형태로 반환하는 함수이다.

2 실행 결과

단어 카운팅 프로그램의 실행 결과는 다음과 같다.

```
Number of a Word 'Yesterday' 9
```

프로그램을 작성하기 위해 실행 결과를 기반으로 어떤 코드가 필요한지 확인하고, 파이썬을 이용하여 단어 카운팅 프로그램을 작성한다.

3 문제 해결

단어 카운팅 프로그램의 결과 코드는 [코드 6-1]과 같다.

코드 6-1 yesterday.py

```
1 f = open("yesterday.txt", 'r')
2 yesterday_lyric = f.readlines()
3 f.close()
4
5 contents = ""
6 for line in yesterday_lyric:
7     contents = contents + line.strip() + "\n"
8
9 n_of_yesterday = contents.upper().count("YESTERDAY")
10 print("Number of a Word 'Yesterday'" , n_of_yesterday)
```

[코드 6-1]을 해석하면 다음과 같다.

1~3행에서 'yesterday.txt' 파일의 모든 내용을 불러와 yesterday_lyric 리스트에 저장한다.

5~7행에서 for문을 사용하여 yesterday_lyric 리스트의 내용을 한 줄씩 불러오면서 contents 변수에 저장한다. 그러면 contents 변수에는 〈yesterday〉 노래의 모든 가사가 저장된다.

9~10행에서는 upper( ) 함수를 사용하여 contents 변수에 있는 모든 값을 대문자로 변환한 후, count( ) 함수를 사용하여 대문자 'YESTERDAY'가 몇 개인지를 확인한다. 여기서 `contents.upper().count("YESTERDAY")`처럼 함수를 붙여써도 된다. upper( ) 함수의 경우 contents 변수에 값 자체를 변경하는 것이 아니라, 변경된 값을 반환해주는 함수이기 때문이다. 다음 파이썬 셸의 코드를 보면서 이해해보자.

```
>>> title = "teamlab"
>>> title
'teamlab'
>>> title.upper()
'TEAMLAB'
>>> title
'teamlab'
```

위 코드에서 보듯이 title.upper( )를 실행하면 대문자로 변환된다. 그런데 함수 호출 후에도 title 변수의 내용은 바뀌지 않는다는 것을 알 수 있다. 결국 `contents.upper().count("YESTERDAY")`라는 매우 간단한 코드로 특정 문자가 있는지를 확인할 수 있다. 그 결과는 n_of_yesterday 변수에 저장되고 그 값을 print( ) 함수로 출력한다.

03 문자열 서식 지정

이번 절에서는 문자열의 형식을 지정하여 출력하는 서식 지정에 대해 배운다. 서식 지정은 print( ) 함수를 사용하여 형식을 통일하여 문자열을 출력할 때 아주 유용하다.

1 서식 지정의 개념

print( ) 함수는 기본적으로 변수 또는 값을 콤마(,)로 띄어쓰기 하여 출력한다. 하지만 print( ) 함수를 사용하다 보면 특정한 형식에 맞추어 결과를 출력해야 하는 경우도 발생한다. 특히 엑셀을 사용할 때 통화 단위, 세 자리 숫자 단위로 띄어쓰기, % 출력 등 다양한 형식에 맞추어 출력할 일이 생기는데, 이를 서식 지정formatting이라고 한다. 출력 형식을 맞추기 위하여 문자열을 print( ) 함수와 함께 어떻게 사용하는지 알아보자.

2 % 서식과 format( ) 함수

문자열의 서식format을 설정할 때 print( ) 함수는 기본적인 출력 형식 외에 % 서식과 format( ) 함수를 구문으로 사용하여 출력 양식을 지정할 수 있다. 먼저 [코드 6-2]를 보자.

코드 6-2 formatting1.py

```
print(1, 2, 3)
print("a" + " " + "b" + " " + "c")
print("%d %d %d" % (1, 2, 3))
print("{} {} {}".format("a", "b", "c"))
```

```
1 2 3
a b c
1 2 3
a b c
```

1~2행은 별도의 서식 지정 없이 그대로 print( ) 함수를 사용하였고, 3~4행은 % 서식 지정과 format( ) 함수를 사용하였다. 직관적으로 이해할 수 있겠지만, 3~4행과 같은 구문을 사용할 경우 뒤에 있는 숫자와 문자들이 앞의 서식 지정 코드에 대응되어 할당된다. 즉, 3행의 `"%d %d %d" % (1, 2, 3)`에서 1, 2, 3이 각각 첫 %d부터 차례로 대응되어 할당된다.

4행에서도 `"{} {} {}".format("a", "b", "c")`에서 아무것도 적혀있지 않은 { } 공간에 "a", "b", "c"라는 문자열 형태의 값 3개가 각각 대응되어 출력된다. 어렵지는 않지만 처음에는 익숙하지 않을 수 있다.

이런 식으로 서식을 지정하여 출력하면 어떤 장점이 있을까?

첫째, 데이터와 출력 형식을 분류할 수 있다. 같은 내용을 여러 번 반복하기 위해 기존 print( ) 문에 Spacebar를 이용해 띄어쓰기를 넣어 + 기호로 문자열 형태를 붙여주는 것보다 시각적으로 훨씬 이해하기 쉽게 코드를 작성할 수 있다.

둘째, 데이터를 형식에 따라 다르게 표현할 수 있다. [코드 6-3]을 보면 문자열 형태인 ('one', 'two') 구문과 정수형인 (1, 2) 구문이 각각 %s와 %d로 다르게 지정되어 있다. 서식 지정 기능은 각 변수의 자료형에 맞게 서로 다르게 지정할 수 있다.

코드 6-3 formatting2.py

```python
print('%s %s' % ('one', 'two'))
print('%d %d' % (1, 2))
```

```
one two
1 2
```

서식 지정은 %를 사용하는 방법과 문자열 형태의 format( ) 함수를 사용하는 방법이 각각 다른데, 이에 대해 자세히 설명하겠다.

2.1 % 서식

% 서식은 다음과 같은 형태로 출력 양식을 지정한다.

```
'%자료형 % (값)'
```

% 서식을 사용하여 가장 간단하게 표현해보면 [코드 6-4]와 같다.

코드 6-4 formatting3.py

```python
print("I eat %d apples." % 3)
print("I eat %s apples." % "five")
```

```
I eat 3 apples.
I eat five apples.
```

[코드 6-4]에서 먼저 알아야 하는 코드는 %d와 %s이다. %d는 정수형의 변수를, %s는 문자열의 변수를 할당받을 수 있다. 즉, %d에는 '3'이, %s에는 'five'가 대응된다. 변수의 자료형에 따라 [표 6-3]과 같이 다양하게 설정할 수 있다.

표 6-3 변수의 자료형에 따른 서식

서식	설명
%s	문자열(string)
%c	문자 1개(character)
%d	정수(integer)
%f	실수(floating-point)
%o	8진수
%x	16진수
%%	문자 % 자체

% 서식은 1개 이상의 값도 할당할 수 있다. 다음 코드처럼 % 뒤에 괄호를 넣어 그 안에 순서대로 값을 입력하면 된다.

```
>>> print("Product: %s, Price per unit: %f." % ("Apple", 5.243))
Product: Apple, Price per unit: 5.243000.
```

TIP 나중에 다시 배우겠지만 괄호 기호를 튜플이라고 한다.

또한, 직접 값을 넣지 않고 number와 day 같은 변수명을 넣어도 문제없이 실행된다. [코드 6-5]를 실행하면 3과 three가 각각 첫 번째 자리 %d와 두 번째 자리 %s에 들어간다.

코드 6-5 formatting4.py

```python
number = 3
day = "three"
print("I ate %d apples. I was sick for %s days." % (number, day))
```

```
I ate 3 apples. I was sick for three days.
```

2.2 format( ) 함수

format( ) 함수는 % 서식과 사용법이 거의 같지만 문자열 형태의 인수를 사용한다는 차이점이 있다. format( )은 함수이므로 다음과 같은 형태로 서식을 지정할 수 있다.

```
"{자료형}".format(인수)
```

다음 코드는 format( ) 함수를 사용한 가장 기본적인 표현 형태로, 숫자 20이 {0}에 할당되어 출력된다. 기존 % 서식과 비교하면 자료형을 바로 지정해주지 않고 순서대로 변수가 할당된다는 장점이 있다.

```
>>> print("I'm {0} years old.".format(20))
I'm 20 years old.
```

또한, format( ) 함수는 % 서식처럼 변수의 이름을 사용하거나 변수의 자료형을 따로 지정하여 출력한다. [코드 6-6]을 보자.

코드 6-6 formatting5.py

```python
1 age = 40; name = 'Sungchul Choi'
2 print("I'm {0} years old.".format(age))
3 print("My name is {0} and {1} years old.".format(name, age))
4 print("Product: {0}, Price per unit: {1:.2f}.".format("Apple", 5.243))
```

```
I'm 40 years old.
My name is Sungchul Choi and 40 years old.
Product: Apple, Price per unit: 5.24.
```

다른 코드들은 기존 % 서식과 비슷하지만, 4행의 `Price per unit: {1:.2f}`를 보면 기존 format( ) 함수의 쓰임과 다르게 .2f라는 구문이 추가되었다. 이 코드는 % 서식에서 실수형을 표현하는 기법과 같으며, .2는 소수점 둘째 자리까지 출력하라는 뜻이다.

3 패딩

파이썬의 서식 지정 기능에는 여유 공간을 지정하여 글자 배열을 맞추고 소수점 자릿수를 맞추는 패딩padding 기능이 있다. % 서식과 format( ) 함수 모두 패딩 기능을 제공한다.

3.1 % 서식의 패딩

다음 코드를 통해 % 서식으로 패딩 기능을 사용하는 방법을 설명하겠다.

```
>>> print("%10d" % 12)
        12
>>> print("%-10d" % 12)
12
```

첫 번째 줄의 `print("%10d" % 12)`는 10자리의 공간을 확보하고, 우측 정렬로 12를 출력하라는 명령이다. 기본 정렬이 우측 정렬이므로 좌측에서 아홉 번째 칸부터 12가 출력된다. 좌측 정렬을 하기 위해서는 세 번째 줄처럼 – 부호를 붙이면 된다.

실수에서도 자릿수와 소수점 자릿수를 지정할 수 있다.

```
>>> print("%10.3f" % 5.94343)          # 10자리를 확보하고 소수점 셋째 자리까지 출력
     5.943
>>> print("%10.2f" % 5.94343)          # 10자리를 확보하고 소수점 둘째 자리까지 출력
      5.94
>>> print("%-10.2f" % 5.94343)
5.94
```

첫 번째 줄의 `print("%10.3f" % 5.94343)`은 10자리의 공간을 확보하고 소수점 셋째 자리까지 출력하라는 뜻이다. 이때 10자리 안에는 소수점이 포함된다. 역시 우측 정렬 기준이며, 좌측 정렬을 하기 위해서는 – 부호를 붙이면 된다.

3.2 format( ) 함수의 패딩

format( ) 함수를 이용한 패딩도 % 서식과 비슷하다. 다음 코드를 확인해보자.

```
>>> print("{0:>10s}".format("Apple"))
     Apple
>>> print("{0:<10s}".format("Apple"))
Apple
```

첫 번째 줄의 `print("{0:>10s}".format("Apple"))`은 10자리의 공간을 확보하고, 우측 정렬로 문자열 'Apple'을 출력하라는 명령이다. 좌측 정렬을 하기 위해서는 '{0:<10s}'처럼 < 부호를 사용하면 된다.

실수에서도 자릿수와 소수점 자릿수를 지정할 수 있다.

```
>>> "{1:>10.5f}.".format("Apple", 5.243)
'   5.24300.'
>>> "{1:<10.5f}.".format("Apple", 5.243)
'5.24300   .'
```

첫 번째 줄의 `"{1:>10.5f}.".format("Apple", 5.243)`을 입력하면, 10자리의 공간을 확보하고, 소수점 다섯 번째 자리까지 실수를 출력한다. 이때 10자리 안에는 소수점이 포함된다. 역시 우측 정렬 기준이며, 좌측 정렬을 위해서는 < 부호를 사용한다.

여기서 잠깐! **네이밍(naming)**

서식 지정으로 print() 함수를 활용해 출력할 때 한 가지 더 알아야 하는 점은 변수명을 서식에 할당할 수 있는 네이밍이라는 기능이 있다는 것이다. 다음 코드에서 보듯이 기존 번호나 순서대로 자료형에 대응하는 것이 아닌, 'name'이나 'price'처럼 특정 변수명을 사용하여 출력값에 직접 할당할 수 있다. 특히 한 번에 출력해야 하는 변수가 많을 때 개발자 입장에서 변수의 순서를 헷갈리지 않고 사용할 수 있다는 장점이 있다.

```
>>> print("Product: %(name)5s, Price per unit: %(price)5.5f." %
{"name":"Apple", "price":5.243})
Product: Apple, Price per unit: 5.24300.
>>> print("Product: {name:>5s}, Price per unit: {price:5.5f}.".format(name="A
pple", price=5.243))
Product: Apple, Price per unit: 5.24300.
```

요약

01 문자열string은 애플리케이션을 만들거나 데이터를 분석할 때 매우 중요하게 다루어지는 자료형 중 하나이다.

02 문자열은 시퀀스 자료형sequence data type이다. 시퀀스 자료형은 리스트와 같이 데이터를 순차적으로 메모리에 저장하는 형식의 데이터이다.

03 일반적으로 문자열을 저장하기 위해서는 영문자 한 글자당 1바이트의 메모리 공간을 사용한다.

04 컴퓨터 공학자들은 문자를 처리하기 위해 이진수로 변환되는 표준 규칙을 만들었다.

05 문자열의 특징 중 하나가 바로 인덱싱indexing이다. 리스트처럼 글자 하나하나가 상대적인 주소offset를 가지는데, 이 주소를 사용해 저장된 값을 가져오는 인덱싱을 사용할 수 있다.

06 문자열의 슬라이싱slicing은 문자열의 주소값을 이용해 문자열의 부분값을 추출해내는 기법이다.

07 문자열도 일반적인 변수와 마찬가지로 연산이 가능하다.

08 문자열 함수는 문자열을 다룰 때 사용하기 유용한 함수이다.

09 문자열 함수를 사용하는 방법은 문자열 변수 다음에 '.문자열 함수명'을 입력하면 된다.

10 print( ) 함수를 사용하다 보면 특정한 형식에 맞추어 결과를 출력해야 하는 경우도 발생한다. 특히 엑셀을 사용할 때 통화 단위, 세 자리 숫자 단위로 띄어쓰기, % 출력 등 다양한 형식에 맞추어 출력할 일이 생기는데, 이를 서식 지정formatting이라고 한다.

11 서식 지정을 사용하여 출력하면 다음과 같은 장점이 있다. 첫째, 데이터와 출력 형식을 분류할 수 있다. 둘째, 데이터를 형식에 따라 다르게 표현할 수 있다.

12 % 서식은 다음과 같은 형태로 출력 양식을 지정한다.

```
'%자료형 % (값)'
```

13 format( ) 함수는 % 서식과 사용법이 거의 같지만 문자열 형태가 있는 함수를 사용한다는 차이점이 있다. format( )은 함수이므로 다음과 같은 형태로 서식을 지정할 수 있다.

```
"{자료형}".format(인수)
```

14 파이썬의 서식 지정 기능에는 여유 공간을 지정하여 글자 배열을 맞추고 소수점 자릿수를 맞추는 패딩padding 기능이 있다. % 서식과 format( ) 함수 모두 패딩 기능을 제공한다.

연습문제

01 다음과 같은 코드 작성 시, 빈 칸에 알맞은 코드를 고르시오.

```
>>> s = "hello"
>>> t = "my python"
>>> [          ]
'hello! python'
```

① s + "!" + t[::2]　　② s, "!", t[:2]　　③ s + "!", t[:2]

④ s + "! " + t　　⑤ s + "!" +t[2:]

02 문자열 함수와 그 기능에 대한 설명으로 올바르지 <u>않은</u> 것을 고르시오.

① len(data) : 문자열의 문자 개수를 반환

② data.rfind("찾을 문자열") : "찾을 문자열"이 오른쪽 끝부터 시작하여 몇 번째에 있는지 반환

③ data.islower() : 소문자로 변환

④ data.strip() : 좌우 공백 삭제

⑤ data.title() : 문자열에서 각 단어의 앞 글자들을 대문자로 변환하는 함수

03 파이썬에서 특수문자 '\b'는 어떤 기능을 의미하는지 고르시오.

① 줄 바꾸기　　② Tab 키　　③ 백스페이스　　④ Esc 키　　⑤ 백슬래쉬

04 다음과 같이 코드를 작성했을 때, 실행 결과로 알맞은 것은?

```
value_1 = '5'
value_2 = '5 - 2 - 10 - 10'.split('-')[-1]

print(int(value_1) * 3 + float(value_2))
```

① 5.0　　② 0　　③ 에러 발생　　④ 10.0　　⑤ 25.0

05 다음과 같이 코드를 작성했을 때, 실행 결과로 알맞은 것은?

```
>>> "H-e-l-l-o-P-y-t-h-o-n"[::2]
```

① HelloPython ② ---------- ③ 에러 발생
④ Hello-Python ⑤ nohtyPolleH

06 다음과 같이 코드를 작성했을 때, 실행 결과로 알맞은 것은?

```
course_name = 'This is New AI World'

for i in course_name:
    if i == 'world':
        i = course_name.lower()

print(course_name)
```

① THIS IS NEW AI WORLD ② This is New AI World
③ this is world ④ world
⑤ WORLD

07 다음과 같이 코드를 작성했을 때, 실행 결과로 알맞은 것은?

```
number = 10
day = 3
print("I eat %d oranges every day." % number)
```

① 에러 발생 ② I eat %d oranges every day.
③ I eat 10 oranges every 3. ④ I eat 10 oranges every day.
⑤ I eat %d oranges every day, 10

08 다음과 같은 코드 작성 시, 빈 칸에 알맞은 코드를 각각 고르시오.

```
>>> sentence = "Hello, my name is python?!"
>>> print(sentence[0]+sentence[    ]+sentence[    ])
H,y n
```

① 6, 8:11　② 5, 8:10　③ 6, 8:10　④ 5, 8:11　⑤ 4, 8:11

09 다음과 같이 코드를 작성했을 때, 실행 결과로 알맞은 것은?

```
first_word = "Python"
second_word = "Language"
print((first_word + second_word).capitalize())
print(first_word.find("p"))
print(second_word.isdigit())
```

① Python Language
0
True

② pythonlanguage
-1
False

③ 에러 발생

④ Pythonlanguage
-1
False

⑤ Python Language
4
True

10 다음 문자열 함수 중 설명이 잘못된 것을 고르시오.

① capitalize() : 첫 문자를 대문자로 변환한다.

② title() : 각 단어의 앞 글자만 대문자로 변환한다.

③ strip() : 공백을 기준으로 나눠 리스트를 반환한다.

④ isdigit() : 문자열이 숫자인지의 여부를 반환한다.

⑤ upper() : 문자를 대문자로 변환한다.

11 sentence 문자열을 사용하여 다양한 형태로 새로운 문자열을 생성하였다. 이 중 기존 문자열 sentence와 결과값이 같은 것은 무엇인가?

```
sentence = 'Life Is Short You Need Python'
a = sentence[-15:20]
b = sentence.lower()
c = sentence[:20]
d = sentence[0:]
e = sentence[:-1]
```

① a　　② b　　③ c　　④ d　　⑤ d

12 다음과 같이 코드를 작성했을 때, 실행 결과로 알맞은 것은?

```
a = 10
b = 20
sum_result = f'a + b = {a+b}'
print(sum_result)
```

① a + b = {a+b}　　② 30 = 30　　③ 10 + 20 = {a+b}

④ 에러 발생　　⑤ a + b = 30

13 다음 코드를 실행하여 아래와 같은 실행 결과를 출력하려 한다. 빈 칸에 알맞은 코드를 고르시오.

```
word = 'word'
print(f'¦{word:[    ]10}¦')
print(f'¦{word:[    ]10}¦')
print(f'¦{word:[    ]10}¦')
```

```
¦word      ¦
¦   word   ¦
¦      word¦
```

① <, ^, >　　② <, : , >　　③ >, _ , <

④ / , / , /　　⑤ <, % , >

14 다음과 같이 코드를 작성했을 때, 실행 결과로 알맞은 것은?

```
name = "Hanbit"
a = name.find("H")
b = name.count("H") * 8
c = len(name) * 2 + 3
print("REMEMBER" , str(a) + str(b) + str(c))
```

① REMEMBER 0815 ② REMEMBER 0000 ③ REMEMBER 000

④ REMEMBER 817 ⑤ REMEMBER

15 다음과 같이 코드를 작성했을 때, 실행 결과로 알맞은 것은?

```
count = 1
for i in range(10):
    for j in range(0, i):
        print("*", end='')
        count = count +1
    print()
```

①
```
**********
**********
**********
**********
**********
**********
**********
**********
**********
**********
```

②
```
*
**
***
****
*****
******
*******
********
*********
```

③
```
******************************
******************************
******************************
******************************
```

④
```
*
```

⑤
```
**********
```

CHAPTER 07

자료구조

학습목표

- 파이썬에서의 자료구조에 대해 이해한다.
- 스택, 큐, 튜플, 세트에 대해 학습한다.
- 파이썬에서의 딕셔너리에 대해 알아본다.
- collections 모듈에 대해 이해한다.

PREVIEW

이번 장에서는 파이썬에서 많이 사용하는 자료구조에 대해 알아본다. 자료구조는 어떤 데이터를 저장할 때 그 데이터의 특징에 따라 컴퓨터에 효율적으로 정리하기 위한 데이터 저장 및 표현 방식이다. 일반적으로 사용하는 정수, 문자열 등의 변수 타입보다는 데이터의 특징에 잘 맞는 형태로 저장하면 훨씬 효율적으로 컴퓨터 메모리를 사용할 수 있고, 코드 작성도 쉬워진다. 중요한 내용이 많은 장이므로 제대로 이해하고 넘어가도록 한다.

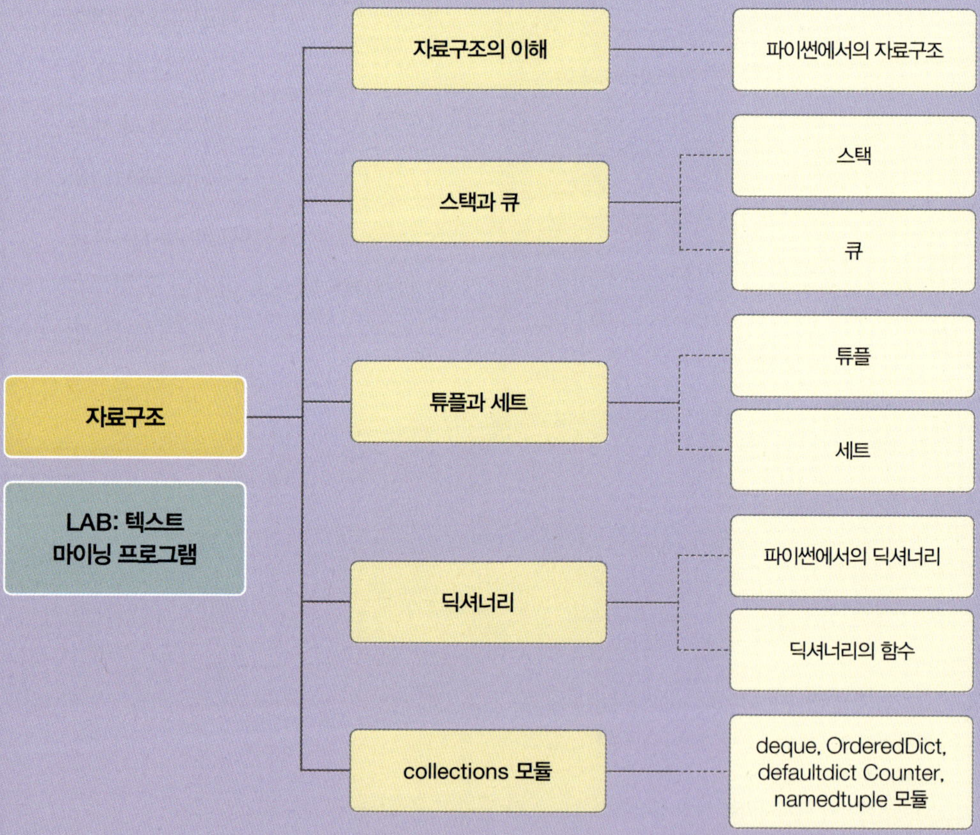

01 자료구조의 이해

1 자료구조의 개념

프로그래밍을 하다 보면 다양한 형태의 데이터를 저장하여 처리할 때가 있다. 실생활에서 찾아볼 수 있는 대표적인 데이터 저장 사례로 전화번호부를 들 수 있다. 요즘은 전화번호부에서 전화번호를 찾는 일이 거의 없지만, 과거에는 'Yellow Page'라는 두꺼운 전화번호부에서 전화번호를 검색하였다. 전화번호부에는 전화번호를 효율적으로 찾기 위해서 이름을 기준으로 가나다 순서대로 저장되어 있다. 요즘 많이 사용하는 휴대전화의 연락처에 전화번호를 저장하고 보여주는 방식이기도 하다. 이렇게 데이터의 특징을 고려하여 저장하는 방법을 자료구조 data structure 라고 한다.

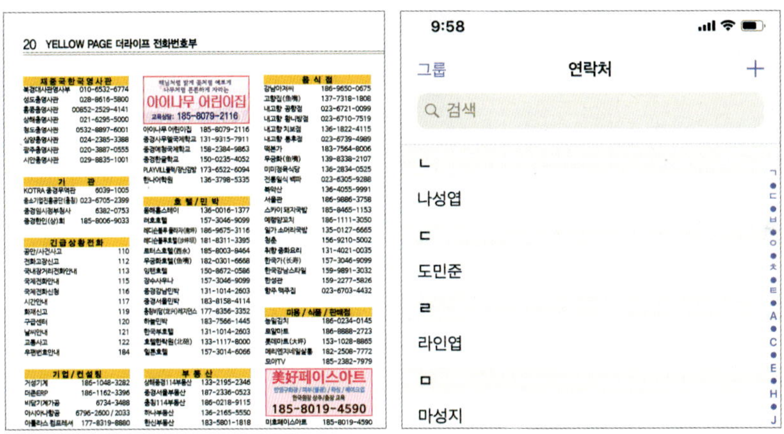

(a) 전화번호부 (b) 휴대전화의 연락처

그림 7-1 실생활 속 자료구조

전화번호부 이외에도 실생활에서 데이터의 특징을 반영하여 저장해야 할 정보는 많다. 예를 들어, 은행의 번호표 처리방식을 생각해보자. 은행의 번호표는 번호표 단말기에서 사용자가 번호표를 하나씩 뽑으면 대기 인원이 1씩 증가하고, 해당 사용자가 은행 서비스 이용을 종료하면 1씩 감소한다. 이때 사용되는 번호표의 번호 정보와 현재 대기 인원을 모두 관리해야 효율적으로 데이터 관리가 가능해진다. 또 다른 예로 택배 수화물을 트럭에 쌓을 때 위치 정보를 어떻게 저장할지에 대한 것이다. 나중에 배달하는 수화물일수록 트럭 안쪽에 쌓고, 먼저 배달하는 수화물일수록 트럭 입구쪽에 쌓는 것이 좋다. 이렇게 데이터의 특징을 고려한 저장 방식은 매우 유용하게 사용되어진다.

종합하면, 자료구조는 특징이 있는 정보를 메모리에 효율적으로 저장 및 반환하는 방법으로 데이터를 관리하는 방식이다. 특히 대용량일수록 메모리에 빨리 저장하고 검색함으로써 메모리를 효율적으로 사용해야 실행 시간을 줄일 수 있다.

2 파이썬에서의 자료구조

파이썬에서는 어떤 종류의 자료구조가 있을까? 사실 이미 자료구조의 기본 저장 방식인 리스트에 대해 Chapter 03에서 배웠다. 이외에 파이썬에서는 [표 7-1]과 같은 기본적인 자료구조를 제공한다. 여기에 열거된 다양한 자료구조를 하나하나 배우며 실제 사용 방법에 대해 알아보자.

표 7-1 파이썬에서 제공하는 자료구조

자료구조명	특징
스택(stack)	나중에 들어온 값이 먼저 나갈 수 있도록 해주는 자료구조(last in first out)
큐(queue)	먼저 들어온 값이 먼저 나갈 수 있도록 해주는 자료구조(first in first out)
튜플(tuple)	리스트와 같지만 데이터의 변경을 허용하지 않는 자료구조
세트(set)	데이터의 중복을 허용하지 않고, 수학의 집합 연산을 지원하는 자료구조
딕셔너리(dictionary)	전화번호부와 같이 키(key)와 값(value)의 형태로 데이터를 저장하는 자료구조이며 여기서 키값은 다른 데이터와 중복을 허용하지 않음
collections 모듈	위에 열거된 여러 자료구조를 효율적으로 사용할 수 있도록 지원하는 파이썬 내장(built-in) 모듈

TIP 이 책에서 다루는 자료구조의 내용은 그다지 어렵지 않지만, 실제 자료구조는 컴퓨터공학과에서 한 학기 수업으로 가르칠 정도로 조금은 어려운 과목이다. 컴퓨터공학과에서는 실제 각 자료구조를 구현하는 방식을 배우지만 여기서는 간단한 개요 수준과 파이썬에서 다루는 방식만 배우고 넘어간다. 공부하다가 궁금증이 생기면 자료구조와 알고리즘에 대한 전문서적을 참고할 것을 권장한다.

02 스택과 큐

1 스택

자료구조에서 첫 번째로 다룰 주제는 스택이다. 스택stack은 컴퓨터공학과 학생들이 전공을 시작하면서 처음 배우는 자료구조로, 자료구조의 핵심 개념 중 하나이다. 스택을 간단히 표현하면 'Last In First OutLIFO'으로 정의할 수 있다. 즉, 마지막에 들어간 데이터가 가장 먼저 나오는 형태로 데이터의 저장 공간을 구현하는 것이다.

일반적으로 스택이라고 하면 [그림 7-2]에서 볼 수 있는 사각형의 저장 공간을 뜻한다. 즉 4, 10과 같은 데이터를 저장하는 공간으로 리스트와 비슷하지만 저장 순서가 바뀌는 형태를 스택 자료구조stack data structure라고 한다. 스택에 데이터를 저장하는 것을 푸시push, 데이터를 추출하는 것을 팝pop이라고 한다.

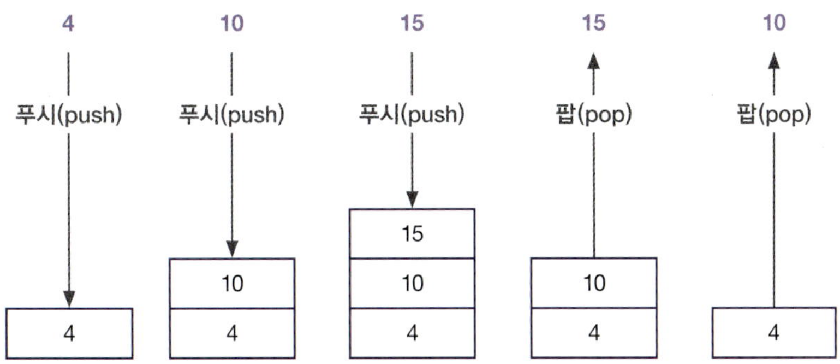

그림 7-2 스택

스택은 어떤 상황에서 사용할 수 있을까? 앞서 언급한 사례 중 택배 수화물을 저장하는 방식을 보면 먼저 배달해야 하는 수화물은 트럭의 입구쪽에, 나중에 배달해야 하는 수화물은 트럭의 안쪽에 넣어야 한다. 수화물을 하나의 데이터로 본다면 먼저 들어간 수화물보다 나중에 들어간 수화물이 먼저 나와야 하는 경우이다. 수화물과 비슷한 개념의 데이터가 있다면 이러한 방식으로 저장했을 때 좀 더 쉽게 데이터를 추출할 수 있다.

파이썬에서는 리스트를 사용하여 스택을 구현할 수 있다. 리스트라는 저장 공간을 만든 후 append( ) 함수로 데이터를 저장push하고 pop( ) 함수로 데이터를 추출pop한다. 다음 코드를 확인해보자.

```
>>> a = [1, 2, 3, 4, 5]
>>> a.append(10)
>>> a
[1, 2, 3, 4, 5, 10]
>>> a.append(20)
>>> a
[1, 2, 3, 4, 5, 10, 20]
>>> a.pop()
20
>>> a.pop()
10
```

먼저 변수 a에 [1, 2, 3, 4, 5]가 할당된다. 계속해서 변수 a에 10과 20을 추가하면 변수 a에는 [1, 2, 3, 4, 5, 10, 20]이 할당된다. 다음으로 pop( ) 함수를 사용하면 가장 마지막에 저장된 값을 추출하고 동시에 리스트에서 삭제시킨다. 즉, pop( ) 함수를 처음 실행하면 가장 마지막에 저장된 20이 추출되면서 화면에 출력되고, 동시에 변수 a의 값은 [1, 2, 3, 4, 5, 10]으로 바뀐다. 다시 pop( ) 함수를 실행하면 마지막에 저장된 10이 추출되면서 화면에 출력되고, 동시에 변수 a의 값은 [1, 2, 3, 4, 5]로 바뀐다.

TIP 사실 파이썬에서는 훨씬 더 효율적이고 강력한 스택 라이브러리를 제공한다. 나중에 배우겠지만, collections라는 모듈이 있는데 이 모듈에서 deque를 통해 조금 더 빠르게 스택이라는 자료구조를 구현할 수 있다. 이후에 다시 배운다.

스택으로 만들 수 있는 프로그램에는 어떤 것이 있을까? 다양한 프로그램을 만들 수 있지만 앞서 만들었던 십진수를 이진수로 변환하는 '이진수 변환기' 프로그램을 들 수 있겠다. 2로 나눈 나머지 값을 스택에 푸시한 후 마지막으로 들어온 값부터 팝으로 추출하고 출력한다면 원하는 결과를 얻을 수 있다.

또 다른 예로는 입력한 텍스트를 역순으로 추출하는 프로그램이 있다. [코드 7-1]을 보자.

코드 7-1 stack.py

```python
1 word = input("Input a word: ")
2 world_list = list(word)
3 print(world_list)
4
5 result = []
6 for _ in range(len(world_list)):
7     result.append(world_list.pop())
8
9 print(result)
10 print(word[::-1])
```

```
Input a word: PYTHON                    ← 사용자 입력(PYTHON)
['P', 'Y', 'T', 'H', 'O', 'N']
['N', 'O', 'H', 'T', 'Y', 'P']
NOHTYP
```

먼저 입력한 텍스트는 변수 word에 저장되고 그 값을 리스트형으로 변환한다. 그 후 값을 차례대로 추출하면 입력한 텍스트의 역순값이 출력된다.

[코드 7-1]에서 확인할 코드가 있다. 바로 _ 기호이다. 이 기호는 파이썬에서 굉장히 많이 쓰이는 코드 중 하나이다. 일반적으로 for문에서 많이 쓰이는데, for문에 _ 기호가 있으면 해당 반복문에서 생성되는 값은 코드에서 사용하지 않는다는 뜻이다. [코드 7-1]에서는 6행의 `range(len(world_list))`에서 생성되는 값을 반복문 내에서 사용하지 않으므로 _로 할당받은 것이다.

2 큐

이번에는 스택의 반대 개념인 큐에 대해 알아보자. 큐queue는 스택과 다르게 먼저 들어간 데이터가 먼저 나오는 'Fist in First Out FIFO'의 메모리 구조를 가지는 자료구조이다. [그림 7-3]은 큐의 일반적인 저장 방식이다.

PUT(A)	PUT(B)	PUT(C)	GET( )	PUT(D)	GET( )
				D	D
		C	C	C	C
	B	B	B	B	
A	A	A			

그림 7-3 큐

큐는 어떤 상황에서 사용할 수 있을까? 앞서 언급한 사례 중 은행에서 대기 번호표를 뽑을 때 번호를 저장하는 방식이 대표적인 사례이다. 먼저 온 사람이 앞의 번호표를 뽑고, 번호가 빠른 사람이 먼저 서비스를 받는 구조이다.

메모리 개념으로 볼 때 큐는 스택보다 구현이 조금 더 복잡하다. 사실 이 부분은 컴퓨터공학과 전공 수업에서 배우는 내용이다. 스택은 메모리가 시작하는 지점이 고정되어 있지만, 큐는 처음에 값이 저장되는 메모리 주소가 값이 사용됨에 따라 계속 바뀌게 되어 구현에 좀 더 신경을 써야 한다. 파이썬에서는 이러한 부분이 자동으로 구현되므로 어렵지 않게 사용할 수 있다.

파이썬에서 큐를 구현하는 것은 매우 간단하다. 기본적으로 스택의 구현과 같은데, pop( ) 함수를 사용할 때 인덱스가 0번째인 값을 쓴다는 의미로 pop(0)을 사용하면 된다. 즉, pop( ) 함수가 리스트의 마지막 값을 가져온다고 했을 때 pop(0)은 맨 처음 값을 가져온다는 뜻이다.

```
>>> a = [1, 2, 3, 4, 5]
>>> a.append(10)                # a = [1, 2, 3, 4, 5, 10]
>>> a.append(20)                # a = [1, 2, 3, 4, 5, 10, 20]
>>> a.pop(0)
1
>>> a.pop(0)
2
```

TIP 이번 장에서는 간단하게 스택과 큐의 개념에 대해 배웠다. 스택과 큐라는 개념 자체는 어렵지 않지만, 실제로 구현하기는 쉽지 않다. 하지만 파이썬에서는 그렇게 어렵지 않으니 개념만 이해해도 된다. 나중에 메모리 구조를 이해할 정도로 실력이 쌓이면, 직접 구현해볼 것을 권장한다.

03 튜플과 세트

1 튜플

튜플tuple은 함수를 배울 때 간단히 설명한 적이 있는 자료구조이다. 리스트와 같은 개념이지만 값을 변경하는 것이 불가능한 리스트로 이해하면 된다. 튜플은 선언과 사용이 리스트와 약간 다르다. 다음 코드를 보자.

```
>>> t = (1, 2, 3)
>>> print(t + t , t * 2)
(1, 2, 3, 1, 2, 3) (1, 2, 3, 1, 2, 3)
>>> len(t)
3
```

첫 번째 줄이 튜플을 선언하는 명령이다. 튜플은 괄호를 이용하여 `t = (1, 2, 3)`과 같은 형태로 선언한다. 대괄호 [ ]를 이용하는 리스트와는 차이가 있다. 하지만 선언 외에 여러 가지 연산은 리스트와 같은 방식이다. 즉 리스트에서 사용하는 연산, 인덱싱, 슬라이싱이 모두 동일하게 적용된다. 위의 코드처럼 튜플 간의 덧셈 `t + t`나 곱셈 `t * 2`, 그리고 len( ) 함수와 같이 리스트형 데이터에 사용하는 모든 함수를 사용할 수 있다. 튜플과 리스트의 유일하면서도 큰 차이점이 있다면, 튜플의 값은 마음대로 변경할 수 없다는 것이다. 만약 튜플의 값을 변경하고자 한다면 다음과 같이 오류가 발생한다.

```
>>> t[1] = 5
Traceback (most recent call last):
    File "<stdin>", line 1, in <module>
TypeError: 'tuple' object does not support item assignment
```

맨 아래 오류 메시지를 보면 '튜플 오브젝트('tuple' object)에는 새로운 아이템(item)의 할당을 허용하지 않는다.'라는 내용이다. 튜플의 가장 큰 특징이므로 꼭 기억하기 바란다.

만약, 값이 하나밖에 없다면 튜플은 어떻게 선언할 수 있을까? t = (1)과 같은 코드가 생각날 수도 있다. 하지만 파이썬은 이렇게 선언할 경우 t = 1로 이해한다. 인터프리턴터가 그렇게 설계되어 있다. t = (5 + 2) * 2와 같이 연산에서 사용하는 괄호로 이해하는 것이다. 따라서 값이 하나일 때는 t = (1,)와 같이 반드시 콤마(,)를 붙여 t가 튜플임을 선언해야 한다.

이렇게 값을 바꿀 수도 없는 튜플은 언제 사용할까? 사실 프로그래밍을 하다 보면 여러 사람과 함께 작업해야 하는 경우가 많다. 자신이 하나의 함수만 만들고, 다른 사람이 그 함수의 결괏값을 사용해야 하는 경우도 발생한다. 이때 반환해주는 타입을 튜플로 선언하면 받아서 사용하는 사람이 마음대로 데이터를 바꾸지 못하게 된다.

그렇다면 바뀌면 안 되는 데이터에는 어떤 것이 있을까? 학번이나 이름, 주민등록번호와 같이 변경되면 안 되는 정보 등이다. 프로그래머가 이러한 이해 없이 마음대로 값을 변경하려고 할 때 튜플은 이를 방지해주는 역할을 한다.

2 세트

세트set는 값을 순서 없이 저장하되 중복을 불허하는 자료형이다. 그래서 수학의 집합과 개념적으로 아주 비슷하다. 중복을 불허하는 특징 때문에 프로그래밍에서 매우 유용하다. 대표적으로 문서 하나에 들어가 있는 단어 종류의 개수를 셀 때 모든 단어를 추출한 후 세트로 변환하면 단어 종류의 개수를 쉽게 파악할 수 있다. 파이썬에서는 세트 선언을 하는 것으로 사용할 수 있다. 다음 코드를 보자.

```
>>> s = set([1, 2, 3, 1, 2, 3])        # set() 함수를 사용하여 1, 2, 3을 세트 객체로 생성
>>> s
{1, 2, 3}
```

세트를 사용하기 위해 set( ) 함수를 사용하여 리스트나 튜플의 데이터를 넣으면 해당 값이 세트 형태로 변환된다. 위 코드처럼 [1, 2, 3, 1, 2, 3]이라는 리스트형의 값을 세트로 변환하면, 중복을 제거한 후 {1, 2, 3}으로 변환되어 출력된다.

세트는 튜플과 다르게 삭제나 변경이 가능하다. 이 기능을 이용하여 다음과 같이 다양한 함수를 지원한다.

```
>>> s
{1, 2, 3}
>>> s.add(1)                    # 1을 추가하는 명령이지만 중복 불허로 추가되지 않음
>>> s
{1, 2, 3}
>>> s.remove(1)                 # 1 삭제
>>> s
{2, 3}
>>> s.update([1, 4, 5, 6, 7])   # [1, 4, 5, 6, 7] 추가
>>> s
{1, 2, 3, 4, 5, 6, 7}
>>> s.discard(3)                # 3 삭제
>>> s
{1, 2, 4, 5, 6, 7}
>>> s.clear()                   # 모든 원소 삭제
>>> s
set()
```

세트를 지원하는 함수에는 원소 하나를 추가하는 add( ), 원소 하나를 제거하는 remove( ) 또는 discard( ), 새로운 리스트를 그대로 추가하는 update( ), 모든 변수를 지우는 clear( ) 등이 있다. 값은 모두 순서 없이 저장되는 동시에 중복을 제거하고 저장된다.

파이썬의 세트는 수학의 집합과 마찬가지로 다양한 집합 연산을 제공한다. 집합 연산에는 [그림 7-4]처럼 교집합, 합집합, 차집합이 있다.

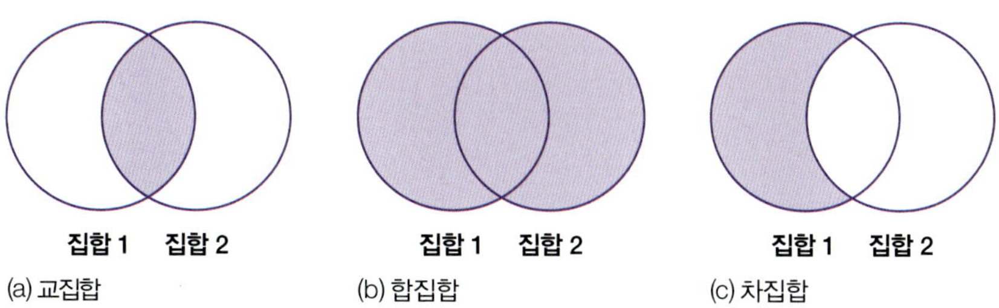

그림 7-4 집합 연산

파이썬에서는 이 세 가지 집합 연산을 모두 지원한다. 다음 코드를 보자.

```
>>> s1 = set([1, 2, 3, 4, 5])
>>> s2 = set([3, 4, 5, 6 ,7])
>>>
>>> s1.union(s2)                      # s1과 s2의 합집합
{1, 2, 3, 4, 5, 6, 7}
>>> s1 | s2                           # set([1, 2, 3, 4, 5, 6, 7])
{1, 2, 3, 4, 5, 6, 7}
>>> s1.intersection(s2)               # s1과 s2의 교집합
{3, 4, 5}
>>> s1 & s2                           # set([3, 4, 5])
{3, 4, 5}
>>> s1.difference(s2)                 # s1과 s2의 차집합
{1, 2}
>>> s1 - s2                           # set([1, 2])
{1, 2}
```

합집합은 두 집합의 중복값을 제거하고 합치는 연산이다. 위 코드에서는 `s1.union(s2)`를 통해 s1과 s2의 합집합이 출력된다. 합집합은 union( )과 같은 함수로도 표현할 수 있지만, | 기호로도 추출할 수 있다. 위 코드에서 `s1 | s2`의 결과가 `s1.union(s2)`와 동일하다.

교집합은 두 집합 양쪽에 모두 포함된 값만 추출하는 연산이다. 위 코드에서 s1과 s2는 모두 3, 4, 5를 원소로 가지고 있다. 이 경우, `s1.intersection(s2)`나 `s1 & s2`로 교집합을 추출할 수 있다. 교집합의 개념은 if문에서 배웠던 and 조건의 개념과 비슷하다.

차집합은 앞에 있는 집합 s1의 원소 중 s2에 포함된 원소를 제거하는 연산이다. 즉, s1에서 s1과 s2의 교집합 원소를 삭제하면 된다. 이 코드에서 s1은 [1, 2, 3, 4, 5]를 가지고 있으므로 [3, 4, 5]를 제거하면 [1, 2]만 남는다. 코드로 표현하면 `s1.difference(s2)` 또는 `s1 - s2`로 차집합을 추출할 수 있다.

표 7-2 세트의 집합 연산

연산	함수	기호	예시
합집합	union	|	s1.union(s2), s1 | s2
교집합	intersection	&	s1.intersection(s2), s1 & s2
차집합	difference	−	s1.difference(s2), s1 − s2

TIP 사실 이 부분을 공부하다 보면 '이것이 나중에 코드에서 어떻게 사용할까?' 하는 의문이 생길 수 있다. 이 부분을 실제로 사용하는 방법에 대해서는 나중에 Chapter 12의 '파일 다루기'에서 응용을 통해 다루도록 하겠다. 좀 더 코드에 익숙해지면 상당히 재미있는 코드를 많이 보게 될 것이다.

04 딕셔너리

1 딕셔너리의 개념

이번 절에서는 파이썬에서 가장 많이 사용하는 자료구조인 딕셔너리dictionary에 대해 설명하겠다. 딕셔너리는 영어사전에서 검색을 위해 영어 단어들을 저장해 놓은 방식과 비슷하다고 생각하면 된다. 영어사전에서는 각 단어를 검색할 수 있도록 색인index을 만들어 놓고 색인을 통해 그 단어를 찾아 의미를 파악한다. 색인은 데이터를 찾기 쉽도록 구분해 놓은 유일한 정보이며 단어를 검색하는 방식이다.

이와 마찬가지로 파이썬의 딕셔너리 구조에서는 데이터의 유일한 구분자인 키key라는 이름으로 검색할 수 있게 하고, 실제 데이터를 값value이라는 이름과 쌍으로 저장하여 프로그래머가 데이터를 쉽게 찾을 수 있도록 한다.

키와 값을 쌍으로 저장하는 방식은 실생활에서도 매우 일반적으로 사용되고 있다. 예를 들어, 개인의 주민등록번호나 학교의 학번, 제품 번호 등은 모두 하나의 데이터를 구분하는 키로 생각할 수 있다.

[표 7-3]의 대학생 인적사항에서 학번이 나머지 정보를 구분하는 키이다. 학번을 키로 하여 이름 · 생년월일 · 주소를 리스트 형태로 저장한 다음 한 번에 검색할 수 있는 형태가 되면 학번을 이용해 다른 정보에 쉽게 접근할 수 있다.

표 7-3 대학생 인적사항

학번	이름	생년월일	주소
20150230	홍길동	1995-04-03	서울시 동대문구
20150233	김영철	1995-04-20	성남시 분당구
20150234	오영심	1996-01-03	성남시 중원구
20150236	최성철	1995-12-27	인천시 계양구

TIP 딕셔너리는 전통적인 데이터 프로그래밍 언어에서도 매우 일반적으로 사용된다. 예를 들어, 자바의 경우 'hash table'이라는 이름으로 딕셔너리 형태의 데이터 저장 기능을 제공한다.

2 파이썬에서의 딕셔너리

파이썬에서 딕셔너리의 선언은 매우 간단하다. 중괄호 { }를 사용하여 키와 값을 쌍으로 구성하면 된다.

```
딕셔너리 변수 = {키 1:값 1, 키 2:값 2, 키 3:값 3, …}
```

예를 들어 [표 7-4]처럼 학번을 키로 사용하고, 이름을 값으로 지정할 수 있다.

표 7-4 키와 값의 샘플

학번(키)	이름(값)
20140012	Sungchul
20140059	Jiyong
20150234	Jaehong
20140058	Wonchul

여기서 중요한 것은 값에는 다양한 자료형이 들어갈 수 있다는 것이다. 이름은 문자열이므로 일반적인 문자열로 저장한다. 그러나 리스트와 같이 한 번에 여러 데이터를 입력한다거나, 튜플 또는 세트와 같은 데이터도 사용할 수 있다. 심지어 딕셔너리를 사용할 수도 있다. 먼저 [표 7-4]의 정보를 간단히 파이썬으로 표현하겠다.

```
>>> student_info = {20140012:'Sungchul', 20140059:'Jiyong', 20140058:'Jaehong'}
```

코드로 표현하면 비교적 간단하다. student_info라는 변수를 먼저 선언한 후, 해당 변수에 {키:값} 형태로 값을 입력한다. 이렇게 해당 변수는 간단히 저장된다.

다음으로 해당 변수에서 특정 값을 호출하는 방법이다.

```
>>> student_info[20140012]
'Sungchul'
```

해당 값의 키를 대괄호 [ ] 안에 넣어 호출하면 된다. 키는 문자열로 선언할 수도 있고, 정수형으로 선언할 수도 있다. 여기서는 정수형으로 선언했으므로 정수형으로 호출한다. 변수의 자료형을 정확히 모르고 호출한다면 리스트로 오해할 수도 있으니 반드시 기억하기 바란다.

다음으로는 재할당과 데이터 추가이다.

```
>>> student_info[20140012] = 'Sungchul'
>>> student_info[20140012]
'Sungchul'
>>> student_info[20140039] = 'Wonchul'
>>> student_info
{20140012: 'Sungchul', 20140059: 'Jiyong', 20140058: 'Jaehong', 20140039: 'Wonchul'}
```

딕셔너리에서의 재할당도 리스트에서 사용하는 방식과 다르지 않다. 키를 이용하여 해당 변수를 호출한 후 새로운 값을 할당하면 된다. 데이터 추가도 새로운 키를 사용하여 값을 할당하면 된다. 할당 시 사용되는 키가 기존에 있던 키라면 해당 값이 변경되고, 기존에 없던 키라면 새로운 값으로 추가된다.

3 딕셔너리 함수

파이썬에서는 딕셔너리를 쉽게 사용할 수 있도록 다양한 함수를 제공한다. 특히 for문이나 if문과 함께 사용하면 다양한 코드를 작성할 수 있다. 예를 들어 국가명과 국가 전화번호를 묶어 보여주는 코드를 작성하면 다음과 같다.

```
>>> country_code = {}                              # 딕셔너리 생성
>>> country_code = {"America": 1, "Korea": 82, "China": 86, "Japan": 81}
>>> country_code
{'America': 1, 'Korea': 82, 'China': 86, 'Japan': 81}
```

이번에는 딕셔너리 변수 안의 키와 값을 출력하는 함수에 대해 알아보자. 먼저 키만 출력하기 위해서는 keys( ) 함수를 사용한다. 이 함수를 사용하면 키가 리스트 형태로 출력된다.

```
>>> country_code.keys()                      # 딕셔너리의 키만 출력
dict_keys(['America', 'Korea', 'China', 'Japan'])
```

다음으로 값을 출력하기 위해서는 values( ) 함수를 사용한다.

```
>>> country_code["German"] = 49              # 딕셔너리 추가
>>> country_code
{'America': 1, 'Korea': 82, 'China': 86, 'Japan': 81, 'German': 49}
>>> country_code.values()                    # 딕셔너리의 값만 출력
dict_values([1, 82, 86, 81, 49])
```

마지막으로 키-값 쌍을 모두 보여주기 위해서는 items( ) 함수를 사용한다.

```
>>> country_code.items()                     # 딕셔너리 데이터 출력
dict_items([('America', 1), ('Korea', 82), ('China', 86), ('Japan', 81), ('German', 49)])
```

실제로 딕셔너리를 사용할 때 for문과 함께 많이 사용한다. 다음과 같은 코드로 키-값 쌍을 화면에 출력해보자.

```
>>> for k, v in country_code.items():
...     print("Key:", k)
...     print("Value:", v)
...
Key: America
Value: 1
Key: Korea
Value: 82
Key: China
Value: 86
Key: Japan
Value: 81
Key: Gernman
Value: 49
```

또한, 딕셔너리를 사용하는 많은 방법 중 하나는 if문을 사용하여 특정 키나 값이 해당 변수에 포함되어 있는지 확인하는 것이다.

```
>>> "Korea" in country_code.keys()          # 키에 "Korea"가 있는지 확인
True
>>> 82 in country_code.values()             # 값에 82가 있는지 확인
True
```

05 collections 모듈

이번에는 파이썬의 내장 자료구조built-in data structure 모듈인 collections에 대해 알아본다. collections 모듈은 이미 앞에서 배운 다양한 자료구조인 리스트, 튜플, 딕셔너리 등을 확장하여 제작된 파이썬의 내장 모듈이다. 기존에 배웠던 자료구조보다 효율적이고 편리하다.

collections 모듈은 deque, OrderedDict, defaultdict, Counter, namedtuple 등을 제공한다. 각 자료구조를 호출하는 코드는 다음과 같다.

```
from collections import deque
from collections import OrderedDict
from collections import defaultdict
from collections import Counter
from collections import namedtuple
```

1 deque 모듈

deque 모듈은 스택과 큐를 모두 지원하는 모듈이다. deque를 사용하기 위해서는 리스트와 비슷한 형식으로 데이터를 저장해야 한다. 먼저 append( ) 함수를 사용하면 기존 리스트처럼 데이터가 인덱스index 번호를 늘리면서 쌓이기 시작한다. 다음 코드를 보자.

```
>>> from collections import deque
>>>
>>> deque_list = deque()
>>> for i in range(5):
...     deque_list.append(i)
...
>>> print(deque_list)
deque([0, 1, 2, 3, 4])
```

여기서 다음 코드와 같이 `deque_list.pop()`을 수행시키면 오른쪽 요소부터 하나씩 추출된다. 즉, 스택처럼 나중에 넣은 값부터 하나씩 추출되는 것이다.

```
>>> deque_list.pop()
4
>>> deque_list.pop()
3
>>> deque_list.pop()
2
>>> deque_list
deque([0, 1])
```

그렇다면 deque에서 큐는 어떻게 사용할 수 있을까? pop(0)을 입력하면 실행될 것 같지만, deque에서는 작동하지 않는다. 대신 deque는 appendleft( ) 함수로 새로운 값을 왼쪽부터 입력하도록 하여 먼저 들어간 값부터 출력될 수 있도록 한다. 다음을 보자.

```
>>> from collections import deque
>>>
>>> deque_list = deque()
>>> for i in range(5):
...     deque_list.appendleft(i)
...
>>> print(deque_list)
deque([4, 3, 2, 1, 0])
```

deque 모듈은 기존 리스트와 비교할 때 몇 가지 장점이 있다. 먼저, deque는 연결 리스트 linked list의 특성을 지원한다. 연결 리스트는 데이터를 저장할 때 요소의 값을 한 쪽으로 연결한 후, 요소의 다음 값의 주소값을 저장하여 데이터를 연결하는 기법이다. [그림 7-5]와 같이 데이터가 저장된다.

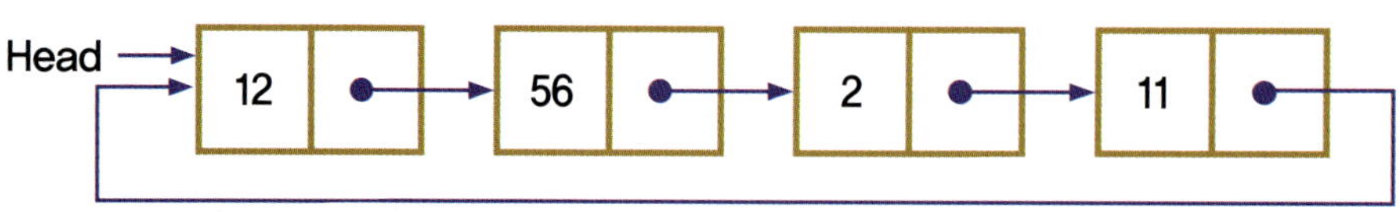

그림 7-5 연결 리스트의 형태

연결 리스트는 [그림 7-6]처럼 다음 요소의 주소값을 저장하므로 데이터를 원형으로 저장할 수 있다. 또한, 마지막 요소에 첫 번째 값의 주소를 저장시켜 해당 값을 찾아갈 수 있도록 연결시킨다. 이러한 특징 때문에 가능한 기능 중 하나가 rotate( ) 함수이다. rotate( )는 기존 deque에 저장된 요소들 값의 인덱스를 바꾸는 기법이다. 연결 리스트는 양쪽 끝의 요소들을 연결할 수 있으므로 [그림 7-6]처럼 원형의 데이터 구조를 가진다. 이러한 특징을 이용하여 각 요소의 인덱스 번호를 하나씩 옮긴다면 실제로 요소를 옮기지 않더라도 인덱스 번호를 바꿀 수 있다.

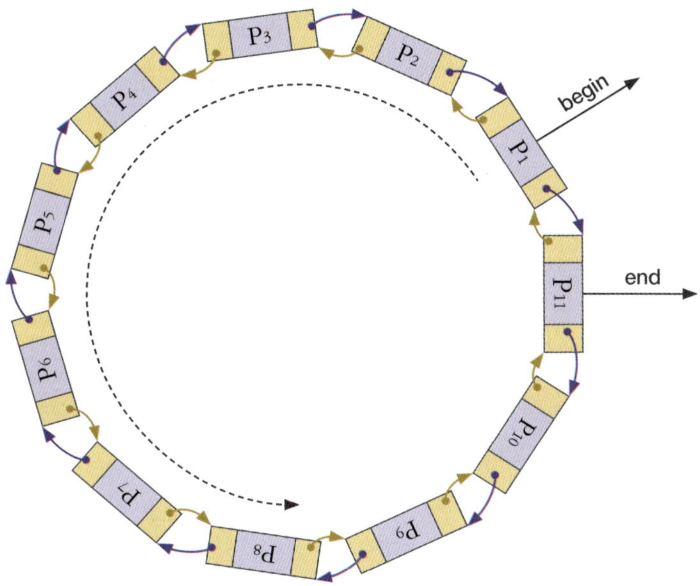

그림 7-6 원형 연결 리스트의 형태

다음 코드를 살펴보면, 기존 데이터에 rotate(2) 함수를 수행시키면 3과 4의 값이 두 칸씩 이동하여 0번째, 1번째 인덱스로 옮겨진 것을 알 수 있다. 다시 rotate(2)를 수행시키면 1과 2가 0번째, 1번째 인덱스로 이동한다.

```
>>> from collections import deque
>>>
>>> deque_list = deque()
>>> for i in range(5):
...     deque_list.appendleft(i)
```

```
...
>>> print(deque_list)
deque([0, 1, 2, 3, 4])
>>> deque_list.rotate(2)
>>> print(deque_list)
deque([3, 4, 0, 1, 2])
>>> deque_list.rotate(2)
>>> print(deque_list)
deque([1, 2, 3, 4, 0])
```

이외에도 deque 모듈은 다양한 기능을 제공한다. 예를 들어, reversed( ) 함수를 사용하여 기존과 반대로 데이터를 저장할 수 있다.

```
>>> print(deque(reversed(deque_list)))
deque([0, 4, 3, 2, 1])
```

또한, deque 모듈은 기존의 리스트에서 지원하는 함수도 사용할 수 있다. extend( )나 extendleft( ) 함수를 사용하면 리스트가 통째로 오른쪽이나 왼쪽으로 추가된다. 다음 코드를 보자.

```
>>> deque_list.extend([5, 6, 7])
>>> print(deque_list)
deque([1, 2, 3, 4, 0, 5, 6, 7])
>>> deque_list.extendleft([5, 6, 7])
>>> print(deque_list)
deque([7, 6, 5, 1, 2, 3, 4, 0, 5, 6, 7])
```

마지막으로 deque 모듈은 메모리의 효율적 사용과 빠른 속도라는 측면에서도 유용하다. 앞에서 제시한 여러 가지 함수는 기존 리스트에서도 모두 사용할 수 있다. 그러나 deque의 메모리 저장 방식을 사용하면 사용자는 조금 더 효율적으로 데이터를 저장하고 삭제할 수 있다. 대용량의 큐나 스택을 처리할 일이 있다면 deque 사용을 권장한다.

2 OrderedDict 모듈

OrderedDict 모듈은 이름 그대로 순서를 가진 딕셔너리 객체이다. 앞에서 딕셔너리는 순서를 보장하지 않는 객체라는 것을 언급하였다. 즉 딕셔너리 파일을 저장하면 키는 저장 순서와 상관없이 저장된다. [코드 7-2]를 실행해보자.

코드 7-2 ordereddict1.py

```python
d = {}
d['x'] = 100
d['l'] = 500
d['y'] = 200
d['z'] = 300

for k, v in d.items():
    print(k, v)
```

```
x 100
l 500
y 200
z 300
```

이 코드의 결과는 컴퓨터마다 다를 수 있다. x, l, y, z의 순서대로 키를 저장했지만, 결과는 저장한 순서와 상관없이 다양한 형태로 출력된다. 하지만 OrderedDict 모듈은 키의 순서를 보장한다. 가장 기본적인 방법은 저장한 순서대로 결과를 화면에 출력한다. [코드 7-3]처럼 저장한 키의 순서대로 화면에 결과가 출력된다.

코드 7-3 ordereddict2.py

```python
from collections import OrderedDict     # OrderedDict 모듈 선언

d = OrderedDict()
d['x'] = 100
d['y'] = 200
```

```
d['z'] = 300
d['l'] = 500

for k, v in d.items():
    print(k, v)
```

```
x 100
y 200
z 300
l 500
```

[코드 7-3]을 실행하면 어떤 컴퓨터든 상관없이 x, y, z, l의 순서대로 키-값 쌍이 출력된다. 그렇다면 OrderedDict 모듈은 언제 사용할 수 있을까? 가장 많이 사용하는 경우는 딕셔너리로 데이터 처리 시 키나 값으로 데이터를 정렬할 때이다. 예를 들어 키를 이용하여 주민등록번호를 번호 순서대로 정렬한 후 데이터를 출력하는 경우이다. [코드 7-4]를 살펴보자.

코드 7-4 ordereddict3.py

```
def sort_by_key(t):
    return t[0]

from collections import OrderedDict         # OrderedDict 모듈 선언

d = dict()
d['x'] = 100
d['y'] = 200
d['z'] = 300
d['l'] = 500

for k, v in OrderedDict(sorted(d.items(), key=sort_by_key)).items():
    print(k, v)
```

```
l 500
x 100
y 200
z 300
```

[코드 7-4]를 보면 딕셔너리의 값인 변수 d를 리스트 형태로 만든 다음, sorted( ) 함수를 사용하여 정렬한다. `sorted(d.items(), key=sort_by_key)`의 코드만 따로 실행하면 다음처럼 정렬되어 이차원 형태로 값이 출력된다.

```
[('l', 500), ('x', 100), ('y', 200), ('z', 300)]
```

즉, 기존의 딕셔너리 변수를 리스트로 추출하고, sorted( ) 함수로 키를 기준으로 정렬한 후, 다시 OrderedDict 모듈로 감싸주는wrapping 방식이다. 이렇게 하면 기존의 딕셔너리나 리스트의 순서를 지키면서 딕셔너리 형태로 관리할 수 있다.

만약, 값을 기준으로 정렬한다면 [코드 7-4]의 1행과 2행을 다음처럼 바꾸면 된다. 참고로 t[0]과 t[1]은 위 리스트 안의 튜플 값 중 0번째 인덱스(l, x, y, z)와 1번째 인덱스(500, 100, 200, 300)를 뜻한다.

```
def sort_by_value(t):
    return t[1]
```

3 defaultdict 모듈

defaultdict 모듈은 딕셔너리의 변수를 생성할 때 키에 기본값을 지정하는 방법이다. 새로운 키를 생성할 때 별다른 조치 없이 새로운 값을 생성할 수 있다. 실제 딕셔너리에서는 [코드 7-5]처럼 키를 생성하지 않고 해당 키의 값을 호출하려고 할 때 오류가 발생한다. 즉, 코드에서 first의 키값을 별도로 생성하지 않은 채 바로 호출하여 오류가 발생한 것이다.

코드 7-5 defaultdict1.py

```python
d = dict()
print(d["first"])
```

```
Traceback (most recent call last):
    File "defaultdict1.py", line 2, in <module>
        print(d["first"])
KeyError: 'first'
```

그렇다면 defaultdict 모듈은 어떻게 사용할까? [코드 7-6]을 보자.

코드 7-6 defaultdict2.py

```python
1 from collections import defaultdict
2
3 d = defaultdict(lambda: 0)                # Default 값을 0으로 설정
4 print(d["first"])
```

```
0
```

[코드 7-6]에서의 핵심은 3행의 `d = defaultdict(lambda: 0)`이다. defaultdict 모듈을 선언하면서 동시에 초깃값을 0으로 설정한 것이다. 현재 lambda( ) 함수를 배우지 않아 코드를 정확히 이해하기 어렵겠지만, 'return 0'이라고 이해하면 된다. 어떤 키가 들어오더라도 처음 값은 전부 0으로 설정한다는 뜻이다. 이외에도 defaultdict의 초깃값은 [코드 7-7]처럼 리스트 형태로도 설정할 수 있다.

코드 7-7 defaultdict3.py

```python
from collections import defaultdict

s = [('yellow', 1), ('blue', 2), ('yellow', 3), ('blue', 4), ('red', 1)]
d = defaultdict(list)
```

```
5 for k, v in s:
6     d[k].append(v)
7
8 print(d.items())
9 [('blue', [2, 4]), ('red', [1]), ('yellow', [1, 3])]
```

```
dict_items([('yellow', [1, 3]), ('blue', [2, 4]), ('red', [1])])
```

[코드 7-7]을 보면 s 변수에 튜플 데이터들을 이차원 리스트 형태로 저장하였다. 또한 4행의 `d = defaultdict(list)` 코드는 변수 d를 defaultdict 타입으로 선언하면서 초깃값을 리스트로 선언하였다. 5행부터는 for문이 작동하면서 변수 s의 각 요소에서 키 값과 실제 값을 추출하여 변수 d에 추가하였다. 중요한 것은 변수 d는 deafultdict 타입이면서 `list`가 초깃값으로 선언되었기 때문에 새로운 키 값이 없더라도 별도로 오류가 발생하지 않는다. 이는 일반적인 'dict'에 비해 코드 수를 줄일 수 있어 defaultdict 타입의 가장 큰 장점이라고 할 수 있다.

4 Counter 모듈

Counter 모듈은 시퀀스 자료형의 데이터 값의 개수를 딕셔너리 형태로 반환하는 방법이다. 즉, 리스트나 문자열과 같은 시퀀스 자료형에 저장된 요소 중에서 같은 값이 몇 개 있는지 그 개수를 반환한다. 다음 코드를 살펴보자.

```
>>> from collections import Counter
>>>
>>> text = list("gallahad")
>>> text
['g', 'a', 'l', 'l', 'a', 'h', 'a', 'd']
>>> c = Counter(text)
>>> c
Counter({'a': 3, 'l': 2, 'g': 1, 'h': 1, 'd': 1})
>>> c["a"]
3
```

위 코드에서는 기존 문자열값인 'gallahad'를 리스트형으로 변환한 후, text 변수에 저장하였다. 사실 'gallahad' 자체도 시퀀스 자료형인 문자열이므로 굳이 리스트로 변환할 필요는 없지만 이해를 돕기 위해 리스트 형태로 저장하였다.

c라는 Counter 객체를 생성하면서 text 변수를 초깃값으로 설정하였다. 이를 출력하면 위 결과처럼 각 알파벳이 몇 개씩 있는지 쉽게 확인할 수 있다.

`c["a"]`처럼 딕셔너리 형태의 문법을 그대로 이용해 특정 텍스트의 개수도 바로 출력할 수 있다.

Counter를 이용하면 각 문자의 개수 세는 작업을 매우 쉽게 할 수 있다. 다음과 같이 코드를 작성하면 정렬까지 끝낸 결과물을 확인할 수 있는데, 결과적으로 이전 Lab에서 수행한 작업을 단 한 줄의 코드로 작성하였다.

```
>>> text = """A press release is the quickest and easiest way to get free
publicity. If well written, a press release can result in multiple published
articles about your firm and its products. And that can mean new prospects
contacting you asking you to sell to them. ⋯.""".lower().split()
>>> Counter(text)
Counter({'and': 3, 'to': 3, 'can': 2, 'press': 2, 'release': 2, 'you': 2, 'a': 2, 'sell': 1,
'about': 1, 'free': 1, 'firm': 1, 'quickest': 1, 'products.': 1, 'written,': 1, 'them.': 1,
'⋯.': 1, 'articles': 1, 'published': 1, 'mean': 1, 'that': 1, 'prospects': 1, 'its': 1,
'multiple': 1, 'if': 1, 'easiest': 1, 'publicity.': 1, 'way': 1, 'new': 1, 'result': 1,
'the': 1, 'your': 1, 'well': 1, 'is': 1, 'asking': 1, 'in': 1, 'contacting': 1, 'get': 1})
```

Counter는 단순히 시퀀스 자료형의 데이터를 세는 역할도 하지만, 딕셔너리 형태나 키워드 형태의 매개변수를 사용하여 Counter를 생성할 수 있다.

먼저 딕셔너리 형태로 Counter 객체를 생성하는 방법이다. 다음 코드를 보면, `{'red': 4, 'blue': 2}`라는 초깃값을 사용하여 Counter를 생성하였다. 또한 elements( ) 함수를 사용하여 각 요소의 개수만큼 리스트형의 결과를 출력하였다.

```
>>> from collections import Counter
>>>
```

```
>>> c = Counter({'red': 4, 'blue': 2})
>>> print(c)
Counter({'red': 4, 'blue': 2})
>>> print(list(c.elements()))
['red', 'red', 'red', 'red', 'blue', 'blue']
```

다음으로 키워드 형태의 매개변수를 사용하여 Counter를 생성하는 방법이다. 매개변수의 이름을 키key로, 실제 값을 값value으로 하여 Counter를 생성할 수 있다.

```
>>> from collections import Counter
>>>
>>> c = Counter(cats = 4, dogs = 8)
>>> print(c)
Counter({'dogs': 8, 'cats': 4})
>>> print(list(c.elements()))
['cats', 'cats', 'cats', 'cats', 'dogs', 'dogs', 'dogs', 'dogs', 'dogs', 'dogs', 'dogs', 'dogs']
```

이외에도 Counter는 기본 사칙연산을 지원한다. 파이썬에서 지원하는 기본 연산인 덧셈, 뺄셈, 논리 연산 등이 가능하다. 다음 코드를 보자.

```
>>> from collections import Counter
>>>
>>> c = Counter(a = 4, b = 2, c = 0, d = -2)
>>> d = Counter(a = 1, b = 2, c = 3, d = 4)
>>> c.subtract(d)                        # c - d
>>> c
Counter({'a': 3, 'b': 0, 'c': -3, 'd': -6})
```

위 코드는 2개의 Counter c와 d를 생성한 후 `c.subtract(d)`를 수행하여 c에 대한 d의 차를 구한 결과이다. c에 있는 각 요소의 개수가 d에 있는 요소의 개수만큼 감소하였다. 이외에도 덧셈, AND, OR 연산 모두를 지원한다. 다음 코드를 보자.

```
>>> from collections import Counter
>>>
>>> c = Counter(a = 4, b = 2, c = 0, d = -2)
>>> d = Counter(a = 1, b = 2, c = 3, d = 4)
>>> print(c + d)
Counter({'a': 5, 'b': 4, 'c': 3, 'd': 2})
>>> print(c & d)
Counter({'b': 2, 'a': 1})
>>> print(c | d)
Counter({'a': 4, 'd': 4, 'c': 3, 'b': 2})
```

각각의 결과에서 보듯이 + 기호는 두 Counter 객체에 있는 각 요소를 더한 것이고, & 기호는 두 객체에 같은 값이 있을 때, 즉 교집합의 경우에만 출력하였다. 반대로 | 기호는 두 Counter 객체에서 하나가 포함되어 있다면, 그리고 좀 더 큰 값이 있다면 그 값으로 합집합을 적용하였다.

5 namedtuple 모듈

namedtuple 모듈은 튜플의 형태로 데이터 구조체를 저장하는 방법이다. 어떤 특정 데이터는 저마다 규정된 정보가 있다. 예를 들어, 학생이라는 정보를 컴퓨터에 저장하기 위해 몇 가지 변수(학번, 이름, 학년, 학과 등)가 있다. 이러한 정보를 하나의 리스트로 만들어 이차원 리스트 형태로 구성해도 된다. 그러나 이때, 나중에라도 이 리스트를 다른 사람이 사용한다면 자세한 정보를 모르기 때문에 사용이 어려울 수 있다. 그래서 이러한 정보를 하나의 튜플 형태로 구성해 손쉽게 사용할 수 있는 자료구조가 namedtuple이다. C 언어에서는 struct라는 이름으로 사용되고 있다. 다음 코드를 확인해보자.

```
>>> from collections import namedtuple
>>>
>>> Point = namedtuple('Point', ['x', 'y'])
>>> p = Point(11, y=22)
>>> p
Point(x=11, y=22)
```

```
>>> p.x, p.y
(11, 22)
>>> print(p[0] + p[1])
33
```

위 코드는 좌표 평면에서의 점의 위치를 표현하기 위해 Point라는 객체를 생성하여 값을 저장한 namedtuple이다. `Point = namedtuple('Point', ['x', 'y'])` 코드에서 Point 객체의 이름은 Point로 지정하고, 저장되는 요소의 이름을 x와 y로 지정하였다.

다음으로 Point 객체를 생성한다. 생성은 함수와 비슷하다. Point 객체에서 x와 y를 변수로 사용하고 있고 각각 `p = Point(11, y=22)`에서 차례로 사용되어 값을 저장할 수 있다. 입력된 값은 p 변수에 저장한다. 여기서 주목할 것은 p 변수에 저장된 값을 호출하는 방법이다. 첫째, 요소의 이름을 그대로 사용하는 방법이 있다. `p.x, p.y`와 같이 변수명과 요소의 이름을 점(.)으로 연결하면 해당 값을 불러낼 수 있다. 또 다른 방법으로 인덱스를 사용하는 것이다. 인덱스는 이름이 들어간 순서대로 값이 저장되어 있다. 즉, p[0]은 Point 객체에서 먼저 저장되어야 하는 x값에 대응된다. p[1]은 Point 객체에서 두 번째로 저장되어야 하는 y값에 대응된다. 이로 인해 덧셈 연산이나 언패킹unpacking 연산 등이 모두 가능해진다.

TIP 지금까지 다양한 종류의 collections 모듈에 대해 학습하였다. 파이썬을 처음 배운다면 collections 모듈을 자유자재로 사용하기는 어렵다. 하지만 collections 모듈은 난이도가 올라갈수록 많이 사용하는 모듈이다. 다양한 사용법과 사용 사례에 대해 익혀두기를 바란다.

06 Lab: 텍스트 마이닝 프로그램

1 실습 내용

앞에서 배운 딕셔너리와 collections 모듈을 이용하여 텍스트 마이닝 프로그램을 만들어보자. 텍스트를 분석하여 의미 있는 결과를 도출하는 과정을 텍스트 마이닝text mining이라고 한다. 일반적으로 텍스트 마이닝을 할 때 각 문장에서 단어가 얼마나 많이 출현하는지 분석한다. 이때, defaultdict 모듈을 사용하면 문장에 있는 단어의 개수를 쉽게 파악할 수 있다. 이번 Lab에서는 다음 문장에 있는 단어의 개수를 파악해본다.

```
A press release is the quickest and easiest way to get free publicity. If well
written, a press release can result in multiple published articles about your
firm and its products. And that can mean new prospects contacting you asking
you to sell to them. …
```

이 프로그램을 작성하는 규칙은 다음과 같다.

- **문장의 단어 개수를 파악하는 코드를 작성한다.**
- **defaultdict 모듈을 사용한다.**
- **단어의 출현 횟수를 기준으로 정렬된 결과를 보여주기 위해 OrderedDict 모듈을 사용한다.**

2 실행 결과

이 프로그램의 실행 결과는 다음과 같다.

```
and 3
to 3
a 2
```

```
press 2
release 2
    ⋮
 (생략)
    ⋮
contacting 1
asking 1
sell 1
them. 1
…. 1
```

프로그램을 작성하기 위해 실행 결과를 기반으로 어떤 코드가 필요한지 확인하고, 파이썬을 이용하여 텍스트 마이닝 프로그램을 만들어본다.

3 문제 해결

텍스트 마이닝 프로그램의 결과 코드는 [코드 7-8]과 같다.

코드 7-8 textmining.py

```python
text = """A press release is the quickest and easiest way to get free publicity. If well written, a press release can result in multiple published articles about your firm and its products. And that can mean new prospects contacting you asking you to sell to them. ….""".lower().split()

from collections import defaultdict

word_count = defaultdict(lambda: 0)          # Default 값을 0으로 설정
for word in text:
    word_count[word] += 1

from collections import OrderedDict
for i, v in OrderedDict(sorted(word_count.items(), key=lambda t: t[1], reverse=True)).items():
    print(i, v)
```

[코드 7-8]을 해석하면 다음과 같다.

1행은 text 변수에 원하는 문장을 넣고, 이를 소문자로 바꾼 후 단어 단위로 자르는 코드이다. 이를 위해 lower( )와 split( ) 함수를 연속으로 사용하였다. 이 코드의 결과를 확인하기 위해 파이썬 셸에 다음과 같이 입력하면 리스트의 결과를 볼 수 있다.

```
>>> text = """A press release is the quickest and easiest way to get free
publicity. If well written, a press release can result in multiple published
articles about your firm and its products. And that can mean new prospects
contacting you asking you to sell to them. ….""".lower().split()
>>> print(text)
['a', 'press', 'release', 'is', 'the', 'quickest', 'and', 'easiest', 'way', 'to',
'get', 'free', 'publicity.', 'if', 'well', 'written,', 'a', 'press', 'release', 'can',
'result', 'in', 'multiple', 'published', 'articles', 'about', 'your', 'firm', 'and',
'its', 'products.', 'and', 'that', 'can', 'mean', 'new', 'prospects', 'contacting',
'you', 'asking', 'you', 'to', 'sell', 'to', 'them.', '….']
```

TIP 문장을 모두 소문자로 바꾸는 이유는 보통 영어 문장의 첫 글자가 대문자일 가능성이 있기 때문이다. 이를 대비하기 위해 일반적으로 모든 텍스트를 소문자로 변환한다. 만약 텍스트의 대·소문자 구분이 중요하다면 이를 그대로 놔두는 것이 좋다.

다음으로 이 리스트에서 각각의 단어가 몇 개 있는지 카운트하는 코드가 필요하다. 3~7행을 보면 defaultdict 모듈을 사용하여 딕셔너리의 키값을 단어가 출현할 때마다 `word_count[word] += 1`을 통해 그 수를 증가시키고 있다.

다음으로 단어의 출현 횟수를 기준으로 정렬된 결과를 보여주고 싶다면, 9~11행과 같이 OrderedDict 모듈을 사용하여 코드를 구성한다.

이 코드는 이후에 배울 텍스트 분석에서 벡터 스페이스 모델vector space model을 직접 구현하는 데 매우 중요한 코드이다. 파이썬의 다양한 내장 모듈을 사용하여 효율적으로 텍스트를 분석하는 방법은 이후에 다시 배우도록 하겠다.

요약

01 자료구조data structure는 특징이 있는 정보를 메모리에 효율적으로 저장 및 반환하는 방법으로 데이터를 관리하는 방식이다. 특히 대용량일수록 메모리에 빨리 저장하고 검색함으로써 메모리를 효율적으로 사용해야 실행 시간을 줄일 수 있다.

02 스택stack은 자료구조의 핵심 개념 중 하나로, 간단히 표현하면 'Last In First OutLIFO'으로 정의할 수 있다. 즉, 마지막에 들어간 데이터가 가장 먼저 나오는 형태로 데이터의 저장 공간을 구현하는 것이다.

03 파이썬에서는 리스트를 사용하여 스택을 구현할 수 있다. 리스트라는 저장 공간을 만든 후 append( ) 함수로 데이터를 저장push하고 pop( ) 함수로 데이터를 추출pop한다.

04 큐queue는 스택과 다르게 먼저 들어간 데이터가 먼저 나오는 'Fist in First OutFIFO'의 메모리 구조를 가지는 자료구조이다.

05 튜플tuple은 리스트와 같은 개념이지만 데이터를 변경할 수 없는 자료구조이다.

06 세트set는 값을 순서 없이 저장하되 중복을 불허하는 자료형이다. 세트는 튜플과 다르게 삭제나 변경이 가능하며, 다양한 집합 연산을 제공한다.

07 딕셔너리dictionary는 전화번호부와 같이 키key와 값value 형태로 데이터를 저장하는 자료구조이다.

08 파이썬에서 딕셔너리의 선언은 중괄호 { }를 사용하여 키와 값을 쌍으로 구성하면 된다.

```
딕셔너리 변수 = {키 1:값 1, 키 2:값 2, 키 3:값 3, …}
```

09 collections 모듈은 여러 자료구조를 효율적으로 사용할 수 있도록 지원하는 파이썬 내장built-in 모듈이다.

10 collections 모듈은 deque, OrderedDict, defaultdict, Counter, namedtuple 등을 제공하며, 각 자료구조를 호출하는 코드는 다음과 같다.

```
from collections import deque
from collections import OrderedDict
from collections import defaultdict
from collections import Counter
from collections import namedtuple
```

11 deque 모듈은 스택과 큐를 모두 지원하는 모듈이다.

12 OrderedDict 모듈은 이름 그대로 순서를 가진 딕셔너리 객체이다.

13 defaultdict 모듈은 딕셔너리의 변수를 생성할 때 키에 기본값을 지정하는 방법이다.

14 Counter 모듈은 시퀀스 자료형의 데이터 요소 개수를 딕셔너리 형태로 반환하는 방법이다. 즉, 리스트나 문자열과 같은 시퀀스 자료형에 저장된 요소 중에서 같은 값이 몇 개 있는지 반환한다.

15 namedtuple 모듈은 튜플의 형태로 데이터 구조체를 저장하는 방법이다.

연습문제

01 다음과 같이 코드를 작성했을 때, 실행 결과로 알맞은 것은?

```
score_dict = {'Kim' : 80, 'Lee' : 85, 'Ahn' : 83, 'Choi' : 90}
first_key = list(score_dict.keys())[0]
score_dict[first_key] = 90
print(score_dict.values())
```

① {'Kim' : 80, 'Lee' : 85, 'Ahn' : 90, 'Choi' : 90}

② dict_values([90, 90, 90, 90])

③ { 'Kim' : 90, 'Lee' : 85, 'Ahn' : 83, 'Choi : 90}

④ dict_values([80, 85, 90, 90])

⑤ dict_values([90, 85, 83, 90])

02 다음 코드를 실행시켜 아래와 같은 실행 결과를 얻으려 한다. 빈 칸에 맞지 않은 코드를 모두 고르시오.

```
from collections import deque

deque_list = deque(['a', 'b', 'c'])
[          ]
print(deque_list)
```

```
deque(['c', 'a', 'b'])
```

① deque_list.rotate(1)

② deque_list.rotate(-2)

③ deque_list.appendleft('c')

④ deque_list = deque(['c', 'a', 'b'])

⑤ deque_list = deque(['a', 'b', 'c'])

03 다음과 같이 코드를 작성했을 때, 실행 결과로 알맞은 것은?

```
from collections import Counter

text = 'Hello, this is python world!'
c = Counter(text)
print(c['l'])
```

① 3 ② 1 ③ None ④ 0 ⑤ 에러 발생

04 다음과 같이 코드를 작성했을 때, 실행 결과로 알맞은 것은?

```
dictionary = {"a": 1, "b": 2, "c": 3}
dictionary.setdefault( 'b', 4 )
dictionary.setdefault( 'd', 5 )
dictionary["c"] = dictionary["d"]
dictionary["b"] = dictionary["c"]
dictionary["d"] = dictionary["b"]
print(dictionary)
```

① {'a': 1, 'b': 4, 'c': 3, 'd': 5}

② {'a': 1, 'b': 2, 'c': 3, 'd': 5}

③ {'a': 1, 'b': 4, 'c': 5, 'd': 5}

④ {'a': 1, 'b': 5, 'c': 5, 'd': 5}

⑤ {'a': 1, 'b': 3, 'c': 4, 'd': 3}

05 다음 코드의 실행 결과를 쓰시오.

```
box = [1,'red',3,(),[],None]
print(len(box))
```

06 다음과 같이 코드를 작성했을 때, 실행 결과로 알맞은 것은?

```
>>> fruits = ('apple','banana','cherry','strawberry')
>>> fruits[0] = 'orange'
```

① ('apple','banana','cherry','strawberry')

② ('orange','banana','cherry','strawberry')

③ IndentationError: unexpected indent

④ TypeError: 'tuple' object does not support item assignment

⑤ NameError: name 'fruits' is not defined

07 파이썬 셸에서 다음과 같은 실행 결과들을 얻기 위해 빈칸에 알맞은 값을 순서대로 나열한 것은?

```
>>> 3 [   (가)   ] 5
243
>>> 15 [   (나)   ] 4
3
>>> a = 4
>>> a [   (다)   ] 3
>>> print(a)
1
>>> a = { 'prof. choi' : 'The best' }
>>> type(a)
<class [   (라)   ]>
```

① (가) *	(나) /	(다) -=	(라) 'tuple'
② (가) *	(나) /	(다) -=	(라) 'dict'
③ (가) **	(나) %	(다) =-	(라) 'dict'
④ (가) **	(나) %	(다) -=	(라) 'dict'
⑤ (가) **	(나) %	(다) =-	(라) 'tuple'

08 다음과 같이 코드를 작성했을 때, 실행 결과로 알맞은 것은?

```
def quiz_2(list_data):
a = set(list_data)
return (list(a)[1:5])

list_1 = [0, 3, 1, 7, 5, 0, 5, 8, 0, 4]

print(quiz_2(list_1))
```

① {1, 3, 4, 5}　② {0, 3, 1, 7}　③ [1, 3, 4, 5]　④ {3, 1, 7, 5}　⑤ [3, 1, 7, 5]

09 다음 코드를 실행하여 아래와 같은 실행 결과를 출력하려 한다. 빈 칸에 알맞은 코드를 고르시오.

```
>>> fruit_name = [          ]
>>> print(type(fruit_name))
<class 'tuple'>
```

① ('python korea')　② ['python korea']　③ 'python korea'　④ ('python korea',)　⑤ {python korea}

10 다음과 같이 코드를 작성했을 때, 실행 결과로 알맞은 것은?

```
list_1 = [0, 3, 1, 7, 5, 0, 5, 8, 0, 4]
def quiz_2(list_data):
    a = set(list_data)
    return (list(a)[1:5])
quiz_2(list_1)
```

① {1, 3, 4, 5}　② [1, 3, 4, 5]　③ {3, 1, 7, 5}　④ {0, 3, 1, 7}　⑤ [3, 1, 7, 5]

11 각 자료구조에 대한 설명이다. (가)~(라)에 알맞은 용어를 쓰시오.

> (가) 나중에 넣은 데이터를 먼저 반환하도록 설계된 메모리 구조로, LIFO(Last In First Out)로 구현된다.
>
> (나) 먼저 넣은 데이터를 먼저 반환하도록 설계된 메모리 구조로, FIFO(First In First Out)로 구현된다.
>
> (다) 값의 변경이 불가능하며 리스트의 연산, 인덱싱, 슬라이싱 등을 동일하게 사용한다.
>
> (라) 값을 순서 없이 저장하면서 중복을 불허한다.

(가) ____________ (나) ____________ (다) ____________ (라) ____________

12 다음과 같이 딕셔너리가 선언되었을 때, 각 코드의 실행 결과를 쓰시오.

```
>>> country_code={"America":1,"Korea":82,"China":86,"Japan":81}
```

```
>>> country_code.values()
```

```
>>> country_code
```

```
>>> country_code.keys()
```

```
>>> 85 in country_code.values()
```

```
>>> "Korea" in country_code.keys()
```

13 **다음 코드는 아래 코드를 실행한 결과에 대한 내용이다. 빈칸을 채우시오.**

```
a = ""
midterm_set = set([1, 5, 7, 4, 3, 2, 1, 1, 2, 3])
for i in midterm_set:
    a = a+i

print(a)
```

에러가 발생하는 이유는 변수 a의 (가) 이 (나) 이기 때문이다. 원하는 값이 나오기 위해서는 변수 a의 (가) 이 (다) 로 바뀌어야 한다(에러가 없다면 쓰지 않아도 된다). 마지막으로 출력되는 값은 (라) 이다.

(가) ____________ (나) ____________ (다) ____________ (라) ____________

14 **다음과 같이 코드를 작성했을 때, 실행 결과로 알맞은 것은?**

```
def delete_a_list_element(list_data, element_value):
    if element_value in list_data:
        list_data.remove(element_value)
        return list_data
    else:
        return "False"

list_data = ['a', 1, 'gachon', '2016.0']
element = float(2016)
result = delete_a_list_element(list_data, element)
print(result)
```

① 에러 발생 ② ['a', 1, 'gachon'] ③ None

④ False ⑤ ['a', 1, 'gachon', '2016.0']

15 다음과 같이 코드를 작성했을 때, 실행 결과로 알맞은 것은?

```
def add_number(original_list):
    original_list += [1]
mylist = [1, 2, 3, 4]
add_number(mylist)
print(set(mylist))
```

① [1, 1, 2, 3, 4]　　② {[1], 1, 2, 3, 4}　　③ {1, 2, 3, 4}

④ 에러 발생　　⑤ [1, 2, 3, 4]

16 다음과 같이 코드를 작성했을 때, 실행 결과로 알맞은 것은?

```
a = [3, "apple", 2016, 4]
b = a.pop(0)
c = a.pop(1)
print(b + c)
```

① 2019　　② 에러 발생　　③ 2010

④ 6　　⑤ apple

17 다음과 같이 코드를 작성했을 때, 예측되는 실행 결과를 쓰시오.

```
def week_seven(sentence1):
    cells = set(sentence1.replace(' ','').lower())
    return cells
sentence_a = "The quick brown fox jumps over the lazy dog"
sentence_b = "I love you"
print(len(week_seven(sentence_a)-week_seven(sentence_b)))
```

18 다음과 같이 코드를 작성했을 때, 실행 결과로 알맞은 것은?

```
tuple_1 = (1, 2, 3)
tuple_2 = (4, 5, 6)

def quiz_1(data_1, data_2):

    result = []
    for i in (tuple_1 + tuple_2):
        result.append(i)

    return (result)

print(quiz_1(tuple_1, tuple_2))
```

① [1, 2, 3, 4, 5, 6]　② [(1, 2, 3) (4, 5, 6)]　③ (1, 2, 3) (4, 5, 6)

④ [(1, 2, 3, 4, 5, 6)]　⑤ (1, 2, 3, 4, 5, 6)

19 다음 코드의 실행 결과를 쓰시오.

```
dict_1 = {2:1, 4:2, 6:3, 8:4, 10:6}

dict_keys = list(dict_1.keys())
dict_values = list(dict_1.values())

dict_2 = dict()

for i in range(len(dict_keys)):
    dict_2[dict_values[i]] = dict_keys[i]

print(dict_2[2])
```

PART 03
파이썬 심화

PART 03

파이썬 심화

CHAPTER 08

파이썬 스타일 코드 I

학습목표

- 파이썬 스타일 코드를 사용하는 이유를 알아본다.
- 문자열의 분리 함수 split()과 결합 함수 join()에 대해 학습한다.
- 기존 리스트형을 사용하여 간단하게 새로운 리스트를 만드는 리스트 컴프리헨션에 대해 알아본다.
- 다양한 방식으로 리스트값을 출력하기 위해 enumerate() 함수와 zip() 함수에 대해 학습한다.

PREVIEW

이번 장에서는 파이썬 특유의 문법인 파이썬 스타일 코드에 대해 알아본다. 파이썬의 장점 중 하나가 사람이 이해하고 사용하기 쉬운 언어라는 점인데, 이를 가장 잘 살린 파이썬의 문법적 특징을 파이썬 스타일 코드(pythonic code)라고 한다. 파이썬 스타일 코드는 자료구조와 달리 특별한 모듈이나 함수를 사용하는 것이 아니다. 단지 문자열이나 다양한 모듈을 활용하여 파이썬 특유의 문법을 표현하는 것이다. 파이썬 문법의 가장 큰 특징은 짧고 이해하기 쉽다는 것이다. 코드의 수를 줄임으로써 컴퓨터의 시간은 증가할 수 있지만 사람의 시간은 아낄 수 있다는 장점이 있다. 특히 다른 사람의 코드를 이해하기 위해 반드시 알아야 하는 것이므로 잘 이해하고 넘어가기 바란다.

01 파이썬 스타일 코드의 이해

1 파이썬 스타일 코드의 개념

파이썬 스타일 코드pythonic code는 파이썬 스타일의 코드 작성 기법이다. 사실 '파이썬스럽다'라는 표현은 최근에 와서 정확히 들어맞는 말은 아니다. 초기 파이썬은 기존 C나 자바와 비교해 훨씬 가볍고 간단한 문법이 주를 이루면서 사람이 코드를 쉽게 이해하는 데 많은 도움을 주었다. 하지만 최근 들어 프로그래밍 언어 대부분이 파이썬의 간단한 문법적 특징을 많이 도입하면서 이러한 특징이 파이썬에만 국한되어 나타나지는 않는다. 그럼에도 파이썬 프로그래머들 대부분은 이러한 파이썬의 특징을 자주 애용하기 때문에 파이썬 스타일 코드라고 부른다.

파이썬 스타일 코드의 대표적인 예로 for문을 사용하여 여러 단어를 연결하는 코드에 대해 살펴보자.

```
>>> colors = ['red', 'blue', 'green', 'yellow']
>>> result = ''
>>> for s in colors:
...     result += s
...
>>> print(result)
redbluegreenyellow
```

위 코드는 for문을 사용하여 단어들을 연결하여 출력하는 가장 일반적인 코드이다. 하지만 파이썬에서는 이렇게 여러 줄에 걸쳐 코딩하지 않는다. 파이썬 코딩 방법은 다음과 같다.

```
>>> colors = ['red', 'blue', 'green', 'yellow']
>>> result = ''.join(colors)
>>> print(result)
redbluegreenyellow
```

리스트의 내부 함수인 join( )을 활용하여 리스트의 각 요소를 빈칸 없이 연결하였다. 이처럼 특별한 문법이 아니라 파이썬에서 기본적으로 제공하는 문법들을 활용하여 코딩하는 것이 바로 파이썬 스타일 코드이다. 앞서 배운 딕셔너리나 collections 모듈도 대표적인 파이썬 스타일 코드의 하나이다.

2 파이썬 스타일 코드를 사용하는 이유

파이썬 스타일 코드가 생긴 이유는 파이썬의 철학 때문이다. 파이썬은 기본적으로 '인간의 시간이 컴퓨터의 시간보다 더 중요하다.'라는 개념을 가지고 있다. 그러다 보니 코드상으로 사람이 해야 하는 일을 최대한 줄이면서 같은 결과를 얻을 수 있는 문법 체계가 만들어졌다.

파이썬 스타일 코드는 매우 다양하다. split( ), join( ), 리스트 컴프리헨션list comprehension, enumerate( ), zip( )과 같은 기본적인 개념부터 map( )과 reduce( )와 같은 상위 개념까지 포함한다.

그렇다면 파이썬 스타일 코드는 왜 배워야 할까? 사실 코딩을 하면서 파이썬 스타일 코드를 반드시 이용할 필요는 없다. 하지만 파이썬으로 작성된 프로그램 대부분은 파이썬 스타일 코드의 특징을 포함한다. 즉, 유명한 오픈소스부터 이 책에 있는 다양한 예제 코드까지 파이썬 스타일 코드로 작성된 경우가 많다. 그러므로 파이썬 스타일 코드를 알아야 다른 사람이 작성한 코드를 쉽게 이해할 수 있다.

효율적인 프로그래밍 측면에서도 파이썬 스타일 코드를 사용할 때가 많다. 대표적인 예가 바로 앞에서 확인한 for문과 앞으로 배울 리스트 컴프리헨션이다. 파이썬에서는 프로그래밍을 할 때 단순 for문이나 append( ) 함수보다 리스트 컴프리헨션을 사용하면 조금 더 빠르게 작성할 수 있다. 결국 파이썬 스타일 코드에 익숙해지면 코드 자체도 간결해지고 코드 작성 시간도 줄일 수 있다.

파이썬 스타일 코드에 대해 여기에서 모두 다루기는 어렵다. 이번 장에서는 간단하고 쉬운 예제 위주로 설명하겠다.

02 문자열의 분리 및 결합

1 문자열의 분리: split( ) 함수

split( ) 함수는 특정 값을 기준으로 문자열을 분리하여 리스트 형태로 변환한다. 다음 코드를 보자.

```
>>> items = 'zero one two three'.split()            # 빈칸을 기준으로 문자열 분리하기
>>> print(items)
['zero', 'one', 'two', 'three']
```

위 코드를 보면 문자열 'zero one two three'를 split( ) 함수를 사용하여 리스트형의 변수로 변환한다. 이 코드에서 보듯이 split( ) 함수 안에 매개변수로 아무것도 입력하지 않으면 빈칸을 기준으로 문자열을 분리하라는 뜻이다. split( ) 함수는 텍스트를 리스트 형태로 간단히 나누어 분리할 수 있다는 점에서 널리 사용되고 있다.

이번에는 split( ) 함수에 매개변수를 넣어 텍스트를 어떻게 분리하는지 알아보자.

```
>>> example = 'python,jquery,javascript'             # ","를 기준으로 문자열 나누기
>>> example.split(",")
['python', 'jquery', 'javascript']
>>> a, b, c = example.split(",")               # 리스트에 있는 각 값을 a, b, c 변수로 언패킹
>>> print(a, b, c)
python jquery javascript
>>> example = 'theteamlab.univ.edu'
>>> subdomain, domain, tld = example.split('.')      # "."을 기준으로 문자열 나누기 → 언패킹
>>> print(subdomain, domain, tld)
theteamlab univ edu
```

첫 번째 줄에서 문자열이 콤마(,)를 기준으로 묶여있다. `split(",")`를 사용하면 콤마를 기준으로 문자열을 분리할 수 있다. 마찬가지로 `split(".")`을 사용하면 점(.)을 기준으로 분리한

다. 또한, split( ) 함수는 `a, b, c = example.split(",")`와 같이 결과값을 바로 언패킹하여 사용할 수도 있다. 마지막으로, theteamlab.univ.edu와 같은 도메인 네임을 의미별로 분리할 때도 split( ) 함수를 이용한다.

2 문자열의 결합: join( ) 함수

join( ) 함수는 문자열로 구성된 리스트를 합쳐 하나의 문자열로 만들 때 사용한다. join( ) 함수는 구분자.join(리스트형) 형태이다. 다음 코드를 확인해보자.

```
>>> colors = ['red', 'blue', 'green', 'yellow']
>>> result = ''.join(colors)
>>> result
'redbluegreenyellow'
```

위 코드에서는 colors라는 리스트 변수에 문자열의 요소로 색이름이 들어있다. 이 변수에 join( ) 함수를 적용하면 각각의 색이름이 하나의 문자열 값으로 반환된다. 만약 색이름 사이에 다양한 구분자를 넣고 싶다면 join( ) 함수 앞에 ','나 '-' 등을 추가하면 된다. 다음 코드는 다양한 구분자를 삽입한 예이다.

```
>>> result = ' '.join(colors)              # 연결 시, 1칸을 띄고 연결
>>> result
'red blue green yellow'
>>> result = ', '.join(colors)             # 연결 시 ", "로 연결
>>> result
'red, blue, green, yellow'
>>> result = '-'.join(colors)              # 연결 시 "-"로 연결
>>> result
'red-blue-green-yellow'
```

split( ) 함수와 join( ) 함수는 텍스트 문서를 다룰 때 매우 유용한 파이썬 스타일 코드이다. 복잡한 for문 없이 문자열을 분리 및 결합하여 간단하게 코드를 작성하도록 도와준다.

03 리스트 컴프리헨션

1 리스트 컴프리헨션 다루기

리스트 컴프리헨션list comprehension의 기본 개념은 기존 리스트형을 사용하여 간단하게 새로운 리스트를 만드는 기법이다. 리스트와 for문을 한 줄에 사용할 수 있다는 장점이 있다. 다음 코드를 살펴보자.

일반적인 반복문 + 리스트

```
>>> result = []
>>> for i in range(10):
...     result.append(i)
...
>>> result
[0, 1, 2, 3, 4, 5, 6, 7, 8, 9]
```

리스트 컴프리헨션

```
>>> result = [i for i in range(10)]
>>> result
[0, 1, 2, 3, 4, 5, 6, 7, 8, 9]
```

range( ) 함수를 사용하여 0부터 9까지 숫자를 생성하고, 그것을 result 변수에 추가하는 2개의 코드가 있다고 하자. 아래 코드가 리스트 컴프리헨션 코드이며, 훨씬 더 간결하다는 것을 알 수 있다. `[i for i in range(10)]`은 별도의 append( ) 함수를 사용하지 않고 매우 간단히 새로운 숫자를 추가한다. 코드는 크게 두 부분으로 나뉘어진다. range( ) 함수에서 값을 만들어 i에 할당하는 `for i in range(10)` 부분과 i의 값이 리스트에 추가되는 `[i …]` 부분이다.

여기서 잠깐! 리스트 컴프리헨션 용어

리스트 컴프리헨션(list comprehension)의 우리말 표기는 다양하다. 'comprehension' 자체가 '포괄하는'이라는 의미가 있어 '포괄형 리스트'나 '포함형 리스트'라고도 한다. 어떤 책에서는 '지능형 리스트'나 '축약형 리스트'라고도 한다. 하나의 리스트에 다른 리스트를 포함시켜 생성할 수 있다는 측면에서 '리스트를 포괄한다.'라는 의미로 이해하면 된다. 이 책에서는 적당한 번역 표현이 없다고 생각하여 원어 그대로 리스트 컴프리헨션이라고 부르도록 한다.

2 리스트 컴프리헨션의 사용법

리스트 컴프리헨션은 다양한 용법으로 사용할 수 있는데, 대표적인 방법으로 필터링, 중첩 반복문, 이차원 리스트가 있다.

2.1 필터링

첫 번째는 필터링 기법으로 if문과 함께 사용하는 리스트 컴프리헨션이다. 일반적으로 짝수만 저장하기 위해서는 다음과 같은 코드를 작성해야 한다.

일반적인 반복문 + 리스트

```
>>> result = []
>>> for i in range(10):
...     if i % 2 == 0:
...         result.append(i)
...
>>> result
[0, 2, 4, 6, 8]
```

리스트 컴프리헨션

```
>>> result = [i for i in range(10) if i % 2 == 0]
>>> result
[0, 2, 4, 6, 8]
```

리스트 컴프리헨션 코드를 보면 끝에 `if i % 2 == 0`을 삽입하여 해당 조건을 만족할 때만 i를 추가할 수 있게 한다. 만약 else문과 함께 사용하여 해당 조건을 만족하지 않을 때는 다른 값을 할당할 수 있다. 다음 코드를 보자.

```
>>> result = [i if i % 2 == 0 else 10 for i in range(10)]
>>> result
[0, 10, 2, 10, 4, 10, 6, 10, 8, 10]
```

이 코드처럼 if문을 앞으로 옮겨 else문과 함께 사용해도 되는데, 조건을 만족하지 않을 때 else 다음에 있는 i값을 할당하라는 코드이다.

2.2 중첩 반복문

두 번째는 중첩 반복문nested loop이다. 리스트 컴프리헨션에서도 기존처럼 리스트 2개를 섞어 사용할 수 있다. 다음 코드와 같이 2개의 for문을 만들어보자.

```
>>> word_1 = "Hello"
>>> word_2 = "World"
>>> result = [i + j for i in word_1 for j in word_2]            # 중첩 반복문
>>> result
['HW', 'Ho', 'Hr', 'Hl', 'Hd', 'eW', 'eo', 'er', 'el', 'ed', 'lW', 'lo', 'lr', 'll', 'ld', 'lW',
'lo', 'lr', 'll', 'ld', 'oW', 'oo', 'or', 'ol', 'od']
```

위 코드를 보면 word_1에 있는 값을 먼저 고정시킨 후, word_2의 값을 하나씩 가져와 결과를 생성한다.

중첩 반복문에서도 필터링을 적용할 수 있다. 다음과 같이 반복문 끝에 if문을 추가하면 된다.

```
>>> case_1 = ["A", "B", "C"]
>>> case_2 = ["D", "E", "A"]
>>> result = [i + j for i in case_1 for j in case_2 if not(i==j)]
>>> result
['AD', 'AE', 'BD', 'BE', 'BA', 'CD', 'CE', 'CA']
```

2.3 이차원 리스트

비슷한 방식으로 이차원 리스트two-dimensional list를 만들 수 있다. 앞에서 설명한 중첩 반복문의 예시 코드의 결과는 일차원 리스트one-dimensional list였다. 그렇다면 하나의 정보를 열row 단위로 저장하는 이차원 리스트는 어떻게 만들 수 있을까? 먼저 다음 코드를 보자.

```
>>> words = 'The quick brown fox jumps over the lazy dog'.split()
>>> print(words)
['The', 'quick', 'brown', 'fox', 'jumps', 'over', 'the', 'lazy', 'dog']
>>> stuff = [[w.upper(), w.lower(), len(w)] for w in words]      # 리스트의 각 요소를 대문
자, 소문자, 길이로 변환하여 이차원 리스트로 변환
```

가장 간단한 방법은 위 코드처럼 대괄호 2개를 사용하는 것이다. 이 코드는 기존 문장을 split( ) 함수로 분리하여 리스트로 변환한 후 각 단어의 대문자, 소문자, 길이를 하나의 리스트로 각각 저장하는 방식이다. 이렇게 저장한 후 결과를 출력하면 다음과 같이 이차원 리스트를 생성할 수 있다.

```
>>> for i in stuff:
...     print(i)
...
['THE', 'the', 3]
['QUICK', 'quick', 5]
['BROWN', 'brown', 5]
['FOX', 'fox', 3]
['JUMPS', 'jumps', 5]
['OVER', 'over', 4]
['THE', 'the', 3]
['LAZY', 'lazy', 4]
['DOG', 'dog', 3]
```

다른 방법으로 for문 2개를 붙여 사용할 수도 있다. 여기서 한 가지 주의할 점은 for문 2개를 붙여 사용하면 대괄호의 위치에 따라 for문의 실행이 달라진다는 것이다. 이전에 배웠던 for문의 경우 앞에 있는 for문이 먼저 실행된 후 뒤에 있는 for문이 실행된다는 것을 기억해보자. 그래서 다음 코드의 경우 A가 먼저 고정되고 D, E, A를 차례대로 붙여 결과가 출력된다.

```
>>> case_1 = ["A", "B", "C"]
>>> case_2 = ["D", "E", "A"]
>>> result = [i + j for i in case_1 for j in case_2]
>>> result
['AD', 'AE', 'AA', 'BD', 'BE', 'BA', 'CD', 'CE', 'CA']
```

이차원 리스트를 만들기 위해서는 대괄호를 하나 더 사용해야 한다. 그리고 그와 동시에 먼저 작동하는 for문의 순서가 달라진다. 다음 코드는 위의 코드와 달리 리스트 안에 `[i + j for i in case_1]`이 하나 더 존재한다. 따라서 먼저 나온 for문이 고정되는 것이 아니라 뒤의 for문이 고정된다. 즉, A부터 고정되는 것이 아니라 case_2의 첫 번째 요소인 D가 고정되고 A, B, C가 차례로 D 앞에 붙는다. 결과를 보면 마찬가지로 이차원 리스트 형태로 출력되었다.

```
>>> result = [[ i + j for i in case_1] for j in case_2]
>>> result
[['AD', 'BD', 'CD'], ['AE', 'BE', 'CE'], ['AA', 'BA', 'CA']]
```

지금까지의 내용을 정리해보자. 먼저 다음 두 코드는 꼭 구분해야 한다.

```
① [i + j for i in case_1 for j in case_2]
② [[i + j for i in case_1] for j in case_2]
```

첫 번째 코드는 일차원 리스트를 만드는 코드로 앞의 for문이 먼저 실행된다. 두 번째 코드는 이차원 리스트를 만드는 코드로 뒤의 for문이 먼저 실행된다. 이 두 코드의 차이를 꼭 이해하고 넘어가자.

3 리스트 컴프리헨션의 성능

왜 리스트 컴프리헨션을 사용할까? 앞서 설명했듯이 문법적 간단함의 장점 외에도 성능이 뛰어나다. [코드 8-1]과 [코드 8-2]를 실행하여 결과를 비교해보자.

코드 8-1 loop.py(일반적인 반복문 + 리스트)

```python
def sclar_vector_product(scalar, vector):
    result = []
    for value in vector:
        result.append(scalar * value)
    return result

iteration_max = 10000

vector = list(range(iteration_max))
scalar = 2

for _ in range(iteration_max):
    sclar_vector_product(scalar, vector)
```

코드 8-2 listcomprehension.py(리스트 컴프리헨션)

```python
iteration_max = 10000

vector = list(range(iteration_max))
scalar = 2

for _ in range(iteration_max):
    [scalar * value for value in range(iteration_max)]
```

두 개의 코드는 똑같은 목적이 있다. 모두 대학 과정의 선형대수나 고등학교 과정의 행렬에서 배우는 벡터vector와 스칼라scalar의 곱셈을 실행하는 코드이다. 벡터-스칼라 곱셈은 하나의 스칼라값이 각 벡터의 값과 곱해져 최종값을 만든다. 여기서 스칼라는 파이썬의 정수형 또는 실수형으로, 벡터는 리스트로 치환하여 생각하면 쉽게 이해할 수 있다.

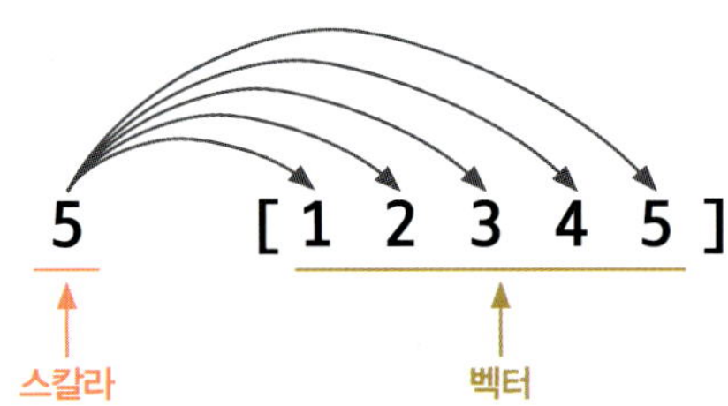

그림 8-1 벡터와 스칼라

실제 두 코드는 iteration_max 크기의 리스트를 만들고, 리스트의 각 요소에 스칼라값을 곱한다. 그리고 이것을 iteration_max의 횟수만큼 반복하는 코드이다. 결과물은 따로 저장하지 않으므로 프로그램 수행시 연산이 일어난다. 그런데 과연 이 코드의 속도는 어느 정도일까?

[그림 8-2]는 두 코드의 성능을 비교하기 위해 리눅스 계열에서 사용하는 time 명령어의 결과를 캡처한 것이다. 코드의 총 실행 시간을 알 수 있다.

```
real    0m10.230s
user    0m10.203s
sys     0m0.023s
```

(a) 일반적인 반복문 + 리스트

```
real    0m7.788s
user    0m7.762s
sys     0m0.021s
```

(b) 리스트 컴프리헨션

그림 8-2 코드의 실행 시간을 통한 성능 비교

코드에서 보듯이 일반적인 리스트로 작성된 [코드 8-1]보다 리스트 컴프리헨션으로 작성된 [코드 8-2]의 실행 시간이 30% 정도 짧아졌다. 약 10초와 7초의 실행 시간을 보였다. 즉, 리스트 컴프리헨션은 내부적으로 잘 구성된 메모리 사용 방식으로 기존 for문보다 시간 면에서 효율적인 연산을 수행할 수 있다.

TIP 나중에 배울 기회가 있겠지만, numpy와 같은 모듈을 사용하면 좀 더 효율적으로 리스트 연산을 할 수 있다.

04 다양한 방식의 리스트값 출력

1 리스트값에 인덱스를 붙여 출력: enumerate( ) 함수

enumerate( ) 함수는 리스트의 값을 추출할 때 인덱스를 붙여 함께 출력하는 방법이다. 다음 코드를 확인해보자.

TIP enumerate는 '열거하다'라는 뜻이다.

```
>>> for i, v in enumerate(['tic', 'tac', 'toe']):    # 리스트에 있는 인덱스와 값을 언패킹
...     print(i, v)
...
0 tic
1 tac
2 toe
```

리스트형의 ['tic', 'tac', 'toe']에 enumerate( ) 함수를 적용하였다. enumerate( ) 함수를 적용하면 인덱스와 리스트의 값이 언패킹되어 추출되는데, 위 코드에서는 'tic', 'tac', 'toe'에 각각 0, 1, 2의 인덱스가 붙어 출력되는 것을 알 수 있다.

enumerate( ) 함수는 주로 딕셔너리형으로 인덱스를 키로, 단어를 값으로 하여 쌍으로 묶어 결과를 출력하는 방식을 사용한다. 다음 코드를 참고한다.

```
>>> {i:j for i,j in enumerate('TEAMLAB is an academic institute located in South
Korea.'.split())}
{0: 'TEAMLAB', 1: 'is', 2: 'an', 3: 'academic', 4: 'institute', 5: 'located', 6: 'in',
7: 'South', 8: 'Korea.'}
```

2 리스트값을 병렬로 묶어 출력: zip( ) 함수

zip( ) 함수는 1개 이상의 리스트값이 같은 인덱스에 있을 때 병렬로 묶는 함수이다. 다음 코드를 확인해보자.

```
>>> alist = ['a1', 'a2', 'a3']
>>> blist = ['b1', 'b2', 'b3']
>>> for a, b in zip(alist, blist):                # 병렬로 값을 추출
...     print(a, b)
...
a1 b1
a2 b2
a3 b3
```

위 코드는 alist와 blist를 zip( ) 함수로 묶는 코드이다. 두 리스트 모두 3개의 값이 있어 같은 인덱스의 값끼리 묶어 출력할 수 있다.

zip( ) 함수로 묶으면 다양한 추가 기능을 만들 수 있다. 예를 들어, 다음 코드처럼 같은 인덱스에 있는 값끼리 더하는 것도 가능하다.

```
>>> a, b, c = zip((1, 2, 3), (10, 20, 30), (100, 200, 300))
>>> print(a, b, c)
(1, 10, 100) (2, 20, 200) (3, 30, 300)
>>> [sum(x) for x in zip((1, 2, 3), (10, 20, 30), (100, 200, 300))]
[111, 222, 333]
```

즉, 같은 인덱스에 있는 숫자를 추출하여 sum( ) 함수를 적용하면 각각의 값을 더해 출력할 수 있다. 앞서 벡터-스칼라 곱셈의 예에서 보았듯이 이 기법으로 벡터 덧셈이나 매트릭스 덧셈 등을 만들 수 있다.

enumerate( ) 함수와 zip( ) 함수를 같이 사용하는 방법도 있다. 다음 코드를 보자.

```
>>> alist = ['a1', 'a2', 'a3']
>>> blist = ['b1', 'b2', 'b3']
```

```
>>> for i, (a, b) in enumerate(zip(alist, blist)):
...     print(i, a, b)                      # (인덱스, alist[인덱스], blist[인덱스]) 표시
...
0 a1 b1
1 a2 b2
2 a3 b3
```

위 코드에서 alist와 blist를 zip( ) 함수로 묶고 enumerate( ) 함수를 적용하여 같은 인덱스의 값끼리 묶어 출력하였다.

TIP 각각 다른 유형의 데이터(예를 들어, 학번/이름/학과 등)가 개별 리스트 형태로 있다면 이와 같은 기법으로 데이터를 묶어 ID값을 붙이는 방법도 가능하다.

요약

01 파이썬 스타일 코드pythonic code는 파이썬 스타일의 코드 작성 기법이다.

02 파이썬 스타일 코드가 생긴 이유는 바로 파이썬의 철학 때문이다. 파이썬은 기본적으로 '인간의 시간이 컴퓨터의 시간보다 더 중요하다.'라는 개념을 가지고 있다. 그러다 보니 코드상으로 사람이 해야 하는 일을 최대한 줄이면서 같은 결과를 얻을 수 있는 문법 체계가 만들어졌다.

03 split( ) 함수는 특정 값을 기준으로 문자열을 분리하여 리스트 형태로 변환한다.

04 join( ) 함수는 문자열로 구성된 리스트를 합쳐 하나의 문자열로 만들 때 사용한다. join( ) 함수를 사용하는 방법은 구분자.join(리스트형) 형태이다.

05 리스트 컴프리헨션list comprehension의 기본 개념은 기존 리스트형을 사용하여 간단하게 새로운 리스트를 만드는 기법이다. 리스트와 for문을 한 줄에 사용할 수 있다는 장점이 있다.

06 리스트 컴프리헨션은 다양한 용법으로 사용할 수 있는데, 대표적인 것으로 필터링, 중첩 반복문, 이차원 리스트가 있다.

07 enumerate( ) 함수는 리스트값을 추출할 때 인덱스를 붙여 함께 출력하는 방법이다.

08 zip( ) 함수는 1개 이상의 리스트값이 같은 인덱스에 있을 때 병렬로 묶는 함수이다.

연습문제

01 다음과 같이 코드를 작성했을 때, 실행 결과로 알맞은 것은?

```
mylist = ['pen' ,'pencil', 'sharp']
esult = list(enumerate(mylist))
print(result)
```

① [('pen', 1), ('pencil', 2), ('sharp', 3)]

② [(1, 'pen'), (2, 'pencil'), (3, 'sharp')]

③ [(0, 'pen'), (1, 'pencil'), (2, 'sharp')]

④ [('pen', 0), ('pencil', 1), ('sharp', 2)]

⑤ [('sharp',0), ('pencil',1), ('pen',2)]

02 다음과 같이 코드를 작성했을 때, 실행 결과로 알맞은 것은?

```
colors = ['orange', 'pink', 'brown', 'black', 'white', 'yellow']
result = '&'.join(colors)
print(result)
```

① orange,pink,brown,black,white,yellow

② orange-pink-brown-black-white-yellow

③ orange pink brown black white yellow

④ orangepinkbrownblackwhite&yellow

⑤ orange&pink&brown&black&white&yellow

03 다음 코드의 실행 결과를 쓰시오.

```
kor_score = [70, 79, 80, 90, 80]
math_score = [42, 80, 30, 50, 90]
eng_score = [53, 77, 50, 70, 55]
midterm_score = [kor_score, math_score, eng_score]
print("score:",midterm_score[2][1])
```

04 다음과 같이 코드를 작성했을 때, 실행 결과로 알맞은 것은?

```
user_dict = {}
user_list = ["students","superuser", "professor", "employee"]
user_dict = {value_2 : value_1 for value_1, value_2 in enumerate(user_list)}
print(user_dict)
```

① {0, 1, 2, 3}

② {'students', 'superuser', 'professor', 'employee'}

③ {'students': 0, 'superuser': 1, 'professor': 2, 'employee': 3}

④ {0 : 'students', 1 : 'superuser', 2 : 'professor', 3 : 'employee'}

⑤ ['students', 'superuser', 'professor', 'employee']

05 다음과 같이 코드를 작성했을 때, 실행 결과로 알맞은 것은?

```
alphabet = ["a", "b", "c", "d", "e", "f", "g", "h"]
nums = [i for i in range(20)]
answer = [alpha+str(num) for alpha in alphabet for num in nums if num%2 == 0]
print(len(answer))
```

① 80　② 20　③ 에러 발생　④ 10　⑤ 0

06 다음과 같이 코드를 작성했을 때, 실행 결과로 알맞은 것은?

```
name = "Hanbit University"
student = ["Hong", "Gil", "Dong"]
split_name = name.split()
join_student = ''.join(student)
print(join_student[-4:] + split_name[1])
```

① DongUniversity

② Hanbit University

③ HongGilDong

④ University

⑤ HanbitUniversity

07 다음과 같이 코드를 작성했을 때, 실행 결과로 알맞은 것은?

```
animal = ['Fox', 'Dog', 'Cat', 'Monkey', 'Horse', 'Panda', 'Owl']
print([ani for ani in animal if 'o' not in ani])
```

① ['Fox', 'Dog', 'Cat', 'Monkey', 'Horse', 'Panda']

② ['Fox', 'Dog', 'Cat', 'Monkey', 'Horse', 'Panda', 'Owl']

③ ['Fox', 'Dog', 'Monkey', 'Horse', 'Owl']

④ ['Cat', 'Panda', 'Owl']

⑤ []

08 파이썬 셸에서 다음과 같이 코드를 작성했을 때, 각각의 실행 결과를 쓰시오.

```
>>> result = [i for i in range(10) if i%2 == 0]
>>> print(result)

>>> items = 'zero one two three'.split("two")
>>> result =[i for i in range(10)]
>>> print(result)

>>> items ='zero one two three'.split()
>>> print(items)

>>> example = 'cs50.gachon.edu'
>>> subdomain, domain, tld = example.split('.')
>>> print(subdomain)

```

09 다음과 같이 코드를 작성했을 때, 실행 결과로 알맞은 것은?

```
dog_song = "my dog has brown eyes, my dog is cute"
print({i:j for j,i in enumerate(dog_song.split())})
```

① {0: 'my', 1: 'dog', 2: 'has', 3: 'brown', 4: 'eyes,', 5: 'my', 6: 'dog', 7: 'is', 8: 'cute'}

② {'my': 0, 'dog': 1, 'has': 2, 'brown': 3, 'eyes,': 4, 'my': 5, 'dog': 6, 'is': 7, 'cute': 8}

③ {0: 'my', 1: 'dog', 2: 'has', 3: 'brown', 4: 'eyes,', 5: 'is', 6: 'cute'}

④ {'my': 5, 'dog': 6, 'has': 2, 'brown': 3, 'eyes,': 4, 'is': 7, 'cute': 8}

⑤ 에러 발생

10 다음 코드의 실행 결과를 쓰시오.

```
kor_score = [49, 79, 20, 100, 80]
math_score = [43, 59, 85, 30, 90]
eng_score = [49, 79, 48, 60, 100]
midterm_score = [kor_score, math_score, eng_score]
print(midterm_score[0][2])
```

① 49 ② 20 ③ 79
④ 100 ⑤ 20

11 다음과 같이 코드를 작성했을 때, 예측되는 실행 결과를 쓰시오.

```
>>> a = [1, 2, 3]
>>> b = [4, 5, ]
>>> c = [7, 8, 9]
>>> print([[sum(k), len(k)] for k in zip(a, b, c)])
```

① [[6, 3], [9, 2], [24, 3]] ② [[12, 3], [15, 3]] ③ [[12, 3], [15, 3], [17, 3]]
④ 에러 발생 ⑤ [[12, 3], [15, 3], [12, 2]]

12 다음 코드의 실행 결과를 쓰시오.

```
week = ['mon', 'tue', 'wed', 'thu', 'fri', 'sat', 'sun']
rainbow = ['red', 'orange', 'yellow', 'green', 'blue', 'navy', 'purple']
list_data = [week, rainbow]

print(list_data[0][4])
```

① thu ② fri ③ red
④ green ⑤ week

CHAPTER 09

파이썬 스타일 코드 II

학습목표

- 람다 함수를 사용하는 방식과 다양한 형태에 대해 알아본다.
- map() 함수와 reduce() 함수에 대해 학습한다.
- 별표를 사용하는 방법과 별표의 언패킹 기능에 대해 이해한다.
- 파이썬 스타일 코드로 벡터와 행렬을 표현한다.

PREVIEW

이번 장에서는 파이썬 스타일 코드에 대해 좀 더 심도 있게 다루려고 한다. 이전 장에서 배운 split( ), join( ), 리스트 컴프리헨션, enumerate( ), zip( ) 등은 파이썬 스타일 코드에서 기본적으로 많이 사용하는 기법이다. 이번 장에서는 이전 파이썬 2.x 버전에서 많이 사용한 람다(lambda) 함수, map( ) 함수, reduce( ) 함수와 수준 높은 파이썬 코딩을 위해 필요한 별표(*)의 활용에 대해 배운다. 또한 조금 어려울 수 있지만 간단한 선형대수의 기법들을 파이썬 스타일 코드로 직접 구현해보면서 파이썬 스타일 코드를 어떻게 활용할 수 있는지에 대해 경험한다.

01 람다 함수

1 람다 함수의 사용

람다lambda 함수는 함수의 이름 없이 함수처럼 사용할 수 있는 익명의 함수를 말한다. 선형대수나 미적분 등의 과목을 수강하다 보면 한 번쯤 람다 대수라는 표현을 들어보았을 것이다. 람다 함수의 '람다'는 바로 이 람다 대수에서 유래하였다. 일반적으로 람다 함수는 이름을 지정하지 않아도 사용할 수 있다. 먼저 [코드 9-1]과 [코드 9-2]를 비교해보자.

코드 9-1 function.py(일반적인 함수)

```
def f(x, y):
    return x + y

print(f(1, 4))
```

```
5
```

코드 9-2 lambda.py(람다 함수)

```
f = lambda x, y: x + y
print(f(1, 4))
```

```
5
```

위의 두 코드는 모두 입력된 x, y의 값을 더하여 그 결과를 반환하는 함수로, 결과값도 5로 같다. 하지만 람다 함수는 별도의 def나 return을 입력하지 않는다. 단지 앞에는 매개변수의 이름을, 뒤에는 매개변수가 반환하는 결과값인 'x + y'를 입력한다. 이는 기존의 f 함수와 구조는 같고 표현이 다를 뿐이다.

여기서 잠깐! 람다 함수를 표현하는 다른 방식

람다 함수를 표현하는 또 다른 방식이 있다. 다음을 보자.

```
print((lambda x: x + 1)(5))
```

람다 함수 자체는 위 코드처럼 이름 없이 사용할 수 있지만, 일반적으로 [코드 9-2]와 같이 어떤 변수에 람다 함수를 할당하여 함수와 비슷한 형태로 사용한다. 위 코드는 람다 함수에 별도의 이름을 지정하지는 않았지만, 괄호에 람다 함수를 넣고 인수(argument)로 5를 입력하였다. 이 코드의 결과는 6으로 출력된다.

2 람다 함수의 다양한 형태

람다 함수는 다양한 형태로 사용할 수 있다. 기본적으로 함수를 선언하는 것과 완전히 같은 방식으로 이해하면 된다. 다음 코드를 살펴보자.

```
>>> f = lambda x, y: x + y
>>> f(1, 4)
5
>>>
>>> f = lambda x: x ** 2
>>> f(3)
9
>>>
>>> f = lambda x: x / 2
>>> f(3)
1.5
>>> f(3, 5)
Traceback (most recent call last):
    File "<stdin>", line 1, in <module>
TypeError: <lambda>() takes 1 positional argument but 2 were given
```

이 코드의 맨 아래에 있는 코드를 보면 바로 앞에서 매개변수를 1개로 선언했는데 `f(3, 5)`와 같이 2개 이상의 값이 들어오면 오류가 발생한다. 이는 함수에서 매개변수의 개수를 벗어나는 인수가 입력될 때의 결과와 같다.

TIP 파이썬 3.x 버전부터는 람다 함수의 사용을 권장하지 않는다. 자바 같은 언어에서 람다 함수를 차용하고, 스칼라와 같은 빅데이터 관련 언어에서도 대중적으로 사용되지만, 파이썬의 몇몇 개발자는 람다를 직관적이지 않다는 이유로 권장하지 않는다. 하지만 아직도 람다를 사용하는 개발자가 매우 많아 여러 코드에서 종종 확인할 수 있다. 코드 자체도 간단하고 다른 함수들과 함께 많이 사용하는 기법이니 꼭 기억하도록 한다.

02 맵리듀스

맵리듀스MapReduce는 파이썬뿐만 아니라 빅데이터를 처리하기 위한 기본 알고리즘으로 많이 사용한다. 맵리듀스에는 map( ) 함수와 reduce( ) 함수가 있다.

1 map( ) 함수

map( ) 함수는 연속 데이터를 저장하는 시퀀스 자료형에서 요소마다 같은 기능을 적용할 때 주로 사용한다. 일반적으로 리스트나 튜플처럼 요소가 있는 시퀀스 자료형에 사용된다. 사용 방법은 매우 간단하다. 다음 코드를 살펴보자.

```
>>> ex = [1, 2, 3, 4, 5]
>>> f = lambda x: x ** 2
>>> print(list(map(f, ex)))
[1, 4, 9, 16, 25]
```

위 코드에서는 먼저 ex라는 이름의 리스트를 만들고, 입력된 값을 제곱하는 람다 함수 f를 생성하였다. 그리고 'map(함수 이름, 리스트 데이터)'라는 형식에 맞춰 `map(f, ex)` 코드를 실행한다. 이는 '해당 코드로 함수 f를 ex의 각 요소에 맵핑mapping하라'는 뜻이다. 이 코드는 실제로 [그림 9-1]과 같이 실행된다.

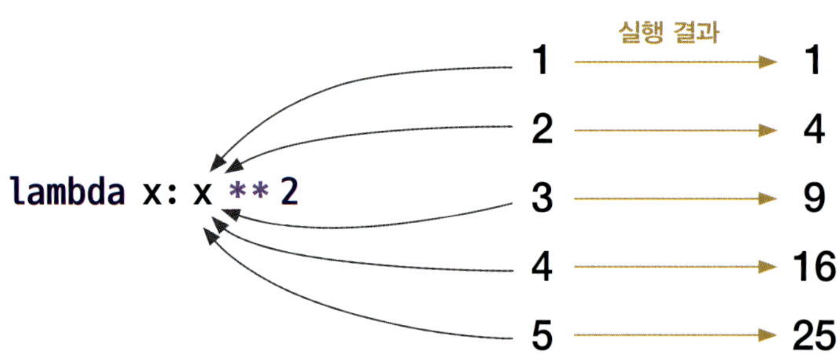

그림 9-1 map() 함수의 실행

1.1 제너레이터의 사용

한 가지 주의할 점은 파이썬 2.x와 3.x에서의 map( ) 함수 코드가 약간 다르다는 점이다. 파이썬 2.x에서는 `map(f, ex)`라고만 입력해도 리스트로 반환되지만, 3.x에서는 반드시 `list(map(f, ex))`처럼 list를 붙여야 리스트로 반환된다. 이것은 제너레이터generator라는 개념이 강화되면서 생긴 추가 코드이다. 제너레이터는 시퀀스 자료형의 데이터를 처리할 때 실행 시점의 값을 생성하여 효율적으로 메모리를 관리할 수 있다는 장점이 있다.

만약 list를 붙이지 않는다면 다음 코드처럼 코딩하는 것이 좋다. 여기서 함수는 반드시 람다 함수일 필요는 없고 일반 함수를 만들어 사용해도 문제는 없다.

```
>>> ex = [1, 2, 3, 4, 5]
>>> f = lambda x: x ** 2
>>> for value in map(f, ex):
...     print(value)
...
1
4
9
16
25
```

1.2 리스트 컴프리헨션과의 비교

최근에는 람다 함수나 map( ) 함수를 프로그램 개발에 사용하는 것을 권장하지 않는다. 굳이 두 함수를 쓰지 않더라도 리스트 컴프리헨션 기법으로 얼마든지 같은 효과를 낼 수 있기 때문이다. 만약 위 코드를 리스트 컴프리헨션으로 변경한다면 다음과 같다.

```
>>> ex = [1, 2, 3, 4, 5]
>>> [x ** 2 for x in ex]
[1, 4, 9, 16, 25]
```

1.3 한 개 이상의 시퀀스 자료형 데이터의 처리

map( ) 함수의 또 다른 특징은 2개 이상의 시퀀스 자료형 데이터를 처리하는 데도 문제가 없어, 여러 개의 시퀀스 자료형 데이터를 입력값으로 사용할 수 있다는 점이다. 만약 람다 함수를 작성한다면 zip( ) 함수처럼 2개의 시퀀스 자료형 데이터에서 같은 위치에 있는 값끼리 대응시켜 계산할 수 있다. 다음 코드를 보면 ex 변수와 같은 위치에 있는 값끼리 더한 결과가 출력되었다.

```
>>> ex = [1, 2, 3, 4, 5]
>>> f = lambda x, y: x + y
>>> list(map(f, ex, ex))
[2, 4, 6, 8, 10]
```

위 코드를 리스트 컴프리헨션으로 변경하면 다음과 같다.

```
>>> [x + y for x, y in zip(ex, ex) ]
[2, 4, 6, 8, 10]
```

1.4 필터링(filtering) 기능

map( ) 함수는 리스트 컴프리헨션처럼 필터링 기능을 사용할 수 있다. 한 가지 기억할 점은 리스트 컴프리헨션과 달리 else문을 반드시 작성해 해당 경우가 존재하지 않는 경우를 지정해 주어야 한다는 점이다.

다음에서 짝수일 때는 각 수를 제곱하고, 그렇지 않을 때는 해당 수를 그대로 출력하는 코드를 작성하였다. 비교를 위해 같은 기능의 리스트 컴프리헨션 코드를 바로 아래에 작성하였다. 실제로 리스트 컴프리헨션 코드가 약간 더 직관적이라는 사실을 알 수 있다.

```
>>> list(map(lambda x: x ** 2 if x % 2 == 0  else x, ex))        # map() 함수
[1, 4, 3, 16, 5]
>>> [x ** 2 if x % 2 ==0 else x for x in ex]                     # 리스트 컴프리헨션
[1, 4, 3, 16, 5]
```

2 reduce( ) 함수

reduce( ) 함수는 map( ) 함수와 용법은 다르지만 형제처럼 함께 사용하는 함수이다. reduce( ) 함수는 리스트와 같은 시퀀스 자료형에 차례대로 함수를 적용한 다음 모든 값을 통합시켜 주는 함수이다. 설명만으로는 어려울 수 있다. [그림 9-2]를 보면서 다음 코드가 실행되는 과정을 생각해보자.

```
>>> from functools import reduce
>>> print(reduce(lambda x, y: x+y, [1, 2, 3, 4, 5]))
15
```

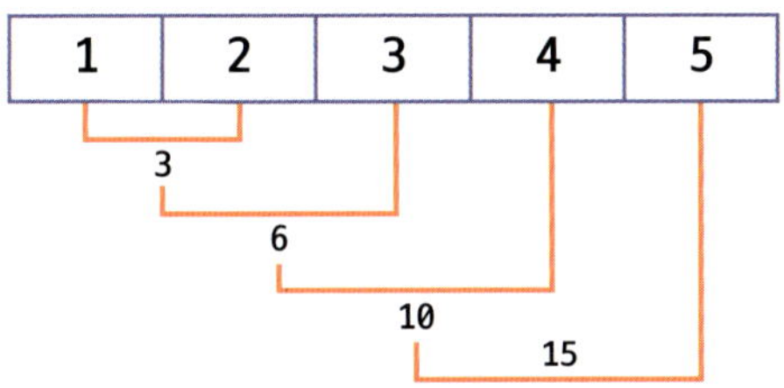

그림 9-2 reduce( ) 함수 실행

reduce( ) 함수에 적용되는 함수의 인수가 2개이므로 값이 어떻게 매칭되는지 이해하기 어려울 수 있다. 그렇다면 [코드 9-3]으로 바꿔보면 어떨까?

코드 9-3 reduce.py

```
x = 0
for y in [1, 2, 3, 4, 5]:
    x += y

print(x)
```

```
15
```

이 경우에도 x의 결과값으로 15가 출력된다. 즉, 앞의 x는 기존의 x + y의 결과값을 계속 저장하는 변수이고, 뒤의 y는 리스트에 있는 값을 하나씩 할당받는 변수이다. 값을 차례대로 뽑아낸다는 것은 기존 map( ) 함수와 똑같지만, 리스트 변수의 모든 값을 람다 함수로 적용한다는 차이가 있다.

TIP 맵리듀스는 여러 대의 분산된 컴퓨터에 적용시켜 대용량의 데이터를 매우 빠르게 처리할 수 있다. 실제로 대용량 데이터를 처리할 때 이 맵리듀스의 개념은 매우 유용하게 사용된다.

여기서 잠깐! 람다 함수와 맵리듀스의 사용

람다 함수와 맵리듀스는 파이썬 2.x 버전에서 매우 많이 사용하던 함수이다. 최근에는 그 문법의 복잡성 때문에 권장하지 않지만, 여전히 기존 코드와 새롭게 만들어지는 코드에서 많이 사용하고 있으므로 알아둘 필요가 있다.

03 별표의 활용

1 별표의 사용

별표asterisk는 곱하기 기호(*)를 뜻한다. 별표는 기본 연산자로, 단순 곱셈이나 제곱 연산에 많이 사용된다. 하지만 별표를 사용하는 특별한 경우가 있다. 바로 다음 코드에서 볼 수 있듯이 함수의 가변 인수variable length arguments를 사용할 때 변수명 앞에 별표를 붙인다.

가변 인수

```
>>> def asterisk_test(a, *args):
...     print(a, args)
...     print(type(args))
...
>>> asterisk_test(1, 2, 3, 4, 5, 6)
1 (2, 3, 4, 5, 6)
<class 'tuple'>
```

키워드 가변 인수

```
>>> def asterisk_test(a, **kargs):
...     print(a, kargs)
...     print(type(kargs))
...
>>> asterisk_test(1, b=2, c=3, d=4, e=5, f=6)
1 {'b': 2, 'c': 3, 'd': 4, 'e': 5, 'f': 6}
<class 'dict'>
```

위 코드에서는 별표 한 개(*) 또는 두 개(**)를 변수명 앞에 붙여 여러 개의 변수가 함수에 한 번에 들어갈 수 있도록 처리하였다. 즉, 첫 번째 함수의 경우, 2, 3, 4, 5, 6이 변수 args에 할당된다. 그렇다면 별표의 어떤 특징 때문에 이것이 가능할까? 바로 여러 개의 변수를 담는 컨테이너container로서의 속성을 부여하였기 때문이다.

TIP 컨테이너란 일종의 데이터를 담는 그릇이다. 여러 개의 변수를 한꺼번에 넣는 기능을 한다.

2 별표의 언패킹 기능

파이썬 함수에서 별표는 변수 앞에 붙어 여러 개의 변수를 한 번에 넣을 수 있는 컨테이너 역할을 한다. 이 외에도 한 가지 기능이 더 있다. 여러 개의 데이터를 담는 리스트, 튜플, 딕셔너리와 같은 자료형에서는 해당 데이터를 언패킹unpacking하는 기능을 한다. 다음 코드를 보자.

```
>>> def asterisk_test(a, args):
...     print(a, *args)
...     print(type(args))
...
>>> asterisk_test(1, (2, 3, 4, 5, 6))
1 2 3 4 5 6
<class 'tuple'>
```

위 코드에서 asterisk_test 함수는 a와 args, 2개의 변수를 매개변수로 받는다. 여기서 주의할 점은 args 앞에 별표가 붙지 않았다는 점이다. 따라서 정수형인 a와 튜플형인 args가 매개변수에 입력된다. 핵심은 `print(a, *args)` 코드이다. 사실 args는 함수에 하나의 변수로 들어갔기 때문에 일반적이라면 다음과 같이 출력되어야 한다.

```
1 (2 3 4 5 6)
```

왜냐하면 튜플의 값은 하나의 변수이므로 출력 시 괄호가 붙어 출력된다. 하지만 기대와 달리 `1 2 3 4 5 6` 형태로 출력되었다. 이는 일반적으로 `print(a, b, c, d, e, f)`처럼 각각의 변수를 하나씩 따로 입력했을 때 출력되는 형식이다. 이렇게 출력된 이유는 *args 때문이다. 즉, args 변수 앞에 별표가 붙어 이러한 결과가 나온 것이다. 이처럼 변수 앞의 별표는 해당 변수를 언패킹한다. 즉, 하나의 튜플 `(2, 3, 4, 5, 6)`이 아닌 각각의 독립적인 변수의 형태인 `2, 3, 4, 5, 6`으로 변경되었다. 다음 코드를 보면 좀 더 명확히 이해될 것이다.

```
>>> def asterisk_test(a, *args):
...     print(a, args)
...     print(type(args))
...
>>> asterisk_test(1, *(2, 3, 4, 5, 6))
1 (2, 3, 4, 5, 6)
<class 'tuple'>
```

위 코드에서 함수 호출 시 별표가 붙은 `asterisk_test(1, *(2, 3, 4, 5, 6))`의 형태로 값이 입력되었다. 즉, 입력값은 뒤의 튜플 변수가 언패킹되어 다음처럼 입력된 것이다.

```
>>> asterisk_test(1, 2, 3, 4, 5, 6)
```

이로 인해 앞에서 배운 가변 인수 기능을 그대로 사용할 수 있다. 함수 안의 별표나 함수 밖의 별표 모두 컨테이너값의 패킹packing과 언패킹unpacking을 다룬다는 측면에서 기본적으로 같은 목적으로 사용된다.

별표의 언패킹을 좀 더 직관적으로 이해하기 위해 다음 코드를 보자. 두 코드의 형태는 다르지만 모두 기존의 튜플값을 언패킹하여 출력하는 것으로 결과는 같다.

```
>>> a, b, c = ([1, 2], [3, 4], [5, 6])
>>> print(a, b, c)
[1, 2] [3, 4] [5, 6]
>>>
>>> data = ([1, 2], [3, 4], [5, 6])
>>> print(*data)
[1, 2] [3, 4] [5, 6]
```

별표의 언패킹 기능을 유용하게 사용하는 경우 중 하나가 zip( ) 함수와 함께 사용할 때이다. 만약 이차원 리스트에서 행row마다 한 학생의 수학·영어·국어 점수가 있고 이것에 대해 평균을 내고 싶다면, 2개의 for문을 사용하여 계산할 수 있다. 하지만 별표를 사용한다면 다음과 같이 하나의 for문으로도 원하는 결과를 얻을 수 있다.

```
>>> for data in zip(*[[1, 2], [3, 4], [5, 6]]):
        print(data)
        print(type(data))

(1, 3, 5)
<class 'tuple'>
(2, 4, 6)
<class 'tuple'>
```

위 코드에서 [[1, 2], [3, 4], [5, 6]]은 이차원 리스트로, 만약 언패킹한다면 [1, 2], [3, 4], [5, 6]으로 분리된다. 그리고 zip( ) 함수를 사용하여 같은 위치의 값을 튜플로 묶을 수 있는데, 이로 인해 결과는 (1, 3, 5), (2, 4, 6)이다. 필요에 따라 sum( ) 함수를 사용하여 각 인덱스값의 합계나 평균을 내는 것도 가능하다.

키워드 가변 인수와 마찬가지 두 개의 별표(**)를 사용할 경우 딕셔너리형을 언패킹한다. 다음 코드는 딕셔너리형인 data 변수를 언패킹하여 키워드 매개변수를 사용하는 함수에 넣는 예제이다. 함수의 매개변수에 맞추어 유용하게 사용할 수 있는 코드 중 하나이다.

```
>>> def asterisk_test(a, b, c, d,):
        print(a, b, c, d)

>>> data = {"b":1 , "c":2, "d":3}
>>> asterisk_test(10, **data)
10 1 2 3
```

04 선형대수학

파이썬 스타일 코드로 만들 수 있는 대표적인 분야가 바로 선형대수학linear algebra이다. 선형대수학은 간단히 말해 고등학교에서 배우는 벡터vector와 행렬matrix을 다루는 분야이다. 실제로 선형대수학의 가장 기초적인 부분은 파이썬 스타일 코드로 충분히 구현할 수 있다.

1 벡터와 행렬의 개념

선형대수학에서 사용하는 기초 개념은 벡터와 행렬이다. 벡터와 행렬에 대해 알아보자.

1.1 벡터(vector)

벡터는 '배달하다, 운반하다'의 뜻을 가진 라틴어에서 유래하였다. 고등학교 수학에서 어떤 정보를 표현할 때 크기와 방향을 모두 가지는 것을 벡터라고 하고, 크기만 가지는 것을 스칼라라고 한다. 일반적으로 [그림 9-3]과 같이 열 형태로 숫자를 표현하고 좌표평면에 나타낸다.

$$u = \begin{bmatrix} 1 \\ 2 \end{bmatrix}$$

$$v = \begin{bmatrix} 1 \\ -3 \end{bmatrix}$$

$$w = \begin{bmatrix} -1 \\ -2 \end{bmatrix}$$

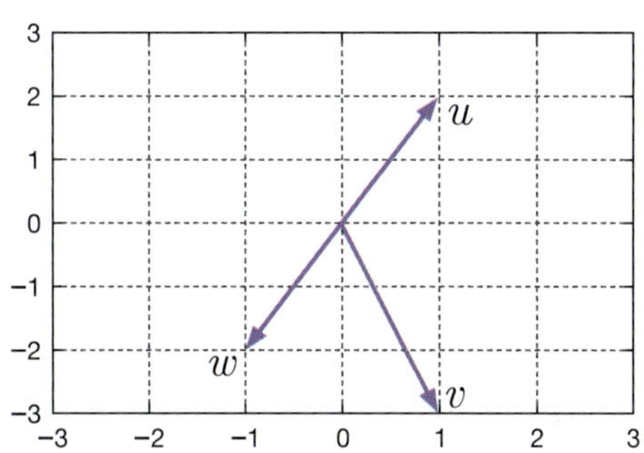

그림 9-3 벡터의 표현: 2개의 값

하지만 컴퓨터공학과에서는 이 개념의 벡터만을 사용하지 않는다. 고등학교 때 배우는 벡터의 개념은 이차원 평면상에 정보를 나타내므로 값이 2개이다. 그러나 벡터가 어떤 정보를 표현하는 방법이라는 관점에서 볼 때 3개 이상의 정보를 사용해야 하는 경우도 많다. 예를 들어, 자신의 개인 정보를 표현한다고 하면 키, 몸무게, 나이 등을 사용할 수 있다. 이러한 정보를 표현할 때 사용하는 벡터는 앞에서 배운 리스트와 비슷하다. 즉, 여러 개의 데이터를 하나의 정보로 표현한다는 관점에서 비슷하다. 일반적으로 하나의 정보를 표현하는 데이터는 몇 개 수준에서 몇백 개가 될 수도 있다. 따라서 [그림 9-4]와 같이 표현할 수 있다.

$$\mathbb{R}^4 \ni [1,\ 2,\ -1.0,\ 3.14] \quad \text{또는} \quad \mathbb{R}^4 \ni \begin{bmatrix} 1 \\ 2 \\ -1.0 \\ 3.14 \end{bmatrix}$$

그림 9-4 벡터의 표현: 3개 이상의 값

[그림 9-4]에서 R은 실수real number를 뜻하며, ∋ 기호의 경우 '[1, 2, −1.0, 3.14]는 4차원 실수 집합에 포함된다'라고 해석한다. 읽을 때는 4-벡터4-vector 또는 4차원 벡터4-dimentional vector로 읽는다.

1.2 행렬(matrix)

행렬은 원래 격자를 뜻하는데, 수학에서는 사각형으로 된 수의 배열을 지칭한다. 쉽게 말해 1개 이상의 벡터 모임을 행렬이라고 생각하면 된다. 즉, 행렬에서 행 또는 열이 하나의 대상에 대한 정보를 표현한 것이며, 그 모음이 바로 행렬이다.

$$A = \begin{bmatrix} a_{11} & a_{12} & \cdots & a_{1n} \\ a_{21} & a_{22} & \cdots & a_{2n} \\ \vdots & & \ddots & \vdots \\ a_{m1} & a_{m2} & \cdots & a_{mn} \end{bmatrix}$$

그림 9-5 행렬의 표현

행렬은 m개의 행과 n개의 열로 구성된다. 일반적으로 '$m \times n$ 행렬'이라고 표기하며 'm by n'으로 읽는다. [그림 9-5]에서 매트릭스의 각 요소의 값을 표시하는 방법으로 행렬 A의 i행, j열의 값을 'A의 ij번째 값element'이라고 하고, 'a_{ij}'로 표시한다.

$$A = \begin{bmatrix} 1 & 2 & 3 \\ 4 & 5 & 6 \\ 7 & 8 & 9 \end{bmatrix} \qquad \begin{aligned} a_{11} &= 1 \\ a_{23} &= 6 \\ a_{31} &= 7 \end{aligned}$$

그림 9-6 행렬값의 표현

2 파이썬 스타일 코드로 표현한 벡터

벡터를 파이썬 스타일 코드로 표현하는 방법에 대해 알아보자. 벡터를 계산하기 전에 벡터의 정보를 어떻게 파이썬 코드로 표현할 것인지를 먼저 결정해야 한다. 벡터를 파이썬으로 표현하는 방법은 다음과 같이 다양하다.

```
vector_a = [1, 2, 10]                   # 리스트로 표현한 경우
vector_b = (1, 2, 10)                   # 튜플로 표현한 경우
vector_c = {'x': 1, 'y': 1, 'z': 10}    # 딕셔너리로 표현한 경우
```

사실 어떤 정보를 코드로 표현하는 데 특별히 정해진 규칙은 없다. 가장 기본적인 방법은 리스트 형태로 표현하는 것이다. 튜플이나 딕셔너리 형태로도 가능하다. 만약 각 데이터의 이름, 즉 x, y, z와 같은 정보(ex 키, 몸무게, 나이)를 함께 표현해야 한다면 딕셔너리로 표현하는 것도 좋은 방법이다. 데이터의 위치나 순서가 바뀌지 않아야 한다면 튜플로 저장하는 것이 좋다. 이처럼 벡터를 사용하는 목적에 따라 코드 표현은 다를 수 있다. 여기서는 기본적으로 리스트를 사용해 벡터의 연산을 실행하겠다.

2.1 벡터의 연산

벡터의 가장 기본적인 연산은 같은 위치에 있는 값끼리 연산하는 것이다. 예를 들면 [그림 9-7]과 같다.

$$[u_1, u_2, \cdots, u_n] + [v_1, v_2, \cdots, v_n] = [u_1 + v_1, u_2 + v_2, \cdots, u_n + v_n]$$

(a) 공식

$$[2, 2] + [2, 3] + [3, 5] = [7, 10]$$

(b) 예시

그림 9-7 벡터의 연산

[그림 9-7]과 같은 연산을 하기 위해서는 먼저 벡터의 크기가 같아야 한다. 벡터를 리스트의 형태로 생각한다면 각 인덱스값이 같은 위치에 있는 값끼리 연산한다. [그림 9-7]의 수식을 코드로 작성하면 다음과 같다.

```
>>> u = [2, 2]
>>> v = [2, 3]
>>> z = [3, 5]
>>> result = []
>>>
>>> for i in range(len(u)):
...     result.append(u[i] + v[i] + z[i])
...
>>> print(result)
[7, 10]
```

위 코드로 원하는 결과를 정확하게 얻을 수 있지만 이는 파이썬답지 않은 코드이므로 좋은 코드가 아니다. 이 코드는 파이썬 특유의 간결성을 살리지 못하였다. 특히 벡터와 같은 수학 연산을 복잡하게 표현한다면 다른 사람이 이해하기 어려워진다. 위 코드를 리스트 컴프리헨션과 zip( ) 함수와 같은 파이썬 스타일 코드를 이용해 간단한 연산으로 나타낼 수 있다. 실제 구현해보면 다음과 같다.

```
>>> u = [2, 2]
>>> v = [2, 3]
>>> z = [3, 5]
>>>
>>> result = [sum(t) for t in zip(u, v, z)]
>>> print(result)
[7, 10]
```

코드가 훨씬 간단해졌다. 여기서 보는 것처럼 sum( ) 함수를 사용하여 zip( ) 함수로 묶인 튜플 t 변수의 합계를 구하였다. 변수 t에는 차례대로 (2, 2, 3), (2, 3, 5)가 들어간다. 확인을 위해 다음 코드를 수행하면 t에 어떤 값이 할당되었는지 알 수 있다.

```
>>> [t for t in zip(u, v, z)]
[(2, 2, 3), (2, 3, 5)]
```

2.2 별표를 사용한 함수화

하지만 한 가지 문제가 있다. 일단 u, v, z로 변수를 3개나 만드는 것도 상당히 복잡해 보이는데, 만약 4개 이상의 변수를 사용해야 할 경우에는 어떻게 할까? 이때는 별표를 이용하여 다음과 같이 처리할 수 있다.

```
>>> def vector_addition(*args):
...     return [sum(t) for t in zip(*args)]
...
>>> vector_addition(u ,v, z)
[7, 10]
```

위 코드를 보면 함수 vector_addition을 만들고 해당 함수에서 *args를 사용하여 여러 개의 변수를 입력받는 가변 인수를 사용하였다. 그리고 실제 함수 정의 부분에서 args에 별표(*)를 붙여 언패킹하였다. 따라서 원래 코드인 `sum(t) for t in zip(u, v, z)`와 같은 효과를 낼 수 있다.

하지만 여전히 변수를 3개나 생성하는 문제가 있다. 이는 어떻게 해결할 수 있을까? 이 문제는 이차원 리스트를 만든 후 별표의 언패킹으로 해결하면 된다. 다음 코드를 보자.

```
>>> row_vectors = [[2, 2], [2, 3], [3, 5]]
>>> vector_addition(*row_vectors)
[7, 10]
```

이렇게 별표를 잘 사용하면 훨씬 더 간결한 파이썬 코드를 작성할 수 있다.

2.3 스칼라-벡터 연산

간단히 숫자형 변수라고 할 수 있는 스칼라와 벡터는 곱셈 연산이 가능하며, 분배 법칙을 적용할 수 있다. 스칼라-벡터 연산은 [그림 9-8]과 같다.

$$\alpha(u+v) = \alpha u + \alpha v$$

(a) 공식

$$2([1,\ 2,\ 3] + [4,\ 4,\ 4]) = 2(5,\ 6,\ 7) = [10,\ 12,\ 14]$$

(b) 예시

그림 9-8 스칼라-벡터 연산

이러한 연산은 매우 간단히 구현할 수 있다. [그림 9-8]의 수식을 코드로 작성하면 다음과 같다.

```
>>> u = [1, 2, 3]
>>> v = [4, 4, 4]
>>> alpha = 2
>>>
>>> result = [alpha * sum(t) for t in zip(u, v)]
>>> result
[10, 12, 14]
```

매우 간단하게 같은 인덱스에 있는 값들을 더한 후 스칼라값인 alpha를 곱하면 원하는 결과가 출력된다.

3 파이썬 스타일 코드로 표현한 행렬

행렬도 벡터와 마찬가지로 리스트, 튜플, 딕셔너리 등을 사용하여 파이썬 스타일 코드로 표현할 수 있다. 행렬을 파이썬 스타일 코드로 표현하면 다음과 같다.

```
matrix_a = [[3, 6], [4, 5]]                                  # 리스트로 표현한 경우
matrix_b = [(3, 6), (4, 5)]                                  # 튜플로 표현한 경우
matrix_c = {(0 ,0): 3, (0 ,1): 6, (1 ,0): 4, (1 ,1): 5}      # 딕셔너리로 표현한 경우
```

이차원의 정보를 행렬이라고 한다. 이 행렬은 일차원의 벡터 정보를 모아 이차원 형태로 표현한 것으로, 다음과 같이 벡터의 정보를 모아 표현할 수 있다.

```
[[1번째 행], [2번째 행], [3번째 행]]
```

행렬은 딕셔너리로 표현할 때 많은 경우의 수를 나타낸다. 행과 열의 좌표 정보를 넣을 수 있고, 이름 정보를 넣을 수도 있다. 하지만 여기서는 가장 일반적인 표현법인 리스트를 사용한다.

3.1 행렬의 연산

행렬의 가장 기본적인 연산은 덧셈과 뺄셈이다. 2개 이상의 행렬을 연산하기 위해 각 행렬의 크기는 같아야 한다. 즉, A가 '2×2 행렬'이라면 B도 같은 '2×2 행렬'이어야 한다. 그 다음 인덱스가 같은 값끼리 연산이 일어난다. [그림 9-9]의 수식을 보자.

$$A = \begin{bmatrix} 3 & 6 \\ 4 & 5 \end{bmatrix} \quad B = \begin{bmatrix} 5 & 8 \\ 6 & 7 \end{bmatrix}$$

$$C = A + B = \begin{bmatrix} 3 & 6 \\ 4 & 5 \end{bmatrix} + \begin{bmatrix} 5 & 8 \\ 6 & 7 \end{bmatrix} = \begin{bmatrix} 8 & 14 \\ 10 & 12 \end{bmatrix}$$

그림 9-9 행렬의 연산

[그림 9-9]와 같은 행렬의 연산을 파이썬 스타일 코드를 사용하여 표현하려면 어떻게 작성할까? 행렬은 2개의 리스트를 한 번에 사용하므로 상당히 어렵게 느껴질 수도 있다. 가장 쉬운 표현 방법은 별표(*)와 zip( ) 함수를 활용하는 것이다.

```
>>> matrix_a = [[3, 6], [4, 5]]
>>> matrix_b = [[5, 8], [6, 7]]
>>> result = [[sum(row) for row in zip(*t)] for t in zip(matrix_a, matrix_b)]
>>>
>>> print(result)
[[8, 14], [10, 12]]
```

이 코드의 핵심은 'zip( ) 함수를 어떻게 활용하는가'이다. 일단 리스트 컴프리헨션 안에 2개의 for문이 있다. 이 경우 뒤에 있는 for문이 먼저 실행되어 matrix_a와 matrix_b에서 zip( ) 함수를 통해 같은 인덱스에 있는 값들이 추출된다. 즉 [3, 6]과 [5, 8]이 튜플로 묶여 ([3, 6], [5, 8])로 추출된다. 확인을 위해 다음 코드를 실행해보자.

```
>>> [t for t in zip(matrix_a, matrix_b)]
[([3, 6], [5, 8]), ([4, 5], [6, 7])]
```

이제 t는 2개의 리스트값을 가진 하나의 튜플로, 앞의 for문에 있는 리스트 컴프리헨션 구문에 들어간다. t는 1개의 튜플이므로 zip( ) 함수를 사용하기 위해 값을 언패킹해야 한다. 따라서 `[sum(row) for row in zip(*t)]`와 같이 언패킹한 상태로 zip( ) 함수를 사용하면 ([3, 6], [5, 8])의 값에서 같은 인덱스에 있는 값들이 추출되어 (3, 5), (6, 8)의 형태로 row 변수에 할당된다. 즉, `[sum(row) for row in zip(*t)]` 코드에서 같은 위치에 있는 값끼리 묶여 row 라는 이름의 튜플이 생성된 후 sum( ) 함수가 적용된다. 이로 인하여 같은 위치의 값끼리 더해져 [[8, 14], [10, 12]]라는 결과가 나온다.

3.2 행렬의 동치

행렬의 동치는 2개의 행렬이 서로 같은지를 나타내는 표현으로, 만약 행렬이 같다면 '2개의 행렬이 동치'라고 말한다. [그림 9-10]은 두 행렬이 'A = B'이기 위한 조건을 나타낸 것이다.

$$A = \begin{bmatrix} 3 & 6 \\ 4 & 5 \end{bmatrix} \quad B = \begin{bmatrix} b_{11} & b_{12} \\ b_{21} & b_{22} \end{bmatrix}$$

$$b_{11} = 3,\ b_{12} = 6,\ b_{21} = 4,\ b_{22} = 5$$

그림 9-10 행렬의 동치

두 행렬이 동치임을 확인하는 코드는 어떻게 작성할까? '행렬의 연산'과 비슷한 코드를 작성하되 불린형을 활용한다. 다음 코드를 보자.

```
>>> matrix_a = [[1, 1], [1, 1]]
>>> matrix_b = [[1, 1], [1, 1]]
>>> all([row[0] == value for t in zip(matrix_a, matrix_b) for row in zip(*t) for
value in row])
True
```

```
>>> matrix_b = [[5, 8], [6, 7]]
>>> all([all([row[0] == value for value in row]) for t in zip(matrix_a, matrix_b)
for row in zip(*t)])
False
```

상당히 복잡해 보이는 코드이다. 코드의 핵심은 각 요소의 값을 비교하는 `row[0] == value` 코드이다. 하지만 그 이전에 all( )과 any( )라는 함수를 알아야 한다. all( ) 함수와 any( ) 함수는 리스트형과 튜플형에서 내부값이 and 조건이나 or 조건으로 참인지 거짓인지를 반환하는 함수이다. 다음 코드를 보자.

```
>>> any([False, False, False])
False
>>> any([False, True, False])
True
>>> all([False, True, True])
False
>>> all([True, True, True])
True
```

all( ) 함수는 안에 있는 모든 값이 참일 경우에만 True를 반환한다. 즉, and 조건으로 리스트의 값들이 모두 같은지를 확인한다. 반대로 any( ) 함수는 하나라도 참이 있으면 True를 반환하고, 모두가 거짓일 때만 False를 반환한다. 즉, or 조건으로 리스트에 있는 값들을 확인한다.

행렬의 동치를 확인하는 코드로 돌아가자. 먼저 모든 값을 일차원 리스트로 만드는데, 이는 각 인덱스의 값이 같은지 다른지만 확인하므로 이차원 리스트로 구성할 필요가 없기 때문이다. 다음으로 마지막에 같은 인덱스에 있는 값들을 row라는 튜플에 할당한 후, 마지막 for문인 `for value in row` 코드로 row 안의 값을 다시 value에 할당한다. 여기서 각 인덱스의 값과 첫 번째 값, 즉 `row[0]`이 같은지 확인한다. 모두 같다면 all( ) 함수에 의해 해당 인덱스의 동일 여부가 True로 반환될 것이다. 그리고 모든 인덱스의 값이 같은지 확인하여 True 또는 False로 반환한 후, 마지막으로 all( ) 함수로 동치 여부를 확인한다. 만약 all( ) 함수가 중간에 없다면 다음과 같은 결과가 출력된다.

```
>>> [[row[0] == value for value in row] for t in zip(matrix_a, matrix_b) for row in zip(*t)]
[[True, False], [True, False], [True, False], [True, False]]
```

위 코드는 행렬의 개수가 늘어나더라도 문제없이 실행된다. 다양한 실험을 통해 코드가 어떻게 구성되어 있는지 확인하는 것이 좋다.

3.3 전치행렬(transpose matrix)

전치행렬은 주어진 $m \times n$의 행렬에서 행과 열을 바꾸어 만든 행렬이다. 수식의 표현은 비교적 단순하다. [그림 9-11]을 보자.

$$A = \begin{bmatrix} a_{11} & a_{12} & \cdots & a_{1n} \\ a_{21} & a_{22} & \cdots & a_{2n} \\ \vdots & & \ddots & \vdots \\ a_{m1} & a_{m2} & \cdots & a_{mn} \end{bmatrix} \Rightarrow A^T = \begin{bmatrix} a_{11} & a_{21} & \cdots & a_{n1} \\ a_{12} & a_{22} & \cdots & a_{n2} \\ \vdots & & \ddots & \vdots \\ a_{1m} & a_{2m} & \cdots & a_{nm} \end{bmatrix}$$

(a) 공식

$$A = \begin{bmatrix} 1 & 2 & 3 \\ 4 & 5 & 6 \end{bmatrix} \Rightarrow A^T = \begin{bmatrix} 1 & 4 \\ 2 & 5 \\ 3 & 6 \end{bmatrix}$$

(b) 예시

그림 9-11 전치행렬

전치행렬을 구현하기 위해 행과 열의 값을 변경해야 한다. 구현은 간단하다. 기본 행렬 리스트에서 별표와 zip( ) 함수로 각 행의 같은 위치의 인덱스값을 추출한 후, 이 값으로 리스트를 새롭게 구성하면 된다. 다음 코드를 보자.

```
>>> matrix_a = [[1, 2, 3], [4, 5, 6]]
>>> result = [[element for element in t] for t in zip(*matrix_a)]
>>> result
[[1, 4], [2, 5], [3, 6]]
```

위 코드의 핵심은 `for t in zip(*matrix_a)`이다. 별표 때문에 리스트를 다음과 같이 언패킹한다.

```
zip([1, 2, 3], [4, 5, 6])
```

이렇게 언패킹한 상태에서 zip( ) 함수를 사용하면 같은 위치의 값들을 t로 할당할 수 있다. 즉, [1, 4], [2, 5], [3, 6]이 묶인다. 이 값들이 그대로 리스트로 들어가면 전치행렬이 완성된다. 실제 코드를 보면 다음과 같이 언패킹되어 출력되는 것을 확인할 수 있다.

```
>>> [t for t in zip(*matrix_a)]
[(1, 4), (2, 5), (3, 6)]
```

3.4 행렬의 곱셈

행렬의 곱셈은 간단하다. 앞 행렬의 행과 뒤 행렬의 열을 선형 결합하면 된다. 상당히 어려운 표현이지만, [그림 9-12]와 같이 대응되는 값들끼리 곱셈 연산한다고 생각하면 된다.

(1×7)+(2×9)+(3×11)

$$\begin{bmatrix} 1 & 2 & 3 \\ 4 & 5 & 6 \end{bmatrix} \times \begin{bmatrix} 7 & 8 \\ 9 & 10 \\ 11 & 12 \end{bmatrix} = \begin{bmatrix} 58 & 64 \\ 139 & 154 \end{bmatrix}$$

그림 9-12 행렬의 곱셈

[그림 9-12]처럼 계산되므로, 앞 행렬의 행과 뒤 행렬의 열의 크기가 같아야 한다. 그리고 [그림 9-13]과 같이 행렬의 곱셈을 위한 조건을 만족하여야 연산이 된다.

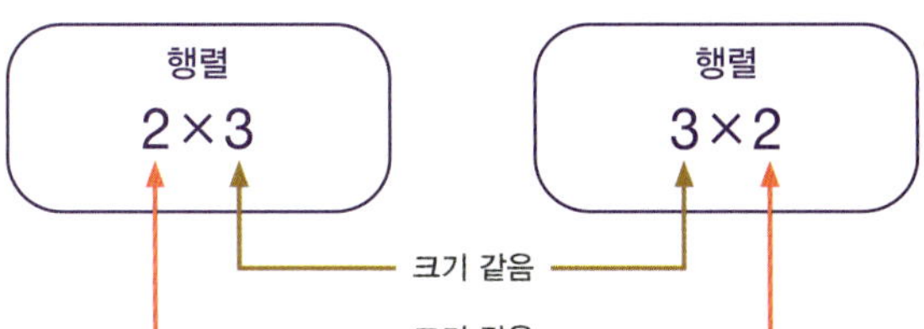

그림 9-13 행렬의 곱셈을 하기 위한 조건

코드로 구현하기 위해서는 전치행렬의 코드 기법을 사용하여 한 행렬에서는 열의 값을, 다른 행렬에서는 행의 값을 추출하여 곱하는 코드로 구성해야 한다. 다음 코드를 보자.

```
>>> matrix_a = [[1, 1, 2], [2, 1, 1]]
>>> matrix_b = [[1, 1], [2, 1], [1, 3]]
>>> result = [[sum(a * b for a, b in zip(row_a, column_b)) for column_b in
zip(*matrix_b)] for row_a in matrix_a]
>>> result
[[5, 8], [5, 6]]
```

뒤에 있는 `for row_a in matrix_a`에서 행의 값이 뽑히고, `for column_b in zip(*matrix_b)`에서는 열의 값이 뽑힌다. 이는 앞의 전치행렬에서 사용한 코드와 비슷하다. 다음으로 `sum(a * b for a, b in zip(row_a, column_b)` 코드를 통해 행과 열에서 같은 위치의 인덱스값을 뽑은 다음, sum( ) 함수를 사용하여 합을 구하면 결과값이 출력된다.

요약

01 람다lambda 함수는 함수의 이름 없이 함수처럼 사용할 수 있는 익명의 함수를 말한다. 일반적으로 람다 함수는 이름을 지정하지 않아도 사용할 수 있다.

02 맵리듀스MapReduce는 파이썬뿐만 아니라 빅데이터를 처리하기 위한 기본 알고리즘으로 많이 사용한다. 맵리듀스에는 map( ) 함수와 reduce( ) 함수가 있다.

03 map( ) 함수는 연속 데이터를 저장하는 시퀀스형에서 요소마다 같은 기능을 적용할 때 주로 사용한다. 일반적으로 리스트나 튜플처럼 요소가 있는 시퀀스 자료형에 사용된다.

04 제너레이터generator는 시퀀스 자료형의 데이터를 처리할 때 실행 시점의 값을 생성하여 효율적으로 메모리를 관리할 수 있다는 장점이 있다.

05 최근에는 람다 함수나 map( ) 함수를 프로그램 개발에 사용하는 것을 권장하지 않는다. 굳이 두 함수를 쓰지 않더라도 리스트 컴프리헨션 기법으로 얼마든지 같은 효과를 낼 수 있기 때문이다.

06 map( ) 함수의 또 다른 특징은 2개 이상의 시퀀스 자료형 데이터를 처리하는 데도 문제가 없어, 여러 개의 시퀀스 자료형 데이터를 입력값으로 사용할 수 있다는 점이다.

07 map( ) 함수는 리스트 컴프리헨션처럼 필터링 기능을 사용할 수 있다.

08 reduce( ) 함수는 map( ) 함수와 용법은 다르지만 형제처럼 함께 사용하는 함수이다. reduce( ) 함수는 리스트와 같은 시퀀스 자료형에 차례대로 함수를 적용하여 모든 값을 통합시켜 주는 함수이다.

09 별표asterisk는 곱하기 기호(*)를 뜻한다. 함수의 가변 인수variable length arguments를 사용할 때 변수명 앞에 별표를 붙인다.

10 별표는 변수 앞에 붙어 여러 개의 변수를 한 번에 넣을 수 있는 컨테이너 역할을 한다. 그리고 반대로 여러 개의 데이터를 담는 리스트, 튜플, 딕셔너리와 같은 자료형에서는 해당 데이터를 언패킹unpacking하는 기능을 한다.

11 선형대수학에서 사용하는 기초 개념은 벡터와 행렬이다.

12 벡터vector는 어떤 정보를 표현할 때 크기와 방향을 모두 가지는 것을 말하고, 크기만 가지는 것을 스칼라scalar라고 한다. 하지만 컴퓨터공학과에서는 벡터가 어떤 정보를 표현하는 방법이라는 관점에서 볼 때 3개 이상의 정보를 사용해야 하는 경우가 많다.

13 행렬matrix은 원래 격자를 뜻하며, 수학에서는 사각형으로 된 수의 배열을 지칭한다. 쉽게 말해, 한 개 이상의 벡터 모임을 행렬이라고 생각하면 된다.

14 벡터의 가장 기본적인 연산은 같은 위치에 있는 값끼리 연산하는 것이다.

15 간단히 숫자형 변수라고 할 수 있는 스칼라와 벡터는 곱셈 연산이 가능하며, 분배 법칙을 적용할 수 있다.

16 행렬은 벡터와 마찬가지로 리스트, 튜플, 딕셔너리 등을 사용하여 파이썬 스타일 코드로 표현할 수 있다.

17 행렬의 가장 기본적인 연산은 덧셈과 뺄셈이다. 2개 이상의 행렬을 연산하기 위해 각 행렬의 크기는 같아야 한다.

18 행렬의 동치는 2개의 행렬이 서로 같은지를 나타내는 표현이다.

19 전치행렬transpose matrix은 주어진 $m \times n$의 행렬에서 행과 열을 바꾸어 만든 행렬이다.

20 행렬의 곱셈은 앞 행렬의 행과 뒤 행렬의 열을 선형 결합하면 된다.

연습문제

01 다음 코드의 실행 결과를 쓰시오.

```
matrix_a = [[1,2,3,5], [1,2,3,4]]
matrix_b = [[40,40], [30,30], [20,20], [10,10]]
print([[sum([t[0]*t[1] for t in zip(i,j)]) for j in zip(*matrix_b)] for i in
matrix_a])
```

① [210, 210, 200, 200]

② [[210, 200], [210, 200]]

③ [[210, 210], [200, 200]]

④ [200, 210, 200, 210]

⑤ [210, 200, 200, 210]

02 다음 코드의 실행 결과를 쓰시오.

```
a = [1, 2, 3]
b = [4, 5, 6]
c = [7, 8, 9]
print([[sum(k), len(k)] for k in zip(a, b, c)])
```

① [[6, 3], [9, 2], [24, 3]]

② [[12, 3], [15, 3]]

③ [[12, 3], [15, 3], [18, 3]]

④ 에러 발생

⑤ [[12, 3], [15, 3], [12, 2]]

03 다음 코드를 실행하여 아래와 같은 실행 결과를 출력하려 한다. 빈 칸에 알맞은 코드를 고르시오.

```
int_list = [1, 2, 3, 5, 10]
result = [            for i in int_list]
print(result)
```

```
[0, 0, 1, 1, 3]
```

① i

② i+2

③ i//3

④ i*3

⑤ i / 3

04 다음과 같이 코드를 작성했을 때, 예측되는 실행 결과를 쓰시오.

```
>>> def transpose_list(two_dimensional_list):
...     return [row for row in zip(*two_dimensional_list)]
...
>>> transpose_list([[1, 4, 7], [2, 5, 8], [3, 6, 9]])
```

05 다음 코드의 실행 결과를 쓰시오.

```
>>> date_info = {'year': "2019", 'month': "9", 'day': "6"}
>>> result = "{year}-{month}-{day}".format(**date_info)
>>> result
```

06 n개의 벡터의 크기가 동일한지 확인하는 함수를 한 줄의 코드로 작성하시오.

07 다음과 같은 결과를 얻기 위해 하나의 스칼라값을 벡터에 곱하는 코드를 작성하시오(단 입력되는 벡터의 크기는 일정하지 않음).

```
>>> scalar_vector_product(5, [1, 2, 3, 4])
[5, 10, 15, 20]
```

CHAPTER 10

객체 지향 프로그래밍

학습목표

- 객체 지향 프로그래밍을 배우는 이유에 대해 알아본다.
- 객체와 클래스의 개념에 대해 학습한다.
- 클래스를 구현하고 인스턴스를 사용하는 방법을 이해한다.
- 객체 지향 프로그래밍의 특징인 상속, 다형성, 가시성에 대해 학습한다.

PREVIEW

이번 장에서는 객체 지향 프로그래밍에 대해 배운다. 객체 지향 프로그래밍은 프로그래밍 언어를 배우는 데 있어 매우 중요한 개념이다. 파이썬 자체도 객체 지향 프로그래밍 형태로 구성되어 있지만, 파이썬이 나오기 전 대세 프로그래밍 언어였던 자바, C++, C# 같은 언어가 모두 객체 지향 프로그래밍 기반의 언어이다. 따라서 객체 지향 프로그래밍은 프로그래밍 언어를 배우는 데 있어 가장 기본적인 개념이 되었다. 고난도 프로그래밍을 위해 반드시 이해해야 하는 개념으로 생각하고 학습하기 바란다.

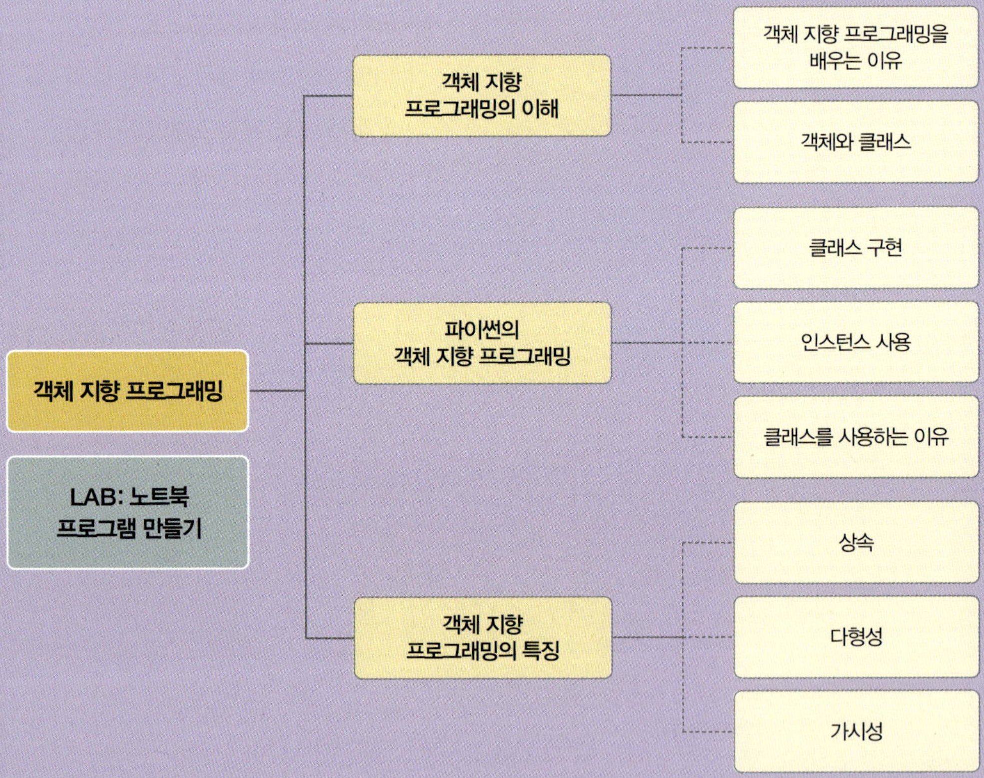

01 객체 지향 프로그래밍의 이해

1 객체 지향 프로그래밍을 배우는 이유

객체 지향 프로그래밍Object Oriented Programming, OOP의 개념을 배우기 전에 이러한 개념을 왜 사용하는지에 대한 고민이 필요하다. 이것은 앞에서 함수를 배울 때처럼 여러 사람이 프로그램을 개발할 때 어떤 방법이 좋은지에 대한 고민과 같다. 조금 더 넓게 생각하면 다른 사람이 작성한 코드를 어떻게 사용하면 좋을지에 대한 답이 바로 객체 지향 프로그래밍이다. 객체 지향 프로그래밍은 내가 아니라 남이 만든 코드를 재사용하고 싶을 때 사용하는 대표적인 방법이다. 함수처럼 어떤 기능을 함수 코드로 묶어 두는 것이 아니라, 어떤 기능을 수행하는 하나의 단일 프로그램을 객체라고 하는 코드로 만들어 다른 프로그래머가 재사용할 수 있도록 한다. 이것은 컴퓨터공학의 오래된 프로그래밍 기법 중 하나이다.

사실 객체 지향 프로그래밍은 컴퓨터공학과에서 한 학기 동안 다룰 정도로 매우 깊이 있는 내용이다. 파이썬에서도 객체 지향 프로그래밍에 대해서만 다루는 책이 나올 정도로 내용이 방대하다. 이 챕터에서는 객체 지향 프로그래밍의 가장 기본적인 특징을 다루고, 파이썬으로 구현하는 방법에 대해 설명할 것이다.

2 객체와 클래스

객체 지향 프로그래밍을 이해하기 위해서는 객체object와 클래스class의 개념을 알아야 한다. 객체는 실생활에 존재하는 실제적인 물건 또는 개념을 뜻하며, 속성attribute과 행동action으로 구성된다. 객체 지향 프로그래밍은 이러한 객체의 개념을 활용하여 프로그램으로 표현하는 기법이다. 속성은 변수variable로, 행동은 함수function로 정의된다.

예를 들어, 인공지능 축구 프로그램을 만든다고 가정하자. 이 프로그램을 만들기 위해서는 어떤 종류의 객체가 필요한지 생각해야 한다. 간단하게 EA스포츠의 FIFA 시리즈와 같은 게임을 생각해보자. 이 게임을 구성하는 단위로 심판 · 선수 · 팀이 있으며, 이러한 개념을 객체라고 할 수 있다. '선수'라는 객체의 경우 선수 이름·포지션·소속팀 등이 하나의 속성이라 할 수 있고, '공을 차다', '패스하다'와 같은 개념은 행동action으로 생각할 수 있다.

표 10-1 객체, 속성, 행동

개념	설명	예시
객체(object)	실생활에 존재하는 실제적인 물건 또는 개념	심판, 선수, 팀
속성(attribute)	객체가 가지고 있는 변수	선수의 이름, 포지션, 소속팀
행동(action)	객체가 실제로 작동시키는 함수, 메서드	공을 차다, 패스하다

그렇다면 선수는 한 명인가? 심판은 어떤가? 사실 객체는 하나의 프로그램에서 여러 개가 사용될 수도 있다. 따라서 객체들을 위한 설계도를 만들어야 한다. 이를 프로그램에서는 클래스class라고 한다. 클래스는 객체가 가져야 할 기본 정보를 담은 코드로 일종의 설계도 코드라고 생각하면 된다. 예를 들어, 축구 선수라는 객체를 만든다면 선수의 이름, 포지션, 소속팀 등은 기본적으로 가지고 있어야 할 속성이다. 이러한 정보를 클래스에 담고 실제 생성되는 객체에는 이동국, 손흥민 같은 선수 이름을 할당한다. 이렇게 해서 실제로 생성되는 객체를 인스턴스instance라고 한다.

[그림 10-1]처럼 'DOG'라는 클래스가 있다면, 실제 사용하는 종류별로 여러 마리의 Dog 인스턴스를 만들 수 있다.

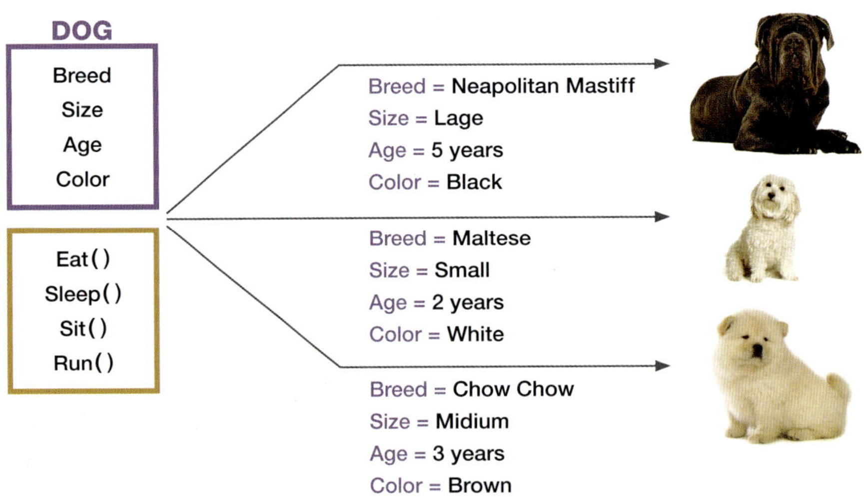

그림 10-1 Dog 인스턴스

개념이 조금 어렵다면 붕어빵틀과 붕어빵을 생각해보자. 붕어빵 가게에는 붕어빵틀이 있고, 이를 이용해 여러 종류의 붕어빵을 만들 수 있다. 이전에는 주로 팥빵과 크림빵 두 종류였다면 최근에는 커스터드나 블루베리 같은 다양한 종류의 붕어빵이 만들어지고 있다. 즉, 잘 만든 붕어빵틀이 있다면 새로운 종류의 다양한 붕어빵을 만드는 것은 어렵지 않다. 다시 말해, 잘 만든 클래스 코드가 있다면 이 코드로 다양한 종류의 인스턴스를 생성할 수 있다는 것이다. 쉬운 개념이지만 코드를 보기 전에는 잘 이해되지 않을 수 있다. 다음 절부터 다양한 코드로 연습하면서 적응해보자.

그림 10-2 클래스와 인스턴스의 관계

02 파이썬의 객체 지향 프로그래밍

객체 지향 프로그래밍의 개념이 어렵지는 않지만, 파이썬의 객체 지향 프로그래밍은 약간 어려울 수 있다. 따라서 이번 절에서는 실제로 파이썬에서 클래스를 선언하는 부분부터 객체를 사용하는 부분까지 코드를 통해 차례대로 설명하겠다.

1 클래스 구현하기

이전 절에서는 인공지능 축구 프로그램을 예로 들어 객체 지향 프로그래밍의 용어를 설명하였다. 실제로 축구 선수 클래스를 파이썬에서 구현하는 예제부터 시작하려고 한다. 파이썬에서 클래스를 선언하기 위한 기본 코드 템플릿은 [그림 10-3]과 같다.

그림 10-3 파이썬에서의 클래스 선언

먼저 예약어인 class를 코드의 맨 앞에 입력하고, 만들고자 하는 클래스 이름을 작성한다. 그 다음으로 상속받아야 하는 다른 클래스의 이름을 괄호 안에 넣는다.

TIP 아직 상속의 개념을 배우지 않았다. 간단히 설명하면, 기존에 만든 클래스의 특징을 그대로 이어받아 사용하는 것을 말한다. 객체 지향 프로그래밍의 장점 중 하나는 재사용성이고, 이를 손쉽게 하는 것이 바로 상속이다. 이러한 객체 지향 프로그래밍의 대표적인 특징은 뒤에서 다시 다루도록 하겠다.

여기서 잠깐! 파이썬에서 자주 사용하는 작명 기법

클래스의 이름을 선언할 때 한 가지 특이한 점은 기존과 다르게 첫 글자와 중간 글자가 대문자라는 것이다. 이것은 클래스를 선언할 때 사용하는 작명 기법에 의한 것이다. 파이썬뿐만 아니라 모든 컴퓨터 프로그래밍 언어에서 변수, 클래스, 함수명을 짓는 작명 기법이 있다. [표 10-2]는 프로그래머가 가장 많이 사용하는 작명 기법이다.

표 10-2 파이썬에서 자주 사용하는 작명 기법

작명 기법	설명
snake_case	띄어쓰기 부분에 '_'를 추가하여 변수의 이름을 지정한다. 파이썬 함수나 변수명에 사용된다.
CamelCase	띄어쓰기 부분에 대문자를 사용하여 변수의 이름을 지정한다. 낙타의 혹처럼 생겼다 하여 Camel이라고 부르고, 주로 파이썬 클래스명에 사용된다.

1.1 속성의 선언

클래스 선언의 기본을 알았으니 실제로 축구 선수 클래스를 구성해보자. 먼저 클래스의 속성을 추가하는 선언에 대해 알아보자. 속성에 대한 정보를 선언하기 위해서는 __init__( )라는 예약 함수를 사용한다. 파이썬 클래스에서는 몇 개의 예약 함수가 있는데, 대표적인 것이 __init__( )이고, 이 외에 __str__, __add__ 등이 있다. 이러한 함수들은 약속된 형태의 작업을 수행시켜 준다. 다음 코드를 보자.

```
class SoccerPlayer(object):
    def__init__(self, name, position, back_number):
        self.name = name
        self.position = position
        self.back_number = back_number
```

__init__( ) 함수는 이 클래스에서 사용할 변수를 정의하는 함수이다. __init__( ) 함수의 첫 번째 매개변수는 반드시 self 변수를 사용해야 한다. self 변수는 클래스에서 생성된 인스턴스에 접근하는 예약어이다. 아직은 이해하기 조금 어려울 수도 있다. 일단 생성된 인스턴스를 지정하는 변수라고 생각하면 된다.

self 뒤의 매개변수들은 실제로 클래스가 가진 속성으로 축구 선수의 이름, 포지션, 등번호 등이다. 이 값들은 실제로 생성되는 인스턴스에 할당된다. 할당되는 코드는 `self.name = name`이다. 이는 딕셔너리형과 비슷한데, 생성된 인스턴스에 있는 name 변수에 매개변수로 입력된 name이라는 값을 할당한다는 뜻이다. 클래스의 변수는 'self.변수이름'으로 __init__( ) 함수에서 자유롭게 생성할 수 있다. 물론 파이썬은 인터프리터 언어이고 동적 타이핑 언어이므로, 클래스 내 다른 함수에서도 이와 같은 속성의 생성이 가능하다. 그러나 일반적으로

__init__() 내에서만 새로운 속성을 생성해야만 다른 프로그래머가 이 클래스를 사용할 때 헷갈리지 않을 것이다.

1.2 함수의 선언

다음으로 함수의 선언이다. 함수는 이 클래스가 할 수 있는 다양한 동작을 정의할 수 있다. 만약 축구 선수라면 등번호 교체라는 행동을 할 수 있고, 이를 다음과 같은 코드로 표현할 수 있다.

```
class SoccerPlayer(object):
    def change_back_number(self, new_number):
        print("선수의 등번호를 변경한다: From %d to %d" % (self.back_number, new_number))
        self.back_number = new_number
```

클래스 내에서의 함수도 기존 함수와 크게 다르지 않다. 함수의 이름을 쓰고 매개변수를 사용하면 된다. 여기서 가장 큰 차이점은 바로 self를 매개변수에 반드시 넣어야 한다는 것이다. self가 있어야만 실제로 인스턴스가 사용할 수 있는 함수로 선언된다. 반드시 기억해야 한다. 그 외에는 일반적인 함수의 사용 방법과 같다.

1.3 _의 쓰임

클래스의 내용과 별개로 _의 쓰임에 대해 알아야 한다. 일반적으로 파이썬에서 _의 쓰임은 개수에 따라 여러 가지로 나눌 수 있다. 예를 들어 _ 1개는 이후로 쓰이지 않을 변수에 특별한 이름을 부여하고 싶지 않을 때 사용한다. 예를 들면 다음과 같다.

코드 10-1 underscore.py

```
for _ in range(10):
    print("Hello, World")
```

```
Hello, World
Hello, World
Hello, World
```

```
Hello, World
Hello, World
Hello, World
Hello, World
Hello, World
Hello, World
Hello, World
```

위 코드는 'Hello, World'를 화면에 10번 출력하는 함수이다. 횟수를 세는 _ 변수는 특별한 용도가 없으므로 뒤에서 사용되지 않는다. 따라서 _를 임의의 변수명 대신에 사용한다.

또 다른 용도로 _ 2개를 사용하면 특수한 예약 함수나 변수를 의미한다. 대표적으로 __str__이나 __init__() 같은 함수이다. __str__() 함수는 클래스로 인스턴스를 생성했을 때, 그 인스턴스 자체를 print() 함수로 화면에 출력하면 나오는 값을 뜻한다. 다양한 용도가 있으니 _의 특수한 용도에 대해서도 인지해두는 것이 좋다.

2 인스턴스 사용하기

다음으로 생성된 클래스를 인스턴스로 호출해 사용하는 방법을 알아보자. 인스턴스는 클래스에서 실제적인 데이터가 입력되어 사용할 수 있는 형태의 객체를 뜻한다. 앞에서 붕어빵틀을 클래스에, 붕어빵을 인스턴스에 비유했는데, 인스턴스는 여러 가지 재료가 들어간 붕어빵 자체에 비유할 수 있다.

앞에서 클래스를 구현할 때 SoccerPlayer라는 이름으로 생성하였다. 이 클래스는 기본 설계도이므로 선수의 이름이나 등번호가 아직 할당되지 않았다. 실제로 인스턴스를 사용하기 위해서는 이러한 정보를 할당한 상태로 사용해야 한다.

클래스에서 인스턴스를 호출하는 방법은 [그림 10-4]와 같다. 먼저 클래스 이름을 호출하고, 앞에서 정의했던 __init__() 함수의 매개변수에 맞추어 값을 입력한다. 이것은 함수에서 배운 초깃값 지정과 같은 개념이다. 여기서 self 변수에는 아무런 값도 할당하지 않는다. [그림 10-4]를 보면 jinhyun이라는 이름의 인스턴스가 SoccerPlayer라는 클래스를 기반으로 생성되는 것을 확인할 수 있다. 이 jinhyun이라는 인스턴스 자체가 SoccerPlayer 클래스에서 self에 할당된다.

```
jinhyun = SoccerPlayer("Jinhyun", "MF", 10):
```

객체명 / 클래스 이름 / __init__ 함수 인터페이스 초깃값

def __init__(self, name, position, back_number);

그림 10-4 클래스에서 인스턴스 호출

실제로 만들어진 코드는 [코드 10-2]와 같다.

코드 10-2 instance.py

```
1  # 전체 SoccerPlayer 코드
2  class SoccerPlayer(object):
3      def __init__(self, name, position, back_number):
4          self.name = name
5          self.position = position
6          self.back_number = back_number
7      def change_back_number(self, new_number):
8          print("선수의 등번호를 변경한다: From %d to %d" % (self.back_number, new_number))
9          self.back_number = new_number
10     def __str__(self):
11         return "Hello, My name is %s. I play in %s in center." % (self.name, self.position)
12
13 # SoccerPlayer를 사용하는 instance 코드
14 jinhyun = SoccerPlayer("Jinhyun", "MF", 10)
15
16 print("현재 선수의 등번호는:", jinhyun.back_number)
17 jinhyun.change_back_number(5)
18 print("현재 선수의 등번호는:", jinhyun.back_number)
```

```
현재 선수의 등번호는: 10                ← 16행 실행 결과
선수의 등번호를 변경한다: From 10 to 5   ← 17행 실행 결과
현재 선수의 등번호는: 5                 ← 18행 실행 결과
```

14행에서 `jinhyun = SoccerPlayer("Jinhyun", "MF", 10)` 코드로 인스턴스를 새롭게 만들었다. 만들어진 인스턴스인 jinhyun은 name, position, back_number에 각각 Jinhyun, MF, 10이 할당되었다. 할당된 값을 만들어진 인스턴스에서 사용하기 위해서 `jinhyun.back_number` 형식으로 인스턴스 내의 값을 호출하고 있다. 여기서 중요한 것이 있다. 인스턴스가 생성된 후에는 해당 인스턴스의 이름으로 값을 할당하거나 함수를 부르면 되지만, 클래스 내에서는 self로 호출된다. 즉, 생성된 인스턴스인 jinhyun과 클래스 내 self가 같은 역할을 하는 것이다. 이 부분이 어렵게 느껴질 수 있지만 파이썬의 객체 지향 프로그래밍에서는 중요한 문법이니 이해하고 넘어가도록 한다.

함수를 호출할 때도 인스턴스의 이름과 함수명을 사용한다. 여기서는 17행에서 `jinhyun.change_back_number(5)`를 사용해 클래스 내의 함수를 사용하였다. [코드 10-2]에 이어서 19행으로 `print(jinhyun)`을 입력하면 다음과 같은 결과가 출력된다.

```
Hello, My name is Jinhyun. I play in MF in center.
```

생성된 인스턴스인 jinhyun을 print( ) 함수에서 사용했을 때 나타나는 결과이다. 이는 [코드 10-2]의 10 · 11행에서 클래스 내 함수로 선언되었기 때문이다.

10행에서 __str__ 함수로 선언된 부분이 print( ) 함수를 사용하면 반환되는 함수이다. 인스턴스의 정보를 표시하거나 구분할 때 __srt__문을 사용하면 된다. 이처럼 예약 함수는 특정 조건에서 작동하는 함수로 유용하다.

3 클래스를 사용하는 이유

이처럼 복잡한 객체 지향 프로그래밍의 개념을 왜 사용하는 것일까? 그리고 굳이 클래스를 설계하고 인스턴스를 만들어야 하는 이유는 무엇일까? 여러 가지 이유가 있지만, 핵심은 자신의 코드를 다른 사람이 손쉽게 사용할 수 있도록 설계하기 위함이다. 만약 단순히 데이터를 저장하기 위한 수단으로 사용한다면 이차원 리스트나 Namedtuple 형태를 사용해도 문제는 없다. 그러나 때로는 자신이 만든 코드가 데이터 저장뿐 아니라 다른 역할을 해야 할 때도 있다.

즉, 데이터를 변환하거나 데이터베이스에 저장하는 등의 역할이 필요할 때가 있다. 이것을 리스트와 함수로 각각 만들어 공유하는 것보다 하나의 객체로 생성해 다른 사람들에게 배포한다면 작업이 훨씬 더 쉬워진다.

또한, 코드를 좀 더 손쉽게 선언할 수 있다는 장점도 있다. 다음 [코드 10-3]을 보면 단순히 이차원 리스트로 선언할 수 있는 것을 객체 지향 프로그래밍의 개념을 적용시켜 좀 더 명확하게 저장된 데이터를 확인할 수 있다. 특히 다른 사람들이 결과를 사용할 때 이 데이터가 무엇을 위한 데이터인지를 명확히 알 수 있다.

코드 10-3 class.py

```
# 데이터
names = ["Messi", "Ramos", "Ronaldo", "Park", "Buffon"]
positions = ["MF", "DF", "CF", "WF", "GK"]
numbers = [10, 4, 7, 13, 1]

# 이차원 리스트
players = [[name, position, number] for name, position, number in zip(names, positions, numbers)]
print(players)
print(players[0])

# 전체 SoccerPlayer 코드
class SoccerPlayer(object):
    def __init__(self, name, position, back_number):
        self.name = name
        self.position = position
        self.back_number = back_number
    def change_back_number(self, new_number):
        print("선수의 등번호를 변경한다: From %d to %d" % (self.back_number, new_number))
        self.back_number = new_number
    def __str__(self):
        return "Hello, My name is %s. I play in %s in center." % (self.name, self.position)

```

```
23 # 클래스-인스턴스
24 player_objects = [SoccerPlayer(name, position, number) for name, position,
   number in zip(names, positions, numbers)]
25 print(player_objects[0])
```

```
[['Messi', 'MF', 10], ['Ramos', 'DF', 4], ['Ronaldo', 'CF', 7], ['Park', 'WF', 13],
['Buffon', 'GK', 1]]        ← 8행 실행 결과
['Messi', 'MF', 10]         ← 9행 실행 결과
Hello, My name is Messi. I play in MF in center.     ← 25행 실행 결과
```

객체 지향 프로그래밍은 이외에도 다양한 이유로 활용되고 있다. 한 가지 주의해야 할 점은 '객체 지향 프로그래밍 만능주의'이다. 실력이 더 쌓이고 객체 지향 프로그래밍에 대해 잘 알게 되면 모든 코드에 객체 지향 프로그래밍의 개념을 사용해 설계하고자 하는 욕심이 생긴다. 파이썬은 '어떻게 하면 쉽게 코딩할 수 있을까'에 대한 고민 끝에 나온 언어이다. 코드를 작성하다 보면 쓰고 버리게 되는 코드disposable code를 개발하는 경우도 많다. 너무 새로운 방법으로 코딩하는 것보다 필요한 방법을 적재적소에 적용시켜 손쉽게 문제를 해결하기 바란다.

03 Lab: 노트북 프로그램 만들기

1 노트북 프로그램 만들기 설계

이번 Lab에서는 지금까지 배운 객체 지향 프로그래밍의 개념을 이용하여 실제 구현 가능한 노트북Notebook 프로그램을 만들고자 한다. 컴퓨터 형태의 노트북을 뜻하는 것이 아니라 흔히 공책의 기능으로 사용하는 노트note 앱을 생각하면 된다. 우리가 잘 알고 있는 것으로 스티커sticky notes, 갤럭시 노트 앱 등이 있는데, 이런 종류의 프로그램을 직접 만들어보자.

객체 지향 프로그래밍을 이용하여 프로그램을 만들기 위해 가장 먼저 해야 할 일은 프로그램 설계이다. 이 프로그램은 어떤 객체가 필요할까? 어떤 기능을 어떻게 정의해 사용해야 할까? 어떤 데이터를 저장해야 할까? 이런 내용을 정리하여 프로그램을 설계해야 한다. 그러기 위해서는 사용자의 요구 사항을 정리할 필요가 있다. 사실 이러한 프로그램의 요구 사항을 정리하는 것 자체가 지루하고 어려운 일이어서 '시스템 분석 및 설계'나 '소프트웨어 공학' 등의 이름으로 컴퓨터공학과에서 한 학기 동안 배우기도 한다. 여기에서는 요구 사항을 다음과 같이 간단하게 정리하였다.

- **노트(note)를 정리하는 프로그램이다.**
- **사용자는 노트에 콘텐츠를 적을 수 있다.**
- **노트는 노트북(notebook)에 삽입된다.**
- **노트북은 타이틀(title)이 있다.**
- **노트북은 노트가 삽입될 때 페이지를 생성하며, 최대 300페이지까지 저장할 수 있다.**
- **300페이지를 넘기면 노트를 더이상 삽입하지 못한다.**

프로그램을 만드는 핵심 내용이 조금 많은 듯하다. 요약해보면, 우리가 만들어야 하는 객체에 대한 정보가 있는데, 사용자·노트·노트북 등이 객체가 된다. 다음으로 저장하는 데이터, 즉 변수에 대해 정의해야 한다. 가장 기본적인 것은 입력해야 할 콘텐츠가 있고, 노트마다 페이지가 생성되어야 한다. 또 노트북은 노트라고 하는 객체와 타이틀을 포함해야 한다. 다음으로 기능function에 대한 정의이다. 이 부분은 약간의 상상력이 필요하다. 노트북의 입장과 노트의 입장, 즉 각각의 객체별로 기능을 정의해야 한다. 조금의 상상력을 더하자면 노트는 내용을 입력하는 함수와 지우는 함수가 필요하다. 그리고 노트북은 노트를 추가하거나 지우는 등의 함수가 필요하다. 그 외 300페이지 등에 대한 로직을 따로 정의하여 함수 안에 넣어야 한다. 지금까지 정의된 내용을 바탕으로 함수와 변수를 정리하면 [표 10-3]과 같다.

표 10-3 노트북 프로그램의 객체 설계

구분	Notebook	Note
메서드	add_note remove_note get_number_of_pages	write_content remove_all
변수	title page_number notes	contents

2 노트북 프로그램의 구현

파이썬을 이용하여 실제 노트북 프로그램을 구현해보자.

2.1 Note 클래스

먼저 Note 클래스를 구현한다.

```
class Note(object):
    def __init__(self, contents = None):
        self.contents = contents

    def write_contents(self, contents):
        self.contents = contents

    def remove_all(self):
        self.contents = ""

    def __str__(self):
        return self.contents
```

Note 클래스에서 가장 중요한 변수는 contents, 즉 내용을 입력하는 변수이다. 이를 위해 Note 객체를 생성할 때 contents의 내용을 입력해 넣을 수 있도록 __init__( ) 함수 안에 self.contents를 초깃값으로 만든다. Note는 Notebook에 있는 여러 장의 노트 중 한 장이라고 생각하면 된다. 당연히 새로운 Note를 만들고 아무런 내용도 넣지 않을 수 있으므로, 초깃값을 contents = None으로 한다. 다음으로 Note에 새로운 내용을 입력하는 write_contents( )와 Note의 모든 내용을 지우는 remove_all( ) 함수를 만든다. 각각은 문자열형을 입력받은 후 self.contents 변수에 할당하거나 내용을 삭제하는 의미의 self.contents = ""를 호출한다. 마지막으로 print( ) 함수를 편리하게 사용하기 위해 __str__을 선언하여 contents를 반환한다.

2.2 Notebook 클래스

두 번째로 Notebook 클래스를 구현한다.

```
class NoteBook(object):
    def __init__(self, title):
        self.title = title
        self.page_number = 1
        self.notes = {}

    def add_note(self, note, page = 0):
        if self.page_number < 300:
            if page == 0:
                self.notes[self.page_number] = note
                self.page_number += 1
            else:
                self.notes = {page : note}
                self.page_number += 1
        else:
            print("페이지가 모두 채워졌다.")

    def remove_note(self, page_number):
        if page_number in self.notes.keys():
            return self.notes.pop(page_number)
        else:
```

```
            print("해당 페이지는 존재하지 않는다.")
    def get_number_of_pages(self):
        return len(self.notes.keys())
```

Notebook 클래스에는 다음 세 가지가 필요하다.

❶ **타이틀(title):** Notebook의 제목이 필요하다.

❷ **페이지 수(page_number):** 현재 Notebook에 총 몇 장의 노트가 있는지 기록하는 page_number가 필요하며, 1페이지부터 시작한다.

❸ **저장 공간:** 노트 자체를 저장하기 위한 공간이 필요하다.

이 세 가지 정보를 저장하기 위해 __init__( ) 함수 안에 모든 정보를 입력하였다. 여기서 관심을 가져야 할 변수는 self.notes이다. 위 코드에서는 notes 변수를 딕셔너리형으로 선언하였다. 이는 클래스를 설계하는 사람이 자신의 기호에 맞게, 또는 개발 목적에 따라 적절히 지정할 수 있다. notes 변수 안에는 Note의 인스턴스가 값value으로 들어가게 되고, 각 Note의 page_number가 키key로 들어간다. 이는 page_number로 Note를 쉽게 찾기 위함이다.

다음으로는 함수 부분이다. 먼저 add_note( ) 함수는 새로운 Note를 Notebook에 삽입하는 함수이다. 몇 가지 요구 조건에 대한 로직이 들어간다. 예를 들어, page_number가 300 이하이면 새로운 Note를 계속 추가할 수 있지만, 그 이상일 때는 Note를 더 추가하지 못하도록 한다. 새로운 Note가 들어갈 때는 임의로 페이지 번호를 넣을 수 있다. 하지만 사용자가 입력하지 않을 때는 맨 마지막에 입력된 Note 다음 장으로 Note를 추가한다. 맨 마지막 페이지는 늘 page_number에 저장되어 있다. 예를 들어 page_number가 7페이지라면 새로운 Note는 8페이지에 추가하는 식이다. 간단한 로직이지만 프로그램을 만들다보면 세세하게 신경 써야 하는 부분이 굉장히 많이 나오기 때문에 사용자의 요구 사항을 잘 정리할 필요가 있다.

두 번째 함수는 remove_note( ) 함수이다. remove_note( ) 함수는 특정 페이지 번호에 있는 Note를 제거하는 함수이다. 앞에서 Note가 저장되는 객체를 딕셔너리형으로 만들었고 페이지 번호를 키로 저장했으므로, 딕셔너리형인 self.notes에 해당 페이지 번호의 키가 있는지 확인하면 된다. 이는 `page_number in self.notes.keys()`로 쉽게 확인할 수 있다. 만약 페이지가 있다면 해당 페이지를 삭제하면서 반환하고, 없다면 print( ) 함수를 사용하여 없다는 메시지를 보여준다.

즉, page_number를 넘겨주고 그 페이지가 기존의 노트에 있다면 해당 페이지를 추출하여 돌려주고, 없다면 '해당 페이지는 존재하지 않는다.'라고 출력한다.

3 노트북 프로그램의 사용

앞에서 구현한 Note 클래스와 Notebook 클래스를 활용하여 실제 프로그램을 작성해보자. 클래스를 원활하게 활용하기 위해서는 모듈의 개념을 알고 있어야 한다. 하지만 아직 모듈의 개념을 배우지 않았으므로, 이 장에서는 따로 모듈을 설명하지 않고 소스파일에서 제공하는 'notebook.py'와 'notebook_client.py' 파일을 활용한다. 'notebook.py'는 Note 클래스와 NoteBook 클래스에 모듈을 적용하여 저장한 파일이고, 'notebook_client.py'는 지금 코딩할 내용을 저장한 파일이다. 이 파일을 활용하여 노트북 프로그램의 사용 방법을 알아본다.

먼저 해당 클래스를 불러 사용할 수 있는 클라이언트 코드를 만들어보자. 클라이언트 코드라고 하면 클래스를 가져다 사용하는 프로그램이라고 생각하면 된다. 지금부터 작성하는 코드는 'notebook_client.py'에 있는 것이다. 먼저 2개의 클래스를 호출해야 하는데, 호출하는 코드는 내장 모듈을 사용하는 것처럼 from과 import를 사용한다. 'from 파일명 import 클래스명'의 형태로 사용하면 된다. 이 코드가 실행되면 두 클래스는 메모리에 로딩된다.

```
from notebook import Note
from notebook import NoteBook
```

다음으로 몇 장의 Note를 생성한다. 넣고 싶은 Note의 내용을 문자열형으로 변수에 저장한다.

```
good_sentence = """세상 사는 데 도움이 되는 명언, 힘이 되는 명언, 용기를 주는 명언, 위로되는 명언, 좋은 명언 모음 100가지. 자주 보면 좋을 것 같아 선별했습니다."""
note_1 = Note(good_sentence)

good_sentence = """삶이 있는 한 희망은 있다. - 키케로 """
note_2 = Note(good_sentence)
```

```
good_sentence = """하루에 3시간을 걸으면 7년 후에 지구를 한 바퀴 돌 수 있다. - 새뮤얼 존
슨"""
note_3 = Note(good_sentence)

good_sentence = """행복의 문이 하나 닫히면 다른 문이 열린다. 그러나 우리는 종종 닫힌 문을
멍하니 바라보다가 우리를 향해 열린 문을 보지 못하게 된다. - 헬렌 켈러"""
note_4 = Note(good_sentence)
```

모두 4개의 Note가 만들어졌다. 이 Note를 파이썬 셸에서 확인하기 위해 다음과 같이 코드를 입력하면 Note의 인스턴스 생성을 확인할 수 있다. Note를 생성한 후 print( ) 함수를 사용하면 해당 Note에 있는 텍스트를 확인할 수 있다. 또한 remove( ) 함수도 사용할 수 있다.

```
>>> from notebook import Note
>>> from notebook import NoteBook
>>> good_sentence = """세상 사는 데 도움이 되는 명언, 힘이 되는 명언, 용기를 주는 명언, 위로
되는 명언, 좋은 명언 모음 100가지. 자주 보면 좋을 것 같아 선별했습니다."""
>>> note_1 = Note(good_sentence)
>>>
>>> note_1
<notebook.Note object at 0x0000022278C06DD8>
>>> print(note_1)
세상 사는 데 도움이 되는 명언, 힘이 되는 명언, 용기를 주는 명언, 위로되는 명언, 좋은 명언 모음
100가지. 자주 보면 좋을 것 같아 선별했습니다.
>>> note_1.remove()
>>> print(note_1)
삭제된 노트입니다.
```

TIP 같은 방식으로 note_2, note_3, note_4를 생성한다.

다음은 새로운 NoteBook을 생성하는 코드이다. 새로운 노트북을 생성한 후 기존의 Note들을 add_note( ) 함수로 추가한다.

```
wise_saying_notebook = NoteBook("명언 노트")
wise_saying_notebook.add_note(note_1)
wise_saying_notebook.add_note(note_2)
wise_saying_notebook.add_note(note_3)
wise_saying_notebook.add_note(note_4)
```

다음 코드에서 실제 추가된 것을 확인할 수 있다. Note 4장을 추가하였으므로 get_number_of_all_pages( ) 함수를 사용하면 총 페이지 수가 출력되고, get_number_of_all_characters( ) 함수를 사용하면 총 글자 수가 출력된다.

```
>>> wise_saying_notebook = NoteBook("명언 노트")
>>> wise_saying_notebook.add_note(note_1)
>>> wise_saying_notebook.add_note(note_2)
>>> wise_saying_notebook.add_note(note_3)
>>> wise_saying_notebook.add_note(note_4)
>>> print(wise_saying_notebook.get_number_of_all_pages())
4
>>> print(wise_saying_notebook.get_number_of_all_characters())
159
```

또한, 노트의 삭제나 추가도 여러 가지 명령어로 가능하다. 다음과 같이 특정 Note를 지우는 remove_note( )를 사용하거나 객체 지향 프로그래밍 개념으로 새로운 빈 노트를 임의로 추가할 수도 있다. 기존 페이지에 노트를 추가하려고 하면 오류 메시지도 출력된다.

```
>>> wise_saying_notebook.remove_note(3)
>>> print(wise_saying_notebook.get_number_of_all_pages())
3
>>>
>>> wise_saying_notebook.add_note(note_1, 100)
해당 페이지에는 이미 노트가 존재합니다.
>>>
>>> for i in range(300):
...     wise_saying_notebook.add_note(note_1, i)
```

```
...
해당 페이지에는 이미 노트가 존재합니다.
해당 페이지에는 이미 노트가 존재합니다.
해당 페이지에는 이미 노트가 존재합니다.
해당 페이지에는 이미 노트가 존재합니다.
>>> print(wise_saying_notebook.get_number_of_all_pages())
300
```

TIP 간단하게 객체 지향 프로그래밍의 개념으로 노트북 프로그램을 만들었다. 이러한 프로그램을 처음 만들어보면 이것이 과연 사용할 수 있는 프로그램인지 의문이 들 수도 있다. 하지만 화면에 출력되는 인터페이스가 다를 뿐 코드 자체는 스마트폰이나 PC 등에 그대로 사용된다고 해도 무리는 아니다. 단지 인터페이스나 프로그램의 UI를 어떻게 구성하느냐의 차이는 있지만 로직에 대한 차이는 없다. 좀 더 객체 지향 프로그래밍에 익숙해지면 굉장히 다양한 기법으로 프로그래밍할 수 있고, 다른 사람이 만든 프로그램도 쉽게 사용할 수 있다.

04 객체 지향 프로그래밍의 특징

이번에는 객체 지향 프로그래밍의 특징에 대해 알아본다. 객체 지향 프로그래밍은 절차적인 프로그래밍과 비교해 여러 가지 특징이 있다. 객체 지향 프로그래밍의 기본 철학에는 실생활을 모델링한다는 개념이 있기 때문에, 대부분이 실생활에 존재하는 다양한 개념을 쉽게 프로그래밍하기 위한 특징들이다. 객체 지향 프로그래밍의 특징에는 크게 상속, 다형성, 가시성이 있다. 모두 객체 지향 프로그래밍뿐만 아니라 완성된 파이썬 프로그래밍을 하는 데도 매우 중요한 개념이다.

TIP 한 가지 유념해야 할 점은 이 개념이 조금 어렵다는 점이다. 일반적으로 객체 지향 프로그래밍의 개념은 컴퓨터공학과에서도 자바나 C++ 언어를 사용하여 한 학기 동안 공부한다. 지금 이 책의 목적은 객체 지향 프로그래밍을 완벽히 익히는 데 있지 않다. 단지 처음으로 프로그래밍에 입문하면서 '이런 것도 있구나!' 하는 정도로 생각하고 넘어가면 된다. 전문 프로그래머가 되고 싶다면, 이후에 자바와 같은 프로그래밍 언어로 객체 지향 프로그래밍을 제대로 공부하면 좋다. 지금 여기에서는 어려운 개념은 다루지 않겠다.

1 상속

상속inheritance은 이름 그대로 무엇인가를 내려받는 것을 뜻한다. 좀 더 자세히 설명하면 부모 클래스에 정의된 속성과 메서드를 자식 클래스가 물려받아 사용한다는 것이다. 앞에서 파이썬 클래스를 만들 때 코드를 다음과 같이 작성한 것을 기억할 것이다.

```
class Person(object):
    pass
```

class라는 예약어 다음에 클래스명으로 Person을 쓰고 ( ) 안에 object를 입력하였다. 여기서 object가 바로 Person 클래스의 부모 클래스이다. 사실 object는 파이썬에서 사용하는 가장 기본 객체base object이며, 파이썬 언어가 객체 지향 프로그래밍이므로 모든 변수는 객체이다. 예를 들어 파이썬의 문자열형 변수에 대해 다음과 같이 객체 이름을 확인할 수 있다.

```
>>> a = "abc"
>>> type(a)
<class 'str'>
```

지금까지 문자열형이라고 불렀지만 내부적으로는 객체로 처리되었다. 파이썬의 모든 객체는 object 객체를 상속한다.

상속이라는 표현에 대해 조금 더 깊이 살펴보자. 객체 지향 프로그래밍에서 상속은 부모 클래스로부터 값과 메서드를 물려받아 자식 클래스를 생성한다는 뜻이다. 즉, 자식이 부모의 특성을 그대로 포함한 채 생성되는 것이다. 다음 코드를 보자.

```
>>> class Person(object):
...     def __init__(self, name, age):
...         self.name = name
...         self.age = age
...
>>> class Korean(Person):
...     pass
...
>>> first_korean = Korean("Sungchul", 35)
>>> print(first_korean.name)
Sungchul
```

이 코드에서는 먼저 Person 클래스를 생성하였다. Person 클래스에는 생성자 __init__() 함수를 만들어 name과 age에 관련된 정보를 입력할 수 있도록 하였다. 다음으로 Korean 클래스를 만들면서 Person 클래스를 상속받았다. `class Korean(Person)`과 같이 작성하면 간단히 상속받을 수 있다. 그리고 `pass`는 별도의 내용 없이 클래스만 존재한다는 뜻이다. 즉, 별도의 내용이 없는 Korean 클래스 인스턴스를 만든 것이다. Korean 클래스는 별도의 생성자는 없지만, Person 클래스가 가진 생성자를 그대로 사용하여 인스턴스를 만들었다. 그래서 Person 클래스에서 생성한 변수를 그대로 사용할 수 있다. 이러한 객체 지향 프로그래밍의 특징을 상속이라고 한다.

상속을 도표로 표현하면 [그림 10-5]와 같다. 사각형이 클래스이고, 화살표는 각 클래스의 상속 관계이다. 즉, Person 클래스를 Employee가 상속받고, 이 클래스를 다시 한번 Manager, Staff, Hourly 등이 상속받는 것이다.

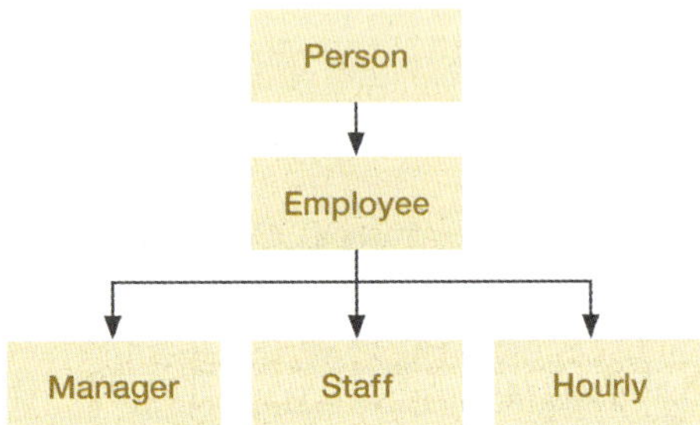

그림 10-5 상속 구조

일반적으로 상속을 하게 되면 부모 클래스보다 자식 클래스의 정보가 더 구체화된다. 당연한 얘기이지만, 객체 지향 프로그래밍으로 프로그램을 작성할 때 이러한 상속 구조를 설계해야 한다. 특히 상속이 진행될수록 부모 클래스에 대해 각 클래스의 기능이 구체화되도록 부모 객체에는 일반적인 기능을, 자식 객체에는 상세한 기능을 넣어야 한다. 그리고 같은 일을 하는 메서드라 하더라도 부모 객체보다 자식 객체에 좀 더 많은 정보를 줄 수도 있다. 이를 '부모 클래스의 메서드를 재정의한다'라고 한다. [코드 10-4]로 설명하겠다.

코드 10-4 inheritance1.py

```
class Person(object):                          # 부모 클래스 Person 선언
    def __init__(self, name, age, gender):
        self.name = name
        self.age = age
        self.gender = gender

    def about_me(self):                        # 메서드 선언
        print("저의 이름은", self.name, "이고요, 제 나이는", str(self.age), "살입니다.")
```

먼저 부모 클래스가 Person이다. name, age, gender에 대해 변수를 선언하였고, about_me 함수를 사용하여 생성된 인스턴스가 자신을 설명할 수 있도록 하였다. 사실 str( ) 함수에 들어가도 되는 클래스이지만 임의의 about_me 클래스를 생성하였다.

다음으로 상속받는 Employee 클래스는 [코드 10-5]와 같다.

코드 10-5 inheritance2.py

```
class Employee(Person):                          # 부모 클래스 Person으로부터 상속
    def __init__(self, name, age, gender, salary, hire_date):
        super().__init__(name, age, gender)  # 부모 객체 사용
        self.salary = salary
        self.hire_date = hire_date           # 속성값 추가

    def do_work(self):                           # 새로운 메서드 추가
        print("열심히 일을 한다.")

    def about_me(self):                          # 부모 클래스 함수 재정의
        super().about_me()                       # 부모 클래스 함수 사용
        print("제 급여는", self.salary, "원이고, 제 입사일은", self.hire_date, "입니다.")
```

Person 클래스가 단순히 사람에 대한 정보를 정의했다면, Employee 클래스는 사람에 대한 정의와 함께 일하는 시간과 월급에 대한 변수를 추가한다. 즉 __init__() 함수를 재정의한다. 이때 부모 클래스의 __init__() 함수를 그대로 사용하려면 별도의 __init__() 함수를 만들지 않아도 된다. 하지만 기존 함수를 사용하면서 새로운 내용을 추가하기 위해서는 자식 클래스에 __init__() 함수를 생성할 때 `super().__init__(매개변수)`라고 입력한다. 여기서 super()는 부모 클래스를 가리킨다. 즉, 부모 클래스의 __init__() 함수를 그대로 사용한다는 뜻이다.

그리고 그 아래에는 자식 클래스에서 필요한 새로운 변수를 추가하면 된다. 이러한 함수의 재정의를 오버라이딩overriding이라고 한다. 오버라이딩은 상속 시 함수 이름과 필요한 매개변수는 그대로 유지하면서 함수의 수행 코드를 변경하는 것이다. 같은 방식으로 about_me() 함수가 오버라이딩된 것을 확인할 수 있다. Person과 Employee에 대한 설명을 추가한 것이다. 위 코드들은 설명의 용이성을 위해 텍스트 형태의 설명만 추가하였지만 실제로는 프로그램에 사용하기 위한 다양한 기능이 추가될 수 있다.

do_work처럼 자식 클래스에만 필요한 새로운 함수를 생성할 수도 있다. 앞서 설명했듯이 자식 클래스는 부모 클래스보다 더 상세한 일을 한다. 따라서 자식 클래스가 새로운 기능을 수

행할 수 있도록 코드를 작성해야 한다. 파이썬에서는 이외에도 다양한 상속 기능을 지원한다. 예를 들어, 1개 이상의 클래스 특징을 상속하는 다중상속을 지원하기도 한다. 이러한 세부적인 기능은 파이썬을 사용하여 본격적인 객체 지향 프로그래밍을 할 때 필요하다. 이 책에서는 다루지 않지만 필요하다면 추가로 공부하기를 권장한다.

2 다형성

다형성polymorphism은 같은 이름의 메서드가 다른 기능을 하는 것을 말한다. 사실 이 기능은 상속에서 이미 확인하였다. 예를 들어, about_me라는 함수를 부모 클래스와 자식 클래스가 서로 다르게 구현했는데, 이것도 일종의 다형성이다.

그렇다면 다형성을 사용하는 이유는 무엇일까? 객체 지향 프로그래밍을 사용하는 이유를 생각하면 간단하다. 객체 지향 프로그래밍은 다른 사람의 코드를 쉽게 재사용하기 위해 사용한다고 언급하였다. 이를 위해서는 내부적인 구현 과정은 잘 모르더라도 그 함수나 클래스의 역할은 명확히 알 필요가 있다.

인터넷에서 데이터를 모으는 프로그램을 크롤러crawler라고 하는데, 이번에는 뉴스를 모으는 크롤러를 만들어보면서 설명하겠다. 먼저 부모 Crawler 클래스를 만들고 do_crawling이라는 함수를 생성한다. 그리고 Crawler 클래스를 상속시켜 NaverCrawler와 DaumCrawler를 만든다. 이제 두 자식 클래스는 모두 do_crawling 함수를 갖게 된다. 같은 이름이지만 구현 내용은 다르다. 각각 클래스에서 구현되는 내부 로직에 차이가 있는데, 이를 함수의 다형성이라고 한다. 여기서 Crawler 클래스들의 do_crawling 함수는 각각 네이버와 다음에서 뉴스를 가져오는 역할을 한다. 해당 클래스의 사용자는 데이터를 어떻게 가져오는지 모르지만 결과는 두 클래스 모두 같다는 것을 알 수 있다. 다음 코드를 살펴보자.

코드 10-6 polymorphism1.py

```
n_crawler = NaverCrawler()
d_crawler = DaumCrawler()
cralwers = [n_crawler, d_crawler]
news = []
for cralwer in cralwers:
    news.append(cralwer.do_crawling())
```

해당 클래스의 사용자 입장에서는 함수의 이름만 알면 같은 형태로 사용할 수 있지만, 클래스의 개발자 입장에서는 내부적인 구현을 각 클래스별 다르게 개발할 필요가 있다. 이를 다형성이라고 하는데, 다형성을 사용하면 프로그램을 작성할 때 사용자가 좀 더 쉽게 클래스를 사용할 수 있다. [코드 10-6]은 의사코드pseudo-code로 실제 작동되지는 않고 단지 다형성을 설명하기 위해 만든 코드이다.

다음 [코드 10-7]을 보자.

코드 10-7 polymorphism2.py

```
1 class Animal:
2     def __init__(self, name):
3         self.name = name
4     def talk(self):
5         raise NotImplementedError("Subclass must implement abstract method")
6
7 class Cat(Animal):
8     def talk(self):
9         return 'Meow!'
10
11 class Dog(Animal):
12     def talk(self):
13         return 'Woof! Woof!'
14
15 animals = [Cat('Missy'), Cat('Mr. Mistoffelees'), Dog('Lassie')]
16 for animal in animals:
17     print(animal.name + ': ' + animal.talk())
```

```
Missy: Meow!
Mr. Mistoffelees: Meow!
Lassie: Woof! Woof!
```

↑ 15~17행 실행 결과

[코드 10-7]에서 부모 클래스는 Animal이며, Cat과 Dog는 Animal 클래스를 상속받는다. 핵심 함수는 talk로, 각각 두 동물 클래스의 역할이 다른 것을 확인할 수 있다. Animal 클래

스는 아직 설명하지 않았지만 NotImplementedError라는 클래스를 호출한다. 이 클래스는 자식 클래스에만 해당 함수를 사용할 수 있도록 한다. 따라서 두 클래스가 내부 로직에서 같은 이름의 함수를 사용하여 결과를 출력하도록 한다. 정의된 모든 클래스는 15~17행과 같이 사용할 수 있다.

3 가시성

가시성visibility은 객체의 정보를 볼 수 있는 레벨을 조절하여 객체의 정보 접근을 숨기는 것을 말하는데, 이 특징은 다양한 이름으로 불리고 있다. 파이썬에서는 가시성이라고 하지만 좀 더 중요한 핵심 개념은 캡슐화encapsulation와 정보 은닉information hiding이다.

파이썬에서는 객체의 재사용을 위해 각 객체가 무슨 역할을 하는지 알아야 한다. 하지만 그와 동시에 구현의 세부적인 내용을 모두 알 필요는 없다. 단지 사용하는 방법만 알면 된다. 즉, 객체의 매개변수 인터페이스만 명확히 알면 사용할 수 있다. 이러한 개념을 캡슐화라고 하며, 객체의 세부 내용은 모른 채 객체의 사용법만 알고 사용한다는 뜻이다.

동시에 필요한 정보는 숨겨야 한다. 사실 이 개념은 객체 지향 프로그래밍의 사용 초기의 상황과 관련이 있다. 객체 지향 프로그래밍이란 개념이 처음 생길 때 적용된 언어가 자바나 C++ 같은 컴파일러 언어이기 때문에 컴파일된 코드를 라이브러리 형태의 제품으로 판매하던 시절이 있었다. 그러다 보니 세부적인 내용은 보여주지 않고, 단지 각 클래스와 그 안에 있는 함수들의 사용법만 알려주었다. 파이썬과 달리 컴파일러 언어여서 코드의 내부 구현을 볼 수 없었다. 따라서 외부에서 코드 내부를 볼 수 없게 하기 위해 내부의 정보를 숨기는 개념인 정보 은닉이 적용되었다.

캡슐화와 정보 은닉으로 표현은 다르게 하지만 둘 다 코드의 내부 구현을 잘 해서 외부에서 쉽게 사용하게 하고, 코드의 세부적인 내용은 모르게 한다는 측면에서 비슷한 의미로 사용된다.

캡슐화를 사용해야 하는 이유는 무엇일까? 여러 가지가 있지만 일단 클래스를 설계할 때 클래스 간 간섭 및 정보 공유를 최소화하여 개별 클래스가 단독으로도 잘 동작할 수 있도록 해야 하기 때문이다. 각 클래스가 강하게 연결되어 있다면 독립적으로 사용하기 어렵다. 또한, 사용자 입장에서는 상세한 내용을 모르더라도 인터페이스를 이해하면 클래스를 쉽게 사용할 수 있다. 파이썬에서는 이러한 개념을 가시성이라는 이름으로 적용시키고, 정보 은닉을 어떻게 할 것인가를 코드 레벨에서 조절한다. 실제 파이썬의 가시성 사용 방법에 대해 예시를 들어 설명하겠다. 먼저 코드를 작성해야 하는 상황은 다음과 같다.

- **Product 객체를 Inventory 객체에 추가**
- **Inventory에는 오직 Product 객체만 들어감**
- **Inventory에 Product가 몇 개인지 확인이 필요함**
- **Inventory에 Product items는 직접 접근이 불가함**

[코드 10-8]을 보자.

코드 10-8 visibility1.py

```
1  class Product(object):
2      pass
3
4  class Inventory(object):
5      def __init__(self):
6          self.__items = []
7      def add_new_item(self, product):
8          if type(product) == Product:
9              self.__items.append(product)
10             print("new item added")
11         else:
12             raise ValueError("Invalid Item")
13     def get_number_of_items(self):
14         return len(self.__items)
15
16 my_inventory = Inventory()
17 my_inventory.add_new_item(Product())
18 my_inventory.add_new_item(Product())
19
20 my_inventory.__items
```

```
new item added                        ← 17행 실행 결과
new item added                        ← 18행 실행 결과
Traceback (most recent call last):    ← 20행 실행 결과
    File "visibility1.py", line 20, in <module>
```

```
        my_inventory.__items
AttributeError: 'Inventory' object has no attribute '__items'
```

[코드 10-8]에서는 Inventory 객체에 add_new_item( ) 함수를 사용하여 새롭게 생성된 Product 객체를 넣어준다. 여기서 자료형을 비교하여 해당 객체가 Product 객체인지 확인하고, 그렇지 않을 경우 ValueError가 발생한다. __items는 Product 객체가 들어가는 공간으로, get_number_of_items( )를 사용하여 총 객체의 개수를 반환한다.

여기서 핵심은 __items 변수이다. Inventory를 저장하는 공간으로, add_new_item( )을 통해 Product 객체를 넣을 수 있다. 하지만 다른 프로그램이 add_new_item( )이 아니라 직접 해당 객체에 접근해 새로운 값을 추가하려고 한다면 어떻게 할까? 20행을 살펴보자.

다른 코드에서는 잘 실행되다가 20행의 `my_inventory.__items`에서 오류가 발생한다. 왜냐하면 _가 특수 역할을 하는 예약 문자로 클래스에서 변수에 두 개가 붙어있어 사용될 클래스 내부에서만 접근할 수 있고, 외부에는 호출하여 사용하지 못하기 때문이다. 즉, 클래스 내부용으로만 변수를 사용하고 싶다면 '__변수명' 형태로 변수를 선언한다. 이러한 특징을 자바에서는 private variable이라고도 한다. 즉, 가시성을 클래스 내로 한정하면서 값이 다르게 들어가는 것을 막을 수 있다. 이를 정보 은닉이라고 한다.

그렇다면 이러한 정보를 클래스 외부에서 사용하기 위해서는 어떻게 해야 할까? 데코레이터decorator라고 불리는 @property를 사용한다. 데코레이터는 클래스의 각 메서드 상단에 삽입하여 해당 메서드의 기능을 추가하는 파이썬 문법이다. [코드 10-8]의 14행 뒷부분에 [코드 10-9]를 추가하여 @property를 사용하면 해당 변수를 외부에서 사용할 수 있다.

코드 10-9 visibility2.py

```python
class Inventory(object):
    def __init__(self):
        self.__items = []            # private 변수로 선언(타인이 접근 못 함)

    @property                        # property 데코레이터(숨겨진 변수 반환)
    def items(self):
        return self.__items
```

다른 코드는 그대로 유지하고 마지막에 items라는 이름으로 메서드를 만들면서 @property를 메서드 상단에 입력한다. 그리고 외부에서 사용할 변수인 __items를 반환한다. 이렇게 코드를 추가하면 다음과 같이 외부에서도 해당 메서드를 사용할 수 있다.

```
>>> my_inventory = Inventory()
>>> items = my_inventory.items
>>> items.append(Product())
```

이번 코드에서는 오류가 발생하지 않았다. 여기서 주목할 부분은 __items 변수의 원래 이름이 아닌 items로 호출한다는 것이다. 바로 @property를 붙인 함수 이름으로 실제 __items를 사용할 수 있는 것이다. 이는 기존 private 변수를 누구나 사용할 수 있는 public 변수로 바꾸는 방법 중 하나이다.

TIP 이번 장은 조금 어렵게 느꼈을 수도 있다. 하지만 모든 객체 지향 프로그래밍을 다 알아야 하는 것은 아니다. 지금 당장은 어떤 것이 가능하고 어떤 기능이 있다는 정도만 알고 넘어가면 된다. 앞으로 다른 프로그래밍 언어를 배우면서 이러한 특징이 공통으로 나타날 때 잘 봐두면 된다. 여기서 배운 개념은 자바와 같은 언어에서도 다시 나온다.

01 객체 지향 프로그래밍Object Oriented Programming, OOP은 함수처럼 어떤 기능을 함수 코드로 묶어 두는 것이 아니라, 어떤 기능을 수행하는 하나의 단일 프로그램을 객체라고 하는 코드로 만들어 다른 프로그래머가 재사용할 수 있도록 한다. 이것은 컴퓨터공학의 오래된 프로그래밍 기법 중 하나이다.

02 객체object는 실생활에 존재하는 실제적인 물건 또는 개념을 뜻하며, 속성attribute과 행동action으로 구성된다. 객체 지향 프로그래밍은 이러한 객체의 개념을 활용하여 프로그램으로 표현하는 기법이다. 속성은 변수variable로, 행동은 함수function로 정의된다.

03 클래스class는 객체가 가져야 할 기본 정보를 담은 코드로 일종의 설계도 코드라고 생각하면 된다.

04 파이썬에서 클래스를 선언하기 위한 기본 코드 템플릿은 다음과 같다.

05 __init__( ) 함수는 클래스에서 사용할 변수를 정의하는 함수이다.

06 파이썬에서 _의 쓰임은 개수에 따라 여러 가지로 나눌 수 있다.

07 인스턴스instance는 클래스에서 실제적인 데이터가 입력되어 사용할 수 있는 형태의 객체를 뜻한다.

08 클래스를 사용하는 이유에는 여러 가지가 있지만, 핵심은 자신의 코드를 다른 사람이 손쉽게 사용할 수 있도록 설계하기 위함이다.

09 객체 지향 프로그래밍의 특징에는 크게 상속, 다형성, 가시성이 있다.

10 상속inheritance은 이름 그대로 무엇인가를 내려받는 것을 뜻한다. 좀 더 자세히 설명하면 부모 클래스에 정의된 속성과 메서드를 자식 클래스가 물려받아 사용한다는 것이다.

11 다형성polymorphism은 같은 이름의 메서드가 다른 기능을 할 수 있도록 하는 것을 말한다.

12 가시성visibility은 객체의 정보를 볼 수 있는 레벨을 조절하여 객체의 정보 접근을 숨기는 것을 말하는데, 이 특징은 다양한 이름으로 불리고 있다. 파이썬에서는 가시성이라고 하지만 좀 더 중요한 핵심 개념은 캡슐화encapsulation와 정보 은닉information hiding이다.

연습문제

01 다음과 같이 코드를 작성했을 때, 실행 결과로 알맞은 것은?

```
class Bit(object):
    def __init__(self):
        self.__password = 5678

    def set_password(self, new_pw):
        self.__password = new_pw
        print('Password changed')

    def get_password(self):
        print('Your password is :', self.__password)

coin = Bit()
coin.get_password()
coin.set_password(1234)
print(coin.__password)
```

① Your password is : 5678
Password changed
Your Password is : 5678

② Your password is : 5678
Password changed
Your Password is : 1234

③ Your password is : 5678
Your password is : 1234
Password changed

④ Your password is : 5678
Password changed

⑤ Your password is : 5678
Password changed
AttributeError: 'Capsule' object has no attribute '__password'

02 다음 코드의 실행 결과를 쓰시오.

```
class Company:
    def __init__(self):
        self.work = True
        self.name = 'Jane'
        self.gender = 'woman'

    def retire(self):
        self.work = False

class Employee(Company):
    def __init__(self, name, gender):
        super().__init__()
        self.name = name
        self.gender = gender

    def introduce(self):
        if self.work == True:
            print('I got a job at a company')
            print('My name is', self.name)
            print('I am a', self.gender)
        if self.work == False:
            print('I left the company')

em = Employee('james', 'man')
em.retire()
em.introduce()
Employee('james', 'man').introduce()
```

03 다음 코드의 실행 결과를 쓰시오.

```
class Person(object):
    def __init__(self, name):
        self.name = name

def language(self):
    pass

class Earthling(Person):
    def language(self, language):
        return language

class Groot(Person):
    def language(self, language):
        return "I'm Groot!"

name = ['Hanbit', 'Dr.Strange', 'Groot']
country = ['Korea', 'USA', 'Galaxy']
language = ['Korean', 'English', 'Groot']

for idx, name in enumerate(name):
    if country[idx].upper() != 'GALAXY':
        person = Earthling(name)
        print(person.language(language[idx]))
    else:
        groot = Groot(name)
        print(groot.language(language[idx]))
```

04 **다음과 같이 코드를 작성했을 때, 실행 결과로 알맞은 것은?**

```
class SoccerPlayer(object):
    def __init__(self, name, position, back_number):
        self.name = name
        self.position = position
        self.back_number = back_number
    def change_back_number(self, back_number):
        self.back_number = back_number

jinhyun = SoccerPlayer("jinhyun", "MF", 10)
print("현재 선수의 등번호는:", jinhyun.back_number)
jinhyun.change_back_number(5)
```

① 현재 선수의 등번호는 :
② 현재 선수의 등번호는 : 10
③ 에러 발생
④ 현재 선수의 등번호는 : None
⑤ 현재 선수의 등번호는 : 5

05 **다음과 같은 코드는 객체 지향 프로그램의 어떤 특징을 보여주는지 고르시오.**

```
class Class(object):
    def __init__(self, name, score):
        self.name = name
        self.score = score

class Math(Class):
    def say():
        print("힘내")
```

① 다형성
② 가시성
③ 상속
④ 인스턴스
⑤ 속성

06 **다음과 같이 코드를 작성했을 때, 실행 결과로 알맞은 것은?**

```
class Marvel(object):
    def __init__(self, name, characteristic):
        self.name = name
        self.characteristic = characteristic

    def __str__(self):
        return "My name is {0} and my weapon is {1}.".format(
                self.name, self. characteristic)

class Villain(Marvel):
    pass

first_villain = Villain("Thanos", "infinity gauntlet")
print(first_villain)
```

① 에러 발생

② None

③ pass

④ My name is None and my weapon is None.

⑤ My name is Thanos and my weapon is infinity gauntlet.

07 **파이썬의 클래스와 객체 지향 프로그래밍에 대한 설명으로 틀린 것은?**

① 클래스에서 상속은 부모 클래스로부터 속성과 메서드를 물려받은 자식 클래스를 생성하는 것을 말한다.

② 클래스에서 __init__() 함수는 객체 초기화 예약 함수이다.

③ 객체 지향 프로그래밍에서 속성은 값(variable)으로, 행동은 메서드(method)로 표현된다.

④ 클래스에서 함수(function) 추가는 기존 함수의 사용법과 동일하다.

⑤ 다형성은 같은 이름의 메서드의 내부 로직을 다르게 작성하는 것을 말하며, 같은 부모 클래스를 상속하는 과정에서 주로 발생한다.

08 **다음 코드의 실행 결과를 쓰시오.**

```
class TV(object):
    def __init__(self, size, year, company):
        self.size = size
        self.year = year
        self.company = company
    def describe(self):
        print(self.company + "에서 만든 " + self.year + "년형 " \
            + self.size + "인치 " + "TV")

class Laptop(TV):
    def describe(self):
        print(self.company + "에서 만든 " + self.year + "년형 " \
            + self.size + "인치 " + "노트북")

LG_TV = TV("32", "2022", "LG")
LG_TV.describe()

samsung_microwave = Laptop("15" , "2023", "Samsung")
samsung_microwave.describe()
```

09 **08번과 같은 코드에 대한 설명은 아래와 같다. 빈 칸에 알맞은 단어를 고르시오.**

> 위 코드에서 Labtop 클래스는 TV 클래스를 [(가)] 하였다. 또한, 같은 이름의 내부 로직을 다르게 작성했으므로 [(나)] 의 사례로도 볼 수 있다.

① (가) 상속 (나) 인스턴스

② (가) 상속 (나) 가시성

③ (가) 속성 (나) 다형성

④ (가) 속성 (나) 인스턴스

⑤ (가) 상속 (나) 다형성

10 다음 코드의 실행 결과를 쓰시오.

```
class Person:
    def __init__(self, name, age, position):
        self.Name = name
        self.Age = age
        self.Position = position
    def show_info(self):
        print('이름 : {0}'.format(self.Name))
        print('나이 : {0}'.format(self.Age))
        print('직위 : {0}'.format(self.Position))
        print("저는 한빛대학교 {0} {1}입니다. 나이는 {2}입니 다.".format(
              self.Position, self.Name, self.Age))

class Researcher(Person):
    def __init__(self, name, age, position, degree):
        Person.__init__(self, name, age, position)
        self.Degree = degree
    def show_info(self):
        Person.show_info(self)
        print("저는 {0} 입니다.".format(self.Degree))

if __name__ == '__main__':
    researcher_john = Researcher("John","22", "연구원", "학사")
    researcher_tedd = Researcher("Tedd", "40", "소장", "박사")
    researcher_john.show_info()
    print("="*50)
    researcher_tedd.show_info()
```

11 다음과 같이 코드를 작성했을 때, 실행 결과로 알맞은 것은?

```
class Terran(object):
    def __init__(self, mineral):
        self.scv = 4
        self.marine = 0
        self.medic = 0
        self.mineral = mineral
    def command(self, SCV=False):
        self.mineral += 8*self.scv
        if SCV:
            self.scv += 1
            self.mineral -= 10
    def barrack(self, Marine=False, Medic=False):
        self.mineral += 8*self.scv
        if Marine:
            self.marine += 1
            self.mineral -= 15
        if Medic:
            self.medic += 1
            self.mineral -= 25
    def check_source(self):
        print("Mineral: "+str(self.mineral))

User = Terran(50)
User.command(True)
User.barrack(True,True)
User.check_source()
```

① Mineral : 68　　② Mineral : 56　　③ 에러 발생

④ Mineral : 72　　⑤ Mineral :

12 다음 코드의 실행 결과를 쓰시오.

```
class IceCream(object):
    def __init__(self, flavor):
        self.flavor = flavor
    def change_flavor(self, new_flavor):
        print('아이스크림을 %s에서 %s로 변경해주세요.' %(self.flavor, new_flavor))
        self.flavor = new_flavor
        print('아이스크림 맛을 %s로 변경해드렸어요.' %self.flavor)

ice_cream = IceCream('레인보우 샤베트')
ice_cream.change_flavor('바람과 함께 사라지다')
```

CHAPTER 11

모듈과 패키지

학습목표

- 모듈과 패키지의 개념을 이해한다.
- 모듈 만들기 실습을 진행한다.
- 패키지 만들기 실습을 진행한다.
- 가상환경에 대해 이해한다.

PREVIEW

이번 장에서는 파이썬 프로젝트의 기본이라고 할 수 있는 모듈과 패키지에 대해 알아본다. 이미 앞에서 파이썬에서 제공하는 여러 가지 모듈을 사용해 보았는데, 이번에는 모듈과 패키지의 개념, 그리고 실제 구현하는 방법에 대해 예시를 통해 알아보겠다. 또한, 실제 모듈을 사용할 때 필요한 가상환경의 개념과 사용 방법에 대해서도 설명한다. 내용은 어렵지 않지만 알아두면 여러모로 도움이 되는 내용이므로 많이 연습하고 넘어가도록 하자.

01 모듈과 패키지의 이해

처음 파이썬에 대해 알아볼 때 파이썬은 라이브러리가 많아 굉장히 배우기 쉽다고 한 것을 기억할 것이다. [그림 11-1]을 보면 교사가 에세이를 쓰라고 한 다음 검사해보니 파이썬으로 작성한 학생은 'import' 에세이만 썼고, 자바로 작성한 학생은 두 장이 넘도록 무엇을 썼는지 모르겠다고 한다. 간단히 해석하면 파이썬은 다른 사람이 만든 에세이 프로그램을 호출하였고, 자바는 하나의 프로그램을 작성하기 위한 코드가 너무 길다는 뜻이다.

(a) 파이썬 (b) 자바

그림 11-1 파이썬과 자바의 코드 작성 비유

파이썬은 매우 간결한 프로그래밍 언어이다. 이것이 가능한 가장 큰 이유는 많은 사람들이 이미 파이썬으로 프로그램을 작성해두었기 때문이다. 파이썬에서는 이미 작성된 프로그램을 모듈module이라고 하고, 이 프로그램의 묶음을 패키지packages라고 한다.

1 모듈의 개념

먼저 모듈의 개념부터 알아보자. 모듈module은 프로그래밍 언어에서만 나오는 개념은 아니다. 2014년 구글Google에서는 모듈형 휴대전화를 만들어 판매하는 내용의 'Ara'라는 프로젝트를 실행한 적이 있다. 휴대전화에 들어가는 카메라, 메모리, 와이파이 등을 하나의 블록으로 개별 판매하고 조립할 수 있는 환경을 만들어주는 프로젝트였다. 생소할지 모르겠으나 이것은 이미 PC를 통해 대중화되어 있는 컴퓨터 제작 방식이다. 컴퓨터의 여러 부품은 하나의 완성된 제품으로, 또는 여러 컴퓨터에 호환되어 사용할 수 있는 형태로 판매되고 있다. 결국, 구글의 프로젝트 'Ara'는 실패했지만 그 시도 자체만으로 매우 의미 있는 도전이었다.

그림 11-2 구글의 프로젝트 Ara 콘셉트

Ara뿐만 아니라 많은 제품이 이렇게 모듈화되어 판매되고 있다. 대표적인 예가 레고 블록이다. 레고 블록은 그 하나만으로도 제품이지만, 다른 블록들과 연결하거나 큰 밑판에 조립해 나감으로써 거대한 작품을 만들 수 있다. 이때 레고 블록 하나하나가 바로 모듈이라고 할 수 있다. 이외에도 자동차 부품이나 벽돌 등도 하나의 모듈 개념으로 제작된다고 볼 수 있다.

이처럼 모듈은 이미 프로그래밍 언어 외에도 매우 다양하게 사용되고 있다. 그러면 프로그래밍에서 모듈이라는 개념은 무엇일까? 프로그래밍에서의 모듈은 작은 프로그램 조각을 뜻한다. 즉, 하나하나 연결해 어떤 목적을 가진 프로그램을 만들기 위한 작은 프로그램이다. 각 모듈 역시 저마다 역할이 있어서 서로 다른 모듈과 인터페이스interface만 연결되면 사용할 수 있다.

먼저 인터페이스의 개념을 알아보자. 이미 한 번 설명했지만 간단하게 표현하면 함수에서 매개변수를 입력하는 약속이다. 다시 말해 해당 모듈을 사용하기 위해서는 모듈 간의 연결을 위한 약속이 필요한데, 이것을 인터페이스라고 한다.

모듈화하여 서비스되고 있는 프로그램을 우리 주변에서 흔히 볼 수 있다. 대표적인 예가 카카오 서비스에서 제공하는 게임 프로그램이다. 스마트폰을 통해 카카오 계정으로 특정한 카카오 게임을 하면 대부분 비슷한 인터페이스로 게임이 실행된다. 이는 카카오에서 모듈화된 프로그램을 인터넷에 제공함으로써 다양한 게임 개발사가 이것을 사용할 수 있도록 지원하기 때문이다. 이렇게 모듈화된 프로그램을 사용하면 다른 개발자가 만든 프로그램이나 자신이 만든 프로그램을 매우 쉽게 사용할 수도, 또는 제공할 수도 있다.

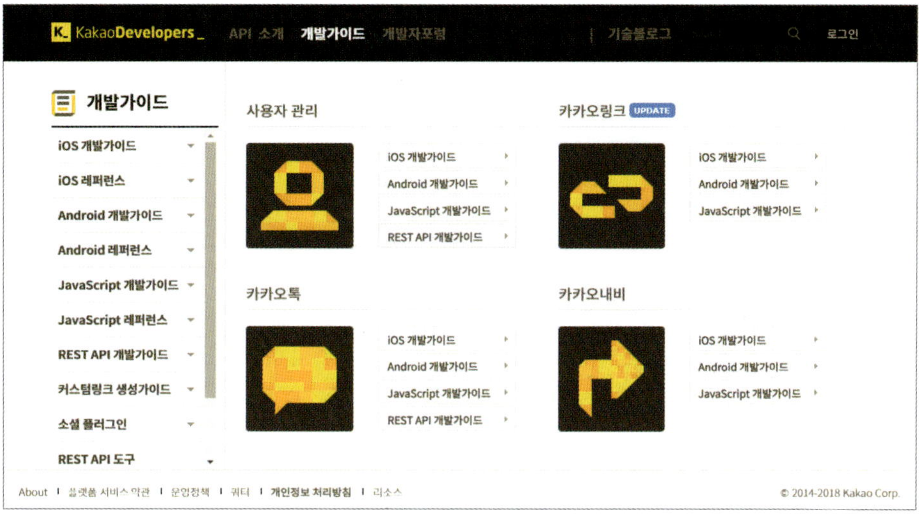

그림 11-3 Kakao Developers의 개발가이드

파이썬에서도 이미 여러 번 모듈을 사용하였다. 내장 모듈은 파이썬에서 기본적으로 제공하는 모듈인데, 대표적으로 random 모듈이 있다. 이는 난수를 쉽게 생성시켜 주는 모듈이다. random 모듈을 호출하기 위한 코드는 다음과 같다.

```
>>> import random
>>> random.randint(1, 1000)
198
```

Chapter 04에서 한 번 실행한 예제이다. 위의 코드를 실행하면 1~1000 중 임의의 숫자가 생성된다. 여기서는 import 구문이 중요하다. import 구문은 뒤에 있는 모듈, 즉 random을 사용할 수 있도록 호출하라는 명령어이다. 사용한다는 말은 해당 모듈을 메모리에 올리라는 뜻이다. 다음으로 해당 모듈의 이름을 사용하여 그 모듈 안에 있는 함수, 여기서는 randint( ) 함수를 사용하고 있다. randint( ) 함수를 사용하기 위해서는 이 randint 함수의 인터페이스, 즉 매개변수의 설정이 어떻게 되어 있는지 알아야 한다.

2 패키지의 개념

이제 패키지의 개념을 알아보자. 패키지packages는 모듈의 묶음이다. 앞서 from이라는 키워드를 사용해 모듈을 호출한 경우가 있었는데, 이때 모듈을 호출하기 위해 패키지부터 호출하는 명령어가 from이다. [그림 11-4]와 같이 일종의 디렉터리처럼 하나의 패키지 안에 여러 개의 모듈이 있는데, 이 모듈들이 서로 포함 관계를 가지며 거대한 패키지를 만든다.

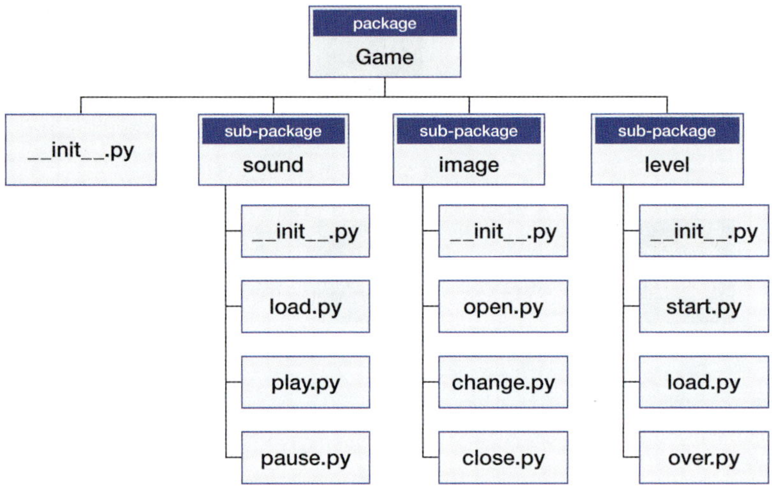

그림 11-4 모듈과 패키지의 관계

02 모듈 만들기

1 모듈 만들기 실습

이번 절에서는 모듈을 만드는 방법에 대해 알아본다. 이미 많은 모듈을 앞에서 만들었는데, 파이썬에서는 .py 파일 자체가 모듈이다. 가장 쉽게 파이썬 모듈을 만드는 방법은 현재 실습 중인 디렉터리에서 .py 파일을 하나 만들고, 그 파일에 필요한 함수를 저장하면 된다. 그러면 다른 파이썬 파일이나 파이썬 셸에서 import문을 사용하여 해당 모듈의 함수를 쉽게 불러낼 수 있다.

간단한 모듈을 만들어보자. [코드 11-1]과 같은 코드를 작성하여 'fah_converter.py'로 저장한다.

코드 11-1 fah_converter.py

```
def covert_c_to_f(celcius_value):
    return celcius_value * 9.0 / 5 + 32
```

다음으로 해당 모듈을 사용하는 코드(흔히 클라이언트 코드라고 부름)를 [코드 11-2]와 같이 작성하여 'module_ex.py'로 저장한다.

코드 11-2 module_ex.py

```
import fah_converter

print("Enter a celsius value:")
celsius = float(input())
fahrenheit = fah_converter.covert_c_to_f(celsius)
print("That's", fahrenheit, "degrees Fahrenheit.")
```

```
Enter a celsius value:
10                                  ← 사용자 입력
That's 50.0 degrees Fahrenheit.     ← 결과값 출력
```

[코드 11-2]에서 가장 중요한 핵심 코드는 1행의 `import fah_converter`로, 기존에 만든 코드 파일에서 .py를 빼고 해당 파일의 이름만 입력하면 파일 내의 함수를 불러 사용할 수 있다. 즉, .py 자체가 하나의 모듈이 된다. 이 코드에서는 fah_converter가 모듈이고, 해당 모듈 안의 covert_c_to_f( ) 함수를 가져다 사용하기 위해서는 5행과 같이 `fahrenheit = fah_converter.covert_c_to_f(celsius)`라고 작성하면 된다.

여기서 핵심은 호출받는 모듈과 호출하여 사용하는 클라이언트 프로그램이 같은 디렉터리 안에 있어야 한다는 것이다. 여기서는 fah_converter.py와 module_ex.py가 같은 디렉터리 안에 있어야 문제없이 실행된다.

2 네임스페이스

모듈 자체를 만들고 사용하는 것은 그다지 어렵지 않다. 하지만 모듈에서 꼭 이해하고 넘어가야 하는 중요한 개념이 있다. 바로 네임스페이스namespace이다. 네임스페이스는 모듈 호출의 범위를 지정하는 것이다.

앞에서 이미 배웠듯이 하나의 .py 파일, 다시 말해 하나의 모듈 안에는 클래스 · 함수 · 변수가 있으며 import를 사용하여 이들을 호출할 수 있다. 하지만 때로는 클라이언트 프로그램의 함수 이름과 호출된 모듈의 함수 이름이 같은 경우가 있다. 이렇게 프로그램을 만드는 것이 좋은 습관은 아니지만 익숙하지 않아 발생하는 실수일 수도 있고 필요에 따라 기존 클래스를 상속받아 사용하다가 발생할 수도 있다. 이 경우 호출된 모듈의 사용 범위를 명확히 지정해야 한다. 이때 사용하는 개념이 바로 네임스페이스이다. 이제 네임스페이스를 만드는 방법에 대해 알아보자.

첫 번째는 모듈 이름에 알리아스alias를 생성하여 모듈 안으로 코드를 호출하는 방법이다. 알리아스는 일종의 별칭으로 모듈의 이름을 바꿔 부를 때 사용한다. 모듈의 이름이 너무 길거나

다른 코드와 헷갈리는 이름일 때 as 키워드를 사용하여 모듈의 이름을 간단하게 바꿔 사용하면 된다. [코드 11-3]을 보자.

코드 11-3 namespace1.py

```
1 import fah_converter as fah
2 print(fah.covert_c_to_f(41.6))
```

```
106.88000000000001
```

[코드 11-3]의 1행에서 이전에 만든 fah_converter 모듈을 fah로 이름을 변경하여 호출하였다. 그리고 `fah.covert_c_to_f(41.6)` 코드로 fah_converter 모듈 안에 covert_c_to_f( ) 함수를 호출하였다. '모듈명.함수명(또는 클래스명/변수명)'의 형태로 해당 모듈 안에 있는 함수, 클래스, 변수를 호출하여 사용할 수 있다. 현재 사용하는 클라이언트 프로그램에 같은 이름의 코드가 있더라도 모듈 내에서만 한정하여 호출해야 한다.

두 번째는 from 구문을 사용하여 모듈에서 특정 함수 또는 클래스만 호출하는 방법이다. [코드 11-4]를 보자.

코드 11-4 namespace2.py

```
1 from fah_converter import covert_c_to_f
2 print(covert_c_to_f(41.6))
```

```
106.88000000000001
```

1행에서처럼 'from 모듈명 import 모듈 안에 있는 함수명'의 형태로 작성하면 해당 모듈 안에 있는 함수를 가져다 사용할 수 있다. 이제 이 함수는 별도의 모듈명을 써 주지 않아도 단독 사용이 가능하다. 여기서 한 가지 주의할 점은 from은 꼭 모듈을 호출하기 위한 키워드가 아니라는 것이다. 패키지를 호출하거나 해당 패키지 안에 있는 모듈을 호출할 때도 from 키워드를 사용할 수 있으니 참고하기 바란다. 패키지와 패키지, 패키지와 모듈 간에는 서로 중첩 구조를 가질 수 있고 이 중첩 구조를 호출하는 것이 바로 from의 역할이다.

세 번째는 해당 모듈 안에 있는 모든 함수, 클래스, 변수를 가져오는 별표(*)를 사용하는 것이다. 일반적으로 컴퓨터에서 별표는 곱셈의 의미도 있지만 모든 것이라는 뜻도 있다. [코드 11-5]의 1행과 같이 'from 모듈명 import *'라고 입력하면 해당 모듈 안에 있는 모든 사용 가능한 리소스를 호출한다는 뜻이다.

코드 11-5 namespace3.py

```
1 from fah_converter import *
2 print(covert_c_to_f(41.6))
```

```
106.88000000000001
```

그렇다면 위 세 가지 중 가장 선호하는 방법은 무엇일까? 일반적인 방법은 알리아스를 생성하여 호출하는 방법이다. 각각의 함수나 클래스가 어디서 나오는지를 명확히 표현하는 것이 좋기 때문이다. 즉, 같은 함수라도 covert_c_to_f보다 fah.covert_c_to_f라고 표기하는 것이 코드를 보는 입장에서는 코드의 출처를 명확히 알 수 있어서 좋다.

3 내장 모듈의 사용

이번에는 내장 모듈built-in module에 대해 알아보자. 파이썬은 프로그래밍을 개발하기 위해 기본적으로 사용해야 하는 문자 처리, 웹, 수학과 관련된 다양한 내장 모듈을 제공하며, 별다른 조치 없이 import문 한 줄로 사용할 수 있다. 각각의 모듈에 대한 예시를 살펴보자.

3.1 random 모듈

random 모듈은 난수 생성 모듈로 이미 앞에서 많이 본 모듈이다. 해당 모듈 안에는 정수 모듈을 생성하는 randint( ) 함수와 임의의 난수를 생성하는 random( ) 함수가 있다.

```
>>> import random
>>> print(random.randint (0, 100))                # 0~100 사이의 정수 난수를 생성
7
>>> print(random.random())                        # 일반적인 난수 생성
0.056550421789531846
```

3.2 time 모듈

시간과 관련된 time 모듈은 일반적으로 시간을 변경하거나 현재 시각을 알려준다. 대표적으로 프로그램이 동작하는 현재 시각을 알 수 있다.

```
>>> import time
>>> print(time.localtime())                       # 현재 시각 출력
time.struct_time(tm_year=2018, tm_mon=8, tm_mday=19, tm_hour=22, tm_min=9,
tm_sec=21, tm_wday=6, tm_yday=231, tm_isdst=0)
```

3.3 urllib 모듈

웹과 관련된 urllib 모듈은 웹 주소의 정보를 불러온다. 대표적으로 urllib의 request 모듈을 사용하면 특정 URL의 정보를 불러올 수 있다. `urllib.request.urlopen()` 코드에서 괄호 안에 특정 웹 주소를 입력하면 해당 주소의 HTML 정보를 가져온다.

```
>>> import urllib.request
>>> response = urllib.request.urlopen("http://theteamlab.io")
>>> print(response.read())
```

여기서 잠깐! 파이썬 모듈 검색

이외에도 많은 파이썬 모듈이 있다. 그렇다면 이 모듈들은 어떻게 불러와 사용할 수 있을까?

가장 좋은 방법은 구글에서 검색하는 것이다. 특히 영어로 검색하는 것이 좋다. 예를 들어 프로그래밍 수행에 걸린 시간을 알아내는 모듈을 찾고 싶다면 다음과 같은 방식으로 검색어를 입력하면 된다.

```
python time module run time
```

다른 방법으로는 우리나라의 대표 사이트인 파이썬 코리아에 문의해도 된다. 파이썬 코리아의 페이스북 페이지는 파이썬 개발자에게 많은 정보를 제공하는 대표적인 커뮤니티이다. 다음 주소에서 여러 가지 질문을 하면 많은 개발자가 친절히 알려줄 것이다.

```
https://www.facebook.com/groups/pythonkorea
```

모듈은 여러모로 유용하기 때문에 다양한 사용 방법에 대해서 알아두고, 필요할 때마다 불러와 사용하길 바란다.

03 패키지 만들기

1 패키지의 구성

패키지는 하나의 대형 프로젝트를 수행하기 위한 모듈의 묶음이다. 모듈은 하나의 파일로 이루어져 있고, 패키지는 파일이 포함된 디렉터리(폴더)로 구성된다. 즉, 여러 개의 .py 파일이 하나의 디렉터리에 들어가 있는 것을 '패키지'라고 한다.

흔히 다른 사람이 만든 프로그램을 불러와 사용하는 것을 라이브러리library라고 하는데, 파이썬에서는 패키지를 하나의 라이브러리로 이해하면 된다. 파이썬에서 사용하는 파이썬 오픈소스 프로그램은 모두 이러한 패키지로 구성되어 있다.

파이썬의 모듈을 구성할 때와 마찬가지로 패키지에도 예약어가 있다. 패키지에서 한 가지 주의할 점은 파일명 자체가 예약어를 반드시 지켜야만 실행되는 경우가 있다. 따라서 패키지 내의 몇몇 파일에는 __init__, __main__ 등의 키워드 파일명이 사용된다. 실제로 패키지를 만들어보자.

2 패키지 만들기 실습

이번에 만들어 볼 패키지는 인터넷에서 주식 정보를 받아와 데이터베이스에 저장하고, 필요한 정보를 계산하는 프로그램이다. 실제로 프로그램을 만드는 것은 아니고 대략 이러한 방식으로 패키지를 구성한다는 개념만 알아보기 위한 실습이다.

2.1 1단계: 디렉터리 구성하기

이번 실습에서 만들 패키지 이름은 'roboadvisor'이다. 패키지 이름 대부분은 소문자를 사용하기 때문에 소문자로 패키지 이름을 정하였다. roboadvisor에는 세 가지 기능이 있다고 가정하자.

❶ **crawling(크롤링)**: 주식 관련 데이터를 인터넷에서 가져오는 기능

❷ **database(데이터베이스)**: 가져온 데이터를 데이터베이스에 저장하는 기능

❸ analysis(분석): 해당 정보를 분석하여 의미 있는 값을 뽑아내는 기능

패키지를 구성하기 위한 첫 번째 단계는 각 패키지 내에서 다시 세부 패키지에 맞춰 디렉터리를 구성하는 것이다. 먼저 cmd 창에 다음 명령을 입력하여 디렉터리를 생성한다.

```
mkdir roboadvisor
cd roboadvisor
mkdir crawling
mkdir database
mkdir analysis
```

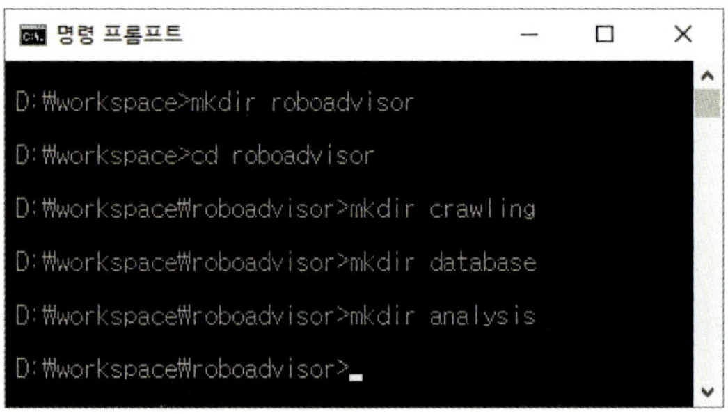

그림 11-5 세부 패키지에 맞춰 디렉터리 생성

TIP 윈도 사용자는 '내 컴퓨터'의 '새 폴더' 기능을 사용하여 만들 수도 있다.

[그림 11-6]과 같이 cmd 창에서 만든 디렉터리가 구성된다.

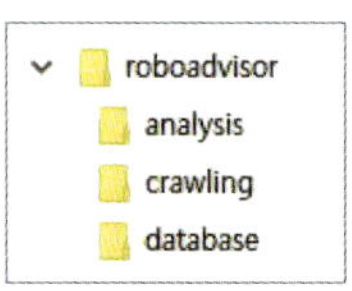

그림 11-6 roboadvisor 디렉터리 구성

2.2 2단계: 디렉터리별로 필요한 모듈 만들기

2단계에서는 만들어진 디렉터리에 필요한 모듈을 만든다. 하나의 패키지는 중첩된 구조로 만들 수 있으므로 패키지 안에 또 하나의 패키지가 들어갈 수 있다. 하지만 이렇게 각각의 디렉터리를 하나의 패키지로 선언하기 위해서는 예약된 파일을 만들어야 한다. 바로 __init__.py 이다.

__init__.py 파일은 각 디렉터리가 패키지임을 나타내는 예약 파일이다. [그림 11-7]처럼 기본 .py 모듈 파일과 함께 각 디렉터리에 __init__.py를 추가하면 패키지의 기본 구조가 만들어진다. [그림 11-7]과 같이 각각의 디렉터리 안에 .py 파일을 만들어 구성한다.

그림 11-7 패키지의 구조

TIP 각 디렉터리에 있는 .py 파일은 모두 빈 파일이다. 이후 여기에 코드를 작성해 넣을 것이다.

여기서 잠깐! **패키지의 구조 설계**

[그림 11-7]의 패키지 구조는 임의로 작성한 것이다. 패키지의 구조를 만들기 위해 프로그램 개발자는 설계 과정을 거쳐야 한다. 하위 패키지별로 해야 하는 일과 하위 패키지에 소속된 모듈들이 해야 할 일을 따로 정의해 각 모듈에 역할을 부여하는 것이다. 이 과정에는 많은 경험과 지식이 필요하다. 지금 단계에서는 어려울 수 있으니 이 예제에서는 대략적인 구조와 역할을 임의로 지정하였다.

이제 각 하위 패키지에 포함된 모듈에 필요한 기능을 구현하기 위해 코드를 작성해보자. 여기에서는 실제로 완벽하게 구현한다기보다 최소한 실행 여부만 확인하기 위해 간단한 코드를 입력할 것이다. [코드 11-6]과 [코드 11-7]은 analysis 디렉터리에 있는 series.py와 statics.py에 들어갈 코드이다.

코드 11-6 series.py(analysis 디렉터리)

```
def series_test():
    print("series")
```

코드 11-7 statics.py(analysis 디렉터리)

```
def statics_test():
    print("statics")
```

이렇게 작성한 모듈을 실제로 사용하기 위해서는 파이썬 셸에서 다음과 같이 입력한다. 이때 roboadvisor의 상위 디렉터리에서 파이썬 셸을 실행해야 정상적으로 수행된다.

```
>>> from roboadvisor.analysis import series
>>> series.series_test()
series
```

이 코드를 실행하면 roboadvisor 디렉터리 안에 '__pycache__'라는 디렉터리가 생성되는데, 이것은 파이썬의 언어적 특성으로 생기는 결과이다. 파이썬은 인터프리터 언어이므로 실행 전에 별도의 컴파일러를 실행시키지는 않지만, 실행 시점에 컴파일이 이루어지고 그 결과로 얻어진 컴파일된 파일을 프로그램에 사용한다. __pycache__ 디렉터리에는 해당 프로그램이 작동될 때 사용하기 위한 모듈들의 컴파일 결과를 저장한다. 이렇게 한 번 __pycache__ 디렉터리가 생성되면 그 시점에서 해당 모듈을 수정해도 결과가 반영되지 않는다. 해당 프로그램 또는 파이썬 셸이 완전히 종료한 후 수정해야 해당 모듈의 결과가 반영된다. 인터프리터 언어이지만 내부적으로 컴파일 과정도 거치고, 효율적으로 사용하기 위한 여러 가지 과정을 거친다는 것을 기억하기 바란다.

2.3 3단계: 디렉터리별로 __init__.py 구성하기

3단계에서는 디렉터리별로 __init__.py 파일을 구성한다. __init__은 해당 디렉터리가 파이썬의 패키지라고 선언하는 초기화 스크립트이다. __init__.py 파일은 파이썬의 거의 모든 라이브러리에 있다. 예를 들어, 대표적인 파이썬 머신러닝 라이브러리인 scikit-learn의 경우 [그림 11-8]과 같이 가장 상위 디렉터리부터 __init__.py 파일이 있는 것을 확인할 수 있다.

그림 11-8 scikit-learn에서 확인할 수 있는 __init__.py 파일

__init__.py 파일은 패키지 개발자나 설치 시 확인해야 할 내용 등의 메타데이터라고 할 수 있다. 하지만 가장 중요한 내용은 이 패키지의 구조이다. 일반적으로 __init__.py 파일에는 다음과 같이 해당 패키지가 포함된 모듈에 관한 정보가 있다. [코드 11-8]을 roboadvisor 디렉터리의 __init__.py에 입력해보자.

코드 11-8 __init__.py(roboadvisor 디렉터리)

```
import analysis
import crawling
import database

__all__ = ['analysis', 'crawling', 'database']
```

roboadvisor 디렉터리에는 3개의 하위 패키지, 즉 analysis, crawling, database가 있다. 이 각각의 패키지를 __init__.py 안에 __all__과 import문을 사용해 선언해야 한다. 따라서 __all__이라는 리스트형의 변수를 만들어 차례대로 하위 패키지의 이름을 입력하고, 같은 방법으로 각 하위 패키지를 import문으로 호출한다.

하위 패키지의 __init__.py 파일도 마찬가지이다. 예를 들어 analysis 디렉터리의 __init__.py 파일은 [코드 11-9]와 같이 각 패키지에 포함된 모듈명을 모두 작성해야 한다. 상당히 번거로운 작업이지만 패키지로 표시하기 위해 꼭 해야 하는 작업이며 패키지별로 모두 처리해야 한다. crawling과 database 디렉터리의 __init__.py 파일에도 같은 방식으로 코드를 입력하고 저장한다.

코드 11-9 __init__.py(analysis 디렉터리)

```
from . import series
from . import statics

__all__ = ['series', 'statics']
```

TIP 'from .'을 import문 앞에 붙이는 이유는 현재 디렉터리인 analysis의 패키지를 호출하기 위함이다. 'from .'을 붙이지 않으면 상위 디렉터리인 roboadvisor에서 series나 statics 패키지를 찾게 되어 오류가 발생한다.

여기서 잠깐! __init__.py 파일을 만들지 않으면 어떤 문제가 발생할까?

파이썬 3.6 버전 이상에서는 __init__.py 파일을 만들지 않아도 큰 문제가 생기지 않는다. 하지만 파이썬 3.3 버전 이하에서는 __init__.py가 없을 경우 해당 디렉터리를 패키지로 인정하지 않는다. 물론 많은 사람이 상위 버전의 파이썬을 사용하기 때문에 문제되지 않을 수도 있지만, 간혹 하위 버전의 파이썬을 사용할 수도 있으니 __init__.py 파일은 패키지를 만들 때 반드시 만드는 것이 좋다.

2.4 4단계: __main__.py 파일 만들기

4단계에서는 패키지를 한 번에 사용하기 위해 roboadvisor 디렉터리에 __main__.py 파일을 만든다. __main__.py 파일을 만드는 이유는 패키지 자체를 실행하기 위해서이다. 지금까지 계속 파이썬 파일명 형태인 .py 파일로 만들어 실행하였다. 같은 방법으로 패키지 자체를 실행하기 위해 만들어야 하는 것이 __main__.py 파일이다.

__main__.py 파일의 구성은 간단하다. 기본적으로 호출해야 하는 여러 모듈을 from과 import문으로 호출한 후, `if __name__ == '__main__'` 구문 아래에 실제 실행 코드를 작성하면 된다.

코드 11-10 __main__.py

```
from analysis.series import series_test
from crawling.parser import parser_test

if __name__ == '__main__':
    series_test()
    parser_test()
```

2.5 5단계: 실행하기(패키지 이름만 호출)

마지막 5단계에서는 해당 패키지를 실행한다. 모든 코드를 작성한 후 해당 패키지의 최상위 디렉터리(이 예시에서는 roboadvisor의 상위 디렉터리)에서 'python 패키지명'을 입력하여 실행한다.

```
python roboadvisor
series
parser
```

TIP [그림 11-9]의 첫 번째 줄과 같이 roboadvisor 디렉터리에서 패키지를 실행하면 오류가 발생한다. 반드시 최상위 디렉터리에서 패키지를 실행한다.

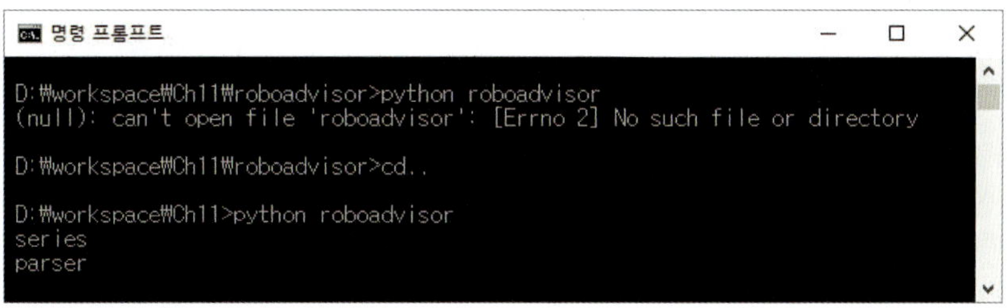

그림 11-9 패키지 실행

3 패키지 네임스페이스

패키지 내에서 모듈을 서로 호출할 때 사용하는 패키지 네임스페이스packages namespace에 대해 알아보자. 모듈과 달리 패키지에서의 네임스페이스는 훨씬 더 많은 중간 단계를 거치므로 조금 복잡하다.

패키지 네임스페이스는 크게 절대 참조와 상대 참조로 나눈다. 절대 참조는 전체 패키지의 구조를 생각해 모듈의 경로path를 모두 호출하는 것이고, 상대 참조는 호출하는 디렉터리를 기준으로 호출하는 것이다.

3.1 절대 참조

먼저 절대 참조의 예시부터 보자.

```
from roboadvisor.analysis import series
```

위 코드에서 from은 roboadvisor부터 시작한다. 즉 패키지 이름부터 시작하여 series까지 모든 경로를 입력한다. 'from 전체 패키지.서브 패키지 import 모듈'의 형식이다. 이렇게 전체 경로를 모두 입력하는 것을 절대 참조라고 한다. 일반적으로 패키지 내부에서 다른 패키지를 부를 때 가장 많이 사용하는 방법이며, __init__.py 파일을 만들 때도 절대 참조로 모듈을 호출하는 것이 좋다. 한 가지 주의할 점은 가장 상위에 있는 __init__.py 파일도 상위 디렉터리 roboadvisor를 넣는 것이 좋다. [코드 11-11]처럼 작성해야 다른 서브 모듈에서도 모듈을 쉽게 호출할 수 있다.

코드 11-11 reference1.py

```
__all__ = ['analysis', 'crawling', 'database']

from roboadvisor import analysis
from roboadvisor import crawling
from roboadvisor import database
```

3.2 상대 참조

두 번째로 상대 참조이다. 상대 참조의 핵심은 현재의 디렉터리를 기준으로 모듈을 호출하는 것이다. [코드 11-12]를 보자.

코드 11-12 reference2.py

```
from .series import series_test
from ..crawling.parser import parser_test
```

여기서 가장 중요한 코드는 `.series`와 `..crawling.parser`이다. 먼저 점 1개(.)는 현재 디렉터리를, 점 2개(..)는 부모 디렉터리를 뜻한다. [그림 11-7]과 같은 패키지 구조라면 현재 디렉터리에서 series 모듈 안의 series_test 함수를 호출하라는 뜻이다. 즉, 현재의 디렉터리는 series 모듈을 포함하고 있는 analysis이다.

하지만 패키지 내에서는 상대 참조로 호출하는 것을 추천하지 않는다. 코드를 간략히 사용할 수 있다는 장점이 있지만, 패키지 전체를 보는 입장에서는 모든 패키지의 경로를 정확히 기록하는 것이 좀 더 이해하기 쉽다. 이것은 __init__.py 파일을 선언할 때도 마찬가지이다. 가능하면 패키지 내에서 모듈을 정의할 때는 절대 참조를 사용하기 바란다.

04 가상환경 사용하기

1 가상환경의 개념

이번 절에서는 다른 개발자가 만든 패키지를 직접 사용하는 방법인 가상환경에 대해 알아본다. 파이썬으로 여러 가지 업무를 진행하면서 자신이 직접 만든 프로그램보다 다른 사람이 만든 프로그램을 가져와 사용하는 경우가 더 많을 수 있다. 그런데 만약 한 번에 하나의 프로젝트만 진행하는 것이 아니라 2개 이상의 프로젝트를 진행하게 된다면 각 프로젝트에 맞는 프로그래밍 환경을 설정하는 것이 좋다. 예를 들어, 데이터를 다루는 프로젝트나 웹을 다루는 프로젝트는 그 성격이 매우 다르다. 따라서 각 프로젝트에 맞는 환경을 설정하여 진행해야 한다.

파이썬에서는 이러한 경우를 지원하기 위해 가상환경이라는 개념으로 프로젝트 패키지를 관리하는 도구를 제공한다. 일반적으로 어떤 프로젝트를 수행할 때는 파이썬 코드를 수행할 기본 인터프리터뿐만 아니라 프로젝트별로 필요한 추가 패키지까지 설치해야 한다. 이러한 패키지를 설치할 때 서로 다른 프로젝트가 영향을 주지 않도록 독립적인 프로젝트 수행 환경을 구성할 수 있는데, 이를 '가상환경'이라고 한다. 이 가상환경을 구축하기 위해 패키지 관리 도구를 사용한다.

대표적인 가상환경 도구로 virtualenv와 conda가 있다. virtualenv는 파이썬에서 기본적으로 제공하는 가상환경 도구로 pip을 이용하여 새로운 패키지를 설치할 수 있다. conda는 이 책에서 사용하는 인터프리터인 miniconda의 전용 패키지 관리 도구로 가상환경 관리와 패키지 설치를 같이 할 수 있다. 일반적으로 virtualenv와 pip을 사용하여 새로운 패키지를 설치하는 것을 권한다.

하지만 운영체제 대부분이 윈도이므로 이 책에서는 conda를 사용하겠다. 또한, 파이썬 패키지는 대부분 파이썬 코드뿐 아니라 C 코드를 같이 설치할 때가 많아 컴파일된 C 파일을 설치해야 하는데, pip은 이를 지원해주지 않을 때가 많다. 그에 반해 conda는 이 부분까지 한 번에 모두 설치해주므로 처음 가상환경을 이용하는 사람에게 좀 더 적합하다.

표 11-1 가상환경 도구

가상환경 도구	특징
virtualenv + pip	• 가장 대표적인 가상환경 관리 도구 • 레퍼런스와 패키지가 가장 많음
conda	• 상용 가상환경 도구인 miniconda의 기본 가상환경 도구 • 설치가 쉬워 윈도에서 유용함

2 가상환경 설정하기

conda를 사용하여 가상환경을 설정하는 방법에 대해 설명하겠다.

2.1 가상환경 만들기

가상환경을 만드는 명령어는 굉장히 간단하다. 먼저 다음과 같은 명령을 cmd 창에 입력한다.

```
conda create -n my_project python=3.4
```

위 명령어를 자세히 살펴보면 [그림 11-10]과 같다.

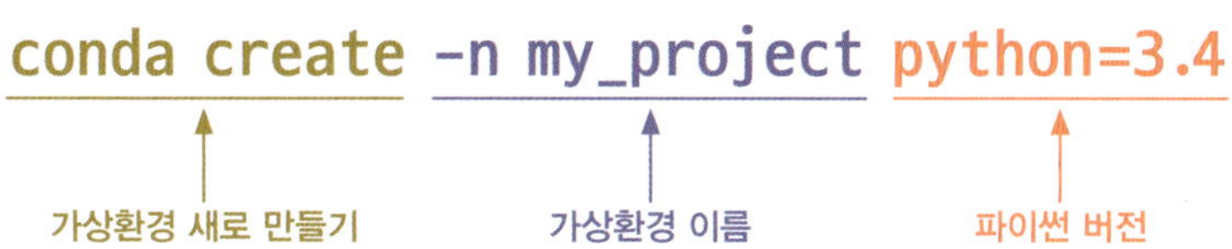

그림 11-10 가상환경 만들기 명령어

먼저 `conda`는 실행 명령어이고, `create`는 가상환경을 만드는 인수argument이다. 다음으로 `-n my_project`에서 -n은 name의 줄임말이고, my_project는 구성할 가상환경 이름이다. 그리고 `python=3.4`는 설치되는 파이썬의 버전이다. 즉, 위 명령어를 해석하면 'my_project라는 이름의 가상환경을 python 3.4 버전으로 만들어라.'이다. 최근에는 파이썬 3.6 버전을 많이 사용하므로 python=3.6으로 설치해도 된다.

이 명령을 실행하면 [그림 11-11]과 비슷한 화면이 나타난다. 'Proceed ([y]/n)?'에서 y를 입력하면 설치가 시작된다.

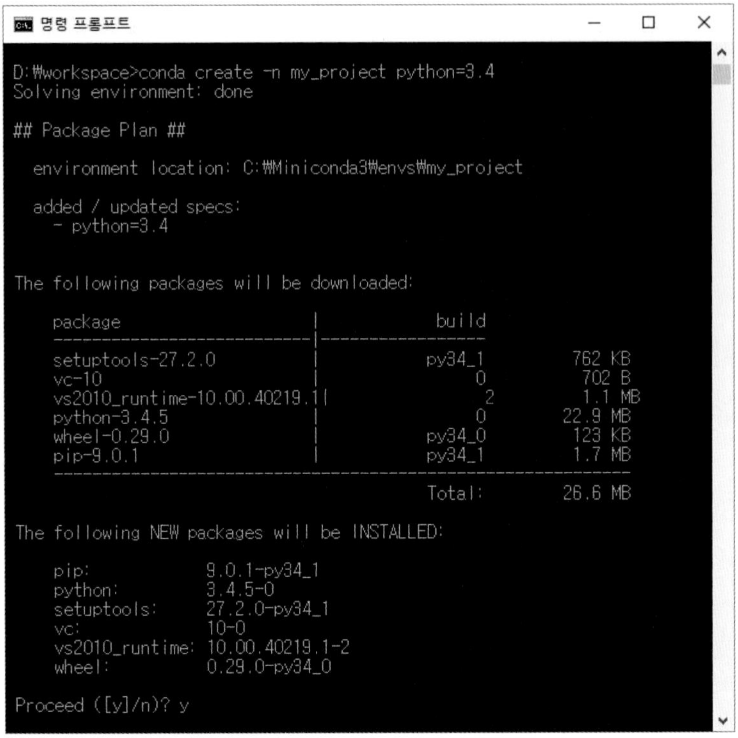

그림 11-11 가상환경 설치 명령 입력

2.2 가상환경 실행하기

다음은 구성한 가상환경을 실행하는 방법이다. 실행 방법은 가상환경을 만들면 나타나는 화면에 이미 설명되어 있다. 가상환경 설치 화면은 [그림 11-12]와 같다.

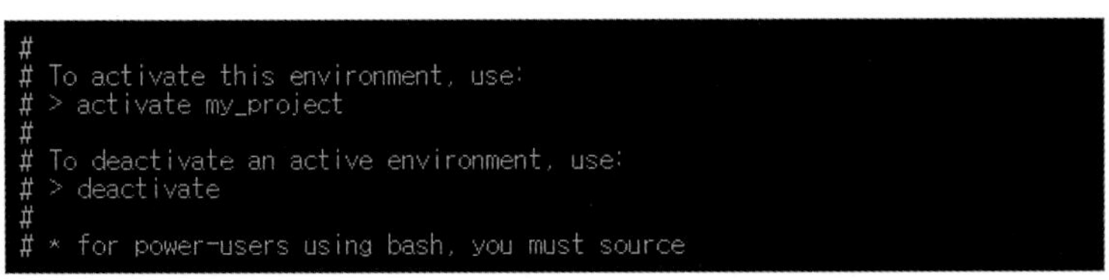

그림 11-12 가상환경 설치 화면

[그림 11-12]에 다음과 같은 코드가 있는 것을 볼 수 있다.

```
activate my_project
```

이 코드는 my_project라는 가상환경을 활성화activate하라는 뜻이다. 구성된 가상환경의 이름을 activate 다음에 넣으면 해당 가상환경이 실행되고, [그림 11-13]과 같이 프롬프트 앞에 (my_project)라는 가상환경 이름이 붙는다. 이제부터는 해당 가상환경의 인터프리터만 실행된다.

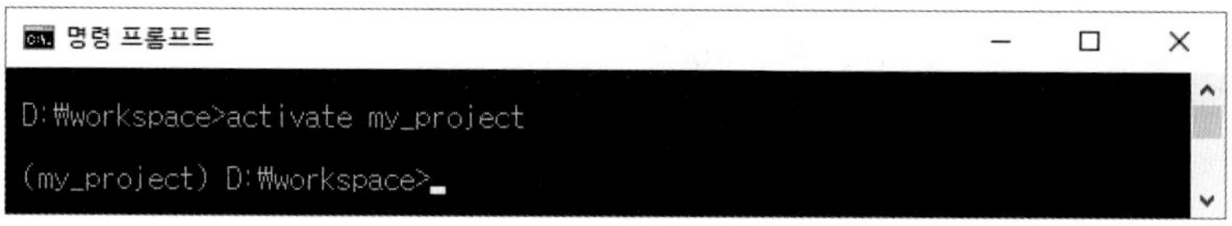

그림 11-13 가상환경 활성화

이 상태에서 'where python'을 입력하면 현재 실행되는 파이썬의 위치가 어디인지 출력된다.

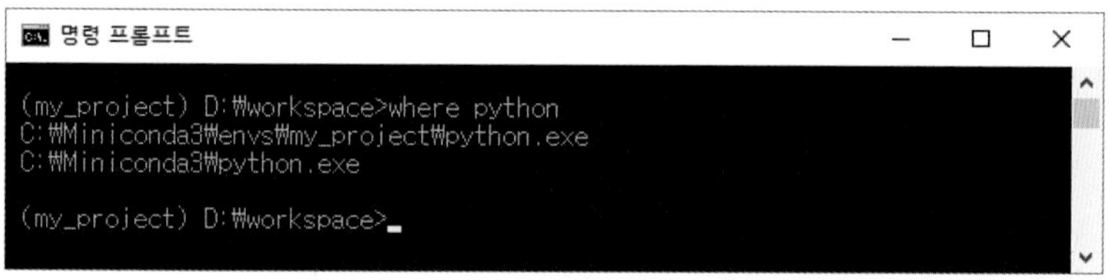

그림 11-14 파이썬의 위치 확인

실행된 가상환경을 종료하기 위해서는 'deactivate'를 입력하면 된다.

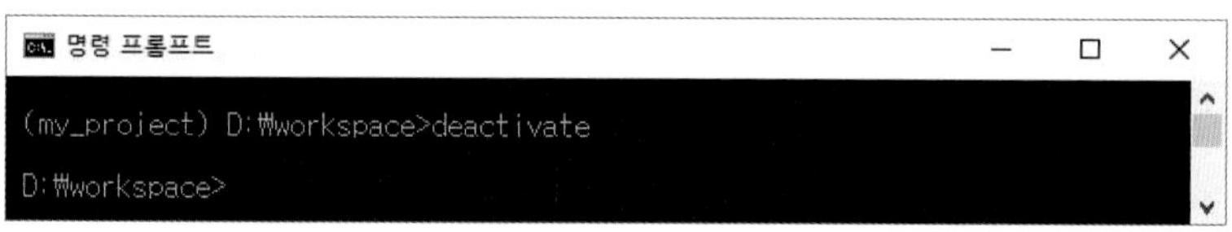

그림 11-15 가상환경 종료

2.3 가상환경 패키지 설치하기

새로운 가상환경을 만들어 실행해보았다. 이제 해당 가상환경에서 새로운 패키지를 설치해보자. 패키지의 종류는 매우 많고, 테스트할 수 있는 종류도 많다. 일단 패키지를 설치하기 위해서는 다음과 같은 명령어를 입력한다.

```
conda install matplotlib
```

conda install 다음에 패키지 이름을 넣는다. 패키지 이름은 앞으로 여러 가지 프로젝트를 경험하면서 많이 알게 될 것이다. 여기서는 연습을 위해 대표적인 그래프 관리 패키지인 'matplotlib'을 설치한다.

그림 11-16 matplotlib 설치

2.4 가상환경 패키지 실습하기

마지막으로 설치된 패키지를 실행해보자. 앞에서 설치한 matplotlib은 대표적인 파이썬 그래프 관리 패키지로, 엑셀과 같은 그래프를 화면에 출력한다. 현재 데이터 분석을 할 때 다양한 데이터 분석 도구와 함께 사용되고 있다. 다음 코드를 실행해보자.

```
>>> import matplotlib.pyplot as plt
>>> plt.plot([1, 2, 3, 4])
[<matplotlib.lines.Line2D object at 0x000001E8CC52C080>]
>>> plt.ylabel('some numbers')
Text(0, 0.5, 'some numbers')
>>> plt.show()
```

이 코드를 실행하면 [그림 11-17]과 같은 깔끔한 그래프 화면을 볼 수 있다. matplotlib은 논문을 쓰거나 여러 가지 데이터 분석 결과를 보여줄 때 매우 유용한 모듈이다.

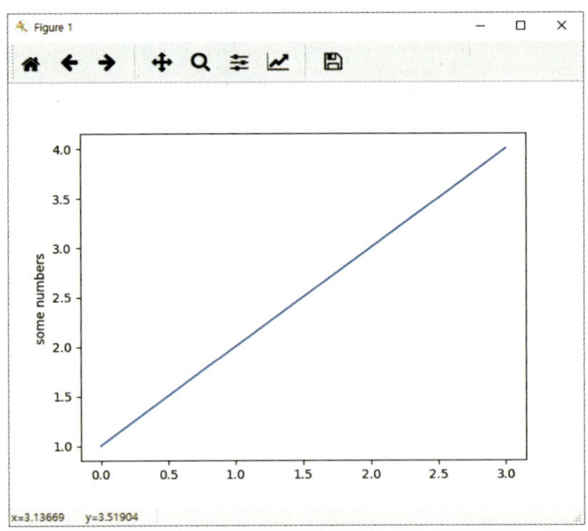

그림 11-17 matplotlib 실행 결과 화면

여기서 잠깐! jupyter 패키지

데이터를 분석할 때 매우 유용한 패키지로 jupyter가 있다. 먼저 패키지를 설치하기 위해 cmd 창에서 다음과 같은 명령어를 입력한다.

```
conda install jupyter
```

설치가 끝나면 'jupyter notebook'을 입력하여 실행시킨다. 이제 jupyter 환경에서 코딩할 수 있다.

```
jupyter notebook
```

jupyter를 실행하면 웹에서 코딩할 수 있는 환경이 나타난다. 여기에서 [New] 버튼을 클릭하여 새로운 Notebook을 생성한 후 코딩하고 Ctrl + Enter를 누르면 결과를 볼 수 있다.

(a) jupyter 메인 화면

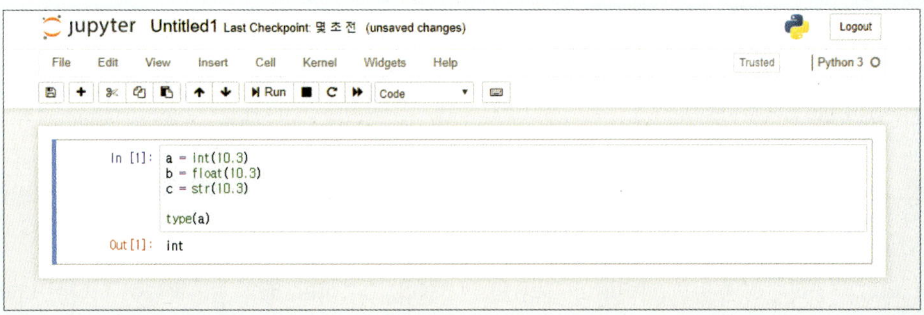

(b) jupyter 웹 코딩

그림 11-18 jupyter 패키지 환경

요약

01 모듈module은 작은 프로그램 조각을 뜻한다. 즉, 하나하나 연결해 어떤 목적을 가진 프로그램을 만들기 위한 작은 프로그램이다.

02 패키지packages는 모듈의 묶음이다. 일종의 디렉터리처럼 하나의 패키지 안에 여러 개의 모듈이 있는데, 이 모듈들이 서로 포함 관계를 가지며 거대한 패키지를 만든다.

03 파이썬에서는 .py 파일 자체가 모듈이다. 가장 쉽게 파이썬 모듈을 만드는 방법은 현재 실습 중인 디렉터리에서 .py 파일을 하나 만들고 그 파일에 필요한 함수를 저장하면 된다. 그러면 다른 파이썬 파일이나 파이썬 셸에서 import문을 사용하여 해당 모듈의 함수를 쉽게 불러낼 수 있다.

04 네임스페이스namespace는 모듈 호출의 범위를 지정하는 것이다.

05 네임스페이스를 만드는 방법에는 모듈 이름에 알리아스alias를 생성하여 모듈 안으로 코드를 호출하는 방법, from 구문을 사용하여 모듈에서 특정 함수 또는 클래스만 호출하는 방법, 해당 모듈 안에 있는 모든 함수·클래스·변수를 가져오는 별표(*)를 사용하는 방법이 있다.

06 내장 모듈built-in module은 프로그래밍을 개발하기 위해 기본적으로 사용해야 하는 모듈로, 파이썬에서 import문 한 줄로 사용할 수 있다. 문자 처리, 웹, 수학과 관련된 다양한 모듈을 제공한다.

07 random 모듈은 난수 생성 모듈, time 모듈은 시간 관련 모듈, urllib 모듈은 웹 관련 모듈이다.

08 패키지는 파일이 포함된 디렉터리(폴더)로 구성된다. 즉, 여러 개의 .py 파일이 하나의 디렉터리에 들어가 있는 것을 패키지라고 한다.

09 흔히 다른 사람이 만든 프로그램을 불러와 사용하는 것을 라이브러리library라고 하는데, 파이썬에서는 패키지를 하나의 라이브러리로 이해하면 된다.

10 파이썬의 모듈을 구성할 때와 마찬가지로 패키지에도 예약어가 있다. 패키지에서 한 가지 주의할 점은 파일명 자체가 예약어를 반드시 지켜야만 실행하는 경우가 있다.

11 패키지를 만드는 단계는 다음과 같다.

디렉터리 구성하기 → 디렉터리별로 필요한 모듈 만들기 → 디렉터리별로 __init__.py 구성하기 → __main__.py 파일 만들기 → 실행하기(패키지 이름만 호출)

12 패키지 네임스페이스packages namespace는 패키지 내에서 모듈을 서로 호출할 때 사용하며, 크게 절대 참조와 상대 참조로 나눈다. 절대 참조는 전체 패키지의 구조를 생각해 모듈의 경로path를 모두 호출하는 것이고, 상대 참조는 호출하는 디렉터리를 기준으로 호출하는 것이다.

13 일반적으로 어떤 프로젝트를 수행할 때는 파이썬 코드를 수행할 기본 인터프리터뿐만 아니라 프로젝트별로 필요한 추가 패키지까지 설치해야 한다. 이러한 패키지를 설치할 때 서로 다른 프로젝트가 영향을 주지 않도록 독립적인 프로젝트 수행 환경을 구성할 수 있는데, 이를 가상환경이라고 한다.

14 대표적인 가상환경 도구로 virtualenv와 conda가 있다.

15 가상환경을 만드는 명령어는 다음과 같다.

```
conda create -n my_project python=3.4
```

16 가상환경을 실행하는 방법은 먼저 activate를 입력하고 구성된 가상환경의 이름을 넣으면 해당 가상환경이 실행되며, 프롬프트 앞에 가상환경 이름이 붙는다.

연습문제

01 다음 코드를 실행하여 아래와 같은 실행 결과를 출력하려 한다. 빈 칸에 알맞은 코드를 고르시오.

module.py

```
print('module loaded')

if __name__ == '__main__':
    print('module run')
else:
    print('module imported')
```

파이썬 셸

```
>>> import module
[          ]
```

① module loaded

② module loaded
module run

③ module loaded
module imported

④ module run
module loaded

⑤ module imported

02 이미 만들어진 라이브러리를 설치할 때, 주로 쓰는 도구는 pip과 conda이다. 이 둘의 차이점에 대해서 쓴 서술이 틀린 것을 고르시오.

① pip은 주로 리눅스와 맥 등의 OS에서 유리하다.

② pip은 자동으로 C 컴파일된 모듈을 설치해준다.

③ conda는 윈도우에서 사용이 용이하다.

④ pip과 conda는 모두 파이썬의 기본 패키지 관리 모듈이다.

⑤ 새로운 모듈이 나오면 pip에 먼저 업로드된다.

03 다음과 같은 2개의 파일이 있다. 'main.py'를 실행하였을 때 나오는 결과로 알맞은 것은?

factorial_calculator.py

```
def factorial(n):
    if n == 0:
        return 1
    else:
        return ( n * factorial(n-1))
```

main.py

```
from factorial_calculator import factorial
print(factorial_calculator.factorial(6))
```

① NameError ② None ③ 120
④ 720 ⑤ TypeError

04 모듈을 호출하는 방법이 아닌 것은?

① import os ② import os as linuxos ③ from os import listdir
④ from os import * ⑤ import os as *

05 패키지(packages)에 대한 설명 중 틀린 것은?

① 하나의 대형 프로젝트를 만드는 코드의 묶음이다.

② 다양한 오픈소스들이 관리되는 방법이다.

③ 다양한 모듈의 합으로 디렉터리로 연결된다.

④ __init__, __main__ 등 키워드 파일명이 사용된다.

⑤ 개별 .py 파일을 의미한다.

06 'sample.py'와 같이 코드를 작성한 후 저장하고, 파이썬 셸 코드를 실행했을 때의 결과값을 쓰시오.

sample.py

```
def test():
    c = input()
    a = 7
    b = 4
    print("a + b" + c)
```

파이썬 셸

```
>>> import sample as gc
>>> gc.test()
4
```

① a + b + 4

② a + b4

③ ModuleNotFoundError

④ NameError

⑤ TypeError

07 'calculator_input.py'는 사칙연산 프로그램이다. 다음 빈칸을 채워 프로그램을 완성하시오.

calculator.py

```
def sum_func(a, b):
    return a + b

def multiply_func(a,b):
    return a * b
```

```
def minus_func(a,b):
    return a -b

def devide_func(a,b):
    return a / b
```

calculate_input.py

```


user_input = input("사칙연산 프로그램: ").split(" ")
first_val , second_val = int(user_input [0]), int(user_input [2])
fourcal = user_input[1]

if fourcal == "+":
    result = sum_func(first_val , second_val)

elif fourcal == "-":
    result = minus_func(first_val , second_val)

elif fourcal == "/":
    result =devide_func(first_val , second_val)

else:
    result =multiply_func(first_val , second_val)

print("실행 결과는", result)
```

```
사칙연산 프로그램 : 5 * 4
실행 결과는 20
```

08 이미 만들어진 라이브러리를 설치할 때 주로 쓰는 도구는 pip과 conda이다. 이 둘의 차이점과 장단점은 무엇인지 서술하시오.

09 모듈을 호출할 때 사용하는 알리아스(alias)의 개념에 대해서 서술하시오.

CHAPTER 12
예외 처리와 파일 다루기

학습목표

- 예외의 개념과 사례에 대해 알아본다.
- 예측 가능한 예외와 예측 불가능한 예외에 대해 이해한다.
- 파일의 개념과 종류에 대해 학습한다.
- 파일을 읽고 쓰는 방법을 실습하고, pickle 모듈에 대해 알아본다.

PREVIEW

이번 장에서는 프로그램을 제대로 만들기 위해 알아야 하는 예외 처리와 파일 다루기를 학습한다. 때때로 코드를 작성하여 만든 프로그램에서 예상하지 못한 오류가 발생하기도 한다. 이를 해결하기 위해 사전에 모든 경우의 수를 정해 놓고 문제를 대비하기도 하지만, 특정 상황에서 발생할 수 있는 예외를 포괄적으로 지정하여 대비하기도 한다. 또한, 실제로 프로그램을 만들 때 파일에 저장되어 있는 데이터를 사용하는 경우가 많은데, 이를 위해 파이썬으로 파일에 있는 데이터를 다루는 연습을 해보아야 한다. 실제 프로그램을 만들기 위해 알아야 하는 내용이니 꼭 이해하고 넘어가도록 한다.

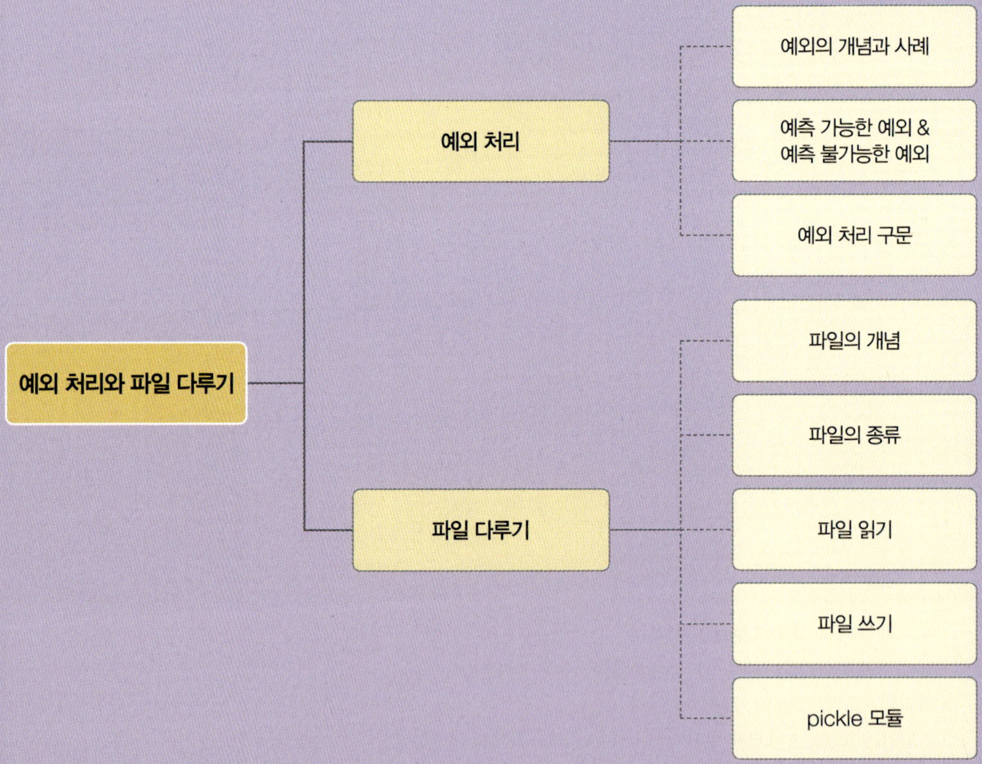

01 예외 처리

1 예외의 개념과 사례

실제 프로그램을 만들기 위해 알아야 하는 예외 처리exception handling에 대해 알아보자. 예외exception란 프로그램을 개발하면서 예상하지 못한 상황이 발생하는 것이다.

대표적인 사례로 사용자의 입력 오류가 있다. 예를 들어, 새로운 웹 사이트에 가입하여 아이디를 생성하려고 한다. 일반적으로 아이디는 영문자나 숫자를 지원하는데, 때로는 사용자가 한글로 아이디를 만들기 위해 한글 입력을 시도할 때가 있다. 이 경우 입력된 한글이 아무런 문제 없이 데이터베이스에 저장되면 자칫 사용자가 해당 웹 사이트에 로그인하지 못할 수도 있다. 프로그래머의 실수로 인코딩에 문제가 발생하여 데이터베이스에 한글이 잘못 저장될 수도 있기 때문이다. 따라서 사용자가 이러한 실수를 하지 않도록 막는 것이 중요하다.

또 다른 사례로 MS 오피스에서 지원하는 자동 저장autosave 기능이 있다. 이 기능은 MS 오피스 프로그램으로 작업하던 중 정전 등의 이유로 갑자기 컴퓨터가 종료되었을 때를 대비하여 작업한 것을 중간에 자동으로 저장해주는 기능이다. 자동 저장 기능은 게임이나 은행 거래 등에서 매우 중요한 역할을 하고 있다.

이러한 사례처럼 프로그램을 실제로 작성하고 실행하다 보면 예상하지 못한 일이 많이 발생하는데, 이를 예외라고 한다.

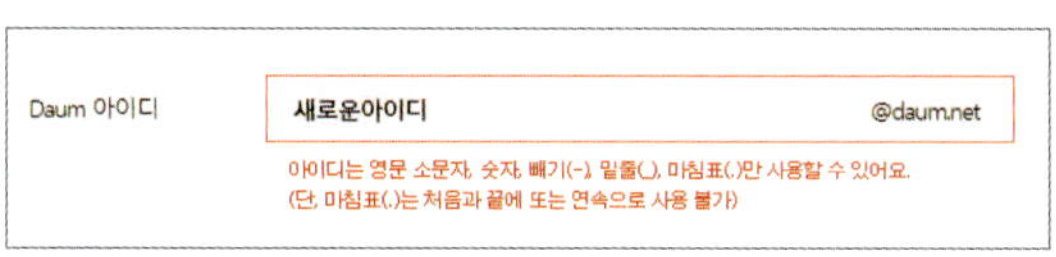

(a) 아이디 생성을 위한 입력 오류

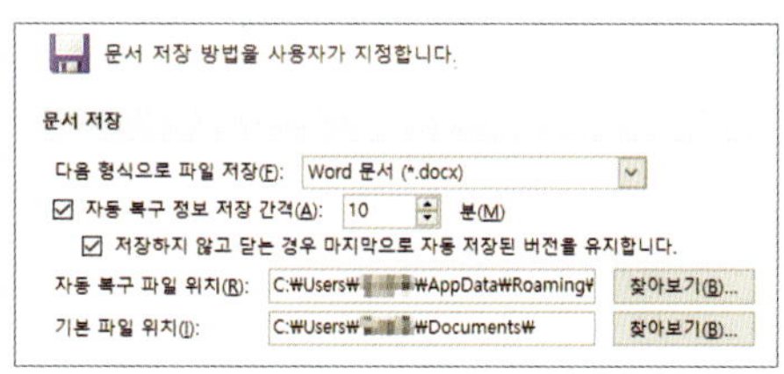

(b) 자동 저장 기능

그림 12-1 예외에 대비한 사례

2 예측 가능한 예외와 예측 불가능한 예외

프로그래밍의 예외는 크게 두 가지로 나눌 수 있다. 하나는 예측 가능한 예외이고, 다른 하나는 예측 불가능한 예외이다.

2.1 예측 가능한 예외

예측 가능한 예외는 발생 여부를 개발자가 사전에 인지할 수 있는 예외이다. 예를 들어 '텍스트 박스에 사용자가 실수로 잘못된 값을 입력할 것 같다.'라든가 '사용자가 실제로 존재하지 않는 파일에 저장할 것 같다.' 등은 개발자가 사전에 예측할 수 있는 것으로 얼마든지 예외 처리가 가능하다. 즉, 개발자는 예외를 예측하여 명시적으로 예외가 발생할 때는 어떻게 대응하라고 대책을 마련해 놓을 수 있다. 대표적으로 사용자 입력란에 값이 잘못 입력되었다면 if문을 사용하여 잘못 입력하였다고 응답하는 방법이 있다. 아주 쉽게 대응이 가능하다.

2.2 예측 불가능한 예외

그렇다면 예측 불가능한 예외에는 어떤 것이 있을까? 대표적으로 매우 많은 파일을 처리할 때 문제가 발생할 수 있다. 예를 들어 5,000개의 파일이 한 디렉터리에 있고 그 파일명들을 넘겨받아 파일을 하나씩 읽어들이는 프로그램을 만든다고 하자. 그런데 파일을 읽다가 어떤 파일은 실제로 안에 내용이 없을 수 있는데, 이런 경우에도 어떤 처리를 하지 못하고 넘어간다. 또는 파일을 읽고 있는데 다른 사용자에 의해 해당 파일이 삭제되어 읽어들이는 시점에 해당 파일이 사라지는 경우도 발생할 수 있다. 이외에도 인덱스의 범위를 넘어가는 리스트의 호출이나 정수를 0으로 나누는 것 등에 대한 문제가 생길 수 있다.

이러한 예측 불가능한 예외가 발생했을 경우 인터프리터가 자동으로 이것이 예외라고 사용자에게 알려준다. 대부분은 이러한 예외가 발생하면서 프로그램이 종료되므로 적절한 조치를 해야 한다. 단순히 파일이 없다고 알려주는 것이 아니라 파일이 없기 때문에 추가로 해야 하는 조치가 있다면 그것을 예외 처리 구문에 추가해야 한다. 예를 들어, 처리해야 할 파일이 없다면 파일이 없다고 기록을 남기고 다음 파일을 처리하는 방식으로 프로그램을 작성해야 한다.

예외 처리가 중요한 이유는 프로그램도 일종의 제품이기 때문이다. 우리가 제품을 사용할 때 상세한 설명이 없거나 사용자 친화적이지 않은 경우 매우 화가 날 수 있다. TV 리모컨을 조금만 잘못 눌러도 TV가 꺼진다면 사용자는 그 회사 제품을 더는 사용하지 않을 것이다. 이러한 이유로 예외 처리는 제품의 완성도를 높이는 차원에서 매우 중요한 개념이다.

3 예외 처리 구문

이번에는 예외 처리 구문을 파이썬으로 구현하는 방법에 대해 설명하겠다.

3.1 try-except문

파이썬에서 예외 처리의 기본 문법은 try-except문이다. 사실 대부분의 프로그래밍 언어에서 예외를 처리하는 구문은 이와 비슷하다. 작성하는 방식은 try문에 예외 발생이 예상되는 코드를 적고, except문에 예외 발생 시 대응하는 코드를 작성한다.

```
try:
   예외 발생 가능 코드
except 예외 타입:
   예외 발생 시 실행되는 코드
```

간단한 코드를 만들어보자. [코드 12-1]은 0부터 9까지의 숫자를 i에 하나씩 할당하면서 10으로 나눈 값을 출력하는 코드이다. 이 프로그램은 1이 아닌 0부터 시작하다 보니 10을 0으로 나누는 계산이 가장 먼저 실행된다. 처음에 '10÷0(10/0)'을 계산하면 0으로는 10을 나눌 수 없으므로 예외가 발생한다. 하지만 이러한 예외의 발생은 예상 가능하므로 try문으로 해당 예외의 발생을 대비할 수 있다. ZeroDivisionError, 즉 0으로 나눠지는 경우에는 except문 안으로 들어가 해당 구문을 처리한다. 여기서는 `print("Not divided by 0")` 코드가 실행된다.

코드 12-1 try-except.py

```python
for i in range(10):
    try:
        print(10 / i)
    except ZeroDivisionError:
        print("Not divided by 0")
```

```
Not divided by 0
10.0
5.0
```

```
3.3333333333333335
2.5
2.0
1.6666666666666667
1.4285714285714286
1.25
1.1111111111111112
```

그런데 만약 여기서 try문이 for문 밖에 있으면 어떤 일이 발생할까? 이 경우에는 반복문 전체가 종료된다. 즉, try문 내부에서 예외가 발생하면 except문 영역에 있는 코드가 실행되고 try-except문이 종료된다. 이렇게 try문을 적당한 곳에 삽입하여 예외 처리를 할 수 있다.

여기서 잠깐! 예외의 종류와 예외에 대한 에러 메시지

1. 예외의 종류

파이썬에서 기본적으로 사용할 수 있는 예외의 종류는 다양하다.

먼저, IndexError는 리스트의 인덱스 범위를 넘어갈 때 처리하는 예외이다. 코드를 작성하다 데이터가 150개인 줄 알았는데, 151개가 있어 처리를 요청하는 경우 IndexError가 호출된다.

다음으로 NameError는 코드에서 호출하는 특별한 변수명이 없을 때 호출되는 에러이다. 이 언어가 인터프리터 언어이다 보니 존재하지 않은 변수도 실행 시점에서 잡아낸다. 컴파일러 언어의 경우 실행 전이나 컴파일러 시점에 에러가 발생하는 것과는 대조적이다.

그 외에 파이썬에서 자주 사용하는 내장 예외는 [표 12-1]과 같다.

표 12-1 예외의 종류

예외	내용
IndexError	리스트의 인덱스 범위를 넘어갈 때
NameError	존재하지 않는 변수를 호출할 때
ZeroDivisionError	0으로 숫자를 나눌 때
ValueError	변환할 수 없는 문자나 숫자를 변환할 때
FileNotFoundError	존재하지 않는 파일을 호출할 때

2. 예외에 대한 에러 메시지

내장 예외와 함께 사용하기 좋은 것이 예외에 대한 에러 메시지이다. [코드 12-2]와 같이 except문의 마지막에 'as e' 또는 'as 변수명'을 입력하고, 해당 변수명을 출력하면 된다. 실행 결과 'division by zero'라는 에러 메시지를 확인할 수 있는데, 이 에러 메시지는 파이썬 개발자들이 사전에 정의한 것으로, 특정한 에러를 빠르게 이해할 수 있도록 해준다.

코드 12-2 error_message.py

```
for i in range(10):
    try:
        print(10 / i)
    except ZeroDivisionError as e:
        print(e)
        print("Not divided by 0")
```

```
division by zero
Not divided by 0
10.0
5.0
3.3333333333333335
2.5
2.0
1.6666666666666667
1.4285714285714286
1.25
1.1111111111111112
```

3.2 try-except-else문

또 다른 예외 처리 구문으로 try-except-else문이 있다. try-except-else문은 if-else문과 비슷한데, 해당 예외가 발생하지 않는 경우 수행할 코드를 else문에 작성하면 된다. 다음은 try-except-else문의 기본 형태이다.

```
try:
    예외 발생 가능 코드
except 예외 타입:
    예외 발생 시 실행되는 코드
else:
    예외가 발생하지 않을 때 실행되는 코드
```

[코드 12-3]은 10을 i로 나누는 코드를 실행하여 제대로 나누었을 경우 else문에 의한 결과가 화면에 출력되고, 그렇지 않을 경우 except문에 의해 사전에 정의된 에러가 발생하는 코드이다.

코드 12-3 try-except-else.py

```python
for i in range(10):
    try:
        result =10 / i
    except ZeroDivisionError:
        print("Not divided by 0")
    else:
        print(10 / i)
```

```
Not divided by 0
10.0
5.0
3.3333333333333335
2.5
2.0
1.6666666666666667
1.4285714285714286
1.25
1.1111111111111112
```

이 코드에서처럼 에러가 발생하지 않는 경우의 수행문을 정의해 놓으면 에러가 발생하지 않는 경우에도 일어날 일을 사용자가 정확히 예측할 수 있다는 장점이 있다. 하지만 일반적으로 많이 사용하지 않는 코드이며 예외가 많이 발생하는 상황에서 간혹 사용할 수 있는 코드이다. 예를 들어, 서버의 상태가 불안해 연결 끊김connection loss이 자주 발생한다면 연결이 되었을 때 처리할 코드를 명확히 하는 것이 좋다.

3.3 try-except-finally문

try-except-finally문에서 finally문은 try-except문 안에 있는 수행 코드가 아무런 문제 없이 종료되었을 경우 최종으로 호출하는 코드이다. for문에서 사용하는 finally문과 용도가 비슷하다고 생각하면 된다. 다음은 try-except-finally문의 기본 형태이다.

```
try:
    예외 발생 가능 코드
except 예외 타입:
    예외 발생 시 실행되는 코드
finally:
    예외 발생 여부와 상관없이 실행되는 코드
```

try-except-finally문은 [코드 12-4]와 같이 사용할 수 있다.

코드 12-4 try-except-finally.py

```python
try:
    for i in range(1, 10):
        result =10 // i
        print(result)
except ZeroDivisionError:
    print("Not divided by 0")
finally:
    print("종료되었다.")
```

```
10
5
3
2
```

```
2
1
1
1
1
종료되었다.
```

이 코드는 try문이 for문 밖에 선언되어 있고, i가 1부터 시작한다. 사실상 ZeroDivision-Error가 발생할 수 없는 코드이다. 이러한 코드를 작성하면 except문은 실행되지 않고 마지막으로 finally문만 실행된다. try-except-finally문도 for문에서 finally문을 사용하는 것과 동일하게 예외 발생 여부와 상관없이 반드시 실행되는 코드이다.

3.4 raise문

raise문은 try-except문과 달리 필요할 때 예외를 발생시키는 코드이다. while True문을 사용해 계속 반복문을 돌려야 하는 프로그램을 작성한다고 가정하자. 상대방 컴퓨터에 계속 무엇인가를 요청해야 하는 프로그램이고, 요청할 때마다 비용이 청구된다. 만약 상대방 컴퓨터가 고장나거나 문제가 생겨 사용하지 못하게 되는 상황이 발생한다면 어떻게 해야 할까? 프로그램을 작성할 때 상대방 컴퓨터에서 응답이 없다면 강제로 프로그램이 종료되도록 예외를 발생시킬 수 있다. 다음은 raise문의 기본 형태이다.

```
raise 예외 타입(예외 정보)
```

raise문은 [코드 12-5]와 같이 사용할 수 있다.

코드 12-5 raise.py

```python
while True:
    value = input("변환할 정수값을 입력해 주세요: ")
    for digit in value:
        if digit not in "0123456789":
            raise ValueError("숫자값을 입력하지 않았습니다.")
    print("정수값으로 변환된 숫자 -", int(value))
```

```
변환할 정수값을 입력해 주세요: 10
정수값으로 변환된 숫자 - 10
변환할 정수값을 입력해 주세요: ab
Traceback (most recent call last):
    File "raise.py", line 5, in <module>
        raise ValueError("숫자값을 입력하지 않았습니다.")
ValueError: 숫자값을 입력하지 않았습니다.
```

[코드 12-5]는 while True문으로 반복문이 계속 돌아가는 상태에서 사용자에게 입력을 받는다. 하지만 사용자가 입력한 값이 숫자가 아닌 경우에는 숫자값을 입력하지 않았다고 출력하면서 프로그램을 종료하는 것을 목적으로 작성된 프로그램이다. 이때, 에러의 종류는 ValueError로 사용자가 입력을 잘못했을 때 입력이 잘못된 것을 알려주면서 종료한다.

3.5 assert문

미리 알아야 할 예외 정보가 조건을 만족하지 않을 경우 예외를 발생시키는 assert문에 대해 알아보자. 앞에서 if문과 함께 raise문을 사용하여 강제로 예외를 발생시켰는데, assert문은 매우 간단하게 예외를 발생시킬 수 있다. assert문은 True 또는 False의 반환이 가능한 함수를 사용하면 된다. 만약 False가 반환되면 예외가 발생한다. 다음은 assert문의 기본 형태이다.

```
assert 예외 조건
```

assert문은 [코드 12-6]과 같이 사용할 수 있다.

코드 12-6 assert.py

```
def get_binary_number(decimal_number):
    assert isinstance(decimal_number, int)
    return bin(decimal_number)
print(get_binary_number(10))
print(get_binary_number("10"))
```

```
0b1010                                ← 4행 실행 결과
Traceback (most recent call last):    ← 5행 실행 결과
    File "<C:/.../assert.py>", line 5, in <module>
        print(get_binary_number("10"))
    File "C:/.../assert.py", line 2, in get_binary_number
        assert isinstance(decimal_number, int)
AssertionError
```

1행에서 get_binary_number( ) 함수를 통해 십진수를 입력받는다. 하지만 함수를 사용하는 사용자가 잘못된 인수argument, 예를 들어 문자열값을 입력할 수도 있다. 이를 방지하기 위해 2행에서 assert문을 사용하였다. isinstance( ) 함수는 입력된 값이 다음에 나오는 클래스의 인스턴스인지를 확인하는 함수이다. 이 코드에서 decimal_number 변수가 정수형인지는 4~5행에서 확인할 수 있다.

assert문은 코드를 작성할 때 잘못된 입력 여부를 사전에 확인하여 나중에 필요 없는 연산을 막아주고, 결국 다른 사람이 만든 코드를 사용하는 데 좋은 가이드가 된다.

02 파일 다루기

1 파일의 개념

파일file은 컴퓨터를 실행할 때 가장 기본이 되는 단위이다. 프로그램을 실행하는 것은 늘 파일을 실행하는 것이다. 하지만 일반적으로 윈도의 GUI 환경에서는 파일을 실행하는 것이 아니라, [그림 12-2]와 같은 아이콘을 더블클릭하여 실행한다.

그림 12-2 윈도 GUI 환경의 아이콘

사실 이것도 아이콘을 더블클릭하여 프로그램을 실행하는 것처럼 보이지만 실제로는 아이콘과 연결된 파일이 실행되는 구조이다. 아이콘에서 마우스 오른쪽 버튼을 클릭하고 [속성]을 선택하면 [그림 12-3]과 같은 화면을 볼 수 있다.

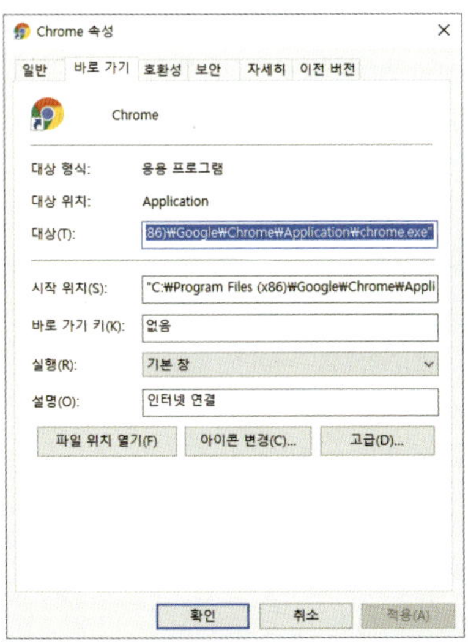

그림 12-3 아이콘의 속성

속성 화면에서 '대상' 항목에 실행되는 파일의 경로가 있다. 이 경로를 그대로 복사하여 콘솔 창에 붙여넣고 실행하면 해당 프로그램이 실행된다. 모든 프로그램은 이렇게 파일이 있기 때문에 실행되는 것이다. 단지 사용자가 편하게 쓰기 위해 간단한 아이콘을 만들어 사용할 뿐이지, 그 이면에는 모두 파일이 숨어 있다고 할 수 있다.

여기서 잠깐! 파일과 디렉터리

파일을 이해하기 위해 먼저 파일과 디렉터리에 대해 알아보자. 윈도에서 사용하는 탐색기는 윈도와 E 키를 함께 누르면 나타난다. 이것이 기본 파일 시스템이다. 기본적으로 파일 시스템은 파일과 디렉터리로 구분하는데, 윈도에서는 디렉터리라는 용어 대신 폴더라는 용어를 사용한다.

디렉터리는 파일을 담는 또 하나의 파일로, 여러 파일을 포함할 수 있는 그릇이다. 파일과 다른 디렉터리를 포함할 수 있으므로 직접 프로그램을 실행하지는 않지만 다른 파일들을 구분하고 논리적인 단위로 파일을 묶을 수 있다.

파일은 컴퓨터에서 논리적으로 정보를 저장하는 가장 작은 단위이다. 파일은 일반적으로 파일명과 확장자로 구별한다. 예를 들어, 파이썬 파일로 저장 관리하는 파일들은 py라는 확장자를 가지고 있다. 확장자는 그 파일의 쓰임을 구분하는 글자로, hwp, ppt, doc 같은 것들이 있다. 파일은 다른 정보를 저장하거나 프로그램을 실행하고, 다른 프로그램이 실행될 때 필요한 정보를 제공하는 등 여러 가지 역할을 한다.

흔히 탐색기 프로그램에서 파일과 디렉터리는 트리 구조로 표현되는데, 그 이유가 바로 디렉터리와 파일이 서로 포함 관계를 가지기 때문이다.

2 파일의 종류

컴퓨터에서 파일의 종류는 다양하지만 기본적으로 바이너리 파일binary file과 텍스트 파일text file, 두 가지로 분류할 수 있다.

바이너리 파일은 컴퓨터만 이해할 수 있는 이진 정보로 저장된 파일이다. 즉, 비트bit 형태로 저장되어 메모장으로 열면 내용이 보이지 않거나 내용을 확인할 수 없는 파일을 말한다. 정보를 효율적으로 저장하기 위해 파일 시스템 대부분은 이진 정보로 저장된다. 엑셀이나 워드 프로그램들이 모두 이진 정보로 저장된 이진 파일이다.

텍스트 파일은 사람이 이해할 수 있는 문자열로 저장된 파일이다. 이러한 파일은 메모장으로 그 내용을 확인할 수 있다. 지금까지 작성한 파이썬 파일이나 HTML 코드 파일 등도 모두 텍스트 파일이다. 생각보다 많은 파일이 텍스트 파일로 저장되어 있다.

표 12-2 바이너리 파일과 텍스트 파일

바이너리 파일	텍스트 파일
• 컴퓨터만 이해할 수 있는 형태인 이진(법) 형식으로 저장된 파일 • 일반적으로 메모장으로 열면 내용이 깨져 보임(메모장에서 해석 불가) • 엑셀이나 워드와 같은 프로그램 파일	• 사람도 이해할 수 있는 형태인 문자열 형식으로 저장된 파일 • 메모장으로 열면 내용 확인이 가능 • 메모장에 저장된 파일이나 HTML 파일, 파이썬 코드 파일 등

여기서 알아야 할 점은 텍스트 파일도 사실 컴퓨터가 처리하기 위해 바이너리 형태로 저장된 파일이라는 것이다. 사람이 확인할 수 있는 파일이라고 해서 컴퓨터가 그런 형태로 저장된 파일을 확인할 수 있는 것은 아니다. 텍스트 파일은 컴퓨터가 이해할 수 있는 형태로 변경하여 저장된다. 흔히 이렇게 변경하는 기준을 아스키코드ASCII나 유니코드Unicode로 하고, 이 표준에 따라 텍스트 파일을 컴퓨터가 이해할 수 있도록 바꾼다. 즉, 컴퓨터는 오직 이진수만 이해할 수 있으므로 모든 문자열값도 전부 이진수로 변경하여 저장한다. 예를 들어, 'A라는 문자열값이 이진수로 0100010이다.'라는 표준에 따라 우리 눈에 A로 보이는 텍스트는 실제로 0100010으로 저장된다. 반대로 0100010으로 저장되어 있는 텍스트 파일을 불러올 때 표준에 따라 A로 다시 변경하여 보여준다.

TIP 모든 텍스트는 이진수로 변환되어 저장되므로, 기본적인 변환 표준이 만들어졌고 그 표준을 사용하여 정보를 쉽게 저장할 수 있다. 이러한 표준은 아스키코드나 유니코드처럼 나라별, 언어별로 존재한다. 어떤 텍스트를 이러한 체계에 맞게 저장하는 것을 인코딩(encoding)이라고 한다.

3 파일 읽기

파이썬에서는 텍스트 파일을 다루기 위해 open( ) 함수를 사용한다. 일반적으로 open( ) 함수와 파일명, 파일 열기 모드를 입력하면 그 옵션에 따라 파일을 다룰 수 있다.

```
f = open("파일명", "파일 열기 모드")
f.close()
```

파일을 여는 모드에는 읽기 모드, 쓰기 모드, 추가 모드 등이 있다. 파이썬에서는 상황에 따라 이러한 형식을 조합하여 파일을 다루게 된다.

표 12-3 파일 열기 모드

종류	설명
r	읽기 모드: 파일을 읽기만 할 때 사용
w	쓰기 모드: 파일에 내용을 쓸 때 사용
a	추가 모드: 파일의 마지막에 새로운 내용을 추가할 때 사용

3.1 파일 읽기

[코드 12-7]을 입력하여 파일 읽기를 실행해보자.

코드 12-7 fileopen1.py

```
1 f = open("dream.txt", "r")
2 contents = f.read()
3 print(contents)
4 f.close()
```

```
I have a dream a song to sing
to help me cope with anything
if you see the wonder of a fairy tale
you can take the future even
if you fail I believe in angels
something good in everything
```

1행에서 open( ) 함수 다음에 파일명과 'r'을 입력해 파일에 대한 정보를 변수 f에 저장하였다. 이를 일반적으로 파일 객체라고 한다. 2행에서 변수 f를 이용해 read( ) 함수를 실행하면 해당 파일의 텍스트를 contents 변수에 문자열로 저장한다. 3행에서는 contents 변수의 내용, 즉 'dream.txt' 파일에 있는 텍스트를 화면에 출력한다. 4행에서는 마지막으로 close( ) 함수를 사용하여 파일을 종료한다. 때때로 텍스트 파일을 다룰 때 이미 수정하고 있는 파일을 다른 프로그램에서 동시에 호출하면 에러가 발생한다. 이렇게 하나의 파이썬 프로그램이 하나의 파일을 사용할 때 사용을 완료하면 반드시 해당 파일을 종료해야 한다.

3.2 with문과 함께 사용하기

with문과 함께 open( ) 함수를 사용할 수 있다. with문은 들여쓰기를 하는 동안에는 open( ) 함수가 유지되고, 들여쓰기가 끝나면 open( ) 함수도 종료되는 방식이다. [코드 12-7]과 비교해서 차이점은 close( ) 함수를 명시적으로 쓰지 않아도 파일의 사용을 종료할 수 있다는 점이다. 특히 해당 파일 객체는 =로 할당하는 방식이 아니라 as문을 사용하여 변수명에 할당한다.

코드 12-8 fileopen2.py

```
with open("dream.txt","r") as my_file:
    contents = my_file.read()
    print(type(contents), contents)
```

```
<class 'str'> I have a dream a song to sing
to help me cope with anything
if you see the wonder of a fairy tale
you can take the future even
if you fail I believe in angels
something good in everything
```

3.3 한 줄씩 읽어 리스트형으로 반환하기

파일 전체의 텍스트를 문자열로 반환하는 read( ) 함수 대신, readlines( ) 함수를 사용하여 한 줄씩 내용을 읽어와 문자열 형태로 저장할 수 있다. 한 줄의 기준은 \n으로 나뉘어지고 리스트로 반환될 때 for문 등 다양한 형태로 활용할 수 있다.

코드 12-9 fileopen3.py

```
with open("dream.txt","r") as my_file:
    content_list = my_file.readlines()      # 파일 전체를 리스트로 반환
    print(type(content_list))               # 자료형 확인
    print(content_list)                     # 리스트값 출력
```

```
<class 'list'>
['I have a dream a song to sing \n', 'to help me cope with anything \n', 'if you
see the wonder of a fairy tale \n', 'you can take the future even \n', 'if you
fail I believe in angels \n', 'something good in everything \n']
```

3.4 실행할 때마다 한 줄씩 읽어 오기

실행할 때마다 차례대로 한 줄씩 읽어오는 함수인 readline( )에 대해 알아보자. 기존 read( ) 함수는 파일을 한 번 열 때 파일의 처음부터 끝까지 모든 파일의 내용을 읽어오는 함수이지만, readline( ) 함수는 호출될 때마다 한 줄씩 읽어오는 특징이 있다.

코드 12-10 fileopen4.py

```
1 with open("dream.txt", "r") as my_file:
2     i = 0
3     while 1:
4         line = my_file.readline()
5         if not line:
6             break
7         print(str(i)+" === "+ line.replace("\n",""))      # 한 줄씩 값 출력
8         i = i + 1
```

```
0 === I have a dream a song to sing
1 === to help me cope with anything
2 === if you see the wonder of a fairy tale
3 === you can take the future even
4 === if you fail I believe in angels
5 === something good in everything
```

[코드 12-10]을 보면 3행에서 `while 1`로 코드가 항상 수행되도록 만든 다음, 4행의 `line = my_file.readline()`으로 한 줄씩 파일을 읽어들인다. 만약 읽어온 줄에 내용이 없다면 5행의 `if not line: break` 코드에 의해 반복문이 종료되어 파일 읽기를 종료한다. 하지만 파일에 남은 내용이 있다면 while문이 계속 실행되면서 모든 코드를 다 읽어오게 된다. 일반적으

로 파일의 내용을 찾다가 중간에 멈춰야 할 필요가 있는 대용량 데이터는 [코드 12-10]과 같은 코드를 많이 사용한다.

3.5 파일에 저장된 글자의 통계 정보 출력하기

때로는 파일에 저장된 텍스트의 통계 정보를 읽어와야 할 때가 있다. 이를 위해 많이 사용하는 방법은 이미 배운 split( ) 함수와 len( ) 함수를 함께 사용하는 것이다. [코드 12-11]은 파일에 저장된 모든 텍스트를 읽어온 후 차례대로 글자 수, 단어 수, 줄 수를 출력하는 프로그램이다.

코드 12-11 fileopen5.py

```
with open("dream.txt", "r") as my_file:
    contents = my_file.read()
    word_list = contents.split(" ")         # 빈칸 기준으로 단어를 분리하여 리스트
    line_list = contents.split("\n")        # 한 줄씩 분리하여 리스트

print("총 글자의 수:", len(contents))
print("총 단어의 수:", len(word_list))
print("총 줄의 수:", len(line_list))
```

```
총 글자의 수: 188        ← 6행 실행 결과
총 단어의 수: 35         ← 7행 실행 결과
총 줄의 수: 7            ← 8행 실행 결과
```

4 파일 쓰기

파일에 무엇인가를 쓰기 위해서는 파일 열기 모드를 'w'로 설정하는 것과 함께 인코딩encoding이라는 개념을 알아야 한다. 텍스트 파일을 저장하기 위해서는 저장할 때 사용하는 표준을 지정해야 하는데, 이것을 인코딩이라고 한다. 인코딩 옵션으로 인코딩 표준을 지정할 수 있다. 일반적으로 인코딩은 utf8을 많이 사용하며, 파일을 윈도에서만 사용한다면 cp949도 사용할 수 있다. 인코딩은 운영체제나 파일의 사용 환경에 따라 다르게 설정해야 한다.

[코드 12-12]를 실행하면 'count_log.txt'라는 파일을 'w' 옵션으로 읽어온 후 1부터 10까지의 숫자를 넣어 '1번째 줄이다.'부터 '10번째 줄이다.'까지 문자열을 만든 다음 `f.write(data)`

코드로 count_log.txt 파일에 차례대로 기록한다. 모든 내용을 기록한 후에 `f.close()` 코드로 해당 파일을 닫는다.

코드 12-12 filewrite1.py

```
f = open("count_log.txt", 'w', encoding = "utf8")
for i in range(1,11):
    data = "%d번째 줄이다.\n"% i
    f.write(data)
f.close()
```

TIP 비주얼 스튜디오 코드나 메모장에서 'count_log.txt' 파일을 열면 실행 결과를 확인할 수 있다.

4.1 파일 열기 모드 a로 새로운 글 추가하기

쓰기 모드인 w는 늘 새로운 파일을 생성한다. [코드 12-12]를 예로 들면, 기존의 count_log.txt 파일이 있음에도 다시 한번 w로 파일을 부르면 기존 파일이 삭제되고 새로운 파일이 생겨 새로운 내용만 기록된다. 상황에 따라 기존 파일에 계속 추가해야 하는 작업이 있을 수도 있다. 이 경우 많이 사용하는 방법은 추가 모드 a를 사용하는 것이다. [코드 12-13]을 보면 기존에 count_log.txt 파일이 있다는 가정에서 'a' 모드로 파일을 연다. 코드를 수행할 때마다 해당 파일에 '1번째 줄이다.'부터 '10번째 줄이다.'라는 텍스트가 계속 추가된다.

코드 12-13 filewrite2.py

```
with open("count_log.txt", 'a', encoding = "utf8") as f:
    for i in range(1, 11):
        data = "%d번째 줄이다.\n"% i
        f.write(data)
```

TIP 비주얼 스튜디오 코드나 메모장에서 'count_log.txt' 파일을 열면 실행 결과를 확인할 수 있다.

4.2 디렉터리 만들기

파이썬으로는 파일만 다루는 것이 아니라 디렉터리도 함께 다룰 수 있다. os 모듈을 사용하면 디렉터리를 쉽게 만들 수 있으며 디렉터리를 생성하는 코드는 log이다.

코드 12-14 mkdir1.py

```python
import os
os.mkdir("log")
```

[코드 12-14]를 실행하면 [그림 12-4]와 같이 폴더 아래에 log라는 새로운 폴더가 생성된다.

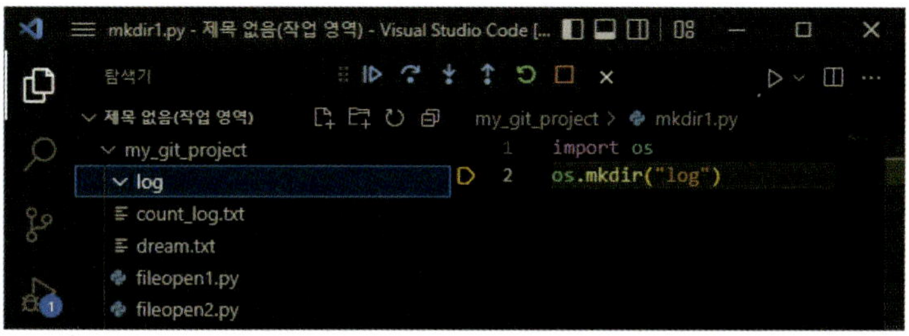

그림 12-4 log 폴더 생성

하지만 프로그램 대부분이 새로 실행되므로 기존에 해당 디렉터리가 있는지 확인하는 코드가 필요하다. 이 경우 [코드 12-15]와 같이 `os.path.isdir` 코드를 사용하여 기존 디렉터리의 존재 여부를 확인하면 된다.

코드 12-15 mkdir2.py

```python
import os
os.mkdir("log")

if not os.path.isdir("log"):
    os.mkdir("log")
```

```
Traceback (most recent call last):
    File "mkdir2.py", line 2, in <module>
        os.mkdir("log")
FileExistsError: [WinError 183] 파일이 이미 있으므로 만들 수 없습니다: 'log'
```

TIP [코드 12-14]에서 log 폴더를 생성했으므로 FileExistsError가 결과로 출력된다. 이전에 생성된 log 폴더를 지우고 [코드 12-15]를 실행하면 에러가 발생하지 않고 log 폴더가 생성된다.

4.3 로그 파일 만들기

이번에는 실제 프로그램에서 사용할 수 있는 로그 파일log file을 만들어보자. 로그 파일은 프로그램이 동작하는 동안 여러 가지 중간 기록을 저장하는 역할을 하는 파일이다. 예를 들어 웹 프로그램의 경우 외부 접속자의 접속 기록이나 접속 시간 등을 저장하는 파일이 로그 파일이다.

[코드 12-16]은 로그 파일을 생성하는 코드이다.

코드 12-16 logfile.py

```
1  import os
2
3  if not os.path.isdir("log"):
4      os.mkdir("log")
5
6  if not os.path.exists("log/count_log.txt"):
7      f = open("log/count_log.txt", 'w', encoding = "utf8")
8      f.write("기록이 시작된다.\n")
9      f.close()
10
11 with open("log/count_log.txt", 'a', encoding = "utf8") as f:
12     import random, datetime
13     for i in range(1, 11):
14         stamp = str(datetime.datetime.now())
15         value = random.random() * 1000000
16         log_line = stamp + "\t" + str(value) + "값이 생성되었다." + "\n"
17         f.write(log_line)
```

3~4행에서는 log 디렉터리가 존재하지 않을 경우 새롭게 디렉터리를 만든다. 6~9행에서는 기존에 한 번도 로그 기록이 없었다면 'w' 모드로 count_log.txt 파일을 생성하고 기록의 시작을 알리는 문구를 저장한다. 11~17행은 예시를 만들기 위해 임의로 시간 기록과 함께 임의의 숫자를 문구 안에 계속 기록하여 저장한다. [코드 12-16]을 실행하면 딱 10번의 기록을 시행하지만 실제로는 해당 코드가 호출할 때마다 시간과 함께 임의의 숫자가 계속 기록된다.

5 pickle 모듈

파이썬 프로그램을 실행할 때 생성되는 여러 변수와 객체는 순간적으로 메모리에 로딩되었다가 프로그램이 종료되면 사라진다. 하지만 때로는 이렇게 사용되는 객체를 저장시켜 놓고 필요할 때 다시 불러야 하는 경우가 있다. 이 경우를 프로그래밍 언어에서는 영속화persistence라고 한다. 간단히 표현하면 필요한 객체를 파일로 저장시켜 다시 사용할 수 있도록 하는 것이다.

파이썬은 pickle 모듈을 제공하여 메모리에 로딩된 객체를 영속화할 수 있도록 지원한다. 리스트에 들어간 데이터나 클래스의 오브젝트 등을 파일로 저장시켜 나중에 다시 사용할 수 있도록 해준다. 아직은 필요 없지만 저장해야 하는 정보가 많아지고 계산 결과를 저장하였다가 나중에 다시 불러 사용할 경우에도 요긴하게 쓸 수 있는 기능이다.

pickle 모듈을 사용하기 위해서는 다음 코드와 같이 호출한 후 객체를 저장할 수 있는 파일을 열고 저장하고자 하는 객체를 넘기면dump 된다. 파일을 생성할 때는 'w'가 아닌 'wb'로 열어야 하는데, 여기서 b는 바이너리binary를 뜻하는 약자로 텍스트 파일이 아닌 바이너리 파일로 저장된다는 의미이다. dump( ) 함수에서는 저장할 객체, 저장될 파일 객체를 차례대로 인수로 넣으면 해당 객체가 해당 파일에 저장된다.

```
>>> import pickle
>>>
>>> f = open("list.pickle", "wb")
>>> test = [1, 2, 3, 4, 5]
>>> pickle.dump(test, f)
>>> f.close()
```

저장된 pickle 파일을 불러오는 프로세스도 저장 프로세스와 같다. 먼저 list.pickle 파일을 'rb' 모드로 읽어온 후, 해당 파일 객체를 pickle 모듈을 사용하여 load( ) 함수로 불러오면 된다. 사실 pickle 객체를 불러올 때 해당 객체가 어떤 객체인지에 대한 정보가 전혀 없어 상당히 혼란스러울 때도 있지만, 해당 코드를 개발한 개발자라면 코드의 인터페이스를 정확히 알고 있으므로 어려움 없이 사용할 수 있다. 다음 파이썬 셸 코드는 앞에서 리스트 객체를 list.pickle 파일에 저장했기 때문에 해당 파일을 불러 사용할 때도 동일하게 리스트 객체가 반환된 것을 알 수 있다.

```
>>> f = open("list.pickle", "rb")
>>> test_pickle = pickle.load(f)
>>> print(test_pickle)
[1, 2, 3, 4, 5]
>>> f.close()
```

pickle 모듈은 단순히 생성된 객체를 저장하는 기능도 있지만 사용자가 직접 생성한 클래스 객체도 저장한다. 다음 코드와 같이 곱셈을 처리하는 클래스를 생성한다고 가정하자. 이 코드의 클래스는 처음 객체를 생성할 때 초깃값을 생성하고, multiply( ) 함수를 부를 때마다 '초깃값 * number'의 값을 호출하는 클래스이다. 일종의 곱셈 클래스라고 생각하면 된다.

```
>>> class Mutltiply(object):
...     def __init__(self, multiplier):
...         self.multiplier = multiplier
...     def multiply(self, number):
...         return number * self.multiplier
...
>>> muliply = Mutltiply(5)
>>> muliply.multiply(10)
50
```

위 코드는 매우 간단한 연산 객체이다. 그러나 프로그램을 작성하다 보면 매우 복잡한 연산도 따로 저장하여 사용할 때가 있다. 이러한 저장 모듈을 효율적으로 사용하기 위해 다음 코드처럼 pickle 모듈을 사용할 수 있다.

```
>>> import pickle
>>>
>>> f = open("multiply_object.pickle", "wb")
>>> pickle.dump(muliply, f)
>>> f.close()
>>>
>>> f = open("multiply_object.pickle", "rb")
```

```
>>> multiply_pickle = pickle.load(f)
>>> multiply_pickle.multiply(5)
25
```

요약

01 예외exception란 프로그램을 개발하면서 예상하지 못한 상황이 발생하는 것이다. 프로그래밍의 예외는 크게 예측 가능한 예외와 예측 불가능한 예외로 나눌 수 있다.

02 파이썬에서 예외 처리의 기본 문법은 try-except문이다.

```
try:
    예외 발생 가능 코드
except 예외 타입:
    예외 발생 시 실행되는 코드
```

03 try-except-else문은 if-else문과 비슷한데, 해당 예외가 발생하지 않을 경우 수행할 코드를 else문에 작성하면 된다.

```
try:
    예외 발생 가능 코드
except 예외 타입:
    예외 발생 시 실행되는 코드
else:
    예외가 발생하지 않을 때 실행되는 코드
```

04 try-except-finally문에서 finally문은 try-except문 안에 있는 수행 코드가 아무런 문제 없이 종료되었을 경우 최종으로 호출하는 코드이다.

```
try:
    예외 발생 가능 코드
except 예외 타입:
    예외 발생 시 실행되는 코드
finally:
    예외 발생 여부와 상관없이 실행되는 코드
```

05 raise문은 try-except문과 달리 필요할 때 예외를 발생시키는 코드이다.

```
raise 예외 타입(예외 정보)
```

06 assert문은 미리 알아야 할 예외 정보가 조건에 만족하지 않을 경우 예외를 발생시키는 구문이다.

```
assert 예외 조건
```

07 파일file은 컴퓨터를 실행할 때 가장 기본이 되는 단위이다.

08 컴퓨터에서 파일의 종류는 다양하지만 기본적으로 바이너리 파일binary file과 텍스트 파일text file, 두 가지로 분류할 수 있다.

09 바이너리 파일은 컴퓨터만 이해할 수 있는 이진 정보로 저장된 파일이고, 텍스트 파일은 사람이 이해할 수 있는 문자열로 저장된 파일이다.

10 파이썬에서는 텍스트 파일을 다루기 위해 open( ) 함수를 사용한다.

```
f = open("파일명", "파일 열기 모드")
f.close()
```

11 with문과 함께 open( ) 함수를 사용할 수 있다. with문은 들여쓰기를 하는 동안에는 open( ) 함수가 유지되고, 들여쓰기가 끝나면 open( ) 함수도 종료되는 방식이다.

12 read( ) 함수는 파일 전체의 텍스트를 문자열로 반환하고, readlines( ) 함수는 한 줄씩 내용을 읽어와 문자열 형태로 저장한다.

13 readline( ) 함수는 실행할 때마다 차례대로 한 줄씩 읽어오는 함수이다.

14 텍스트 파일을 저장하기 위해서는 텍스트 파일을 저장할 때 필요한 표준을 지정해야 하는데, 이것을 인코딩encoding이라고 한다.

15 상황에 따라 기존 파일에 계속 추가해야 하는 작업이 있을 수도 있다. 이 경우 많이 사용하는 방법은 추가 모드 'a'를 사용하는 것이다.

16 파이썬으로는 파일만 다루는 것이 아니라 디렉터리도 함께 다룰 수 있다. os 모듈을 사용하면 디렉터리를 쉽게 만들 수 있다.

17 로그 파일log file은 프로그램이 동작하는 동안 여러 가지 중간 기록을 저장하는 파일이다.

18 객체를 저장시켜 놓고 필요할 때 다시 불러야 하는 경우가 있는데, 이를 프로그래밍 언어에서는 영속화persistence라고 한다.

19 파이썬은 pickle 모듈을 제공하여 메모리에 로딩된 객체를 영속화할 수 있도록 지원한다.

연습문제

01 다음과 같이 코드를 작성했을 때, 실행 결과로 알맞은 것은?

```
days = ['Monday', 'Tuesday', 'Wednesday', 'Thursday', 'Friday']
for day in days:
    with open('week.txt', 'w') as f:
        f.write(day)
print(open('week.txt', 'r').read())
```

① Friday

② Monday
Tuesday
Wednesday
Thursday
Friday

③ MondayTuesdayWednesdayThursdayFriday

④ None

⑤ 에러 발생

02 다음과 같이 코드를 작성했을 때, 실행 결과로 가장 마지막에 출력되는 값은?

```
sentence = list("Hello Friend")
while (len(sentence) + 1):
    try:
        print(sentence.pop(0))
    except Exception as e:
        print(e)
        break
```

① o ② n ③ h

④ c ⑤ pop from empty

03 다음과 같이 코드를 작성했을 때, 실행 결과로 알맞은 것은?

```
try:
    for i in range(1, 7):
        result = 7 // i
        print(result)
except ZeroDivisionError:
    print("Not divided by 0")
finally:
    print("종료되었습니다.")
```

① 7
3
2
1
1
1

② 7
3
2
1
1
1
Not divided by 0

③ 7
3
2
1
1
1
종료되었습니다.

④ 7
3
2
1
1
1
Not divided by 0
종료되었습니다.

⑤ Not divided by 0
종료되었습니다.

04 다음과 같이 각각의 예외 처리에 적합한 내장 예외(built-in exception)를 순서대로 실행한 결과 값이 바르게 짝지어진 것은?

(가)

```
alist = ["a", "1", "c"]
blist = ["b", "2", "d"]

for a, b in enumerate(zip(alist, blist)):
    print(b[a])
```

(나)

```
alist = ["a", "1", "c"]
blist = ["b", "2", "d"]

for a, b in enumerate(zip(alist, blist)):
    print(a/int(b[0]))
```

① NameError, ValueError
② IndexError, NameError
③ ZeroDivisionError, ValueError
④ IndexError, ValueError
⑤ NameError, IndexError

05 다음 중 예외(exception)의 이름과 내용이 잘못 짝지어진 것은?

① ZeroDivisionError: 0으로 숫자를 나눌 때
② ValueError: 변환할 수 없는 문자/숫자를 변환할 때
③ IndexError: 리스트의 인덱스 범위를 넘어갈 때
④ SyntaxError: 조건문이나 변수에 오탈자가 존재할 때
⑤ NameError: 존재하지 않은 변수를 호출할 때

06 파일과 폴더에 대한 설명으로 틀린 것은?

① 파일은 실행, 쓰기, 읽기 등을 할 수 있다.

② 파일은 컴퓨터에서 정보를 저장하는 논리적인 단위이다.

③ 10개 이상의 파일을 가진 폴더를 디렉터리라고 한다.

④ 폴더는 파일과 다른 폴더를 포함할 수 있다.

⑤ 파일은 파일명과 확장자로 식별된다.

07 파일의 종류에 대한 설명으로 틀린 것은?

① 바이너리 파일은 컴퓨터만 이해할 수 있는 형태인 이진법 형식으로 저장된 파일을 말한다.

② 텍스트 파일의 예로 HTML, 파이썬 코드 파일 등을 들 수 있다.

③ 바이너리 파일은 해당 확장자에 대한 파일을 열 수 있는 프로그램이 필요하다(엑셀, 워드 등).

④ 텍스트 파일의 경우 컴퓨터는 텍스트 파일 형태 그대로 처리가 가능하다.

⑤ 텍스트 파일은 사람도 이해할 수 있는 형태인 문자열 형식으로 저장된 파일을 말한다.

08 바이너리 파일과 텍스트 파일에 대한 설명으로 틀린 것은?

① 텍스트 파일은 노트패드와 같은 워드프로세스로 열 수 있다.

② 메모장에 저장된 파일, HTML 파일, 파이썬 코드 파일 등은 모두 텍스트 파일이다.

③ 텍스트 파일은 컴퓨터만 이해할 수 있는 형태인 이진(법) 형식으로 저장된 파일이다.

④ 엑셀 파일, 워드 파일 등을 바이너리 파일이라고 부른다.

⑤ 모든 텍스트 파일도 실제는 바이너리 파일로 아스키/유니코드 문자열 집합 등으로 저장된다.

09 다음과 같이 코드를 작성하고 실행하면 파이썬 셀에 '숫자를 넣어 주세요 :'가 출력된다. 여기에 텍스트 'hello'를 입력하면 어떤 실행 결과가 출력되는가?

```
import random
answer = random.randint(1,10)

def guess_number(answer):
    try:
        guess = int(input("숫자를 넣어 주세요 : "))
        if answer == guess:
            print("정답!")
        else:
            print("틀렸습니다.")
    except ValueError:
        print("숫자가 아닙니다.")

guess_number(answer)
```

```
>>> 숫자를 넣어 주세요 :
```

① 숫자가 아닙니다.

② 정답!

③ 틀렸습니다.

④ NameError

⑤ ValueError

10 다음과 같이 코드를 작성했을 때, 실행 결과로 알맞은 것은?

```
for i in range(3):
    try:
        print(i, 3// i)
    except ZeroDivisionError:
        print("Not divided by 0")
```

① 1 3
   2 1

② Not divided by 0
   1 3
   2 1

③ 0 0

④ Not divided by 0

⑤ 0 0
   1 3
   2 1

PART 04
데이터 분석 기초

PART 04

데이터 분석 기초

CHAPTER 13

CSV와 로그 관리

학습목표

- csv 파일을 만들고 다루는 방법을 학습한다.
- 로깅의 개념과 기본 로그 관리 모듈인 logging에 대해 알아본다.
- 파이썬에서의 설정 저장에 대해 이해하고, configparser 모듈과 argparse 모듈에 대해 학습한다.

PREVIEW

이번 장에서는 파일로 데이터를 처리할 때 필요한 CSV와 로그 처리에 대해 알아본다. CSV 파일 형식은 어떠한 프로그래밍 언어든 데이터를 다루는 분야에서 가장 기본적인 것으로, 엑셀의 텍스트 데이터 형태라고 이해하면 된다. 매우 중요한 자료형이기 때문에 파이썬으로 다루는 것에 익숙해져야 한다. 또한, 여러 가지 프로그래밍을 하면서 기록을 남기는 로깅(logging)에 대해서도 알아본다. 로그 데이터를 남기는 것은 데이터 기반의 애플리케이션 개발에서 매우 중요하다. 로그 데이터를 설계하는 것이 하나의 분야로 자리 잡은 만큼 로그 데이터는 큰 관심을 받고 있다. 이번 장을 통해 파이썬으로 데이터를 다루는 가장 기본적인 영역에 대해서 알아본다.

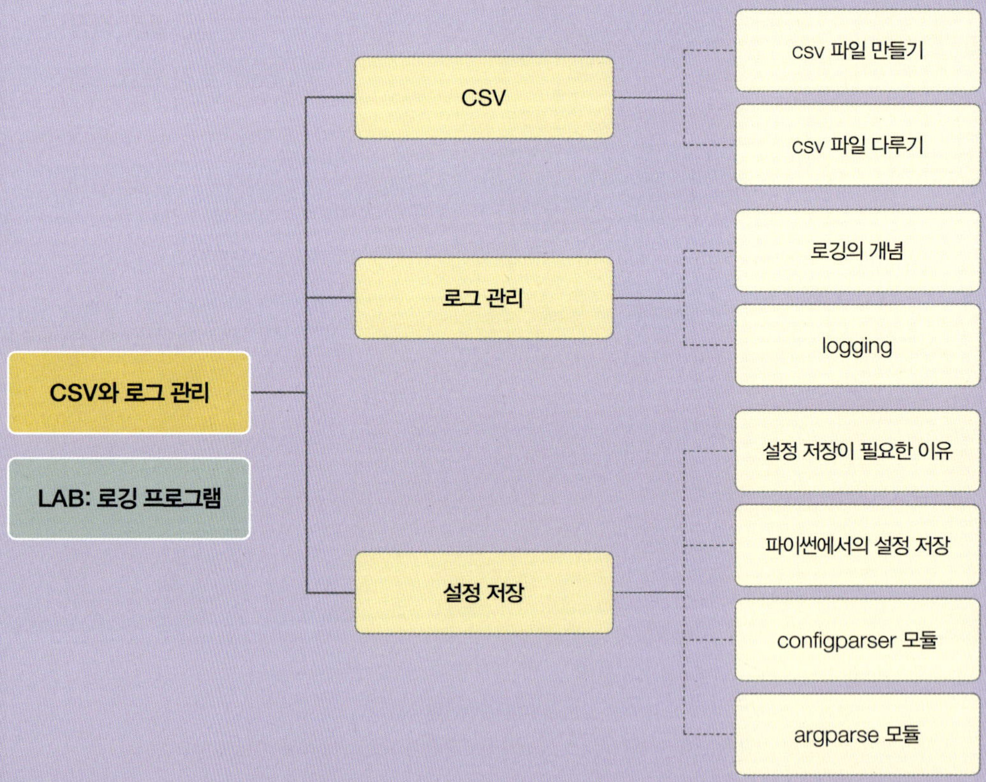

01 CSV

1 CSV의 개념

CSV Comma Separate Values는 콤마(,)를 기준으로 나누어진 값이다. 흔히 테이블 데이터라고 하는 엑셀 형태의 데이터를 텍스트 형태로 다루는 형식이다. 하지만 엑셀Excel은 MS 오피스에서만 작동하는 바이너리 파일binary file 형식이지만, csv 파일은 어디서나 사용할 수 있도록 텍스트 데이터를 사용한다. 간단한 형태는 다음과 같다.

```
연도, 제조사, 모델, 설명, 가격
1997, Ford, E350, "ac, abs, moon", 3000.00
1999, Chevy, "Venture ""Extended Edition""", "", 4900.00
1999, Chevy, "Venture ""Extended Edition, Very Large""", "", 5000.00
1996, Jeep, Grand Cherokee, "MUST SELL! air, moon roof, loaded", 4799.00
```

위 데이터를 보면 제일 상단에 필드filed, 헤더header 또는 열 이름column name이라고 부르는 텍스트 데이터가 입력되어 있다. 그리고 각 데이터는 콤마로 나누어진다. 두 번째 줄부터는 각 필드의 실제 데이터가 있는데, 이러한 한 줄의 데이터는 하나의 객체를 가리킨다. 위 예시에서는 한 줄의 데이터가 하나의 자동차 객체를 표현한다. 이는 앞서 배운 '클래스-인스턴스' 개념으로 각 행의 데이터가 인스턴스라고 이해하면 된다. 이러한 데이터를 행row, 튜플tuple, 인스턴스instance 등으로 부른다. 데이터의 분류는 분류 기준이 되는 문자에 따라 TSV Tab Separate Values, SSV Single-blank Separate Values 등으로 구분한다. 일반적으로 CSV라고 하면 이 모든 자료형을 포함한 것을 뜻하며 'Character-Separated Values'라고 부른다.

2 csv 파일 만들기

csv 파일은 엑셀을 사용하여 간단히 만들 수 있다. 다음 순서대로 csv 파일을 만들어보자.

❶ 소스파일에서 'csv 파일 만들기.xls' 파일을 작업 폴더로 이동시킨다.

❷ 엑셀에서 'csv 파일 만들기.xls' 파일을 연다.

❸ 메뉴 바에서 [파일]–[다른 이름으로 저장]을 선택한다.

❹ [다른 이름으로 저장] 대화상자에서 '파일 형식'을 'CSV(쉼표로 분리)'로 선택한 후 [저장] 버튼을 클릭한다.

❺ 엑셀을 종료한 후 메모장에서 파일을 연다.

새롭게 생성된 'csv 파일 만들기.csv' 파일은 [그림 13–1]처럼 메모장 같은 텍스트 에디터로 내용을 확인할 수 있다.

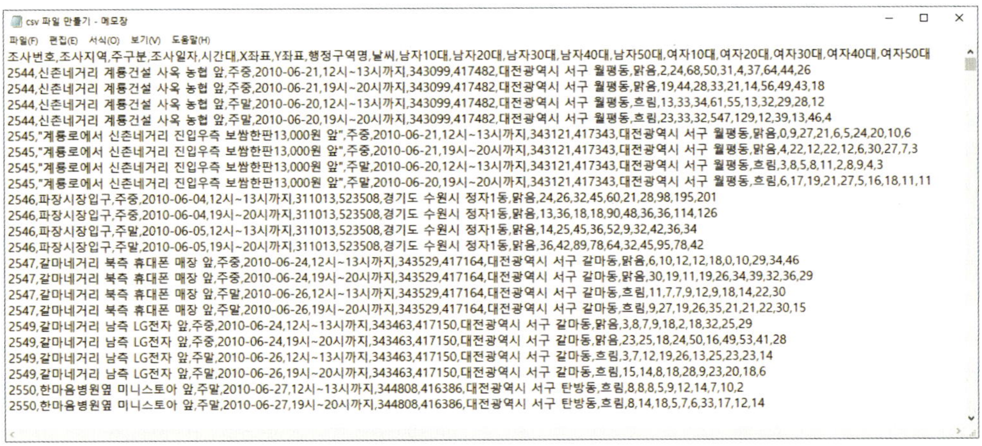
csv 파일 만들기 - 메모장
파일(F) 편집(E) 서식(O) 보기(V) 도움말(H)

```
조사번호,조사지역,주구분,조사일자,시간대,X좌표,Y좌표,행정구역명,날씨,남자10대,남자20대,남자30대,남자40대,남자50대,여자10대,여자20대,여자30대,여자40대,여자50대
2544,신촌네거리 계룡건설 사옥 농협 앞,주중,2010-06-21,12시~13시까지,343099,417482,대전광역시 서구 월평동,맑음,2,24,68,50,31,4,37,64,44,26
2544,신촌네거리 계룡건설 사옥 농협 앞,주중,2010-06-21,19시~20시까지,343099,417482,대전광역시 서구 월평동,맑음,19,44,28,33,21,14,56,49,43,18
2544,신촌네거리 계룡건설 사옥 농협 앞,주말,2010-06-20,12시~13시까지,343099,417482,대전광역시 서구 월평동,흐림,13,33,34,61,55,13,32,29,28,12
2544,신촌네거리 계룡건설 사옥 농협 앞,주말,2010-06-20,19시~20시까지,343099,417482,대전광역시 서구 월평동,흐림,23,33,32,547,129,12,39,13,46,4
2545,"계룡로에서 신촌네거리 진입우측 보쌈한판13,000원 앞",주중,2010-06-21,12시~13시까지,343121,417343,대전광역시 서구 월평동,맑음,0,9,27,21,6,5,24,20,10,6
2545,"계룡로에서 신촌네거리 진입우측 보쌈한판13,000원 앞",주중,2010-06-21,19시~20시까지,343121,417343,대전광역시 서구 월평동,맑음,4,22,12,22,12,6,30,27,7,3
2545,"계룡로에서 신촌네거리 진입우측 보쌈한판13,000원 앞",주말,2010-06-20,12시~13시까지,343121,417343,대전광역시 서구 월평동,흐림,3,8,5,8,11,2,8,9,4,3
2545,"계룡로에서 신촌네거리 진입우측 보쌈한판13,000원 앞",주말,2010-06-20,19시~20시까지,343121,417343,대전광역시 서구 월평동,흐림,6,17,19,21,27,5,16,18,11,11
2546,파장시장입구,주중,2010-06-04,12시~13시까지,311013,523508,경기도 수원시 정자1동,맑음,24,26,32,45,60,21,28,98,195,201
2546,파장시장입구,주중,2010-06-04,19시~20시까지,311013,523508,경기도 수원시 정자1동,맑음,13,36,18,18,90,48,36,36,114,126
2546,파장시장입구,주말,2010-06-05,12시~13시까지,311013,523508,경기도 수원시 정자1동,맑음,14,25,45,36,52,9,32,42,36,34
2546,파장시장입구,주말,2010-06-05,19시~20시까지,311013,523508,경기도 수원시 정자1동,맑음,36,42,89,78,64,32,45,95,78,42
2547,갈마네거리 북측 휴대폰 매장 앞,주중,2010-06-24,12시~13시까지,343529,417164,대전광역시 서구 갈마동,맑음,6,10,12,12,18,0,10,29,34,46
2547,갈마네거리 북측 휴대폰 매장 앞,주중,2010-06-24,19시~20시까지,343529,417164,대전광역시 서구 갈마동,맑음,30,19,11,19,26,34,39,32,36,29
2547,갈마네거리 북측 휴대폰 매장 앞,주말,2010-06-26,12시~13시까지,343529,417164,대전광역시 서구 갈마동,흐림,11,7,7,9,12,9,18,14,22,30
2547,갈마네거리 북측 휴대폰 매장 앞,주말,2010-06-26,19시~20시까지,343529,417164,대전광역시 서구 갈마동,흐림,9,27,19,26,35,21,21,22,30,15
2549,갈마네거리 남측 LG전자 앞,주중,2010-06-24,12시~13시까지,343463,417150,대전광역시 서구 갈마동,맑음,3,8,7,9,18,2,18,32,25,29
2549,갈마네거리 남측 LG전자 앞,주중,2010-06-24,19시~20시까지,343463,417150,대전광역시 서구 갈마동,맑음,23,25,18,24,50,16,49,53,41,28
2549,갈마네거리 남측 LG전자 앞,주말,2010-06-26,12시~13시까지,343463,417150,대전광역시 서구 갈마동,흐림,3,7,12,19,26,13,25,23,23,14
2549,갈마네거리 남측 LG전자 앞,주말,2010-06-26,19시~20시까지,343463,417150,대전광역시 서구 갈마동,흐림,15,14,8,18,28,9,23,20,18,6
2550,한마음병원옆 미니스토아 앞,주말,2010-06-27,12시~13시까지,344808,416386,대전광역시 서구 탄방동,흐림,8,8,8,5,9,12,14,7,10,2
2550,한마음병원옆 미니스토아 앞,주말,2010-06-27,19시~20시까지,344808,416386,대전광역시 서구 탄방동,흐림,8,14,18,5,7,6,33,17,12,14
```

그림 13–1 새로 만든 csv 파일을 메모장에서 확인하기

TIP 비주얼 스튜디오 코드에는 매우 편리한 csv 뷰어(csv viewer)인 'tablr' 패키지가 있다. 인스톨 패키지(Install Packages)에서 설치하기를 권한다.

csv 파일을 보면 모든 데이터가 콤마로 나누어져 있는 것을 알 수 있다. 기존 파일은 엑셀에서 바이너리 파일로 저장되어 메모장으로 볼 수 없지만 csv 파일은 텍스트 구분자text separator로 분리되어 있어 확인할 수 있다.

3 csv 파일 다루기

파이썬에서 csv 파일을 다루는 방법에 대해 알아보자. csv 파일을 다루기 위해 먼저 파이썬으로 csv 파일을 열고 원하는 내용을 사용하면 된다. 파이썬으로 csv 파일을 다루는 방법에는 크게 세 가지가 있다.

❶ 파일 객체 사용하기

❷ csv 객체 사용하기

❸ PANDAS 객체 사용하기

여기에서는 파일 객체와 csv 객체를 사용하여 데이터를 다루는 방법에 대해 중점적으로 설명하겠다. PANDAS 객체는 데이터 분석을 위해서는 꼭 알아야 하지만 이 책에서는 다루지 않는다.

3.1 파일 객체를 사용하여 데이터 다루기

파일 객체를 사용하여 데이터를 다루는 방법은 Chapter 12에서 파일 다루기를 했을 때의 코드와 큰 차이는 없다. 일반적인 텍스트 파일을 처리하듯 파일을 읽어온 후 한 줄씩 데이터를 처리한다.

소스파일로 제공하는 'customers.csv' 파일을 사용하여 실습한다. 'customers.csv'는 쇼핑몰 고객 데이터를 정리한 파일로 구조와 형태는 [그림 13-2]와 같다.

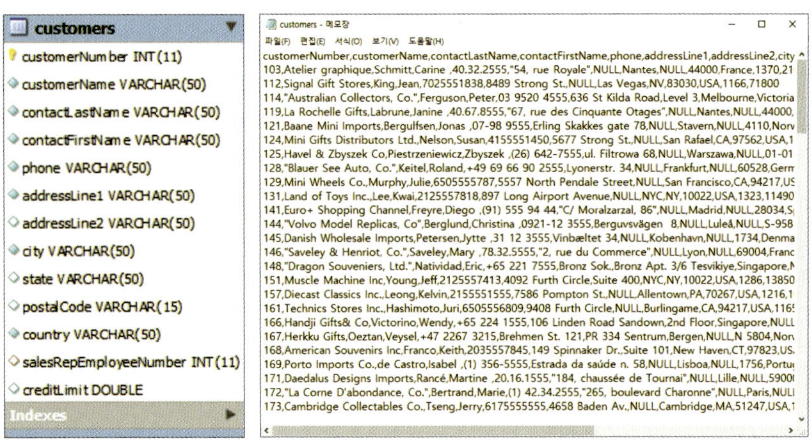

(a) 데이터 구조 (b) 데이터 형태

그림 13-2 customers.csv의 데이터 구조와 데이터 형태

데이터는 기본적으로 콤마로 구분되어 있다. 해당 데이터를 읽어오기 위해 [코드 13-1]과 같이 작성한다.

코드 13-1 csv1.py

```
line_counter = 0                    # 파일의 총 줄 수를 세는 변수
data_header = []                    # 데이터의 필드값을 저장하는 리스트
customer_list = []                  # customer의 개별 리스트를 저장하는 리스트

with open("customers.csv") as customer_data: # customers.csv 파일을 customer_data 객체에 저장
    while 1:
        data = customer_data.readline() #customers.csv의 데이터 변수에 한 줄씩 저장
        if not data:break               #데이터가 없을 때 반복문 종료
        if line_counter == 0:           #첫 번째 데이터는 데이터의 필드
            data_header = data.split(",")   # 데이터의 필드는 data_header 리스트에 저장, 데이터 저장 시 ","로 분리
        else:
            customer_list.append(data.split(",")) # 일반 데이터는 customer_list 객체에 저장, 데이터 저장 시 ","로 분리
        line_counter +=1

print("Header:", data_header)           # 데이터 필드값 출력
for i in range(0, 10):                  # 데이터 출력(샘플 10개만)
    print("Data",i,":",customer_list[i])
print(len(customer_list))               # 전체 데이터 크기 출력
```

```
Header: ['customerNumber', 'customerName', 'contactLastName', 'contactFirstName',
'phone', 'addressLine1', 'addressLine2', 'city', 'state', 'postalCode', 'country',
'salesRepEmployeeNumber', 'creditLimit\n']
Data 0 : ['103', 'Atelier graphique', 'Schmitt', 'Carine ', '40.32.2555', '"54', '
rue Royale"', 'NULL', 'Nantes', 'NULL', '44000', 'France', '1370', '21000\n']
Data 1 : ['112', 'Signal Gift Stores', 'King', 'Jean', '7025551838', '8489 Strong
St.', 'NULL', 'Las Vegas', 'NV', '83030', 'USA', '1166', '71800\n']
⋮          ← Data 2부터 Data 9까지 생략
122
```

이 코드에서는 readline( ) 함수와 split( ) 함수가 핵심적으로 사용된다. 1~3행에서는 사용할 변수와 리스트를 지정하고, 5행에서는 open( ) 함수를 사용하여 해당 파일을 연다. 7행에서 readline( ) 함수를 사용하여 파일의 내용을 한 줄씩 읽어온다. 9~10행에서 line_counter 변수를 사용하여 줄 수를 센다. 첫 번째 줄은 데이터를 잘라서 data_header 리스트에 저장하고, 두 번째 줄부터는 데이터를 가져와 split( ) 함수로 잘라서 customer_list에 append( ) 함수로 추가한다.

직관적으로 이해할 수 있는 매우 쉬운 구조이다. 일반적으로 csv 파일의 첫 줄에 다른 엑셀 파일처럼 각 데이터의 제목인 헤더나 열 이름이 있으므로 이것은 따로 처리한다. 데이터는 [코드 13-1]의 12행에서 보듯이 리스트 형태로 받았지만, 열 이름을 키의 값으로 한 딕셔너리 형으로 처리할 수도 있다.

이번에는 읽은 정보를 csv 파일에 쓰는 실습이다. 비슷하지만 필요한 정보만 따로 리스트 객체에 저장하여 csv 파일에 쓰는 방식으로 작성한다. [코드 13-2]를 살펴보자.

코드 13-2 csv2.py

```
line_counter = 0
data_header = []
employee = []
customer_USA_only_list = []
customer = None

with open("customers.csv", "r") as customer_data:
    while 1:
        data = customer_data.readline()
        if not data:
            break
        if line_counter == 0:
            data_header = data.split(",")
        else:
            customer = data.split(",")

            if customer[10].upper()=="USA": # customer 데이터의 offset 10번째 값
                customer_USA_only_list.append(customer)
                    # 즉, country 필드가 "USA" 것만 customer_USA_only_list에 저장
```

```
19          line_counter+=1
20
21 print("Header:", data_header)
22 for i in range(0, 10):
23     print("Data:",customer_USA_only_list[i])
24 print(len(customer_USA_only_list))
25
26 with open("customers_USA_only.csv","w") as customer_USA_only_csv:
27     for customer in customer_USA_only_list:
28         customer_USA_only_csv.write(",".join(customer).strip('\n')+"\n")
   # customer_USA_only_list 객체에 있는 데이터를 customers_USA_only.csv 파일에 쓰기
```

```
Header: ['customerNumber', 'customerName', 'contactLastName', 'contactFirstName',
'phone', 'addressLine1', 'addressLine2', 'city', 'state', 'postalCode', 'country',
'salesRepEmployeeNumber', 'creditLimit\n']
Data: ['112', 'Signal Gift Stores', 'King', 'Jean', '7025551838', '8489 Strong
St.', 'NULL', 'Las Vegas', 'NV', '83030', 'USA', '1166', '71800\n']
Data: ['124', 'Mini Gifts Distributors Ltd.', 'Nelson', 'Susan', '4155551450',
'5677 Strong St.', 'NULL', 'San Rafael', 'CA', '97562', 'USA', '1165', '210500\n']
⋮        ← 생략
34
```

[코드 13-2]의 17행에서 각 데이터의 10번째 열, 즉 customer[10]이 USA인지 확인한다. 10번째 열은 각 customers의 국가 정보를 입력하는 곳으로, 미국 고객의 정보만 따로 추출하고자 한다. 추출된 정보는 `customer_USA_only_list`라는 리스트 객체에 저장시킨다. 그리고 모든 파일 읽기 코드가 실행된 후 파일 쓰기 코드를 실행하여 해당 내용을 'customers_USA_only.csv'에 저장한다. 파일을 저장할 때는 `",".join(customer)`와 같이 콤마를 사용하여 데이터를 잘라준다. 각 데이터의 끝에 줄 바꿈 정보도 넣어준다.

TIP [코드 13-2]를 실행하면 작업 폴더에 'customers_USA_only.csv'라는 csv 파일이 생성된다. 생성된 파일을 실행하여 확인해본다.

3.2 csv 객체를 사용하여 데이터 다루기

다음으로는 csv 객체를 사용하여 데이터를 다루는 방법에 대해 알아본다. 파이썬에서는 기본적으로 파일 객체가 아닌 csv 객체를 이용하여 csv 파일 형태의 데이터를 다룰 수 있다. 예를 들어 데이터 내부에 콤마가 있는 데이터를 처리할 때 문자열 객체의 split( ) 함수로는 데이터를 나누기 어렵기 때문에 일반적으로 데이터를 묶어주기 위해 큰따옴표(")나 작은따옴표(') 등을 사용한다. 이 경우 전체를 하나의 데이터로 보아야 하는데, 개발자가 직접 코드를 작성하기에는 약간의 귀찮음이 있다. 이때 csv 객체를 이용하면 조금 더 수월하게 csv 데이터를 다룰 수 있다.

이번 실습에서는 소스파일로 제공하는 'korea_floating_population_data.csv' 파일을 사용한다. 이 파일은 공공데이터포털(http://www.data.go.kr)에서 제공하는 국내 주요 상권 유동 인구의 현황이다. 이 파일로 데이터 분석을 진행하겠다. 이 데이터는 한글로 되어 있으므로 한글 처리를 해야 한다.

데이터를 열면 '시간대/조사일자/행정구역/날씨' 등을 기준으로 '연령별/성별' 유동 인구가 해당 지역에 몇 명 있는지를 나타내고 있다. 일반적으로 이러한 데이터는 사람들이 직접 해당 위치에 가서 인구수를 확인한다. 데이터를 열면 [그림 13-3]과 같이 저장되어 있다.

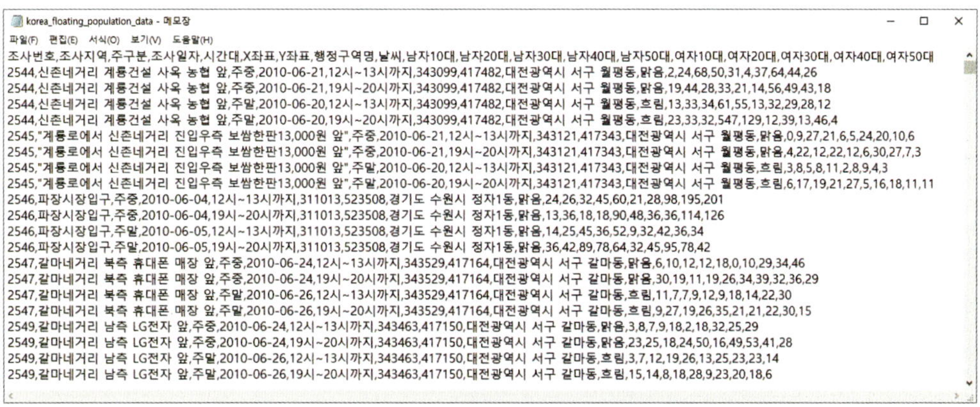

그림 13-3 korea_floating_population_data.csv의 데이터 형태

이제 csv 객체를 사용하여 데이터를 열어보자. csv 객체를 열기 위해서 먼저 import문을 사용하여 csv 객체를 부르고, reader( ) 함수를 열어 각 속성attribute에 값을 넣으면 된다. [코드 13-3]을 확인한다.

코드 13-3 csv3.py

```
1 import csv
2 f = open("./korea_floating_population_data.csv", "r")
3 reader = csv.reader(
4     f,                          # 연결할 대상 파일 객체
5     delimiter=',',              # 데이터를 분리하는 기준
6     quotechar='"',              # 데이터를 묶을 때 사용하는 문자
7     quoting=csv.QUOTE_ALL)      # 데이터를 묶는 기준
```

[코드 13-3]의 reader( ) 함수는 비교적 이해하기 쉽다. 4행에서 오픈할 파일 객체를 인수로 넘기는데, 여기서는 f 변수를 넣어준다.

5행에서 delimiter는 각 데이터를 구분하는 기준으로, 콤마(,), \t, −, /, 세미콜론(;) 등을 구분 기호로 넣을 수 있다. 데이터 종류에 따라 사용하면 된다.

6행에서 quotechar는 데이터를 묶는 기준으로 데이터 사이에 콤마(,)처럼 데이터를 나누는 기준 문자열이 들어간다. 예를 들어, 트위터 데이터라면 텍스트 데이터에 ',+텍스트'가 들어있는 것은 매우 흔하다. 그러므로 이러한 데이터들은 묶어야 하는데, "(큰 따옴표)나 '(작은 따옴표), 또는 | 등으로 데이터를 묶어 처리한다. 데이터가 묶인 것을 쉽게 알아보기 위해서 잘 쓰지 않는 텍스트들을 csv에 사용할 수도 있다.

마지막으로 7행의 quoting은 데이터를 묶는 기준을 어떻게 정할 것인지 결정하는 것이다. quoting의 기본 속성은 다음과 같다. 기본 설정은 csv.QUOTE_MINIMAL이다.

- **QUOTE_ALL**: 모든 데이터를 자료형에 상관없이 묶는다. 모든 데이터를 문자열형으로 처리한다.
- **QUOTE_MINIMAL**: 최소한의 데이터만 묶는다. 예를 들어 ',' 같은 데이터가 포함된 데이터만 묶는다.
- **QUOTE_NONNUMERIC**: 숫자 데이터가 아닌 경우에만 묶는다. 이 경우 데이터를 읽어올 때 묶이지 않은 데이터는 csv 객체에 의해 실수형으로 읽어오게 된다.
- **QUOTE_NONE**: 데이터 묶는 작업을 하지 않는다.

데이터를 읽어올 때는 reader( ) 함수를, 데이터를 쓸 때는 writer( ) 함수를 사용한다. 각 속성은 데이터의 형태를 보고 사용할 수 있도록 사전에 데이터를 이해해야 한다.

[코드 13-4]는 예시 데이터를 csv로 직접 분석한 코드이다.

코드 13-4 csv4.py

```
1  import csv                        # csv 객체 호출
2
3  seoung_nam_data = []              # 기본 변수명 선언
4  header = []
5  rownum = 0
6
7  with open("korea_floating_population_data.csv", "r", encoding = "cp949") as p_
   file:                      # 불러들일 데이터를 선언함, 한글 처리를 위한 'cp949' 지정
8      csv_data = csv.reader(p_file)       # csv 객체를 이용해 csv_data 읽기, 특별히
                                             데이터를 나누는 기준을 정하지 않음
9      for row in csv_data:          # 읽어 온 데이터를 한 줄씩 처리
10         if rownum == 0:
11             header = row          # 첫 번째 줄은 데이터 필드로 따로 저장
12         location = row[7]         # '행정구역' 필드 데이터 추출
13         if location.find(u"성남시")! =-1:
14             seoung_nam_data.append(row)  # '행정구역' 데이터에 성남시가 있으면
                                               seoung_nam_data List에 추가
15         rownum +=1
16
17 with open("seoung_nam_floating_population_data.csv", "w", encoding="utf8") as
   s_p_file:
18     writer = csv.writer(s_p_file, delimiter='\t', quotechar='"', quoting=csv.
   QUOTE_ALL)          # csv.writer를 사용해 csv 파일 만들기, delimiter는 필드 구분자,
                       # quotechar는 필드 각 데이터를 묶는 문자, quoting은 묶는 범위
19     writer.writerow(header)             # 제목 필드 파일에 쓰기
20     for row in seoung_nam_data:
21         writer.writerow(row)            # seoung_nam_data의 정보를 리스트에 쓰기
```

[코드 13-4]는 유동 인구 데이터에서 성남시의 데이터만 따로 뽑아 csv 파일을 만드는 코드이다.

7행을 보면 파일을 열 때 encoding을 cp949로 지정한다.

8행에서 파일을 읽어오는 코드를 보면 csv.reader( )를 통해 파일 객체인 p_file을 사용한다. 특별히 속성을 지정하지 않은 것은 해당 데이터가 따로 콤마(,)를 기준으로 나누어져 있고,

다른 속성이 지정되어 있기 때문이다. csv 객체를 읽어오면 데이터가 기본적으로 시퀀스 자료형으로 만들어져 있어 리스트처럼 다룰 수 있다.

9행의 `for row in csv_data:`는 각 줄의 데이터를 리스트 형태로 가져온다. 목적에 따라 12행과 14행처럼 특정 위치의 데이터에 성남시가 있는지 확인하고 확인된 데이터를 따로 뽑아 seoung_nam_data 변수에 넣는다.

데이터를 모두 뽑은 후 새로운 파일을 만드는 코드를 작성하고 18행과 같이 csv.writer( ) 함수를 사용하여 새로운 writer 객체를 만든다. 앞에서 사용한 reader 객체와 마찬가지로 19행에서 `writer.writerow(header)` 코드를 사용해 한 줄씩 데이터를 저장한다. 이 경우 19행과 21행에서 header와 row와 같은 리스트 형태의 데이터로 csv 파일을 만들 수 있다.

상당히 복잡해보이는 코드이지만, writer( ) 함수, reader( ) 함수, 생성되는 csv 객체를 사용하는 방법과 writerow( ) 함수를 사용하여 데이터를 csv 파일에 저장하는 방법을 기억하도록 하자.

TIP [코드 13-4]를 실행하면 작업 폴더에 'seoung_nam_floating_popular_data.csv'라는 csv 파일이 생성된다. 생성된 파일을 실행하여 확인해본다.

02 로그 관리

1 로깅의 개념

로그를 관리하는 기법인 로깅logging에 대해 알아보자. 우리나라는 게임 강국이다. 아주 많은 게임이 개발되고 있고 많은 사람이 게임을 한다. 하지만 인기 있는 게임들이 늘 겪는 문제가 바로 핵hack이다. 핵은 매크로 프로그램과 같은 불법 프로그램을 사용하여 손쉽게 게임 레벨을 올리거나 게임을 진행하는 것을 말한다. 핵 때문에 많은 사용자가 게임에 흥미를 잃게 되는 문제가 발생하여 게임 회사들은 이러한 핵을 잡기 위해 많은 노력을 하고 있다. 그렇다면 이 핵을 잡기 위해 게임 회사들은 어떤 노력을 하고 있을까?

우선 핵을 사용하는 패턴을 찾기 위해 사용자의 행동 정보를 저장하고 분석한다. 여기서 이 행동 정보란 이동이나 클릭 등 프로그램을 사용할 때 이루어지는 모든 기본적인 이벤트event들을 말한다. 이러한 행동 정보를 저장하는 것을 '로그log 정보를 저장한다.'라고 한다. 그리고 프로그램이 실행되는 동안 일어나는 정보를 기록으로 남기는 일을 '로깅'이라고 한다. 로그 정보는 이러한 행동 정보 외에도 많은 것을 저장한다. 예를 들어, 프로그램이 잘 실행되다가 특정 상황에서 발생할 수 있는 예외들, 특정 함수를 사용하는 시간, DB 입출력 시간 등과 같은 모든 것을 로그 정보에 저장할 수 있다.

그렇다면 로그는 어떻게 기록할까? 이미 Chapter 04에서 디버깅을 설명할 때 프로그래밍의 중간 상황을 화면에 출력하는 일이 중요하다고 언급하였다. 중간중간 산출물을 화면에 보여주는 것도 일종의 로깅이라고 할 수 있다. 그러나 콘솔 창에 출력하는 기록은 분석할 때 사용하기 어렵다. 가장 일반적인 방법은 파일을 생성하여 로그 정보를 남기는 것이다. 처음 프로그램을 실행할 때 로그 파일 하나를 생성하고, 그 후에 발생하는 이벤트를 로그 파일에 저장하는 방식이다. 이외에도 좀 더 세세한 로그 관리를 위한 데이터베이스를 따로 구축하여 로그 데이터를 저장·관리해야 한다.

로그 데이터는 프로그램을 실행하는 단계에서만 관리하지는 않는다. 필요에 따라 개발·운영·배포 등 프로그램의 다양한 수명 주기에 따라 기록을 남기고 저장한다. 때로는 치명적인 문제점에 대한 기록, 단순한 접근, 잘못된 데이터 활용에 대한 경고 등과 같이 수준별로 다양하게 로그 기록을 관리한다. 로그 데이터를 쓰고 저장하며 관리하고 분석하는 것만으로도 한 학기 교육 과정이 될 정도로 그 분석 방법과 기록 방법은 다양하다. 일반적으로 실행 시점에서 남겨야 하는 기록과 개발 시점에서 남겨야 하는 기록을 나누어 관리한다. 만약 여러 모듈을 만들어 따로 기록을 관리해야 한다면 모듈별로 별도의 로그를 남기기도 한다.

2 기본 로그 관리 모듈: logging

로그 데이터 관리의 다양한 요구 조건(파일에 남기기, 레벨별로 남기기, 모듈별로 남기기 등)을 만족시키기 위해서는 이를 위한 프로그램이 따로 필요하다. 파이썬에서는 logging이라는 이름의 모듈을 사용한다. 파이썬의 기본 로그 관리 모듈인 logging에 대해 실습해보자. [코드 13-5]를 보자.

코드 13-5 logging1.py

```python
import logging

logging.debug("틀렸잖아!")
logging.info("확인해!")
logging.warning("조심해!")
logging.error("에러 났어!!!")
logging.critical ("망했다….")
```

```
WARNING:root:조심해!
ERROR:root:에러 났어!!!
CRITICAL:root:망했다….
```

[코드 13-5]를 실행하면 어떤 결과가 나오는지 정확히 알기 어렵다. 대부분 'WARNING', '조심해!' 같은 텍스트가 화면에 출력될 것이다. 왜 이런 현상이 나타나는 것일까?

파이썬 로깅을 실행할 때 로깅 레벨logging level을 지정할 수 있는데 이 로깅 레벨은 [코드

13-5]에서 보듯이 총 5단계로 나누어진다. 프로그램의 진행 상황이나 실행 단계에 따라 출력을 설정할 수 있다. 즉, 필요한 곳에 로깅을 출력하는 코드를 넣고, 설정에 따라 실행 시점에 출력 여부를 조정할 수 있다. 로깅의 출력 단계는 다음과 같이 5단계로 나눈다.

■ **1단계: DEBUG**

DEBUG는 개발 시점에 프로그램이 문제없이 실행되는지 확인하기 위해 출력하는 결과이다. print( ) 함수를 사용하여 코드에 문제가 없는지 확인하는 과정을 배웠는데, 이와 비슷한 처리를 할 때 설정할 수 있다.

■ **2단계: INFO**

INFO는 기본적으로 사용자에게 실행 결과를 알려주는 로그 정보이다. 누군가 접속하였거나 데이터베이스에 연결하였거나 서버가 시작되었을 때 기록을 남길 수 있다.

■ **3단계: WARNING**

WARNING은 문제가 될 수 있는 상황을 기록하는 것이다. 예를 들어, 문자열값이 들어와야 하는데 정수형값이 들어왔다거나(그렇지만 예외를 활용하여 처리했다거나) 프로그램에서 실행해야 하는 모듈의 버전이 맞지 않는다거나 할 때 발생할 수 있는 정보이다.

■ **4, 5단계: ERROR, CRITICAL**

ERROR와 CRITICAL은 말 그대로 에러가 발생하거나 프로그램이 더이상 수행하기 어려울 때 발생하는 에러이다. 예를 들어 접속해야 하는 데이터베이스가 꺼져 있거나, 접속량이 너무 많아 서버가 응답하지 않을 경우 이러한 에러 메시지를 출력한다.

개발자는 프로그램을 개발할 때 로그를 남기는 방식에 대해 다른 개발자와 협업해야 한다. 특히 오늘날과 같은 빅데이터 시대에는 이러한 로그 정보가 모여 또 하나의 정보로 활용될 수 있다. 따라서 로그 정보를 정확히 모아 필요한 정보로 변환하는 과정은 매우 중요하며, 이를 잘 설계하여 전략적으로 데이터를 모을 필요가 있다. 처음부터 좋은 로그 정보를 모아야 프로그램의 유지·보수에 많은 도움이 되니 규모가 큰 프로그램을 작성할 때는 반드시 로깅을 남기는 전략에 대해 고민하는 것이 좋다. 하지만 작은 프로그램을 작성할 때는 오히려 방해가 될 수도 있으니 필요에 따라 적절히 사용해야 한다.

표 13-1 로깅 레벨

단계	개요	예시
DEBUG	개발 시 처리를 기록하는 로그 정보를 남김	• 다음 함수로 A를 호출함 • 변수 A를 ○○으로 변경함
INFO	처리가 진행되는 동안의 정보를 알림	• 서버가 시작되었음 • 서버가 종료됨 • 사용자 A가 프로그램에 접속함
WARNING	사용자가 잘못 입력한 정보나, 처리는 가능하지만 의도치 않은 정보가 들어왔을 때 알림	• 문자열 입력을 기대했으나 정수형이 입력됨, 문자열 casting으로 처리함 • 함수에 인수로 이차원 리스트를 기대했으나 일차원 리스트가 들어옴, 이차원으로 변환 후 처리
ERROR	잘못된 처리로 에러가 발생하였지만 프로그램은 동작할 수 있음을 알림	• 파일에 기록해야 하는데 파일이 없음, 예외 처리 후 사용자에게 알림 • 외부 서비스와 연결 불가
CRITICAL	잘못된 처리로 데이터가 손실되었거나 프로그램이 더이상 동작할 수 없음을 알림	• 잘못된 접근으로 해당 파일이 삭제됨 • 사용자에 의한 강제 종료

파이썬에서 로깅을 사용하기 위해서는 Logger 객체를 활용해야 한다. [코드 13-5]에서는 Logger 객체를 따로 만들지 않았는데, 이는 기본 logging 모듈이 Logger를 사용하고 있기 때문이다. [코드 13-6]은 Logger 객체를 받아 출력 형태를 지정하였다.

코드 13-6 logging2.py

```
1  import logging
2
3  logger = logging.getLogger("main")                # Logger 선언
4  stream_hander = logging.StreamHandler()           # Logger의 출력 방법 선언
5  logger.addHandler(stream_hander)                  # Logger의 출력 등록
```

먼저 3행에서 Logger 객체를 얻어서 4행에서 출력 방법을 선택한다. 출력하는 공간은 파일이나 화면, 다른 네트워크 등을 선택할 수 있는데, 이를 StreamHandler라고 한다. SteamHandler의 역할은 출력 공간 지정이다. 마지막으로 5행에서 해당 핸들러handler를 이미 만든 Logger 객체에 추가하는 작업으로 로깅 준비는 끝난다.

[코드 13-7]은 해당 Logger가 어느 레벨을 사용해 출력할 것인가를 지정하는 코드이다. 7행에서 DEBUG 레벨을 지정하였으므로 모든 레벨의 로깅 정보를 출력한다.

코드 13-7 logging3.py

```python
import logging

logger = logging.getLogger("main")
stream_hander = logging.StreamHandler()
logger.addHandler(stream_hander)

logger.setLevel(logging.DEBUG)
logger.debug("틀렸잖아!")
logger.info("확인해!")
logger.warning("조심해!")
logger.error("에러 났어!!!")
logger.critical("망했다….")
```

```
틀렸잖아!
확인해!
조심해!
에러 났어!!!
망했다….
```

[코드 13-8]과 같이 CRITICAL만 출력으로 지정하면 CRITICAL 정보인 '망했다….'만 화면에 출력된다.

코드 13-8 logging4.py

```python
import logging

logger = logging.getLogger("main")
stream_hander = logging.StreamHandler()
logger.addHandler(stream_hander)

logger.setLevel(logging.CRITICAL)
logger.debug("틀렸잖아!")
logger.info("확인해")
```

```
logger.warning("조심해!")
logger.error("에러 났어!!!")
logger.critical("망했다….")
```

```
망했다….
```

03 설정 저장

1 설정 저장이 필요한 이유

이전 절에서 `logger.setLevel(logging.CRITICAL)`과 같은 방식으로 코드에 바로 로깅 레벨을 지정하였다. 하지만 이렇게 레벨을 지정하면 몇 가지 문제점이 발생한다.

첫째, 사용자가 프로그램을 실행할 때 로깅 레벨을 지정하기 위해 코드를 수정해야 한다. 이는 얼핏 보면 문제가 되지 않을 수도 있다. 하지만 프로그램 작성 시 다른 사람이 작성한 프로그램을 사용할 때가 있는데, 그때마다 다른 사람이 작성한 프로그램 코드를 읽으면서 수정할 곳을 찾아 레벨을 수정해야 하는 문제가 생긴다.

둘째, 설정값이 너무 많아질 수 있다. 사실 이 문제는 위의 문제점과 연장선에 있다. 앞에서는 1개의 레벨만 설정했지만, 만약 설정값이 10개가 넘는다면 코드 하나하나를 찾아가며 수정해야 한다. 물론 대부분 프로그램 설정을 코드 작성 초반에 하므로 그때 수정하면 된다고 생각하겠지만 별도의 매뉴얼 없이 이 모든 정보를 다 파악하고 있어야 하는 것은 분명 어려운 일이다.

우리는 어떤 프로그램을 사용할 때 기본 설정을 저장한다. 그리고 그 프로그램을 사용할 때마다 기본으로 설정된 상태로 프로그램이 실행된다. 예를 들어, 이 책에서 코드 편집기로 사용하는 비주얼 스튜디오 코드에도 많은 설정이 있다. 배경색, 폰트, 데이터 파일 저장 위치 등을 어딘가에 저장하고 사용하거나 프로그램 실행 시점에서 설정해야 한다. 이와 같이 파이썬에서도 미리 저장해 놓아야 할 설정이 있다.

2 파이썬에서의 설정 저장

configparser와 argparse는 설정 저장을 파이썬에서 수행할 수 있도록 지원하는 모듈이다. configparser는 설정 자체를 저장하는 것으로, 실행 시점에 설정이 저장된 파일을 읽어와 적용하는 기능을 한다. argparse는 configparser와 달리 실행 시점에 설정 변수를 직접 지정한다.

얼핏 보면 configparser가 훨씬 더 편해 보이지만, 이후에 배울 머신러닝이나 간략한 프로그램에서는 argparse를 훨씬 더 많이 사용한다. 이 책에서는 깊은 내용보다는 모듈 각각의 특징은 무엇이고, 어떻게 사용하는지에 대해서만 알아본다. 지금 당장 모든 것을 이해할 필요는 없고 필요에 따라 추가로 공부하는 것을 권한다.

3 configparser 모듈

configparser 모듈은 프로그램의 실행 설정값을 어떤 특정 파일에 저장하여 사용하는 방식이다. 앞에서 배운 딕셔너리와 비슷하게 설정 파일 안에 키key와 값value을 넣고 이를 호출하여 사용한다. 먼저 설정 파일 'example.cfg'를 확인해보자.

```
[SectionOne]
Status: Single
Name: Derek
Value: Yes
Age: 30
Single: True

[SectionTwo]
FavoriteColor = Green

[SectionThree]
FamilyName: Johnson
```

파일을 보면 다양한 설정값들이 콜론(:)을 이용해 키와 값으로 나누어져 있다. 그리고 각 값의 상단에는 값의 그룹을 나타내는 섹션section이 있다. 섹션은 대괄호를 이용해 표시하고 하위 변수의 묶음을 표현할 때 사용한다. 여기에서는 SectionOne, SectionTwo, SectionThree 등 총 3개의 섹션이 있고, 각 섹션 하단에는 1개 이상의 변수가 있다. 만약 'example.cfg'라는 설정 파일이 있다고 했을 때 이를 사용하는 코드는 다음과 같다.

```
>>> import configparser                    #1 configparser 모듈 호출
>>> config = configparser.ConfigParser()   #2 configparser에서 ConfigParser 객체 생성
>>> config.sections()                      #3 section 정보 읽어오기
```

```
[]
>>> config.read('example.cfg')              #4 특정 파일 안에 있는 설정 정보 읽어오기
['example.cfg']
>>> config.sections()                       #5 해당 파일의 section 정보 읽어오기
['SectionOne','SectionTwo','SectionThree']
>>>
>>> for key in config['SectionOne']:        #6 'SectionOne'에 있는 키 출력
...     print(key)
...
status
name
value
age
single
>>> config['SectionOne']["status"]          #7 'SectionOne'의 'status' 키의 값 출력
'Single'
```

코드는 비교적 간단하다. 먼저 #1에서 configparser 모듈을 호출하고, #2에서 ConfigParser 객체를 생성한다. #3에서는 해당 객체에서 section 정보를 받아와 출력한다. 하지만 아직 ConfigParser 객체가 따로 읽어야 할 파일을 지정하지 않아 아무런 정보도 출력되지 않는 것을 알 수 있다. #4에서 읽어야 할 파일을 'example.cfg'로 설정하고, #5에서 해당 설정 파일의 section 정보를 출력하면 정상적으로 값이 출력된다. 이후는 딕셔너리와 같다. 먼저 section 이름도 하나의 키로 설정되어 키처럼 불러올 수 있고, #6과 같이 for문을 사용해 하나의 section에 있는 모든 키를 가져올 수 있다. 또한 #7과 같이 키의 값도 딕셔너리와 같은 방법으로 접근할 수 있다.

이처럼 configparser는 간단한 파일을 만들어 설정 정보를 저장하고, 이를 불러와 사용할 수 있다. 설정 정보가 많고 사용자가 실행 중 자주 바꾸는 설정이 있다면 configparser를 사용하는 것이 유용하다.

4 argparse 모듈

argparse 모듈은 configparser 모듈과 달리 저장된 파일을 사용하는 것이 아니라 프로그램

을 콘솔 창에서 실행할 때 설정하는 방식이다. 거의 모든 콘솔 프로그램은 실행 시점에서 설정할 수 있는 기능을 제공한다. 이 책에서 사용하는 파이썬 인터프리터도 일종의 콘솔 프로그램이므로 이러한 종류의 설정 기능을 제공한다. 일반적으로 실행 시점의 설정 파일을 커맨드-라인 옵션command-line option이라고 한다. 파이썬을 처음 실행할 때 'python --v'나 'python -h'를 입력하면 파이썬 실행과 관련된 도움말을 [그림 13-4]처럼 확인할 수 있다.

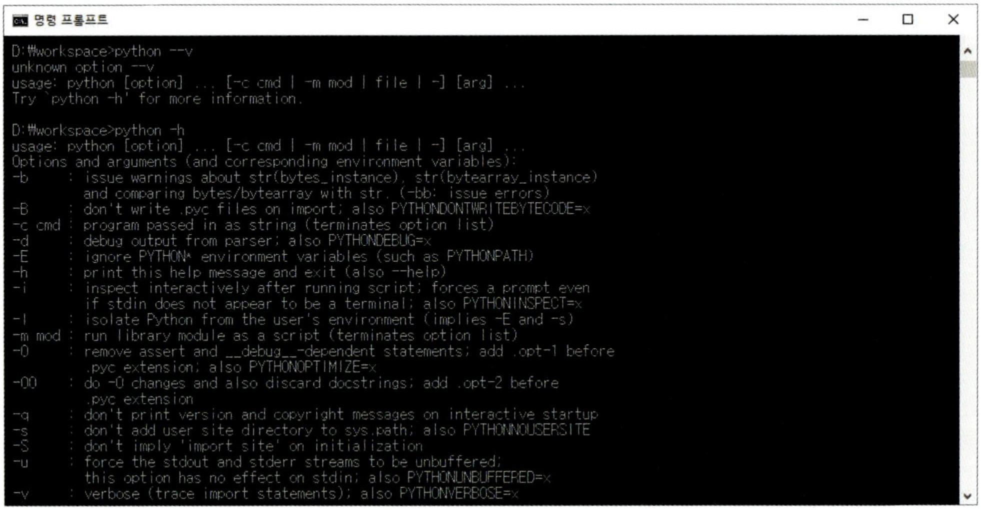

그림 13-4 파이썬 커맨드-라인 옵션 도움말

TIP 윈도나 리눅스의 기본 프로그램에서도 커맨드-라인 옵션을 제공한다. 예를 들어, 'dir/w'나 'dir/p'를 윈도 cmd 창에 입력하거나 'ls -lh'를 리눅스나 맥에서 입력하면 그 결과가 다르게 나오는 것을 알 수 있다.

argparse 모듈의 사용 방법을 이해하기 위해 [코드 13-9]를 'arg_sum.py'라는 이름으로 저장한다. 이 프로그램은 콘솔 창에서 프로그램을 실행할 때 2개의 커맨드-라인 옵션을 입력하여 이를 더한 결과를 출력하는 프로그램이다.

코드 13-9 arg_sum.py

```
import argparse                    # argparse 모듈의 호출

parser = argparse.ArgumentParser(description='Sum two integers.')
                                   # 기본 설정 도움말

```

```
5  parser.add_argument('-a',"--a_value", dest="a", help="A integers", type=int)
                                    # a 인수 추가
6  parser.add_argument('-b',"--b_value", dest="b", help="B integers", type=int)
                                    # b 인수 추가
7
8  args = parser.parse_args()       # 입력된 커맨드-라인 인수 파싱
9
10 print(args)                      # 결과 출력
11 print(args.a)
12 print(args.b)
13 print(args.a + args.b)
```

프로그램은 비교적 간단하다. 먼저 1행에서 argparse 모듈을 호출한다. 3행에서는 ArgumentParser 객체를 만들고, 기본적인 도움말을 description 변수에 등록한다. 5행과 6행에서는 새로운 인수를 추가한다. 인수를 추가할 때는 –를 이용하여 짧은 이름, ––를 이용하여 긴 이름, 인수의 표시 이름, 도움말, 자료형 등을 함께 등록할 수 있다. 8행에서는 명령을 통해 커맨드–라인에 입력된 인수를 불러와 args 변수에 할당한다. 10~13행에서 각각의 값을 입력하면 실행 결과가 출력된다.

[코드 13–9]를 'arg_sum.py'로 저장하고, cmd 창에 'python arg_sum.py –a 5 –b 3'으로 입력하면 다음과 같이 출력된다.

```
Namespace(a=5, b=3)        ← 값이 저장된 형태는 'Namespace' 객체
5                          ← a 인수의 값 출력
3                          ← b 인수의 값 출력
8                          ← a 인수와 b 인수의 덧셈
```

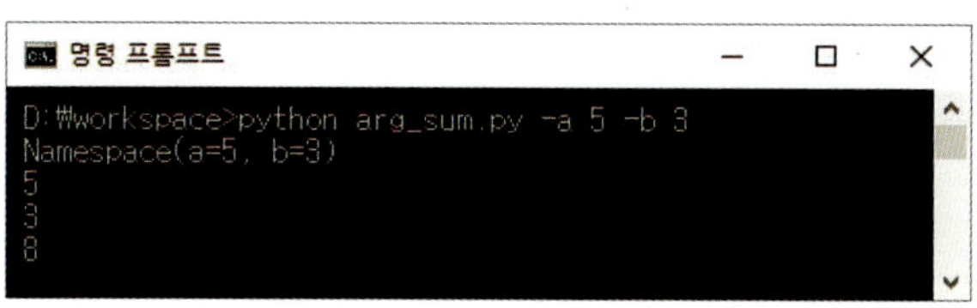

그림 13–5 cmd 창에 'python arg_sum.py –a 5 –b 3'을 입력한 결과

앞의 코드에서 보듯이 실행 시점에 지정한 인수들로 값을 지정하면 해당 값들이 계산되어 나온다. 만약 커맨드-라인 인수에 대한 정보를 모른다면 어떻게 할 수 있을까? cmd 창에 'python arg_sum.py −h'와 같이 −h 옵션을 사용하면 해당 값들의 자세한 사용법을 확인할 수 있다.

```
usage: arg_sum.py [-h][-a A][-b B]

Sum two integers.

optional arguments:
  -h, --help          show this help message and exit
  -a A, --a_value A   A integers
  -b B, --b_value B   B integers
```

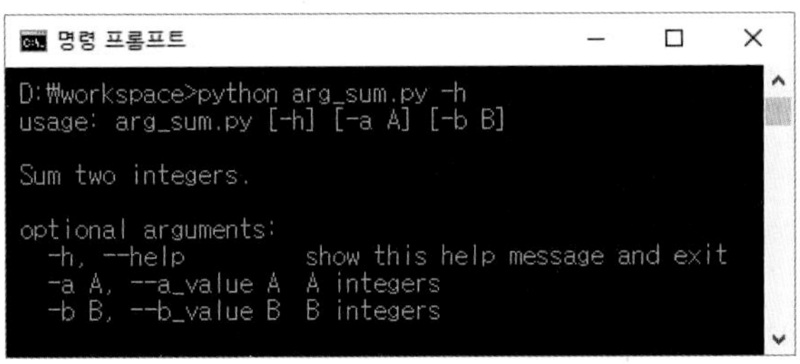

그림 13-6 cmd 창에 'python arg_sum.py −h'를 입력한 결과

04 Lab: 로깅 프로그램

1 logging formatter

이번 Lab에서는 앞에서 배운 여러 가지 기법으로 로깅 프로그램을 간단히 작성해보자. 이를 위해 먼저 배워야 하는 것 중 하나는 logging formatter 기능이다. formatter는 로그의 결과값을 일정 형식을 지정하여 출력하는 기능이다. [코드 13-10]을 보자.

코드 13-10 loggingformatter.py

```
1  import logging
2
3  logger = logging.getLogger('myapp')          # Logger 생성
4  hdlr = logging.FileHandler('myapp.log')      # FileHandler 생성
5
6  formatter = logging.Formatter('%(asctime)s %(levelname)s %(process)d
   %(message)s')      # Logging Formatter 생성: 시간, 로깅 레벨, 프로세스 ID, 메시지
7
8  hdlr.setFormatter(formatter)                 # FileHandler에 formatter 등록
9  logger.addHandler(hdlr)                      # Logger에 'FileHandler' 등록
10 logger.setLevel(logging.INFO)                # 로깅 레벨 설정
11
12 logger.error('ERROR occurred')               # 로깅 정보 출력
13 logger.info('HERE WE ARE')
14 logger.info('TEST finished')
```

[코드 13-10]은 이전의 로깅보다 좀 더 복잡해 보이지만 하나하나 살펴보면 formatter를 제외하고 새로운 것은 없다. 먼저 3행에서 Logger를 생성하고, 4행에서 출력을 결정하는 FileHandler를 생성한다. 6행에서 Formatter 객체를 생성하면서 메시지 출력 방식을 결정한다. [코드 13-10]에서는 시간asctime, 로깅 레벨levelname, 프로세스process ID, 메시지message 등이 출력되도록 설정하였고, 각 변수 뒤에 오는 s는 문자열, d는 정수형을 뜻한다. 8·9행에

서는 생성된 객체를 Logger 객체에 등록한다. 먼저 FileHandler 객체에 formatter 객체를 등록하고, 다음으로 logger 객체에서 FileHandler를 등록한다. 마지막으로 10행에서 로깅 레벨을 설정한다. 여기서 코드를 실행하면 FileHandler를 사용해 'myapp.log'라는 파일에 기록하였기 때문에 'myapp.log' 파일이 생성되고 다음 내용이 포함된다.

```
2018-11-05 15:26:51,801 ERROR 8112 ERROR occurred
2018-11-05 15:26:51,801 INFO 8112 HERE WE ARE
2018-11-05 15:26:51,801 INFO 8112 TEST finished
```

2 logging config file

다음으로 알아야 하는 기법 중 하나는 logging config file이다. logging config file은 파일에 로깅과 관련된 정보를 저장하여, 실제 사용할 때 파일을 생성하는 것만으로 로깅을 설정하는 방법이다. 긴 코드를 쓰지 않고 매우 간단하게 로깅을 설정할 수 있는 장점이 있다. 몇 가지 정해진 패턴은 기억해야 하지만 다음의 'logging.conf'를 보면 쉽게 이해할 수 있다.

```
[loggers]
keys=root

[handlers]
keys=consoleHandler

[formatters]
keys=simpleFormatter

[logger_root]
level=DEBUG
handlers=consoleHandler

[handler_consoleHandler]
class=StreamHandler
level==DEBUG
formatter=simpleFormatter
```

```
args=(sys.stdout,)

[formatter_simpleFormatter]
format=%(asctime)s - %(name)s - %(levelname)s - %(message)s
datefmt=
```

로깅 설정 파일의 구조는 하나의 section을 만들고 _를 사용해 그 section에서 사용하는 상세한 설정을 구축하는 방식이다. 위 코드를 보면 먼저 loggers, handlers, formatters라는 section이 있고, 해당 section에서는 section별로 기본값을 지정하였다. 그리고 해당 section의 상세 정보를 logger_root, handler_consoleHandler, formatter_simpleFormatter에 설정하였다. 코드를 보면 알겠지만 기존 section 이름에 simpleFormatter와 같은 키의 값을 _를 통해 연결하였다. 그리고 각 도구, 즉 logger, handler, formatter의 상세 정보는 해당 section에 넣었다. 사실 방식이 코드와 다르지는 않다. 하지만 코드를 만지는 것보다 설정 파일을 만지는 것이 사용자 입장에서 훨씬 부담이 덜하고 사용하기 쉽다는 장점이 있다. 실제 설정 파일을 사용하려면 다음과 같이 설정 파일을 호출하면 된다.

```
logging.config.fileConfig('logging.conf')
logger = logging.getLogger()
```

3 실습

[코드 13-11]에 있는 실제 로깅 예제 코드를 보자. 앞서 많은 내용을 다루었으므로 여기서는 새로운 내용이 없다. 단지 실제 사용할 때 적용할 수 있는 방법인데, 6행에서 'logging.conf' 파일을 불러와 logger를 생성하고 해당 logger로 정보를 기록하는 것이다. 이렇게 하면 새로운 파일을 열거나, 새로운 데이터가 기록되거나, 파일이 없거나, 프로그램이 종료될 때 등 상세한 정보를 출력하여 프로그램에 이상이 발생했을 때 쉽게 이해할 수 있도록 도와준다. 예외 등의 기법과 함께 사용하면 훨씬 깔끔한 코드를 만들 수 있다.

코드 13-11 loggingprogram.py

```python
import logging
import logging.config
import csv

# 모듈 호출
logging.config.fileConfig('logging.conf')          # Logger 생성
logger = logging.getLogger()

line_counter = 0
data_haeder = []
employee = []
customer_USA_only_list = []
customer = None

# 변수 선언 등 생략
logger.info('Open file {0}'.format("TEST",))
try:
    with open("customers.csv", "r") as customer_data:
        customer_reader = csv.reader(customer_data, delimiter=',', quotechar='"')
        for customer in customer_reader:
            if customer[10].upper()=="USA":  # customer 데이터의 offset 10번째 값
                logger.info('ID {0} added'.format(customer[0],))
                customer_USA_only_list.append(customer) # country 필드가 "USA" 인 것만
except FileNotFoundError as e:
    logger.error('File NOT found {0}'.format(e,))

logger.info('Write USA only data at {0}'.format("customers_USA_only.csv",))
with open("customers_USA_only.csv", "w") as customer_USA_only_csv:
    for customer in customer_USA_only_list:
        customer_USA_only_csv.write(",".join(customer).strip('\n')+"\n")

logger.info('Program finished')
```

```
2018-11-15 11:40:13,184 - root - INFO - Open file TEST
2018-11-15 11:40:13,184 - root - INFO - ID 112 added
2018-11-15 11:40:13,184 - root - INFO - ID 124 added
2018-11-15 11:40:13,184 - root - INFO - ID 129 added
2018-11-15 11:40:13,184 - root - INFO - ID 131 added
⋮ ← 생략
2018-11-15 11:40:13,186 - root - INFO - ID 487 added
2018-11-15 11:40:13,186 - root - INFO - ID 495 added
2018-11-15 11:40:13,186 - root - INFO - Write USA only data at customers_USA_
only.csv
2018-11-15 11:40:13,188 - root - INFO - Program finished
```

요약

01 CSVComma Separate Values는 콤마(,)를 기준으로 나누어진 값이다.

02 csv 파일은 어디서나 사용할 수 있도록 텍스트 데이터를 사용한다.

03 csv 파일을 다루기 위해 먼저 파이썬으로 csv 파일을 열고 원하는 내용을 사용해야 한다. 파이썬으로 csv 파일을 다루는 방법에는 크게 세 가지가 있으며, 파일 객체 사용하기, csv 객체 사용하기, PANDAS 객체 사용하기가 그것이다.

04 파일 객체를 사용하여 데이터를 다루는 방법은 일반적인 텍스트 파일을 처리하듯 파일을 읽어 온 후 한 줄씩 데이터를 처리하는 것이다.

05 파이썬에서는 기본적으로 파일 객체가 아닌 csv 객체를 이용하여 csv 파일 형태의 데이터를 다룰 수 있다.

06 이동이나 클릭 등 프로그램을 사용할 때 이루어지는 모든 기본적인 이벤트event를 저장하는 것을 '로그log 정보를 저장한다'라고 한다.

07 프로그램이 실행되는 동안 일어나는 정보를 기록으로 남기는 일을 '로깅logging'이라고 한다.

08 로그를 기록하는 가장 일반적인 방법은 파일을 생성하여 로그 정보를 남기는 것이다. 처음 프로그램을 실행할 때 로그 파일 하나를 생성하고, 그 후에 발생하는 이벤트를 로그 파일에 저장하는 방식이다.

09 파이썬의 기본 로그 관리 모듈은 logging 모듈이다.

10 파이썬 로깅을 실행할 때 로깅 레벨logging level을 지정할 수 있다. 이 로깅 레벨은 DEBUG, INFO, WARNING, ERROR, CRITICAL 등 총 5단계로 나눈다.

11 어떤 프로그램을 사용할 때 기본 설정을 저장하고, 프로그램을 사용할 때마다 설정된 형태로 프로그램이 실행된다. 따라서 파이썬에서도 미리 저장해 놓아야 하는 설정이 있다.

12 configparser와 argparse는 설정 저장을 파이썬에서 수행할 수 있도록 지원하는 모듈이다. configparser는 설정 자체를 저장하는 것으로, 실행 시점에 설정이 저장된 파일을 읽어와 적용하는 기능을 한다. argparse는 configparser와 달리 실행 시점에 설정 변수들을 직접 지정한다.

13 configparser 모듈은 프로그램의 실행 설정값을 어떤 특정 파일에 저장하여 사용하는 방식이다. 딕셔너리와 비슷하게 설정 파일 안에 키와 값을 넣고 이를 호출하여 사용한다.

14 argparse 모듈은 configparser 모듈과 달리 저장된 파일을 사용하는 것이 아니라 프로그램을 콘솔 창에서 실행할 때 세팅을 설정하는 방식이다. 거의 모든 콘솔 프로그램은 실행 시점에서 설정할 수 있는 기능을 제공한다.

연습문제

01 다음 코드에서 빈 칸에 들어갈 수 없는 확장자를 고르시오.

```
f = open('file [          ]', mode='r')
f.read()
f.close()
```

① .txt　　② .py　　③ .csv
④ .pickle　　⑤ .html

02 다음은 csv 객체를 이용하여 csv 파일을 tsv 파일로 변환하는 코드이다. 빈 칸에 들어갈 코드를 차례대로 쓴 것 중 올바른 것을 고르시오.

```
import csv

# my_first.csv 파일은 이미 작업 디렉터리에 있다고 가정
# tsv로 변환되는 파일명은 transfer.tsv

read_file = open('./my_first.csv', 'r')
reader = csv.reader(read_file, delimiter= [   (가)   ])

with open("transfer.tsv", [   (나)   ]) as writer_file:
    writer = csv.writer(writer_file, delimiter= [   (다)   ])
    for row in reader:
        writer.write(row)
```

① (가) ","　(나) "w"　(다) "\t"
② (가) "\t"　(나) "wb"　(다) "\t"
③ (가) "\t"　(나) "w"　(다) "\t"
④ (가) ","　(나) "wb"　(다) "\t"
⑤ (가) ","　(나) "r"　(다) ","

03 **다음 중 csv에 대한 설명으로 옳지 않은 것은?**

① Comma Separate Value의 줄임말이다.

② 텍스트 파일의 일종으로 각 필드를 쉼표로 구분한다.

③ csv는 탭이나 빈칸으로 데이터를 구분할 수는 없다.

④ 엑셀과 같이 데이터를 테이블 형태로 표시할 때 쓰는 방식이다.

⑤ csv 파일은 기본적으로 텍스트 파일 형태이다.

04 **아래는 csv 객체를 활용하여 csv 파일을 처리하는 코드이다. 각 인수의 사용 용도에 알맞지 않은 것을 고르시오.**

```
import csv

reader = csv.reader(f=f, delimiter=',',
                    lineteminator='\r\n',
                    quotechar='"',
                    quoting=csv.QUOTE_ALL)
```

① f는 파일 이름 또는 파일 객체에 해당된다.

② delimiter는 필드를 나눌 때 쓰는 기준이 되는 글자를 의미한다.

③ lineterminator는 공백을 제거하는 기준 문자를 의미한다.

④ quotechar는 문자열을 둘러싸는 표시 문자를 의미한다.

⑤ quoting은 데이터 나누는 기준을 quotechar에 의해 둘러싸인 레벨을 지정한다.

05 **csv 객체를 사용하여 csv 파일을 처리하려고 한다. 필요에 따라 ',' 나 '\t' 등이 포함된 문자가 있을 수 있다. 이때 이러한 글자를 포함해서 하나의 필드로 묶기 위해 사용하는 인수의 이름은 무엇인가?**

① QUOTE_ALL ② QUOTE_NONE ③ delimiter

④ quotechar ⑤ quoting

06 **로깅 시스템의 구성 요소 중 formatters의 역할을 고르시오.**

① 출력되는 Log recode의 출력 형태를 지정한다.

② 로깅 시스템이 작동하는 상황을 정의한다.

③ 로깅 시스템이 작동할 때 나오는 오류 메시지의 종류를 결정한다.

④ 로깅 시스템의 exception을 지정해준다.

⑤ 로깅 시스템의 에러 형태를 지정한다.

07 **파이썬의 기본 로그 기록을 남기는 레벨을 고르시오.**

① DEBUG　② INFO　③ WARNING

④ ERROR　⑤ CRITICAL

08 **다음과 같이 CSV 객체를 사용하여 csv 파일을 호출할 때 delimiter의 인수는 무엇을 의미하는가?**

```
import csv

reader = csv.reader("파일이름",
                    delimiter = ",", quotechar = '"',
                    quoting = csv.QUOTE_ALL)
```

① csv 파일 안에서 무시해야 할 글자

② csv 파일 안에서 묶어야 하는 데이터를 표시하는 기호

③ csv 파일 안에서 삭제해야 할 글자

④ csv 파일 안에서 데이터를 구분하는 구분 글자

⑤ csv 파일 안에서 복사후 처리해야 하는 글자

CHAPTER 14

웹 스크래핑

학습목표

- 웹 컴포넌트와 웹의 동작 순서를 이해하고, 웹 스크래핑에 대해 학습한다.
- HTML 데이터를 다루는 방법을 이해한다.
- 정규 표현식의 개념과 문법에 대해 알아보면서 정규표현식을 실습한다.

PREVIEW

이번 장에서는 우리가 실생활에서 가장 많이 접하는 정보 공간인 인터넷, 즉 웹에 존재하는 데이터를 수집하여 사용하는 방법을 배운다. 먼저 웹을 표현하는 가장 기본 언어인 HTML에 대해 알아보자. HTML은 웹에서 볼 수 있는 가장 대표적인 정보의 표현 방법으로, 거의 모든 정보는 HTML을 분석하여 얻을 수 있다. 다음으로 HTML을 분석하기 위한 정규 표현식(regular expression)에 대해 알아본다. 정규 표현식은 텍스트 데이터 분석의 대표적인 방법으로, HTML 외에도 다양한 유형의 텍스트에서 특정 정보를 추출하는 데 사용한다. 지금까지 배운 내용 중 이번 장의 내용이 가장 실용적이므로 꼭 이해하고 넘어가도록 한다.

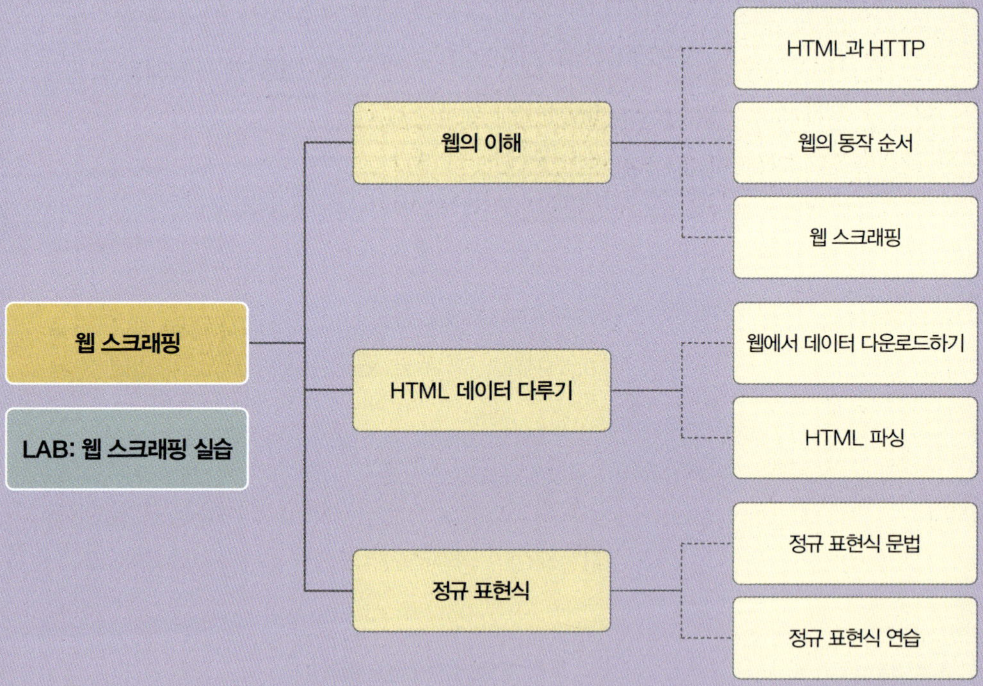

01 웹의 이해

1 웹의 개념

월드와이드웹World Wide Web은 인터넷에 연결된 컴퓨터를 이용하여 사람들과 정보를 공유할 수 있도록 거미줄처럼 엮인 공간이다. 흔히 웹 사이트에서 주소를 입력할 때 맨 앞에 입력하는 www가 월드와이드웹의 약자이며, 이를 줄여 웹web이라고 한다.

웹은 1989년 물리학자인 팀 버너스 리Timothy Berners Lee가 개발하였다. 웹을 개발한 원래 목적은 물리학자들이 간편하게 여러 가지 정보를 교환하기 위해서였다. 지금은 스마트폰이나 페이스북 같은 SNS가 있지만, 당시만 해도 이렇게 정보를 교환할 방법이 전화 외에는 거의 없었다. 당시 웹의 출현은 이메일과 함께 조직에서 정보를 교환하기 위한 가장 혁신적인 방법으로 인식되었다.

2 웹 컴포넌트: HTML과 HTTP

웹은 다양한 컴포넌트로 이루어져 있는데, 이 중 특히 중요한 컴포넌트는 HTML과 HTTP이다. 사실 이 두 요소를 배우는 데에도 오랜 시간이 걸리지만 이 책에서는 간단히 소개만 하겠다.

2.1 HTML

HTMLHyper Text Markup Language은 웹상의 정보를 구조적으로 표현하기 위한 언어이다. 웹에서는 일종의 신문처럼 여러 정보를 구조적으로 표현한다. 예를 들어 제목, 단락, 다른 신문 기사와 연결된 링크 등이 그것이다. 이러한 구조 정보를 태그tag라는 개념을 사용하여 표현한 것이 바로 HTML이다. 간단히 말해 [그림 14-1]과 같이 신문기사를 HTML 문서로 표현할 수 있다.

```
<h1>손하트 날리는 BTS 지민</h1>

<image src=http://img.yonhapnews.
co.kr/photo/yna/YH/2018/10/07//
PYH20181007069200072OO_P4.jpg>

<p>(뉴욕=연합뉴스) 이준서 특파원 = 세계적 케이
팝 그룹 방탄소년단(BTS)이 6일 밤(현지시간) 미
국 뉴욕의 시티필드에서 '러브 유어셀프'(Love
Yourself) 북미투어의 대미를 장식하는 피날레
공연을 하고 있다. 2018.10.7 [빅히트 엔터테인
먼트 제공]</p>
```

그림 14-1 HTML의 예

[그림 14-1]에서 보듯이 태그는 꺾쇠 괄호(〈 〉)로 둘러싸여 있고, 그 안에 정보에 대한 의미를 적는다. 그리고 그 의미가 끝나는 부분에 슬래시(/)를 사용하여 해당 태그를 종료한다. 이는 다음과 같이 표현할 수 있다.

```
<title> Hello, World </title>                # 제목 요소, 값은 Hello, World
```

HTML도 하나의 언어이므로 좀 더 깊게 배워야 한다. 다만 이 책에서는 이처럼 간단히 표현된다는 것만 알고 있어도 HTML을 분석하여 필요한 정보를 추출할 수 있다.

2.2 HTTP

HTTP Hypertext Transaction Protocol는 인터넷에서 컴퓨터 간에 정보를 주고받을 때 사용하는 일종의 약속을 말하며, 일반적으로 컴퓨터 과학에서는 이러한 약속을 프로토콜protocol이라고 한다. 일종의 텍스트 데이터 교환을 뜻하는데, 컴퓨터 간에 정보를 주고받을 때 어떤 컴퓨터가 접속하는지, 그 컴퓨터가 어떤 운영체제를 사용하는지, 언제 접속했는지, 문서의 제목이 무엇인지 등을 주고받을 때 필요한 다양한 정보를 사전에 정의하는 것이 HTTP이다. 최근에는 보안 문제 때문에 HTTP가 아닌 HTTPS Hypertext Transfer Protocol Secure를 주로 사용한다. 이 외에도 FTP, SSH 등이 있다.

3 웹의 동작 순서

그렇다면 웹이 HTML과 HTTP를 사용하여 어떻게 컴퓨터에서 보여지는 것일까? 이를 이해하기 위해서는 웹이 어떻게 동작하는지에 대해 이해해야 한다. 우리가 웹에 있는 정보를 보기 위해서 먼저 해야 하는 일은 웹 브라우저web browser를 시작하고, 그곳에 주소 정보를 입력하는 것이다. 주소 정보의 공식 이름은 URLUniform Resource Locator이라고 하며, URL은 [그림 14-2]와 같이 다양한 요소로 구성되어 있다.

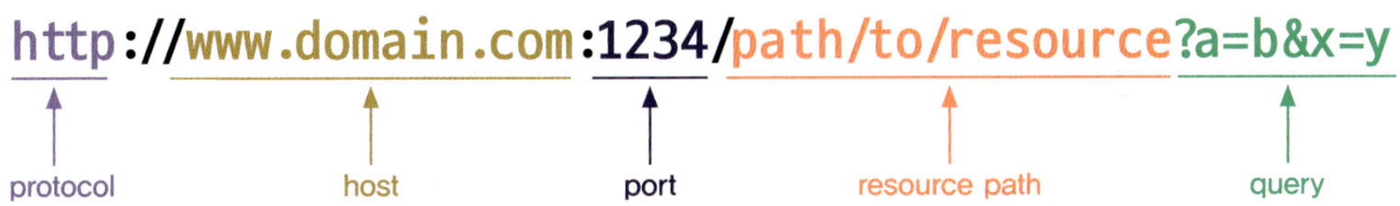

그림 14-2 URL의 구조

URL에는 해당 서버가 위치한 인터넷 주소 정보인 도메인 네임domain name이 있다. 흔히 도메인 정보 또는 서버 주소라고도 하는 이 주소를 통해 웹의 정보를 제공하는 서버에 접속한다. 단순히 서버에 접속한다고 하지만, 사실 이 또한 여러 단계의 프로세스를 거친다. 컴퓨터는 우리가 아는 도메인 주소를 직접적으로 알지 못한다. 일반적으로 컴퓨터는 인터넷 프로토콜 주소Internet Protocol address, 즉 IP 주소IP address라고 부르는 주소값을 갖고 있다. 예를 들어 '203.252.143.23'처럼 4개의 공간에 0~255 사이의 숫자가 붙어있는 형식이다. 이를 IPv4라고 한다. 최근에는 인터넷에 접속할 수 있는 기기가 기하급수적으로 늘어나면서 4개의 공간만으로는 인터넷 주소의 수요를 맞출 수 없어 IPv6라는 인터넷 주소 체계를 사용하기 시작하였다. 이 IP 주소를 컴퓨터 주소로 생각하고 이 주소에 접속하기 위해 사용하는 도메인 네임과 연결하기 위한 도메인 네임 서버Domain Name Server, DNS가 운영된다. 즉, 우리가 웹 브라우저에 접속하여 URL 주소를 입력하면 그 URL 주소에 포함된 도메인 네임을 찾게 되고, 도메인 네임 서버DNS를 통해 도메인 네임의 IP 주소를 알아낸다. 이후 해당 IP 주소를 가진 서버에 접속하여 필요한 정보를 요청하게 된다.

그렇다면 요청한다는 것은 무엇을 뜻할까? 간단히 말해 내가 가진 주소에 있는 정보를 내 컴퓨터로 다운로드하게 해달라는 것이다. 여기서 정보는 HTML이나 CSS, 자바스크립트와 같이 웹 페이지를 꾸미는 기능을 하는 코드까지 다운로드하게 된다. 또한, 동영상이나 그림 같은 리소스도 다운로드한다. 이렇게 다운로드한 정보를 내 컴퓨터에서 시각적으로 표현하기 위해 웹 브라우저는 그 정보를 해석하고 렌더링한다. 렌더링rendering은 어떤 정보나 코드를 사용하여 어떤 약속에 따라 이를 시각적으로 표현하는 과정이다. 예를 들어, 우리가 스마트폰으로 영상을 찍으면 디지털 파일로 저장되는데, 이를 mp3와 같은 다른 형태로 변경할 때 렌더링을 다시 한다고 말한다. 사실 매우 짧은 순간에 일어나는 일이므로 우리는 느끼지 못할 수도 있지만, 컴퓨터를 사용할 때 늘 경험하는 일이다. 웹 브라우저에서 F12 를 누르면 다운로드하는 정보와 렌더링하여 표현되는 정보를 쉽게 찾아볼 수 있다. [그림 14-3]은 이러한 표현의 간략한 과정이다.

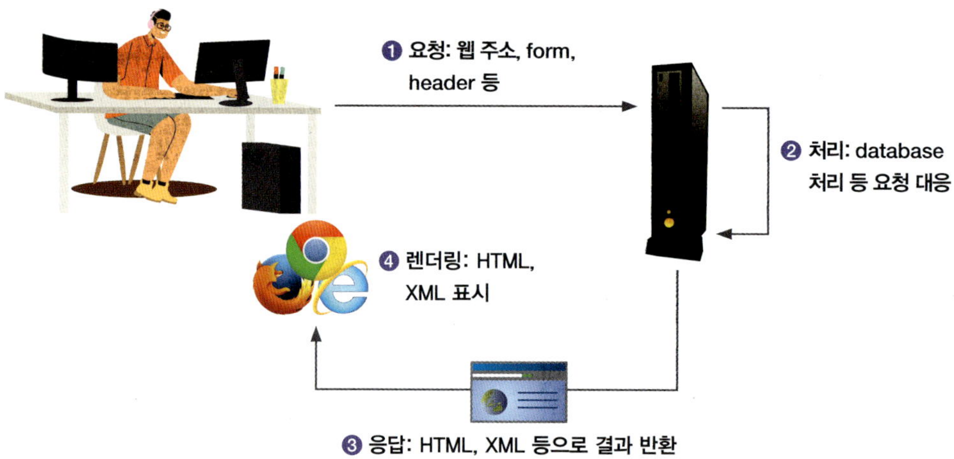

그림 14-3 웹의 동작 순서

4 웹 스크래핑

컴퓨터로 하고 싶은 일이 있다고 하자. 예를 들어, 주식 정보를 바탕으로 주식 투자를 자동화한다거나 날씨 정보를 받아와 알려준다거나 하는 것이다. 이러한 업무를 처리하기 위해서는 기본 데이터를 수집해야 하는데, 이러한 데이터는 모두 웹에 있다.

데이터를 가져오기 위해서는 어떤 작업을 해야 할까? 모든 웹은 HTML로 구성되어 있으므로, HTML 규칙을 파악한다면 얼마든지 HTML에서 필요한 정보를 가져올 수 있다. 이러한 과정을 일반적으로 웹 스크래핑 web scrapping 이라고 한다.

TIP 우리나라에서는 웹 크롤링(web crawling)이라는 표현을 더 많이 사용한다. 크롤링(crawling)은 웹에서 문서를 긁어 가져오는 과정을 말하고, 스크래핑(scrapping)은 가져온 문서에서 필요한 정보를 추출하는 과정을 말한다. 엄밀히 말해 차이가 있지만 국내에서는 비슷한 의미로 사용하고 있으니 참고하기 바란다.

여기서 잠깐! 엑셀에서 웹 정보 가져오기

꼭 파이썬을 사용하지 않더라도 엑셀에서도 간단하게 웹 정보를 가져올 수 있다. 먼저 엑셀을 실행하여 [데이터] – [웹] 메뉴를 선택한다. 대화상자가 열리면 추출하고 싶은 데이터가 있는 웹 주소를 입력한다. 추출하고자 하는 테이블을 선택하면 데이터가 나타나고 엑셀 워크시트로 불러올 수 있다.

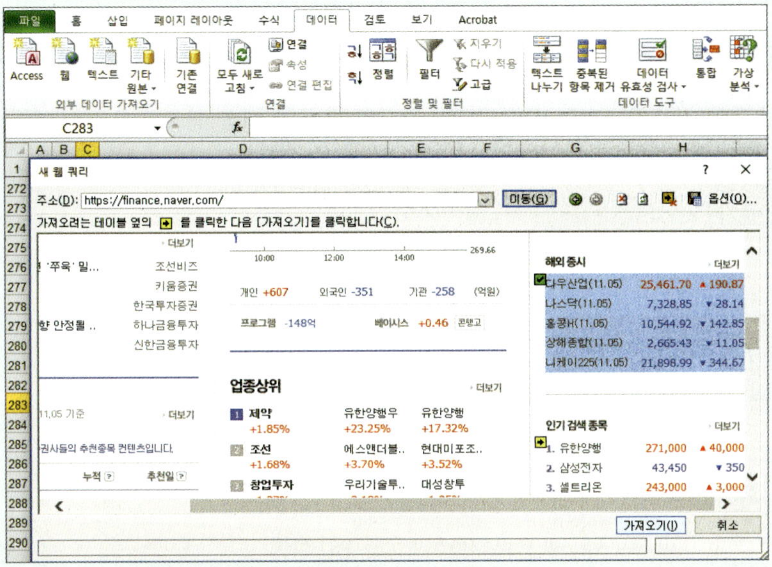

그림 14-4 엑셀을 사용해 웹 데이터 추출하기

02 HTML 데이터 다루기

1 웹에서 데이터 다운로드하기

파이썬으로 HTML을 처리하여 할 수 있는 업무는 다양하다. 파이썬을 이용하면 웹의 많은 데이터를 활용할 수 있기 때문이다. 가장 간단한 작업으로 [코드 14-1]과 같이 웹에서 데이터를 다운로드할 수 있다.

코드 14-1 html.py

```
1 import urllib.request      # urllib 모듈 호출
2 url ="http://storage.googleapis.com/patents/grant_full_text/2014/ipg140107.zip"
                                         # 다운로드 URL 주소
3
4 print("Start Download")
5 fname, header = urllib.request.urlretrieve(url, 'ipg140107.zip') # urlretrieve()
  함수 호출(URL 주소, 다운로드할 파일명), 결과값으로 다운로드한 파일명과 header 정보를 언패킹
6
7 print("End Download")
```

```
Start Download
End Download
```

1행에서는 파이썬의 웹 페이지 연결 모듈인 urllib 모듈을 호출한다. 2행에서 파일이 있는 다운로드 URL 주소를 지정하고, 5행에서 urlretrieve( ) 함수와 URL 주소, 파일명을 입력하여 특정 파일을 가져온다.

이러한 예제는 언제 사용할 수 있을까? 특정 그림이나 강의자료 같은 데이터를 자동으로 다운로드할 때 매우 유용하다. 예를 들어, 구글 검색을 통해 특정 인물의 사진만 다운로드하기 위해 프로그램을 작성하여 실행시킬 수 있다.

2 HTML 파싱

다운로드할 URL을 추출하는 방법에 대해 알아보자. 이를 위해서는 웹 페이지의 HTML을 분석하여 필요한 URL을 추출하는 HTML 파싱 작업이 필요하다. 파싱parsing은 특정 텍스트를 분석하여 그 데이터로부터 필요한 정보를 추출하는 과정이다.

웹 사이트 대부분은 사람이 직접 HTML을 작성하지 않는다. HTML은 대부분 사람이 아닌 프로그램에 의해 생성되며, 이를 우리가 웹 브라우저를 통해 접근하고 볼 수 있도록 지원한다. 사용자가 변수에 값을 넣으면 파이썬 프로그램의 결과가 변수의 값에 따라 달라지는 것처럼, 다음 웹 페이지의 주소에서 code 부분의 값이 변하면 출력되는 웹 페이지도 달라진다.

```
https://finance.naver.com/item/main.nhn?code=005930
```

위 주소는 삼성전자의 주식 정보를 보여주는 웹 페이지 주소로, [그림 14-5]와 같은 구조로 이루어져 있다. 여기서 code 부분의 값을 005930에서 005935로 바꾸면 다른 정보가 나타난다. 즉, 웹 주소의 앞부분에는 그 웹 페이지의 서버 정보가, 뒷부분에는 웹 페이지를 나타내는 프로그램 코드가 있다. 웹 페이지의 뒷부분에 있는 물음표(?) 다음에는 해당 프로그램이 사용해야 하는 변수가 적혀 있다. 대부분의 웹 페이지는 이와 같이 어떤 변수값을 입력하면 그 값에 맞춰 다른 정보를 동적으로 표시한다.

그림 14-5 URL 정보의 구조

만약 다양한 주식 정보를 다운로드하고 싶다면, 웹 페이지 주소를 계속 바꿔주는 반복문을 만든 후 urllib 모듈을 통해 다운로드하면 여러 회사의 정보를 모을 수 있다.

그러면 웹 페이지 내에서 필요한 정보만 추출하는 방법은 무엇일까? 예를 들어 [그림 14-6]과 같은 테이블에서 필요한 주식 정보만 가져오려면 어떻게 할까?

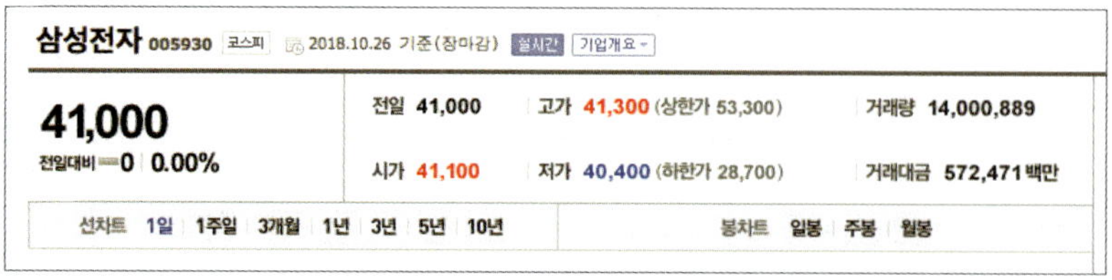

그림 14-6 주식 정보 테이블

여러 가지 방법이 있지만 가장 좋은 방법은 테이블을 구성하는 HTML 페이지를 찾아 그 정보를 가져오는 것이다. 먼저 해당 웹 페이지를 열고 마우스 오른쪽 버튼을 클릭한 후, [페이지 소스 보기]를 클릭한다. [그림 14-7]과 같이 웹 페이지의 정보가 있는 HTML 코드가 나타난다. 이 코드를 분석하여 원하는 정보만 따로 추출할 수 있는데, 이를 위해 해당 정보를 나타내는 코드의 패턴을 찾아 HTML 생성 규칙을 파악하고, 이를 추출하는 프로그램을 만들어야 한다. [그림 14-7]의 코드를 보면 [그림 14-6]의 테이블 정보가 크게는 〈dl〉~〈/dl〉 클래스 사이에 있고, 각각의 개별 정보는 〈dd〉~〈/dd〉 태그 사이에 있는 것을 알 수 있다. 이 두 가지 정보만 안다면 이 패턴으로부터 원하는 주식 데이터를 쉽게 추출할 수 있다.

```
<dl class="blind">
    <dt>종목 시세 정보</dt>
    <dd>2018년 10월 26일 16시 10분 기준 장마감</dd>
    <dd>종목명 삼성전자</dd>
    <dd>종목코드 005930 코스피</dd>
    <dd>현재가 41,000 전일대비 보합 0  0.00 퍼센트</dd>
    <dd>전일가 41,000</dd>
    <dd>시가 41,100</dd>
    <dd>고가 41,300</dd>
    <dd>상한가 53,300</dd>
    <dd>저가 40,400</dd>
    <dd>하한가 28,700</dd>
    <dd>거래량 14,000,889</dd>
    <dd>거래대금 572,471백만</dd>
</dl>
```

- <dl class="blind"> ~ </dl> 사이에 데이터 존재
- 각 데이터는 <dd> ~ </dd>로 나타나며, 데이터 생성 순서는 '일시, 종목명 ~ 거래대금' 순

그림 14-7 주식 정보 HTML 구조

TIP 정보를 추출하기 위해 어떤 기법을 사용할 수 있을까? 물론 문자열 데이터를 처리하는 파서(parser)를 직접 만들 수도 있지만, 일반적으로 정규 표현식이라고 하는 문자열 생성 공식을 사용하거나 파이썬에서 제공하는 HTML parsing 모듈을 사용하는 방법이 있다. 두 가지 방법 모두 장단점이 있으며, 필요에 따라 선택하여 데이터를 불러오면 된다. 다음 절에서 정규 표현식을 활용하여 HTML 안에 있는 데이터를 추출하는 방법에 대해 설명하겠다.

03 정규 표현식

1 정규 표현식의 개념

정규 표현식regular expression은 일종의 문자를 표현하는 공식으로, 특정 규칙이 있는 문자열 집합을 추출할 때 자주 사용하는 기법이다.

TIP 정규 표현식은 영어 단어를 줄여 regex라고도 한다.

[표 14-1]을 보면 일반 문자와 정규 표현식이 어떻게 연결되는지 알 수 있다. 숫자의 연속에 대해 '\d' 기호로 표시하는데, 여기서 'd'는 'digit'의 줄임말로 십진수를 표현한다.

표 14-1 일반 문자와 정규 표현식의 연결

일반 문자	정규 표현식
010-0000-0000	^\d{3}-\d{4}-\d{4}$
203.252.101.40	^\d{1,3}.\d{1,3}.\d{1,3}.\d{1,3}$

어떤 공식에 의해 추출할 수 있는 문자열은 다양하다. 예를 들어 주민등록번호, 전화번호, 도서 ISBN 등은 모두 형식이 지정된 문자열이다. 앞으로 다룰 HTML도 태그를 사용한 일정한 형식이 있으므로 정규 표현식으로 추출하기 쉽다.

TIP 개인적으로 정규 표현식이 꼭 필요하다거나 이를 깊게 공부해야 한다고 생각하지는 않는다. 매우 복잡하기 때문에 다른 사람이 내가 만든 코드를 이해하기 어렵다는 단점이 있다. str에서도 매우 편한 문자열 처리 기법을 제공하므로 굳이 사용하지 않아도 된다. 하지만 여러 프로그램에서 정규 표현식을 사용하고, 매우 광범위하게 사용되므로 개념과 읽는 방법 자체에 대해서는 알아둘 필요가 있다고 생각한다.

여기서 잠깐! 정규 표현식 스스로 연습하기

정규 표현식은 문법 자체가 매우 방대하므로 이 책에서 전부 다룰 수는 없다. 학습자가 스스로 찾아 공부하는 것이 매우 중요하며, 필요한 것이 있을 때마다 인터넷을 검색하며 확인하는 노력이 필요하다.

정규 표현식을 연습하기 위한 다양한 방법이 있는데, 가장 좋은 방법 중 하나는 웹에서 제공하는 정규 표현식 연습장을 사용하는 것이다. 정규 표현식 연습장 웹 사이트(http://www.regexr.com)에 접속하면 아래쪽에는 텍스트가, 위쪽에는 정규 표현식을 입력할 수 있는 구조로 설계되어 있다. 여기에 파싱할 텍스트와 정규 표현식을 입력해 테스트해보도록 한다.

2 정규 표현식 문법

정규 표현식을 배우기 위해 기본적으로 알아야 하는 개념은 메타문자meta-characters이다. 일반적으로 '메타'라는 글자가 붙으면 '어떤 내용을 설명하기 위한 어떤 것'이라는 뜻이다. 메타문자는 문자를 설명하기 위한 문자로, 문자의 구성을 설명하기 위해 원래의 의미가 아니라 다른 의미로 쓰이는 문자를 뜻한다. 메타문자는 다음과 같은 기호로 표시한다.

```
. ^ $ * + ? {} [] \ | ()
```

2.1 기본 메타문자 [ ]

메타문자는 사실 너무 많다. 여기서는 대표적인 것 위주로 의미를 파악해보자. 먼저 대괄호 [ ]는 [와] 사이의 문자와 매칭하라는 뜻이다. 예를 들어, [abc]는 어떤 텍스트에 a 또는 b 또는 c라는 텍스트가 있는지 찾으라는 뜻이다. 만약 텍스트에서 a라는 텍스트가 포함된 곳을 찾고 싶다면 [a]라고 정규 표현식을 적으면 된다.

그리고 [ ]에는 or의 의미가 있다. 예를 들어, 비틀스의 노래 가사 중 'yesterday' 또는 'Yesterday'라는 단어를 한 번에 찾으려면 어떻게 해야 할까? 바로 [Yy]esterday라고 입력하면 정규 표현식을 이용해 한 번에 검색할 수 있다. [ ] 사이에 들어간 글자들 사이에 or 관계를 맺으면서 글자를 찾아준다고 생각하면 된다.

만약 [abc]라는 정규 표현식을 쓴다면 다음과 같은 텍스트에서 어떤 것이 검색될까? 여기서는 'a'의 a, 'before'의 b와 같은 방식으로 검색될 것이다.

```
a, before, deep, dud, sunset
```

알파벳 전체나 한글 전체 텍스트를 찾고 싶다면 어떻게 하면 될까? 바로 -를 사용한다.

[A-Za-z]나 [가-힝]과 같은 기호로 문자열에서 알파벳과 한글을 추출할 수 있다. 숫자 전체를 추출한다면 [0-9]로 쓸 수 있다.

2.2 반복 관련 메타문자 -, +, *, ?, { }

앞에서 배운 [ ]는 매우 유용하지만 한 번에 여러 개의 글자를 표현할 수 없다. 예를 들어, 휴대전화번호를 찾고 싶다면 다음과 같은 정규 표현식을 작성해야 한다.

```
[0-9][0-9][0-9]-[0-9][0-9][0-9][0-9]-[0-9][0-9][0-9]
```

하지만 이렇게 하면 몇 가지 문제점이 있다. 먼저 입력해야 할 글자가 너무 많다. 간단한 휴대전화번호도 이렇게 적어야 한다면 정규 표현식을 사용하기가 쉽지 않다. 따라서 이럴 때 사용할 수 있는 메타문자가 +이다. +는 해당 글자가 1개 이상 출현하는 것을 뜻한다. 예를 들어, 다음과 같이 사용할 수 있다.

```
[0-9]+-[0-9]+-[0-9]+
```

많이 짧아졌다. +는 메타문자인데, -는 [ ] 밖에서는 메타문자가 아니다 보니 이상하게 보일 수도 있다. 하지만 여전히 문제점이 있다. 우리나라 휴대전화번호 자릿수는 첫 번째는 3개, 다음에는 3개 또는 4개, 마지막으로 4개다. 지금이야 3자리-4자리-4자리로 통일되어 있지만, 통일되기 전의 전화번호를 쓰는 사람들도 있다. 따라서 출현 횟수를 조정해야 한다. 이럴 때 사용할 수 있는 메타문자가 중괄호 { }이다. { }는 출현 횟수를 지정할 수 있다. 예를 들어, [a-zA-Z]{3,4}이면 알파벳이 3자에서 4자까지 나타날 수 있다는 뜻이다. 반복 횟수는 {1,}, {0,}, {1,3}처럼 시작값이나 끝값은 지정하지 않을 수 있다. 만약 {1,}라고 쓴다면 한 번 이상 출현해야 한다는 제약이 있다. 이제 숫자를 변형해보자.

```
[0-9]{3}-[0-9]{3,4}-[0-9]{4}
```

좀 더 간단해지면서도 정확해졌다. 그런데 여기서 한 가지 문제점이 생겼다. 휴대전화번호는 반드시 '01X' 로 시작한다. 첫 세 자리가 지금은 010으로 통일되었지만 예전에는 018, 019, 011 등 다양한 숫자가 쓰였다. 이것은 어떻게 표현할 수 있을까? 이 경우에는 01[01689]라고 쓰면 된다. 좀 더 명확하게 이것이 한 번만 반복한다는 표시를 하기 위해서는 01[01689]?로 쓸 수 있다. ?는 반드시 한 번만 반복한다는 뜻이다. 한 번의 반복만 지정할 때 유용하다.

이외에도 반복과 관련된 메타문자는 몇 가지 더 있다. 대표적인 것이 *이다. *는 +와 달리 해당 글자가 0번부터 무한대까지 반복할 수 있다. { }를 사용하여 표현한다면 +는 {1,}이고 *는 {0,}를 뜻한다. 예를 들어, tomor*ow라고 표현하면 이 정규 표현식에 해당하는 글자는 무엇일까?

```
tomorrow
tomoow
tomorrrrow
```

모두 정답이다. 두 번째 경우가 헷갈렸을 텐데 *는 없어도 된다는 뜻이 있으므로, r이 없고 tomo와 ow만 있으면 된다. 잘 사용하지 않는 기법이지만 알아두기 바란다.

2.3 그외 메타문자 ( ), ., |, ^, $, \

이외에도 다양한 메타문자가 있다. 먼저 ( )는 묶음을 표시하는 것으로, 좀 더 쉽게 메타문자의 묶음을 나타내는 역할을 한다. 사실 ( )는 사용하지 않아도 되지만, 나중에 묶음으로 데이터를 받아 처리할 일이 있을 때 영역을 설정할 수 있다. 추출보다 파이썬으로 핸들링할 때 좀 더 쉽게 사용할 수 있다.

다음으로 .이다. [.]와 (.)의 뜻이 다른데, [.]는 일반적인 마침표를 뜻하고 (.)는 줄 바꿈 기호를 제외한 전체 문자를 뜻한다. 만약 다음과 같은 자막 데이터에서 시간 정보를 없애고 싶다면 어떻게 해야 할까?

```
00:00:09.785 --> 00:00:11.474
안녕하세요. 최성철입니다.

00:00:11.474 --> 00:00:16.215
이번 주차에는 좀 다양한 내용을 다루는데, 이번 주에는 로그를 관리하는
```

여러 가지 방법이 있지만, 이 정보가 숫자로 시작해 여러 문자가 있고 숫자로 끝나기 때문에 [0-9].+[0-9]로 표현한다면 쉽게 문자열 매칭이 가능할 것이다. .은 패턴이 일정하지 않지만 시작과 끝을 명확히 알고 있을 때 매우 유용하다. 특히 줄 바꿈이 없는 경우에는 가장 좋은 해결책이다.

|나 ^은 or, 또는 not의 의미로 많이 사용한다. 예를 들어 (0|1){3}이라고 표현하면 0 또는 1이 3번 나온다는 뜻이다. 사실 [01]{3}과 같은 뜻이어서 그다지 사용되지 않는다. ^은 정규 표현식 중간에 쓰이면 not의 의미이다. 앞의 자막 예제를 [0-9]{2}[^:][0-9]로 표현하면, 결과는 숫자들이 있고 중간 콜론(:)이 없으며 다음에 숫자가 연속으로 나오는 것만 출력한다. 즉, 중간에 .이 들어간 11.4 문자 등만 출력된다.

정규 표현식의 처음과 끝에는 ^과 $를 주로 붙인다. 이는 정규 표현식에서 시작과 끝을 표현하는 메타문자로, 꼭 붙이지 않아도 상관없지만 많은 코드에서 붙어있는 것을 볼 수 있다.

여기서 잠깐! 메타문자를 찾고 싶을 때

메타문자를 찾고 싶다면 어떻게 해야 할까? 예를 들어 [를 찾고 싶거나 {를 찾고 싶을 때가 있다. 이 경우에는 \ 문자를 사용한다. 파이썬과 마찬가지이다. \는 특수 기호로 매우 많은 의미를 가지고 있다. 줄 바꿈 기호의 경우에도 윈도의 cp949 계열 인코딩에서는 \n을 쓸 수 있고, 맥의 utf8에서는 \r\n을 쓸 수 있다. 만약 문서 전체를 지정하고 싶다면 (.)+(\r\n)+로 모든 문서를 선택할 수 있다.

3 정규 표현식 연습

정규 표현식을 연습해보자. 먼저 구글에서 제공하는 미국 특허청USPTO의 데이터 세트 홈페이지에 접속한다. 주소는 다음과 같다.

```
https://www.google.com/googlebooks/uspto-patents-grants-text.html
```

매우 많은 글자가 있지만 필요한 것은 HTML로 된 웹 페이지를 확보하는 것이다. 이 웹 페이지를 나타내고 마우스 오른쪽 버튼을 클릭하여 [페이지 소스 보기]를 선택하면 기본 페이지가 나올 것이다. 페이지를 아래로 내리면 다음과 같은 글자들이 보인다.

```
<a href="http://storage.googleapis.com/patents/grant_full_text/2015/ipg150106.zip">
ipg150106.zip</a> 
<a href="http://storage.googleapis.com/patents/grant_full_text/2015/ipg150113.zip">
ipg150113.zip</a> 
<a href="http://storage.googleapis.com/patents/grant_full_text/2015/ipg150120.zip">
ipg150120.zip</a> 
<a href="http://storage.googleapis.com/patents/grant_full_text/2015/ipg150127.zip">
ipg150127.zip</a> 
<a href="http://storage.googleapis.com/patents/grant_full_text/2015/ipg150203.zip">
ipg150203.zip</a> 
<a href="http://storage.googleapis.com/patents/grant_full_text/2015/ipg150210.zip">
ipg150210.zip</a> 
<a href="http://storage.googleapis.com/patents/grant_full_text/2015/ipg150217.zip">
ipg150217.zip</a> 
<a href="http://storage.googleapis.com/patents/grant_full_text/2015/ipg150224.zip">
ipg150224.zip</a> 
<a href="http://storage.googleapis.com/patents/grant_full_text/2015/ipg150303.zip">
ipg150303.zip</a> 
<a href="http://storage.googleapis.com/patents/grant_full_text/2015/ipg150310.zip">
ipg150310.zip</a> 
<a href="http://storage.googleapis.com/patents/grant_full_text/2015/ipg150317.zip">
ipg150317.zip</a> 
```

상당히 복잡해 보이지만 HTML을 배운 사람은 쉽게 알 수 있는 href 태그가 보인다. 이 태그는 링크link 태그로 해당 주소를 웹 브라우저에 넣으면 파일을 다운로드할 수 있다. 이제 zip 파일을 다운로드하기 위해 정규 표현식을 이용해 글자들을 추출해보자.

정규 표현식 연습장http://www.regexr.com을 열어 모든 html 소스를 연습장에 붙여넣는다.

다음으로 상단에 정규 표현식을 입력한다. 정규 표현식을 생각해보면 시작은 http, 끝은 zip으로 끝나는 것을 알 수 있다. 중간에는 매우 다양한 글자가 나온다. 따라서 이 문서에서는 (http)(.+)(zip)이라고 입력하면 해당 링크들의 정규 표현식을 찾을 수 있다.

그림 14-8 정규 표현식 연습장에서 정규 표현식 찾기

04 Lab: 웹 스크래핑 실습

이번 절에서는 정규 표현식을 파이썬으로 다루는 방법을 Lab을 통해 알아본다. 파이썬에서는 정규 표현식을 다루기 위해 'regular expression'의 약자인 re 모듈을 제공한다. re 모듈에서 가장 중요한 함수는 search( ) 함수와 findall( ) 함수이다. search( ) 함수는 문서상에서 특정 정규 표현식 한 개를 찾아 반환하는 함수이고, findall( ) 함수는 문서상에서 정규 표현식 전체를 반환하는 함수이다. 두 함수를 사용하면 필요한 정보가 튜플 형태로 반환되며, 이를 이용해 파이썬에서 원하는 정보를 추출할 수 있다.

1 아이디 추출하기

먼저 특정 아이디를 추출하는 Lab이다. 다음 웹 사이트에는 이벤트 당첨자의 아이디를 발표한 웹 페이지가 있는데, 이 웹 페이지에서 필요한 아이디만 추출해보겠다.

```
http://goo.gl/U7mSQl
```

50000 마일리지	codo***	양*로	20000 마일리지	outb7***	장*자
	dubba4***	지*보		multicuspi***	구*상
	crownm***	고*솔		triformo***	진*섬
	spania***	이*옹		magazin***	홍*익
	presby***	배*경		trophody***	문*혈
				외 5명	
10000 마일리지	nontr***	전*을	5000 마일리지	enranck***	손*금
	canc***	진*올		uncanker***	고*혁
	wrymo***	문*구		non***	이*후
	luminat***	고*의		oblig***	손*도
	anna***	심*루		hyperth***	나*주
	외 20명			외 35명	
1000 마일리지	toplabl***	김*훌		dolce0***	강*정
	rudals2***	유*현		jjw980***	최*수
	elvlz***	도*녈		skmid***	김*인
	qkep***	김*줄		kisslov***	박*규
	maskman***	황*현		sungt***	오*탁
	외 90명				

그림 14-9 이벤트 당첨자 정보

이 웹 페이지에서 아이디만 추출하기 위해서는 일단 패턴을 파악해야 한다. 먼저 앞에는 숫자 또는 영문 대소문자가 여러 개 있고 맨 끝에는 별표로 끝나는 것을 알 수 있다. 그러므로 정규 표현식을 만들면 ([A-Za-z0-9]+***)로 나타낼 수 있는데, 맨 끝에 있는 *는 *가 메타문자이기 때문에 특수 기호를 찾는다는 의미로 추가하였다. 그런 다음 이 웹 페이지에 접속하여 HTML 문서를 가져오고 여기서 해당 정규 표현식 문자열만 추출하면 된다. [코드 14-2]를 살펴보자.

코드 14-2 lab1.py

```
1  import re
2  import urllib.request
3
4  url = "http://goo.gl/U7mSQl"                  # 접속할 웹 페이지
5  html = urllib.request.urlopen(url)            # 웹 페이지 열기
6  html_contents = str(html.read())              # 웹 페이지의 내용을 문자열로 가져옴
7  id_results = re.findall(r"([A-Za-z0-9]+\*\*\*)", html_contents)
8  # findall 전체 찾기, 정규 표현식 패턴대로 데이터 찾기
9
10 for result in id_results:                     # 찾은 정보를 화면에 출력
11     print(result)
```

```
codo***
outb7***
dubba4***
multicuspi***
⋮                  ← 생략
sungt***
```

위 코드를 보면 먼저 4행에서 접속할 웹 페이지의 링크를 작성하고 5행에서 웹 페이지에 접속한 후, 6행에서 해당 웹 페이지의 HTML 코드를 문자열로 가져온다. 다음으로 7행에서 findall( ) 함수를 사용하여 정규 표현식 패턴을 넣어주면 패턴대로 데이터를 찾아서 id_results 변수에 넣어준다. 해당 변수는 튜플 형태로 반환되기 때문에 각각을 출력하기 위해서는 10행과 같이 for문을 사용해야 한다.

2 파일 자동 다운로드

다음은 파일을 자동으로 다운로드하는 Lab으로, 이전에 다루었던 특허 데이터 웹 페이지에서 파일을 다운로드하는 코드를 만들어보겠다. 앞서 배운 다운로드 코드와 정규 표현식을 사용하면 자동으로 다운로드하는 코드를 작성할 수 있다. [코드 14-3]을 살펴보자.

코드 14-3 lab2.py

```
1  import urllib.request                    # urllib 모듈 호출
2  import re
3
4  url ="http://www.google.com/googlebooks/uspto-patents-grants-text.html" # url 값 입력
5  html = urllib.request.urlopen(url)  # url 열기
6  html_contents = str(html.read().decode("utf8"))    # html 파일 읽고 문자열로 변환
7
8  url_list = re.findall(r"(http)(.+)(zip)", html_contents)    # html 파일 읽고 문자열로 변환
9  for url in url_list:
10     full_url = "".join(url)              # 출력된 튜플 형태 데이터를 문자열로 join
11     print(full_url)
12     fname, header = urllib.request.urlretrieve(full_url, file_name)
       # file_name에 다운로드할 파일명 입력한 후, 파일 다운로드
13     print("End Download")
```

먼저 4~8행까지의 코드는 이전과 같다. URL을 연결하고, 해당 웹 페이지에서 HTML을 가져온 후 정규 표현식으로 파싱한다. 10행에서 join( ) 함수를 사용하는 이유는 정규 표현식을 만들 때 (http)(.+)(zip)을 사용해서 만들었기 때문이다. 여기에서 ( ) 단위로 튜플이 생성된다. 그러므로 (http, .+, zip)이 개별 값으로 생성되기 때문에 실제 사용할 때는 10행과 같이 join( ) 함수를 사용해야 한다. 마지막으로 12행에 파일 다운로드 코드를 작성하고, file_name 부분에 다운로드할 파일명을 입력하여 필요한 파일을 다운로드한다.

3 HTML 파싱

2절의 'HTML 데이터 다루기'에서 주식 데이터에 대한 HTML 코드를 본 적이 있다. 이번 Lab에서는 그 데이터에서 해당 부분을 파싱하는 코드를 작성하겠다.

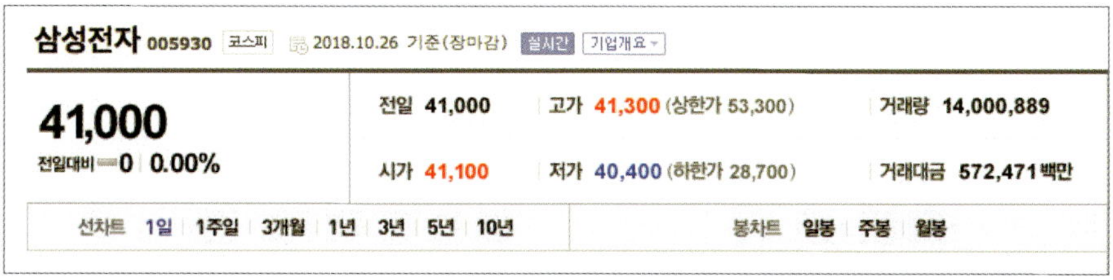

(a) 삼성전자 주식 페이지

```
<dl class="blind">
    <dt>종목 시세 정보</dt>
    <dd>2018년 10월 26일 16시 10분 기준 장마감</dd>
    <dd>종목명 삼성전자</dd>
    <dd>종목코드 005930 코스피</dd>
    <dd>현재가 41,000 전일대비 보합 0  0.00 퍼센트</dd>
    <dd>전일가 41,000</dd>
    <dd>시가 41,100</dd>
    <dd>고가 41,300</dd>
    <dd>상한가 53,300</dd>
    <dd>저가 40,400</dd>
    <dd>하한가 28,700</dd>
    <dd>거래량 14,000,889</dd>
    <dd>거래대금 572,471백만</dd>
</dl>
```

(b) 삼성전자 주식 페이지의 HTML 코드

그림 14-10 HTML 파싱을 위한 데이터

위 코드는 크게 두 가지 부분으로 구성된다.

- ~에 정보가 있음
- ~ 정보를 추출

그러므로 정규 표현식도 두 가지로 표현할 수 있다. 먼저 다음 코드를 보자.

```
(\)([\s\S]+?)(\<\/dl>)
```

이 정규 표현식으로 뽑아낸 결과를 문자열로 생성하고, 여기서 〈dd〉~〈/dd〉 정보를 추출하기 위해 다음 정규 표현식을 사용한다.

```
(\)([\s\S]+?)(\<\/dd>)
```

정규 표현식은 HTML 문서이다 보니 중간중간 [, /가 많다. 또한 글자 전체를 의미하는 \s와 \S를 사용했다. 이는 .으로 대체가 가능하다. 위 정규 표현식을 이용해 [코드 14-4]와 같이 작성할 수 있다.

코드 14-4 lab3.py

```python
1  import urllib.request
2  import re
3
4  url ="http://finance.naver.com/item/main.nhn?code=005930"
5  html = urllib.request.urlopen(url)
6  html_contents = str(html.read().decode("ms949"))
7
8  # 첫 번째 HTML 패턴
9  stock_results = re.findall("(\<dl class=\"blind\"\>)([\s\S]+?)(\<\/dl\>)", html_
   contents)
10 samsung_stock = stock_results[0]      # 두 개의 튜플 값 중 첫 번째 패턴
11 samsung_index = samsung_stock[1]      # 세 개의 튜플 값 중 두 번째 패턴
12
13 # 주식 정보만 추출함
14 index_list = re.findall("(\<dd\>)([\s\S]+?)(\<\/dd\>)", samsung_index)
15
16 for index in index_list:
17     print(index[1])                   # 세 개의 튜플 값 중 두 번째 값
```

위 코드는 이전과 동일하게 URL에 접속하여 HTML 코드를 추출한다. 9~11행에서 정규 표현식을 사용하여 첫 번째 HTML을 추출한다. 해당 패턴을 가진 HTML 코드는 총 2개가 있기 때문에 그중 첫 번째 튜플 값을 10행에서 선택한다. 앞서 마찬가지로 ( )를 사용해 정규 표현식을 작성했기 때문에, 각 정규 표현식이 튜플로 묶이게 되고 그중 두 번째 값에 주식 정보가

포함되어 있다. 그러므로 11행에서 samsung_stock[1]을 사용해 해당 코드를 가져온다. 마지막으로 dd 태그 사이에 있는 값을 추출하기 위해 해당 정규 표현식을 작성하고, 17행에서 최종 주식 정보를 추출한다.

TIP 최근의 웹은 매우 복잡해졌고 HTML 파싱만으로 정보를 추출하기 어려운 부분들이 존재한다. 그러나 정규 표현식을 이용한 웹 데이터를 추출하는 기법은 가장 기본적인 방법으로 반드시 익혀야 하는 부분이다. 굉장히 유용하게 사용할 수 있으니 반드시 이해하고 넘어가도록 한다.

요약

01 월드와이드웹World Wide Web은 인터넷에 연결된 컴퓨터를 이용하여 사람들과 정보를 공유할 수 있도록 거미줄처럼 엮인 공간이다.

02 월드와이드웹을 줄여 웹web이라고 한다.

03 HTMLHyper Text Markup Language은 웹상의 정보를 구조적으로 표현하기 위한 언어이다.

04 태그tag는 꺾쇠 괄호(〈 〉)로 둘러싸여 있고, 그 안에 정보에 대한 의미를 적는다. 그리고 그 의미가 끝나는 부분에 슬래시(/)를 사용하여 해당 태그를 종료한다.

05 HTTPHypertext Transaction Protocol는 인터넷에서 컴퓨터 간에 정보를 주고받을 때 사용하는 일종의 약속을 말하며, 일반적으로 컴퓨터 과학에서는 이러한 약속을 프로토콜protocol이라고 한다.

06 웹에 있는 정보를 보기 위해서 먼저 해야 하는 일은 웹 브라우저web browser를 시작하고, 그곳에 주소 정보를 입력하는 것이다. 주소 정보의 공식 이름은 URLUniform Resource Locator이라고 한다.

07 URL에는 해당 서버가 위치한 인터넷 주소 정보인 도메인 네임domain name이 있다. 흔히 도메인 정보 또는 서버 주소라고도 하는 이 주소를 통해 웹의 정보를 제공하는 서버에 접속한다.

08 일반적으로 컴퓨터는 인터넷 프로토콜 주소Internet Protocol address, 즉 IP 주소IP address라고 부르는 주소값을 갖고 있다.

09 IP 주소를 컴퓨터의 주소로 생각하고 이 주소에 접속하기 위해 사용하는 도메인 네임과 연결하기 위한 도메인 네임 서버Domain Name Server, DNS가 운영된다.

10 모든 웹은 HTML로 구성되어 있으므로, HTML 규칙을 파악한다면 얼마든지 HTML에서 필요한 정보를 가져올 수 있다. 이러한 과정을 일반적으로 웹 스크래핑web scrapping이라고 한다.

11 웹 페이지의 HTML을 분석하여 필요한 URL을 추출하는 작업이 HTML 파싱이다. 파싱parsing은 특정 텍스트를 분석하여 그 데이터로부터 필요한 정보를 추출하는 과정이다.

12 대부분 웹 사이트는 사람이 직접 HTML을 작성하지 않고 프로그램에 의해 생성되며, 이를 웹 브라우저를 통해 접근하고 볼 수 있도록 지원한다.

13 정규 표현식regular expression은 일종의 문자를 표현하는 공식으로, 특정 규칙이 있는 문자열 집합을 추출할 때 자주 사용하는 기법이다.

14 메타문자meta-characters는 문자를 설명하기 위한 문자로, 문자의 구성을 설명하기 위해 원래의 의미가 아니라 다른 의미로 쓰이는 문자를 뜻한다.

15 대괄호 [ ]는 [와] 사이의 문자들과 매칭하라는 뜻으로 사용된다.

16 메타문자 +는 해당 글자가 1개 이상 출현하는 것을 뜻한다.

17 출현 횟수를 조정해야 할 때 사용하는 메타문자는 중괄호 { }이다.

18 메타문자 ?는 반드시 한 번만 반복한다는 뜻이다. 한 번의 반복만 지정할 때 유용하다.

19 메타문자 *는 +와 달리 해당 글자가 0번부터 무한대까지 반복할 수 있다.

20 메타문자 ( )는 묶음을 표시하는 것으로, 좀 더 쉽게 메타문자의 묶음을 나타내는 역할을 한다.

21 [.]와 (.)의 뜻이 다른데, [.]는 일반적인 마침표를 뜻하고 (.)는 줄 바꿈 기호를 제외한 전체 문자를 뜻한다.

22 메타문자 | 나 ^은 or 또는 not의 의미로 많이 사용한다.

23 정규 표현식의 처음과 끝에는 메타문자 ^과 $를 주로 붙인다.

연습문제

01 인터넷을 사용하기 위해 이해해야 하는 주요 키워드들 중 의미가 틀린 것은?

① IP Address: Internet Protocol Address의 약자로, 컴퓨터가 사용하는 물리적인 주소 정보를 의미

② URI: Uniform Resource Identifier의 약자로 인터넷에 있는 자원을 나타내는 유일한 주소를 의미

③ HTML: Hyper Text Markup Language의 약자로, 웹상에서 구조적으로 정보를 표현하기 위한 웹 표준 표현 언어

④ HTTP: HyperText Transfer Protocol의 약자로, 인터넷에서 서로 통신을 하기 위한 표준 규약

⑤ URL: 네트워크상에 존재하는 자원의 위치를 의미하며 모두 HTTP로 시작함

02 아래와 같은 정규식이 존재할 때, 의미하는 바는 무엇인가?

```
(\d{3})-(\d{4}-\d{4})
```

① 이메일 주소　② 한글 3글자 이름　③ 인터넷 주소

④ 휴대폰 전화번호　⑤ 주민등록번호

03 다음 정규 표현식 메타문자에 대한 설명 중 틀린 것을 고르시오.

① ?는 0회 이상 1회 이하의 반복을 의미한다.

② \는 줄 바꿈 문자인 \n을 제외한 모든 문자와 매치된다.

③ {m, n}는 m회 이상 n회 이하의 반복을 의미한다.

④ ^는 문자열의 시작을 의미한다.

⑤ '+'는 같은 문자의 여러 번의 반복을 포함한다.

04 웹(Web)에 대한 설명으로 옳지 않은 것은?

① 웹은 데이터 송수신을 위해 HTTP 프로토콜만을 사용한다.

② 웹은 데이터를 표시하기 위해 HTML 형식을 사용한다.

③ 우리가 늘 사용하는 인터넷 공간의 정식 명칭이다.

④ WWW(World Wide Web)와는 다른 의미로 사용된다.

⑤ 웹에서 하이퍼링크는 다른 리소스로 이동하기 위해 주소 정보인 URL을 사용한다.

05 다음 링크 태그(tag)에서 링크 주소만 매칭하는 정규식은?

```
<a href="http://storage.googleapis.com/patents/grant_full_text/2015/ipg150106.zip">
```

① (https?:\/\/)?([\da-z\.-]+)\.([a-z\.]{2,6})([\/\w \.-]*)*\/?

② ([a-zA-Z0-9_\-\.]+)@[a-z0-9-]+(\.[a-z0-9-]+)*(\.[a-z]{2,3})

③ (https?)(.+)(zip)

④ [-a-zA-Z0-9@:%._\+~#=]{1,256}\.[a-zA-Z0-9()]{1,6}\b([-a-zA-Z0-9()@:%_\+.~#?&//=]*)

⑤ ^(http[s]?:\\/\\/(www\\.)?¦ftp:\\/\\/(www\\.)?¦www\\.){1}([0-9A-Za-z-\\.@:%_\+~#=]+)+((\\.[a-zA-Z]{2,3})+)(/(.)*)?(\\?(.)*)?"

06 정규 표현식에 대한 설명 중 틀린 것은?

① a, b는 a와 b라는 문자 사이에 어떤 문자가 들어와도 모두 매치된다는 뜻이다.

② 정규 표현식에서 search() 함수는 패턴이 같은 데이터를 한 개만 찾고자 할 때 사용한다.

③ 정규 표현식에서 추출된 패턴은 튜플로 반환된다.

④ 정규 표현식은 특정 규칙이 있는 문자열의 집합을 추출하기 위해 사용한다.

⑤ [python]은 정규 표현식에서 'python'이라는 문자를 찾아 매치하라는 뜻이다.

07 코드가 다음과 같을 때, 강조 표시된 코드에서 join( ) 함수가 사용된 이유를 고르시오.

```
import urllib.request import re

url = "http://www.google.com/googlebooks/uspto-patents-grants-text.html"
html = urllib.request.urlopen(url)
html_contents = str(html.read().decode("utf8"))

url_list = re.findall(r"(http)(.+)(zip)", html_contents)
for url in url_list:
    full_url = "".join(url)
    print(full_url)
    fname, header = urllib.request.urlretrieve(full_url, file_name)
    print("End Download")
```

① url 값들은 str 형태로 출력되기 때문에 하나의 값으로 합칠 필요가 있다.

② url에 포함된 -를 제거하기 위한 함수이다.

③ url에 포함된 /를 제거하기 위한 함수이다.

④ url에 나오는 출력값이 튜플 형태로 되어 있어 하나로 통합하기 위한 함수이다.

⑤ url에 나오는 값의 양 끝의 공백을 제거하기 위한 함수이다.

08 HTML에 대한 설명으로 틀린 것은?

① 웹상의 정보를 구체적으로 표현하기 위한 언어이다.

② tree 모양의 포함 관계를 맺는다.

③ 웹에서 데이터를 송수신하기 위해 사용하는 형식이다.

④ 일종의 프로그램으로, 페이지 생성 규칙이 있다.

⑤ 모든 요소는 태그를 사용하여 표시된다.

09 다음 HTML 코드에서 한글로 된 문서의 제목만 뽑기 위해 정규 표현식과 추출 시 사용할 수 있는 코드를 작성하시오.

```
<li><a href="https://news.v.daum.net/v/20181126211257847" class="link_
txt">&#39;판사 블랙리스트&#39; 없다던 법원 곤혹...&#39;고의 부실조사&#39; 의혹</a>
</li>

<li><a href="https://news.v.daum.net/v/20181126193835503" class="link_txt">中
군용기, 3차례 KADIZ 진입후 이탈...정부, 엄중 항의</a>
</li>

<li><a href="https://news.v.daum.net/v/20181126201817082" class="link_txt
">&#39;수수료 인하&#39; 자영업자 부담 줄고 소비자 & #39;혜택&#39;도 줄어드나</a>
</li>

<li><a href="https://news.v.daum.net/v/20181126201503029" class="link_txt">KT
화재 후 첫 평일...복구됐다지만 먹통 피해 여전</a>
</li>

<li><a href="https://news.v.daum.net/v/20181126203723330" class="link_txt">내
일도 초미세먼지 &#39;나쁨&#39;...낮동안 온화</a>
</li>
```

CHAPTER 15

XML과 JSON

학습목표

- XML의 개념에 대해 알아보고, 정보를 XML로 어떻게 표현하는지 학습한다.
- XML 문서에 대해 이해한다.
- JSON의 개념에 대해 알아보고, JSON과 XML을 비교한다.

PREVIEW

이번 장에서는 데이터를 저장하는 포맷인 XML과 JSON에 대해 알아본다. XML 프로그래밍 언어에서 데이터를 저장하고 불러오는 전통적인 파일 포맷인 XML은 흔히 레거시 시스템(오래전에 구축된 시스템)에서 raw 파일을 저장하는 대표적인 포맷이다. 이와 달리 JSON은 모바일 사용이 증가하면서 사용되기 시작한 저장 포맷으로, 웹에서 많이 사용하는 자바스크립트의 문법을 활용하여 저장하는 포맷이다. 이번 장에서는 이 두 가지 포맷을 파이썬으로 다루는 방법에 대해 알아본다.

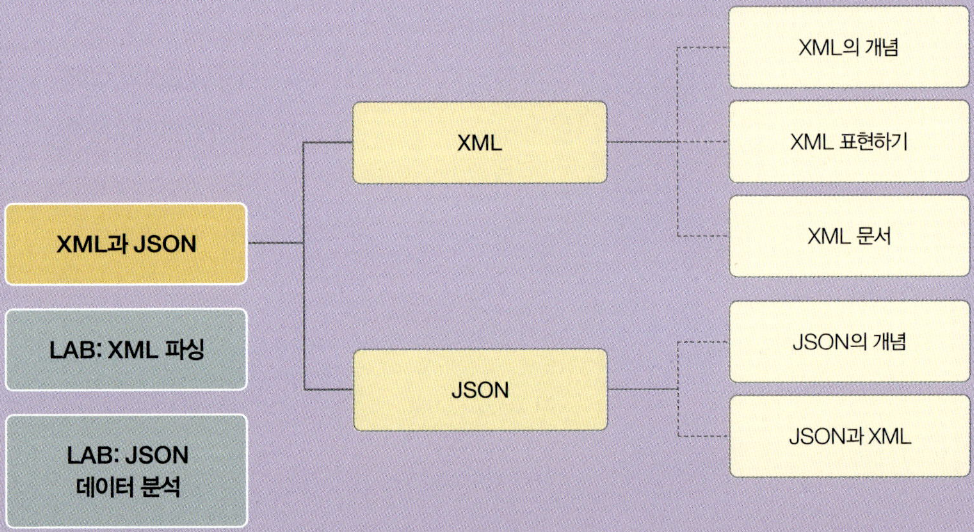

01 XML의 이해

1 XML의 개념

XML eXtensible Markup Language은 확장적인 마크업markup 언어라는 뜻으로, 데이터의 구조와 의미를 설명하는 태그를 사용하여 어떤 데이터의 속성과 값을 표현하는 언어이다. 즉 시작 태그와 종료 태그 사이에 어떤 값이 있고, 그 값은 태그의 이름으로 만들어진 속성에 대한 값이 된다. 사실상 HTML과 같은데, HTML은 XML에서 웹에 필요한 개념만 정의하여 사용할 수 있도록 만들어진 언어이다. HTML은 한정적이지만, XML은 그에 비해 다양한 형태로 데이터를 표현할 수 있는 장점이 있다.

2 XML 표현하기

XML의 구조는 다음과 같이 간단하다.

```
<?xml version="1.0"?>
<학생>
    <이름>한재일</이름>
    <학번>20105503</학번>
    <나이>26</나이>
    <학과>산업경영공학과</학과>
    <성별>남성</성별>
</학생>
```

위의 XML 예시는 학생이라는 정보를 XML로 어떻게 표현하는지 보여준다. 학생이라는 정보를 표현하기 위해 학생의 이름·학번·나이·학과·성별 등이 제공되는데, 이를 각각 태그로 표현하고 그 사이의 개별 인스턴스에 대한 정보를 넣으면 된다. 이러한 구조는 클래스, 객체와 크게 다르지 않으며, 딕셔너리의 형태로도 바꾸어 표현할 수 있다.

TIP 이번 장의 목표는 XML이 아니라 XML을 활용하는 파이썬이므로, XML 자체에 대해 깊이 있게 다루지는 않는다. 하지만 원래 XML에서는 XML 구조에 대한 정보를 나타내는 XML 스키마와 DTD에 대한 추가 학습이 필요하다. 최근에는 이러한 형태의 구조적인 정보를 저장하는 방식에 대해 상당히 회의적이기는 하지만, 전통적으로 XML 파일을 저장하는 방식이 궁금하다면 이 두 가지 키워드를 찾아보는 것이 도움이 될 것이다.

여기서 잠깐! 현재 XML 상황

현재 XML은 10년 전보다 그 중요성이 매우 떨어졌다. 가장 큰 이유는 XML이 데이터베이스보다 좀 더 자유롭게 데이터를 저장하기 위해 만들어졌는데, 이 기능이 최근 많이 사용하는 JSON보다 훨씬 무겁기 때문이다. 그래도 여전히 기존의 오래된 시스템, 흔히 레거시(legacy)라고 하는 시스템에서는 기기 간 또는 컴퓨터와 스마트폰 등의 다른 기기 간의 정보를 XML로 주고받고 있다.

3 XML 문서

XML로 정보를 표현할 때 가장 기본적인 방법은 [그림 15-1]과 같이 트리 형태로 표현한다. 이는 HTML과 완전히 같으며 모든 태그 기반의 언어가 지닌 공통적인 특징이다.

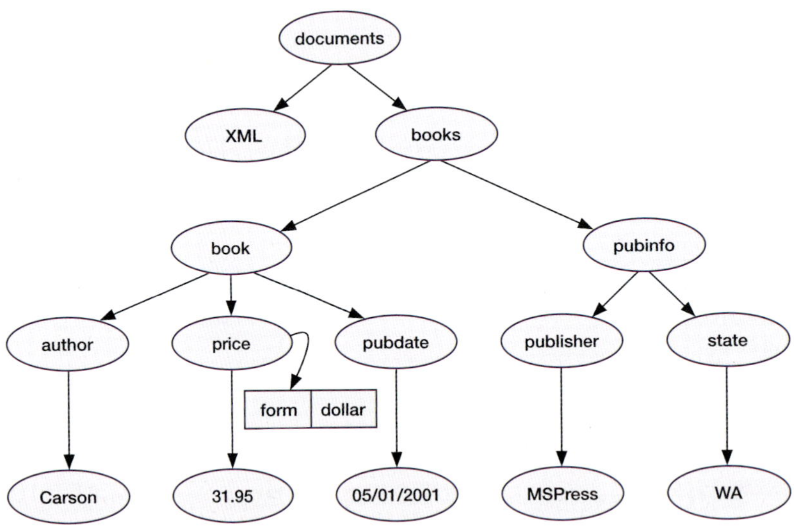

그림 15-1 트리 형태의 데이터 표현(XML)

[그림 15-1]을 보면 먼저 'books' 객체가 있고, 'books' 안에는 'book'과 'pubinfo'라는 객체 2개가 있다. 그리고 'book' 안에는 'author', 'price', 'pubdate' 등의 정보가 있다. 이러한 구조적인 정보를 XML로 나타내면 다음과 같다.

```
<?xml version="1.0"?>
  <books>
    <book>
      <author>Carson</author>
      <price format="dollar">31.95</price>
      <pubdate>05/01/2001</pubdate>
    </book>
    <pubinfo>
      <publisher>MSPress</publisher>
      <state>WA</state>
    </pubinfo>
  </books>
```

상당히 복잡해 보이지만 사실 이 구조는 딕셔너리형의 구조와 같다. 간단히 딕셔너리로 생각하면 다음과 같은 방식으로 표현할 수 있다.

```
{books : [{book : {author: carson, price: 31.95, pubdate: 05/01/2001} ] }}]
```

TIP 위와 같은 데이터형을 JSON형이라고도 한다. 이 부분은 다음 절에서 다시 다루기로 한다.

02 Lab: XML 파싱

1 BeautifulSoup 모듈 개요

이번 Lab에서는 파이썬으로 XML을 파싱하는 방법에 대해 알아보자. XML 문서는 HTML 문서와 구조가 같은 마크업 언어이므로 정규 표현식을 활용하여 파싱을 해도 문제없다. 하지만 많은 사람이 이를 위한 좀 더 쉬운 도구들을 개발하였고, 현재 그 도구들을 사용하고 있다. 여기서는 가장 많이 사용되고 있는 파이썬 마크업 언어 스크래핑 도구인 BeautifulSoup 모듈을 사용하여 XML 문서를 스크래핑하는 과정을 배우겠다.

TIP BeautifulSoup 모듈에 대한 상세한 내용은 https://www.crummy.com/software/BeautifulSoup에서 확인할 수 있다.

BeautifulSoup 모듈은 일종의 래퍼wrapper로, 기존 파싱 기능이 있는 다른 라이브러리를 쉽게 사용할 수 있도록 해준다. 전통적인 파이썬 XML 파서XML parser에는 lxml과 html5lib 등이 있으며, BeautifulSoup 모듈은 이를 차용하여 데이터를 쉽고 빠르게 처리한다. [표 15-1]에서 파서 간의 성능을 비교하였다.

표 15-1 파서의 성능 비교

파서	파이썬 2.7		파이썬 3.2	
	속도(KB/s)	성공률(%)	속도(KB/s)	성공률(%)
BeautifulSoup 3.2(SGMLParser)	221	100	–	–
html5lib(BS3 treebuilber)	253	99	–	–
BeautifulSoup 4.0 + lxml	255	100	2140	96
html5lib(lxml treebuilder)	270	99	–	–
BeautifulSoup 4.0 + html5lib	271	98	–	–
BeautifulSoup 4.0 + HTRMLParser	299	59	1705	57
html5lib(simpletree treebuilber)	332	100	–	–
HTMLParser	5194	52	3918	57
lxml	179252	100	14258	96

2 BeautifulSoup 모듈 설치

BeautifulSoup 모듈을 설치할 때는 앞서 배운 패키지 관리 도구인 conda를 활용한다. 윈도 cmd 창에서 다음 명령어를 차례대로 입력한다.

```
conda create -n python_mooc python=3.6
conda install lxml
conda install -c anaconda beautifulsoup4=4.5.1
```

이후 모듈이 설치되는 모든 과정을 거친 후 파이썬 셸에서 다음을 실행하여 이상이 없다면 정상적으로 설치가 완료된 것이다.

```
>>> from bs4 import BeautifulSoup
```

3 BeautifulSoup 모듈 사용법

BeautifulSoup 모듈의 사용법은 매우 간단하며, 가장 중요한 것은 [표 15-2]의 두 코드이다.

표 15-2 BeautifulSoup 모듈의 주요 코드

목적	코드	설명
객체 생성	soup = BeautifulSoup(books_xml, "lxml")	xml 문서를 분석하는 새로운 객체를 생성, books_xml은 문자열형, lxml은 파서의 이름
태그 검색	soup.find_all("author")	필요한 태그를 검색하여 여러 개를 반환하는 함수, 여기서는 'author'라는 이름의 태그를 검색하여 반환

BeautifulSoup 모듈을 사용하는 코드를 만들기 위해 소스파일에서 'books.xml'을 작업 폴더로 가져온 다음 [코드 15-1]을 작성해보자.

코드 15-1 beautifulsoup1.py

```
from bs4 import BeautifulSoup

with open("books.xml", "r", encoding = "utf8")as books_file:
    books_xml = books_file.read()                    # 파일을 문자열로 읽어 오기
```

```
5
6  soup = BeautifulSoup(books_xml, "lxml")          # lxml 파서를 사용해 데이터 분석
7
8  # author가 들어간 모든 요소의 값 추출
9  for book_info in soup.find_all("author"):
10     print(book_info)
11     print(book_info.get_text())                  # 해당 요소에서 값 추출
```

```
<author>Carson</author>
Carson
<author>Sungchul</author>
Sungchul
```

다운로드한 파일의 내용을 3~4행에서 읽어와 문자열 파일로 변환한다. 그리고 6행에서 해당 문자열 정보를 받아오면서 lxml을 사용해 파싱한 BeautifulSoup의 객체를 생성한다. 9행의 find_all( ) 함수를 사용하여 author가 포함된 요소들을 넘겨받아 마지막으로 해당 요소에서 get_text( ) 함수를 사용해 해당 값의 결과를 가져와 출력한다.

4 USPTO XML 데이터

미국 특허청USPTO의 특허 데이터가 XML로 제공된다. 이번 Lab에서는 특정한 특허 XML 문서로부터 필요한 정보를 가져오겠다. 분석할 특허는 등록번호 '08621662'인 'Adjustable shoulder device for hard upper torso suit'이며, 다음 링크에 접속하면 자세히 볼 수 있다.

```
http://www.google.com/patents/US20120260387
```

해당 특허의 XML 데이터는 소스파일에 있는 'US08621662-20140107.xml'이다. 작업 폴더로 가지고 와 실습한다.

코드는 매우 간단하다. [코드 15-2]를 보자.

코드 15-2 beautifulsoup2.py

```python
1  import urllib.request
2  from bs4 import BeautifulSoup
3
4  with open("US08621662-20140107.XML", "r", encoding="utf8") as patent_xml:
5      xml = patent_xml.read()              # 파일을 문자열로 읽어 오기
6
7  soup = BeautifulSoup(xml,"lxml")         # lxml 파서 호출
8
9  # invention-title 태그 찾기
10 invention_title_tag = soup.find("invention-title")
11 print(invention_title_tag.get_text())
```

```
Adjustable shoulder device for hard upper torso suit
```

5행에서 파일을 읽어와 문자열로 변환한다. 7행에서 BeautifulSoup 객체를 생성하고, 10~11행에서 invention-title만 추출할 수 있도록 find( ) 함수를 사용하여 필요한 정보를 추출한다.

매우 간단한 코드이다. 그러나 이 XML 문서는 다음과 같이 복잡한 구조로 되어 있다. 코드만 보고 바로 이해하기 어려울 수 있는데, 이 태그들은 각각 publication-reference와 application-reference의 하위 태그이며, 두 가지 모두 이름이 같다. 이 경우 어떻게 처리해야 할까?

```xml
<publication-reference>                              # 등록 관련 정보
  <document-id>
  <country>US</country>
  <doc-number>08621662</doc-number>                  # 등록번호
  <kind>B2</kind>                                    # 상태
  <date>20140107</date>                              # 등록일자
  </document-id>
</publication-reference>
```

```
<application-referenceappl-type="utility">  # 출원 관련 정보
  <document-id>
  <country>US</country>
  <doc-number>13175987</doc-number>           # 출원 번호
  <date>20110705</date>                       # 출원일
  </document-id>
</application-reference>
```

정규 표현식에서 배웠듯이 구조적으로 두 번 접근하는 방식을 사용한다. 다음과 같이 먼저 publication-reference에 접근하여 요소에 대한 값을 획득한 후, 해당 태그 정보에서 다시 필요한 정보를 추출한다. 다음 코드를 [코드 15-2] 뒷부분에 이어서 입력하면 문제를 해결할 수 있다.

```
publication_reference_tag = soup.find("publication-reference")
p_document_id_tag = publication_reference_tag.find("document-id")
p_country = p_document_id_tag.find("country").get_text()
p_doc_number = p_document_id_tag.find("doc-number").get_text()
p_kind = p_document_id_tag.find("kind").get_text()
p_date = p_document_id_tag.find("date").get_text()

application_reference_tag = soup.find("application-reference")
a_document_id_tag = publication_reference_tag.find("document-id")
a_country = p_document_id_tag.find("country").get_text()
a_doc_number = p_document_id_tag.find("doc-number").get_text()
a_date = p_document_id_tag.find("date").get_text()
```

03 JSON의 이해

1 JSON의 개념

JSON JavaScript Object Notation은 원래 웹 프로그래밍 언어인 자바스크립트의 데이터 객체 표현 방식을 데이터 교환의 표준으로 삼은 데이터 표현 언어이다. JSON은 간결한 특성 때문에 기계와 인간이 모두 이해하기 쉽다는 장점이 있다. 특히 XML보다 데이터 용량이 적고 코드로의 전환이 쉽다는 측면에서 XML의 대체재로 가장 많이 활용되고 있다. 대부분 웹 시스템에서 기기 간의 정보 교환을 위해 JSON을 사용하므로, 데이터를 배우는 사람은 반드시 알아야 할 데이터 포맷이다.

JSON은 파이썬의 딕셔너리형과 매우 비슷하여 키-값의 쌍으로 구성되어 있다. 따라서 딕셔너리형과 같다고 이해하면 된다. 다음의 간단한 예제를 보자.

```
{
   "dataTitle":"JSON Tutorial!",
   "swiftVersion":2.1

   "users":[
      {
         "name":"John",
         "age":25
      },
      {
         "name":"Mark",
         "age":29
      },
      {
         "name":"Sarah",
         "age":22
      }
```

```
    ],
}
```

'users'라는 키에는 값으로 리스트형이 있고, 그 안에 'name'과 'age'라는 2개의 키가 또 하나의 딕셔너리형으로 되어 있다.

2 JSON과 XML

JSON은 XML과 많은 면에서 닮았다. 먼저 데이터 구조가 기본적으로 트리 구조이다. 따라서 XML에서 요소 간의 포함 관계를 가지듯 JSON도 이러한 포함 관계를 가진다. 또한, 태그를 사용하여 키와 값을 구분한 XML처럼 JSON은 키-값의 쌍으로 데이터를 구조화할 수 있다.

XML과 비교할 때 JSON의 장점은 일단 코드가 간결하고, 코드의 전환이 쉽다는 점이다. 그리고 코드의 간결함 때문에 용량이 절약된다는 큰 장점이 있다. 당장은 차이를 모를 수도 있지만, 데이터의 개수가 1억 개를 넘어간다면 간단한 몇 글자의 차이도 엄청난 용량의 차이를 만들어낼 수 있다.

Json

```
{
"sibling": [
{"firstName":"Anna", "lastName":"Clayton"},
{"lastName":"Alex","lastName":"Clayton"}
]
}
```

XML

```
<siblings>
<sibling>
<firstName>Anna</firstName>
<lastName>Clayton</lastName>
</sibling>
<sibling>
<firstName>Alex</firstName>
<lastName>Clayton</lastName>
</sibling>
</siblings>
```

그림 15-2 JSON과 XML

04 Lab: JSON 데이터 분석

파이썬에서 JSON을 사용하기 위해서는 json 모듈을 이용한다. JSON 데이터 포맷은 데이터 저장 및 읽기가 딕셔너리형과 완벽히 상호 호환되어 딕셔너리형에 익숙한 사용자가 매우 쉽게 사용할 수 있다는 장점이 있다.

최근 많이 사용하는 웹에서는 데이터 제공을 위하여 REST API라는 서비스를 제공한다. REST 서버는 페이스북, 트위터, Github 등 거의 모든 웹 사이트에서 REST API를 통해 사용자에게 검색 등의 정보를 제공하는데, 이때 정보 교환 데이터 포맷으로 가장 많이 사용하는 것이 JSON이다. 이 Lab에서는 JSON 사용에 익숙해지기 위해 많은 종류의 JSON 데이터를 활용할 수 있는 방법에 대해 배우겠다.

1 JSON 읽기

JSON을 읽기 위해서는 JSON 파일의 구조를 확인한 후 json 모듈로 읽고 딕셔너리형처럼 처리한다. 소스파일에 있는 'json_example.json' 파일의 내용은 다음과 같다.

```
{
 "employees":[
  {"firstName":"John","lastName":"Doe"},
  {"firstName":"Anna","lastName":"Smith"},
  {"firstName":"Peter","lastName":"Jones"}
 ]
}
```

위 데이터에는 'employees' 아래에 3개의 데이터가 있다. 이를 파이썬으로 읽어오기 위해 [코드 15-3]과 같이 입력한다.

코드 15-3 json1.py

```
1 import json
2
3 with open("json_example.json", "r", encoding="utf8") as f:
4     contents = f.read()                        # 파일 내용 읽어 오기
5     json_data = json.loads(contents)           # json 파싱
6     print(json_data["employees"])              # 딕셔너리처럼 사용하기
```

```
[{'firstName': 'John', 'lastName': 'Doe'}, {'firstName': 'Anna', 'lastName': 'Smith'},
{'firstName': 'Peter', 'lastName': 'Jones'}]
```

먼저 1행에서 json 모듈을 호출하고, 3행에서 open( ) 함수를 사용하여 파일 내용을 가져온다. 그리고 4행에서 문자열형으로 변환하여 처리한다. 5행에서는 loads( ) 함수를 사용하여 해당 문자열형을 딕셔너리형처럼 변환한다. 6행에서 딕셔너리처럼 `json_data["employees"]`를 print( ) 함수로 출력하면 결괏값이 출력된다.

매우 간단한 코드이다. 문자열로 변환한 후 loads( ) 함수를 사용해야 한다는 사실만 기억하면 된다.

2 JSON 쓰기

딕셔너리형으로 구성된 데이터를 json 형태의 파일로 변환하는 과정에 대해 알아보자.

코드 15-4 json2.py

```
import json

dict_data ={'Name':'Zara','Age':7,'Class':'First'}          # 딕셔너리 생성

with open("data.json", "w") as f:
    json.dump(dict_data, f)
```

json을 쓰기 위해서는 먼저 3행처럼 데이터를 저장한 딕셔너리형을 생성하고, 6행에서 json.dump( ) 함수를 사용하여 데이터를 저장한다. 이때 인수는 딕셔너리형과 파일 객체가 차례대로 들어간다. 실행 결과 작업 폴더에 'data.json' 파일이 생성된 것을 확인할 수 있다.

3 트위터 데이터 읽어오기

이번에는 다른 서비스에서 제공하는 API의 결과로 JSON 데이터를 받아 활용해보자. 페이스북 · 트위터 · 유튜브 등의 SNS와 네이버 · 카카오 같은 포털 사이트는 자사가 제공하는 서비스와 다른 회사의 여러 제품을 연결하기 위해 다양한 API를 제공한다. API Application Programming Interface는 일종의 함수로, 해당 회사가 제공하는 서비스를 활용하기 위한 함수를 뜻한다. 일반적으로 API 서비스는 JSON으로 데이터를 주고받기 때문에 JSON 데이터를 연습하기에 매우 좋은 환경이다.

이번 Lab에서는 트위터에서 제공하는 Developer API를 이용해 트위터 데이터를 수집하는 방법에 대해 설명하겠다.

TIP 트위터에서 제공하는 API 서비스를 이해하기 위해서는 이 API의 문서 정보를 보는 것이 도움이 된다. 웹 사이트 https://dev.twitter.com/overview/api에 접속하면 트위터의 API 문서 사용법에 대한 자세한 내용을 볼 수 있다.

트위터를 사용하기 위해서는 몇 가지 준비가 필요하다. 먼저 트위터를 사용하기 위한 계정이 있어야 한다. 트위터로 이동해 회원 가입을 하면 되니 그리 어려운 일은 아니다. 두 번째로 해당 계정에 대한 인증을 받아야 한다. 흔히 OAuth라고 하는 인증 작업은 프로그래밍을 통해 API를 사용할 때 서비스 대부분에서 받아야 하는 작업이다. 트위터 앱Twitter Apps 웹 사이트로 이동하자.

```
https://apps.twitter.com
```

이 사이트에서는 자신의 앱을 만들어야 한다. 앱은 특별한 것이 아니고 자신이 만드는 프로그램의 이름이다. 먼저 앱을 만들기 위해 오른쪽 상단의 [CREATE New App] 버튼을 클릭하여 앱을 생성한다.

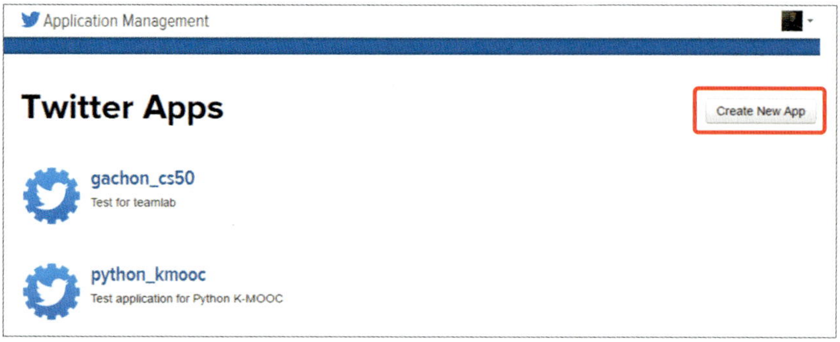

그림 15-3 트위터 앱 생성하기

다음으로 앱에 관한 정보를 입력한다. 입력 정보는 넣고 싶은 내용을 임의로 넣을 수 있다.

다음으로 앱의 API 키와 액세스 토큰access token을 확인한다. 생성된 앱으로 들어가면 'Keys and Access Tokens' 탭이 있고, 이 탭에서 API 키와 토큰 정보를 확인할 수 있다. 이 정보는 트위터 서비스에 접근하기 위한 일종의 열쇠로 반드시 혼자만 가지고 있어야 한다. 인터넷 등 공공으로 접근할 수 있는 곳에 업로드하면 서비스를 더이상 사용할 수 없으니 특히 주의해야 한다.

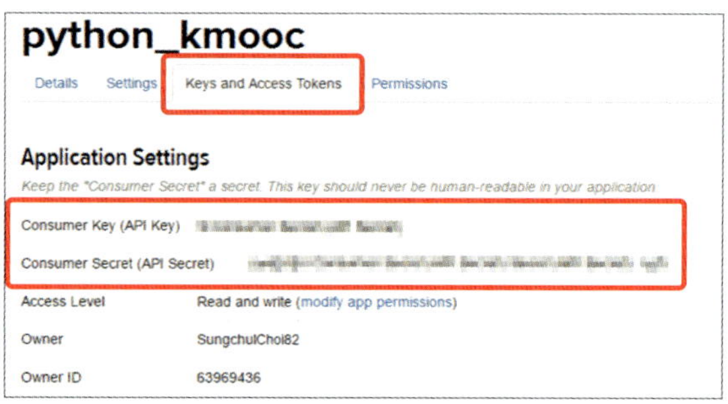

그림 15-4 API 키와 액세스 토큰 확인하기

마지막으로 트위터 접속을 위한 모듈을 설치한다. 모듈은 API 서비스와 OAuth 인증을 지원하는 서비스이다. cmd 창에 다음 명령어를 입력하여 해당 모듈을 설치한다.

```
conda install requests
pip install requests-oauthlib
```

이제 실제 코드를 작성해보자. 코드는 상당히 어려울 수 있다. 크게 인증과 관련된 코드, API와 관련된 코드로 구분된다.

코드 15-5 twitter.py

```
import requests
from requests_oauthlib import OAuth1

# 사용자의 OAuth 정보 입력
consumer_key = '확인한 consumer_key'
consumer_secret = '확인한 consumer_secret'
access_token = '확인한 access_token'
access_token_secret = '확인한 access_token_secret'

# 사용자의 OAuth 인증 정보 생성
oauth = OAuth1(client_key=consumer_key, client_secret=consumer_secret,
resource_owner_key=access_token, resource_owner_secret=access_token_secret)

# Twitter REST API를 사용해 특정 계정 정보 요청, screen_name은 트위터 계정명
url = 'https://api.twitter.com/1.1/statuses/user_timeline.json?screen_name={0}'.format('naver_d2')

# API URL과 계정 인증 정보를 HTTP로 전송
r = requests.get(url=url,auth=oauth)

# 결과를 json 형태로 다운로드함
statuses = r.json()

# 결과 출력
for status in statuses:
    print(status['text'], status['created_at'])
```

[{'created_at':'Tue Nov 29 06:03:33 +0000 2016','id':803479492760981504,'id_str':'803479492760981504','text':'대학생 오픈소스 경진대회 D2 CAMPUS FEST 2016의 참가신청이 시작되었다! 오픈소스 개발에 관심 있는 많은 대학생 여러분의 참여를 기다립니다. #D2CAMUS_FEST #OpenSource https://t.co/l4QGc909ng','truncated': False,'entities':{'hashtags':[{

```
'text':'D2CAMUS_FEST','indices':[87,100]},{'text':'OpenSource','indices':[101,112]}]
,'symbols':[],'user_mentions':[],'urls':[{'url':'https://t.co/l4QGc909ng','expanded_
url':'http://d2campusfest.kr/2016/','display_url':'d2campusfest.kr/2016/','indic
es':[114,137]}]},'
```

5~8행에서 OAuth 인증을 위한 키 정보를 입력한다. 이는 이미 앱을 생성할 때 페이지에서 확인했던 정보이다. 이 정보를 문자열로 먼저 생성한다. 그리고 이 정보를 사용해 OAuth 인증을 받기 위한 사용자의 OAuth 객체를 11행에서 생성한다. client_key부터 시작하여 정보를 차례로 입력한다. 14행에서 API 주소를 사용해 얻고 싶은 정보를 요청한다. API 주소는 개발자 페이지를 통해 받을 수 있다. [코드 15-5]는 특정 아이디에서 제공하는 트위터를 가져오는 예제이다. 17행에서는 OAuth 정보와 API 요청을 HTTP 프로토콜로 전송하고, 20행에서는 결과를 json 형태로 반환한다.

실행 결과를 보면 한 눈에 이해하기 어려울 정도로 많은 글자가 화면에 출력된다. 이를 이해하려면 API 문서를 찾아 읽어봐야 한다. 예를 들어, 현재 사용 중인 API 주소 https://api.twitter.com/1.1/statuses/user_timeline.json에서는 [그림 15-5]와 같은 정보를 제공한다. 이를 매개변수 딕셔너리parameter dictionary라고 한다.

Tweet Data Dictionary

Below you will find the data dictionary for these 'root-level' attributes, as well as links to child object data dictionaries.

Attribute	Type	Description
created_at	String	UTC time when this Tweet was created. Example: `"created_at":"Wed Aug 27 13:08:45 +0000 2008"`
id	Int64	The integer representation of the unique identifier for this Tweet. This number is greater than 53 bits and some programming languages may have difficulty/silent defects in interpreting it. Using a signed 64 bit integer for storing this identifier is safe. Use `id_str` for fetching the identifier to stay on the safe side. See Twitter IDs, JSON and Snowflake . Example: `"id":114749583439036416`
id_str	String	The string representation of the unique identifier for this Tweet. Implementations should use this rather than the large integer in `id` . Example: `"id_str":"114749583439036416"`

그림 15-5 매개변수 딕셔너리

TIP 원본 링크는 다음과 같다.

```
https://developer.twitter.com/en/docs/tweets/data-dictionary/overview/tweet-object
```

마지막으로 해당 json에서 필요한 정보만 추출하는 코드를 23~24행과 같이 작성한 후 결과를 화면에 출력하였다.

사실 이 과정은 설명만으로 쉽지 않다. 하지만 이러한 과정에 익숙해져야만 자신이 필요한 대규모 데이터를 다른 시스템으로부터 모으고 관리할 수 있는 능력을 키울 수 있다.

요약

01 XML eXtensible Markup Language은 확장적인 마크업 markup 언어라는 뜻으로, 데이터의 구조와 의미를 설명하는 태그를 사용하여 어떤 데이터의 속성과 값을 표현하는 언어이다.

02 XML로 정보를 표현할 때 가장 기본적인 방법은 트리 형태로 표현하는 것이다. 이는 HTML과 완전히 같으며 모든 태그 기반의 언어가 지닌 공통적인 특징이다.

03 BeautifulSoup 모듈은 일종의 래퍼 wrapper로, 기존 파싱 기능이 있는 다른 라이브러리를 쉽게 사용할 수 있도록 해준다. 전통적인 파이썬 XML 파서 XML parser에는 lxml과 html5lib 등이 있으며, BeautifulSoup 모듈은 이를 차용하여 데이터를 쉽고 빠르게 처리한다.

04 JSON JavaScript Object Notation은 원래 웹 프로그래밍 언어인 자바스크립트의 데이터 객체 표현 방식을 데이터 교환의 표준으로 삼은 데이터 표현 언어이다.

05 JSON은 XML보다 데이터 용량이 적고 코드로의 전환이 쉽다는 측면에서 XML의 대체재로 가장 많이 활용되고 있다.

06 JSON은 파이썬의 딕셔너리형과 매우 비슷하여 키-값의 쌍으로 구성되어 있다.

07 XML과 비교할 때 JSON의 장점은 일단 코드가 간결하고, 코드의 전환이 쉽다는 점이다. 그리고 코드의 간결함 때문에 용량이 절약된다는 큰 장점이 있다.

08 파이썬에서 JSON을 사용하기 위해서는 json 모듈을 이용한다. JSON 데이터 포맷은 데이터 저장 및 읽기가 딕셔너리형과 완벽히 상호 호환되어, 딕셔너리형에 익숙한 사용자가 매우 쉽게 사용할 수 있다는 장점이 있다.

09 JSON을 읽기 위해서는 JSON 파일의 구조를 확인한 후 json 모듈로 읽고 딕셔너리형처럼 처리한다.

10 API Application Programming Interface는 일종의 함수로, 해당 회사가 제공하는 서비스를 활용하기 위한 함수를 뜻한다. 일반적으로 API 서비스는 JSON으로 데이터를 주고받기 때문에 JSON 데이터를 연습하기에 매우 좋은 환경이다.

연습문제

01 다음 빈 칸에 들어갈 알맞은 단어를 고르시오.

> [　　　　]은 데이터를 저장하거나 전송할 때 많이 사용되는 데이터 형식으로 자바스크립트 객체의 형식을 기반으로 만들어졌다. [　　　　] 표현식은 사람과 기계 모두 이해하기 쉬우며 용량이 작다. 그래서 최근에는 [　　　　]이 XML을 대체해서 데이터 전송 등에 많이 사용한다.

① Python　　② JavaScript　　③ JSON

④ CSV　　⑤ TSV

02 XML과 비교한 JSON의 장점이 아닌 것은?

① 코드가 간결하다.

② 데이터에서 코드로의 전환이 쉽다.

③ 용량이 절약된다.

④ XML은 바이너리 데이터 타입인데 비해 JSON은 텍스트 타입 데이터이다.

⑤ JSON은 자바스크립트를 기반으로 한 데이터 저장 기법이다.

03 다음 중 JSON의 원래 표현으로 맞는 것은 무엇인지 고르시오.

① JavaScript Object Number

② JavaScript On Numbers

③ JavaScript On News

④ JavaScript Online Notation

⑤ JavaScript Object Notation

04 json_example.json 파일은 다음과 같다. 코드를 실행했을 때 결괏값으로 올바른 것을 고르시오.

json_example.json

```
{
  "members": [
    { "firstName": "Sungchul", "lastName": "Choi" },
    { "firstName": "Jaemin", "lastName": "Lee" },
    { "firstName": "Dohn", "lastName": "Jone" }
  ]
}
```

```
import json

with open("json_example.json", "r", encoding="utf8") as f:
contents = f.read()
json_data = json.loads(contents)
print(json_data["members"])
```

① {"firstName":"Dohn","lastName":"Jone"}, {"firstName":"Jaemin","lastName":"Lee"}, {"firstName":"Sungchul","lastName":"Choi"}

② {"firstName":"Sungchul","lastName":"Choi"}

③ ["firstName":"Sungchul","lastName":"Choi"]

④ [{"firstName":"Sungchul","lastName":"Choi"}, {"firstName":"Jaemin","lastName":"Lee"}, {"firstName":"Dohn","lastName":"Jone"}]

⑤ "firstName":"Sungchul","lastName":"Choi"

05 다음 데이터 저장 형태 중 계층적 구조로 저장되지 않는 데이터 저장 형태는 무엇인가?

① html ② xml ③ csv

④ json ⑤ RDF

06 dict 타입과 바로 변경하여 호환이 가능한 데이터 처리 타입은 무엇인가?

① html ② json ③ csv

④ xml ⑤ RDF

07 다음 XML에 대한 설명 중 <u>틀린</u> 것을 고르시오?

① 계층적인 구조로 데이터를 표현함

② eXtensible Makrup Language의 줄임말

③ dict 타입과 유사한 형태로 표현이 가능함

④ 자바스크립트를 기반으로 발전된 언어

⑤ HTML과 같이 기계가 읽을 수 있는 마크업 언어

08 JSON에 대한 설명 중 <u>틀린</u> 것을 찾으시오.

① JavaScript Object Notation의 줄임말이다.

② 최근 많은 시스템에서 데이터를 전송할 때 사용되는 데이터 형태이다.

③ 계층적인 정보를 표현하기에는 적합하지 않다.

④ 파이썬의 dict 타입과 유사한 형태로 표현이 가능하다.

⑤ XML과 호환이 가능한 형태이다.

09 다음과 같은 data_file.json 데이터가 있다. name의 정보를 가져올 수 있는 파이썬 코드를 작성하시오.

data_file.json

```
{
  "president": {
    "name": "Zaphod Beeblebrox",
    "species": "Betelgeusian"
  }
}
```

①
```
import json
with open("data_file.json", "r") as read_file:
    data = json.load(read_file)
data["president"]["name"]
```

②
```
import json
with open("data_file.json", "r") as read_file:
    data = json.load(read_file)
data["name"]
```

③
```
import json
with open("data_file.json", "r") as read_file:
    data = json.load(read_file)
data["president"]
```

④
```
import json
with open("data_file.json", "r") as read_file:
    data = json.load(read_file)
data["president"]["Zaphod Beeblebrox"]
```

⑤
```
import json
with open("data_file.json", "r") as read_file:
    data = json.load(read_file)
[key for key in data if key == "name"]
```

10 **다음과 같이 코드를 작성했을 때, 실행 결과로 알맞은 것은?**

```
import json

json_data = '''{
    "id": 1,
    "name": "Sungchul Choi",
    "user_email": "sc82.choi@pknu.ac.kr",
    "address": {
        "street": "Haeundae 35",
        "city": "Busan",
    }
}'''


json_object = json.loads(json_data )
print(json_object ["name"]["street"])
```

① "1"

② "Sungchul Choi", "Haeundae 35"

③ "Haeundae 35"

④ "Sungchul Choi"

⑤ 에러 발생

찾아보기

찾아보기